BUSINESS
DESIGN

비즈니스 디자인 씽킹

THINKING

조남재 지음

BOOK STAR

머리글

빠르고 쉬운 길을 택함으로써 생존을 위한 에너지의 소모를 최소화하고 불필요한 노력을 절감하고자 하는 성향은 모든 생물의 원초적 본능이다. 이는 비단 육체적인 차원에서의 생존 전략에 그치는 것이 아니고 마음의 작용에도 적용되는 원리다. 마음은 신경세포가 집약적으로 모여 있는 뇌의 산출물이다. 뇌는 엄청난 에너지를 소모하는 기관이다. 뇌의 인지적 노력(cognitive effort)을 최소화하려는 성향은 만물의 영장인 인간에게 있어서도 예외가 아니다. 인지 심리학의 중요한 토대가 되는 관점인 '인지적 노력 최소화 이론'은 학력, 성별, 인종에 관계없이 모든 인간의 심리적 기제에 내재된 특성을 설명해 준다.

이런 맥락에서 보면 복잡한 세상을 단순화시켜 이해하고자 하는 것이 인간의 마음이 가진 보편적 성향임을 알 수 있다. 그래서 인간은 어렵고, 복잡하고, 오래 걸리는 계산이 필요한 상황에서 휴리스틱(heuristic)이라는 반쯤 직관적인 판단 기제를 활용해 빠른 결론에 도달한다. 노벨 경제학상을 수상한 심리학 연구자 허버트 사이먼이 탐구한 이 휴리스틱이라는 개념은 오늘날 인공지능 알고리즘이 사용하는 여러 가지 논리의 개념적 기초가 되었다. 일상의 휴리스틱이나 직관을 넘어 세상의 원리를 찾아 학문의 세계를 탐구하는 학자들이 만들어 내는 수많은 이론과 모형들도 사실 복잡한 세상을 단순화시켜 이해하고자 하는 노력의 연장선에 있다.

세상은 정보로 넘쳐난다. 인지적 노력을 최소화하지 않는다면 우리는 쉽게 우리를 둘러싼 엄청난 정보량에 압도되어 버린다. 산을 오를 때 자신의 페이스보다 조금이라도 더 빠르게 올라가려 욕심을 부렸다가는 곧 지쳐 버린다. 우리의 마음도 이런 과부하(overload)에 의한 스트레스에 매우 취약하다. 소음과 굉음, 사이렌,

앰뷸런스 소리, 고함과 비명으로 가득한 영화 속 같은 사고, 사건, 화재 상황에서 제정신으로 올바른 판단을 하는 것은 거의 불가능하다. 정보의 과부하가 마음의 정보 처리 기제를 망가뜨리기 때문이다. 기실 정보의 과부하는 이런 비상상황이 아니어도 빈번하게 발생한다. 제한된 시간에 처리해야 할 정보량이 늘어나거나, 정보처리에 허용된 제한 시간이 줄어들면 인간은 쉽게 과부하에 빠진다. 정보의 과부하로 인한 인지 스트레스는 판단 오류와 실수를 만들어 낸다. 그래서 뇌는 과부하의 위험을 피하기 위해 무시, 간과, 망각, 생략과 같은 다양한 전략을 동원한다.

1950년대 중반, 인간의 정보처리 능력에 대해 연구하던 심리학자 조지 밀러 교수는 흥미로운 발견을 했다. 사람이 한 번에 처리할 수 있는 정보량의 한계가 사람에 따라 다소 차이가 있기는 하지만 아홉을 넘지 않는다는 것이었다. 교육 수준과 지능에 관계없이 이 한계는 거의 절대적인 것으로 보였다. 짧은 순간에 관찰하여 한 번에 정확히 포착할 수 있는 점의 수는 다섯에서 아홉이었다. 점의 크기와 모양을 달리 해도 결과는 비슷했고, 점을 숫자나 글자로 바꾸어도 결과는 비슷했다. 이 발견을 토대로 밀러 교수는 〈매직 넘버 세븐 플러스 또는 마이너스 투〉라는 논문을 미국 심리학회지에 발표했다(Miller A. G. 1956). 그러니까 인간의 단기 정보 처리 능력의 범위인 매직 넘버는 다섯에서 아홉 사이라는 것이다. 훈련이나 눈썰미에 따라 차이는 있으나 그 범위가 이 정도에 있다는 것이 확인되었다. 흥미롭게도 피실험자들은 점이나 글자를 단어로 바꾸면 다섯에서 아홉 사이의 단어를 포착해 냈다. 이 경우 각 단어는 하나하나의 글자로 인식되는 것이 아니고 하나의 정보 덩어리로 인식되었다. 그래서 정보를 효과적으로 덩어리(청크)로 만드는 연습이 된 사람은 동시에 처리할 수 있는 정보량을 늘릴 수 있다. 그러나 천재나 대학자, 운동선수, 세일즈맨, 경영자, 어린 학생을 막론하고 사람의 인지 능력에 생각보다 낮은 수준의 한계가 존재한다는 것은 명확했다. 그의 매직 넘버 이론은 심리학에서 가장 널리 알려진 이론의 하나가 되었다.

미래의 지능형 로봇들은 서로 이런 귓속말을 나눌지도 모른다.

"사람이잖아. 너무 많은 것을 기대하지 말라고."

"그러게 내가 뭐랬어. 망가지지 않게 조심해야 한다고 했지. 조금만 많은 정보를 주면 오작동한다니까."

"너무 복잡한 정보를 주는 것은 사람에게 해를 끼치는 일이야. 불법이라고."

물론 장기 기억을 사용하여 차근차근 숙고하는 일이 주어지면 우리는 뇌에 매우 많은 양의 정보와 지식을 담아 놓을 수 있다. 그럼에도 불구하고 '동시에' 생각할 수 있는 정보의 양은 매직 넘버를 크게 벗어나지 않았다. 그래서 정보의 부하량과 사람의 일 처리 능력 간의 관계를 확인하고자 하는 많은 연구가 뒤따랐다. 대체로 그 결과들은 1972년에 던컨이 찾아내 ASQ라는 게재하기는 물론이고, 읽기도 까다로운 것으로 정평이 난 사회과학 저널에 발표한 결과와 유사했다(Duncan, 1972). 정보가 아주 적으면 일의 성과가 낮고 정보가 더 많이 주어지면 일의 성과가 높아진다. 그러나 처리해야 하는 정보량이 일정 수준을 넘어서면 일의 성과는 곧 한계를 드러낸다. 소위 거꾸로 된 U 형태의 성과 패턴을 보이는 것이다. 복잡한 결제에서 단순한 일 처리까지 모두 같은 패턴을 보인다.

그러나 인간은 도구의 동물 아닌가?. 현대의 인간은 인지 능력을 보강하고 도와줄 수 있는 컴퓨터와 소프트웨어라는 막강한 정보처리 도구를 손에 쥐고 있다. 이들 정보처리 도구들은 특히 숫자로 된 정보를 대상으로 사칙을 수행하거나 통계로 요약하는 등의 작업을 수행하는 데 있어서는 엄청난 효율을 발산한다. 만일 사람들에게 정보를 처리하는데 도움이 되는 디지털 기술을 주면 처리하는 정보량의 한계가 늘어나지 않을까? 도구를 가진 인간의 반응은 어떤 결과로 나타날까?

나는 오래전 박사논문 연구의 일환으로 매직 넘버를 넘나드는 뭉치의 데이터와 정보처리 도구를 사람들에게 제공해 주고 좀 더 복잡한 정보처리 상황에서 그들이 보이는 반응을 살펴보기로 했다. 피실험자들을 세 그룹으로 나누어 다섯 지역에서 11지역에 이르는 인구통계 자료나 다섯 제품에서 11개 제품에 관한 판매 데이터를 제공해 주고 문제를 풀어 보도록 했다. 그리고 피실험자들이 엑셀 같이 편리한 데이터 분석 소프트웨어를 사용해 데이터를 처리하는 과정을 관찰했다. 피실험자들은 모두 이런 도구를 잘 사용하도록 훈련된 경영대 고학년 학생들 또는 경영전문대학원 MBA 학생들이었고, 문제도 이들이 이해하고 풀기에 어렵지 않은 수준이었다. 비디오카메라로 화면을 녹화했고, 그들이 컴퓨터를 사용하며 누른 모든 버튼을 자동으로 기록하는 매크로 프로그램을 만들어 과정을 사후에 확인할 수 있도록 했으며, 어떤 작업을 왜 했는지 물어보기도 했다.

일곱에서 아홉 사이, 즉 매직 넘버 범위에 해당하는 양의 지역이나 제품에 대한 데이터 뭉치를 받은 집단은 내가 기대했던 대로 매우 정상적인 방식으로 통계 수치를 만들며 문제를 파악하고 임무를 완수했다. 11개의 지역이나 11가지 제품에 대한 데이터를 받은 집단은 데이터의 양에 부담을 느꼈다. 여러 가지 방법으로 데이터의 양을 줄이는 작업을 수행하는 데 시간을 보냈다. 아예 데이터의 일부를 무시하기도 하고, 일단 요약 정보를 만들고 나서는 원본 데이터는 거들떠보지 않고 요약 정보만 사용하기도 했다. 정보의 양을 줄여 매직 넘버 범위로 줄인 다음에 문제를 해결하고자 하는 것처럼 보였다. 이런 작업을 하지 않은 피실험자들은 혼란스러워 했다. 전반적으로 데이터의 양에 따른 부담으로 시간이 촉박한 듯했고, 성과도 높지 않았다. 놀랍게도 정보처리를 돕는 도구가 있어도 사람의 인지 능력에는 근본적인 영향을 주지 않았다. 도구로 다루는 데이터의 절대량이 늘고 시간이 길어져도 결국 인간이 동시에 고려하는 정보량의 패턴은 유지되고 있었던 것이다.

오늘날은 빅데이터의 시대다. 지능적인 사물이 늘어나고 데이터를 수집하는 다양한 센서의 사용이 늘어나면서 세상에 쌓여가는 데이터의 양은 폭발적으로 더 늘어날 것이다. 그래서 우리는 데이터로부터 패턴을 찾아내 단순화시키기 위한 분석 도구를 사용한다. 인공지능 알고리즘이나 통계 기법, 그래픽 등을 활용하는 도구들이다, 이런 빅데이터 도구들도 인간의 정보처리 역량 그 자체를 높여주기 보다는 많은 양의 데이터를 단순화하거나, 요약하거나, 패턴을 찾아 복잡한 세상을 인간의 인지 한계인 매직 넘버 범위로 줄여 이해하도록 도와주는 역할을 할 것이다. 빅데이터 현상의 기저에는 인간의 인지 능력의 한계와 복잡한 세상 사이를 연결하여 균형을 맞추어 주려는 노력이 숨어 있는 셈이다.

그런데 돌이켜보면 정말로 궁금한 점은 다른 데에 있다. 단순함을 추구하고 복잡함을 피하며 불필요한 노력을 최소화하는 것이 모든 동물의 육체적, 인지적 성향이라면, 인간은 어쩌자고 만들지 않았어도 될 수많은 사물, 개념, 사상, 문화 산출물들을 만들어 이렇게 세상을 복잡하게 만들어 놓은 것일까? 우리는 지금도 끊임없이 세상에 없는 것을 새로 만들어 복잡성을 더 높이는 일에 매진하고 있다.

위에 언급한 실험 연구를 수행하는 동안 나의 주된 관심은 데이터양이 정상적 범위에서 상한선, 즉 과부하에 가까워지는 부근으로 늘어나는 상황에서 사람들이 어떤 반응을 보일까 하는 점이었다. 그래서 데이터의 양을 매직 넘버보다 적게 제공한 집단에는 별로 관심이 없었다. 정보량을 매직넘버 범위 또는 그 이상으로 부여한 집단에서 보인 반응은 기존의 이론들을 토대로 내가 예상했던 결과와 크게 다르지 않았다. 그런데 마치 연구를 위해 어쩔 수 없이 포함시킨 통제 집단과 같은 이 소량 데이터 집단에서 예상치 않은 흥미로운 행동들이 관찰되었다. 다섯 지역이나 다섯 제품에 대한 정보는 문제 풀이를 위해 제공한 시간에 비해 소량이어서 예상대로라면 피실험자들은 문제 풀이를 일찍 마치고 쉴 것이었다.

그런데 영상과 매크로 분석이 보여준 결과는 이들이 시간을 꽉 채워 무언가를 하고 있었음을 보여 주었다. 그들은 데이터의 양을 늘리고 있었던 것이다! 통계 기능은 데이터를 요약하고 줄이는 도구다. 그래서 이 집단은 통계를 사용할 일은 별로 없었다. 대신 이들은 데이터를 복사해 붙여 놓고 새로운 해석을 시도해 보거나, 데이터의 위치나 배열을 이동시켜 다른 각도에서 해석해 보기도 하는 등 마치 데이터를 장난감 삼아 놀이를 하고 있는 것처럼 보였다. 그들이 데이터를 가지고 이리저리 살펴보고 돌려보고 옮겨 보고 하는 행위들 중에는 논리적으로 중요한 의미가 없어 보이는 행동들도 포함되어 있었다. 그 과정에서 가끔은 내가 예상하지 못했던 새로운 해석을 만들어 내기도 했다.

이들의 행동이나 새로운 사물을 끊임없이 만들어 내는 인간의 삶을 돌이켜보면 의아한 생각이 든다. 복잡함에 대한 걱정과 두려움, 에너지와 노력을 아끼려는 본성을 거스르는 또 다른 본성이 존재하기라도 하는 것일까? 만일 그런 본성이 있다면 그것은 인간의 호기심이나 창조와 관련되어 있는 것 아닐까? 그런 본성 중 하나는 필시 우리 마음의 저변에 깔려 있는 '놀이'를 향한 주체할 수 없는 본능일 것이다. 놀이는 노력 최소화의 법칙이 무용지물이 되는 세계다. 포식동물이 진지하게 먹이를 사냥할 때는 최고의 효율성과 에너지 절약이 생존의 문제가 된다. 그러나 쥐나 작은 벌레를 죽이지 않고 이리저리 건드리며 가지고 노는 고양이처럼, 놀이의 세상에서는 효율성보다 비효율이 오히려 즐거움의 대상이 된다.

놀이하는 인간, 즉 호모 루덴스(호이징하, 1993)가 되면 복잡성에 대한 두려움은 사라지고, 오히려 단순함이 회피의 대상이 된다. 지루하기 때문이다. 우리의 마음은 끊임없이 새로운 도전과 불확실성을 향해 나아간다. 도전과 불확실성이 뿜어내는 두려움 그 자체가 즐기는 대상이 된다. 놀이가 되면 더 어려운 도전, 가보지 않은 단계, 처음 가 보는 산, 새로운 시도가 선호와 선택의 대상이 된다. 그래서 생각과 언어와 기술과 사물을 가지고 즐기는 문화 놀이는 인간의 호기심과 모험심을 촉발하고 새로운 세상을 디자인하고 창조의 문을 열어젖히는 마법의 세계다.

사람은 인지적 놀이를 통해 문화적 산물을 만들고 즐긴다. 음악을 만들고, 예술품을 만들고, 창작물을 만드는 작업은 일하듯이 놀고, 놀 듯이 일하는 창조 디자인의 과정이다.

우리는 지금 기술 혁명 시대의 변곡점을 살고 있다. 변곡점 앞에 놓인 불확실성은 기대와 두려움이 섞여 있는 미래의 모습이다. 불확실성의 너머에 어떤 세상이 있는지 우리는 모른다. 그러나 그 세상은 우리가 지금 어떤 삶을 디자인하는가에 의해 결정될 것이다. 새로움을 디자인하는 능력이 개인과 사회의 미래를 결정하는 핵심 변수가 되는 것이다. 암기력이나 반복된 훈련으로 반자동적으로 문제를 풀거나 일을 처리하는 인지 효율성보다 불확실성에 도전하고 불확실성을 만들어 내는 창조 능력의 중요성은 시간이 지나갈수록 더욱 높아질 것이다.

비즈니스 디자인 씽킹은 비단 경영이나 디자인을 업으로 하거나 공부하는 사람에게만 필요한 것은 아니다. 기술 혁명의 변곡점에서 새로운 미래를 만들어나가야 할 우리 모두에게 필요한 도구다. 업종과 전문 영역, 학생과 은퇴자를 막론하고 교육, 봉사, 정치, 경영 등의 모든 영역에서 개인의 삶과 일, 새로운 도전, 새로운 사업, 새로운 제품, 개선된 사회적 혁신, 제도 등을 디자인할 미래의 모든 디자이너에게 필요한 사고의 도구다.

디자인 씽킹을 다면적으로 분해해 보고 새로운 시각으로 종합해 책으로 만들려고 한 시도 자체가 내게는 불확실성에 대한 도전이었고, 놀이였으며, 창조의 과정이었다. 이 책은 네 파트로 구성되어 있다. 제1부는 디지털 혁명과 디자인 씽킹의 의미를 새롭게 이해하기 위한 부분이고, 제2부는 디자인 씽킹의 토대인 공감과 관찰을 다룬다. 제3부는 해법 창출의 꽃인 창조력을 그리고 제4부는 디자인 씽킹의 실행과 미래 초연결 세상과 새로운 사회를 위한 디자인 씽킹의 역할을 다룬다.

나의 생각이 다듬어지고 넓어지는 데에는 많은 분들의 지원과 도움이 있었다. 우선 나의 디자인 씽킹 강의를 진지하게 경청해 주고 열정적으로 참여해 준 한양대학교 대학, 대학원, 그리고 기업의 제자들과 수강생들에게 감사한다. 가르치는 행위는 배우는 행위의 연장선에 있다. 가르치면서 읽고, 대화하고, 생각을 다듬기 때문이다.

이 책에서 언급한 몇몇 에피소드의 주인공들에게도 감사한다. 인도공과대학 경영학과의 산토시 랑네카 교수와 그의 노 스승인 우핀데르 다 교수, 영국 CEPD런던의 카네스 라자 교수, 대만의 수쩌런 교수, 프랑스 파리대학의 아메드 봉포 교수, 프랑스 부르고뉴대학의 안네마리 교수, 스페인 우엘바대학교의 알폰소 바르가스–산체스 교수, 리얼라이브스를 운영하는 인도의 의사 파락 만키카 박사, 터키 앙카라 대학의 메멧 구롤 교수와 한터경제인연합회의 알라딘 총무, 카이스트 김영배 교수가 그분들 중 일부다. 국내 및 국제 ITAM 학회 활동을 함께하며 생각에 도움을 주고, 특강을 통해 내가 디자인 씽킹에 대해 대화하는 기회를 만들어 준 동료 교수들에게도 감사한다. 연세대학교 원주 캠퍼스의 황재훈 교수, 이화여자대학교의 김경민 교수, 연세대학교의 서길수 교수, 중앙대학교의 김성근 교수와 최명길 교수, 충북대학교의 고석하 교수, 선문대의 노규성 교수, 경남과기대의 박상혁 교수, 부경대 옥영석 교수, 한양사이버대의 염지환 교수, 한양대 경영학과의 동료 교수들이 그분들 중 일부다. 내가 디자인 씽킹 강의와 강연을 통해 여러 사람과 대화할 수 있도록 기회를 준 기관들에게도 감사한다. 한양대 경영교육원과 성균관대, 중앙대, 경기대의 교수학습센터, 한국경영정보학회, 한국데이터전략학회, 한국산업정보학회, 한국디지털정책학회, 서울교통공사, 삼성전자, 현대자동차, 포스코, KT, SKT, LG U+, 마이크로소프트, SAP, 인도 전력공사 등이 그 일부다.

나와 전공 분야와 일이 달라 여러 가지 주제와 관점의 대화를 통해 디자인 씽킹에 대한 나의 생각이 넓어지는 데 도움을 주신 분들에게도 감사한다. 고려대 사회학과 김문조 교수, 성균관대 철학과 이종관 교수, 동국대 언론학과 이호규 교수, 서강대 정치학과 류석진 교수, 서울과기대 정책대학원 황주성 교수, 정보통신정책연구원의 전임 연구위원인 손상영 박사, 이원태 박사 등 디지털 컨버전스 연구 멤버들, 창의성 연구를 함께해 준 건양대의 교육심리학자 하주현 교수, 그리고 KT에서 세계 최초로 IPTV 서비스를 기획하여 도입한 박정태 전 부사장, SKT에서 11

번가 등 여러 혁신적 사업을 도입한 오세현 미래사업본부 사장, 한양대 한현수 교수, 한성대 컴퓨터공학과 김영웅 교수 등 오랜 벗들이 그들 중 일부다. 한양대에서 디자인 씽킹 수업 진행에 참여해 준 권수라 겸임교수와 LG CNS 박용익 전임상무, 디자인 씽킹과 창의성에 대한 교육과 연구에 동반해 준 오승희 겸임교수에게도 감사한다.

　이 책의 출판에 관심을 가지고 흔쾌히 응해준 광문각의 박정태 회장과 박용대 실장에게 감사드린다. 나의 요구를 잘 수용해 편집을 맡아 고생해 주신 분들에게 감사한다. 무엇보다 일찍이 내게는 생소했던 디자인의 세계를 소개해 주고, 책 표지와 네 파트들 사이에 들어간 이미지 작품을 주제에 맞게 만들어 준 디자이너 채정은에게 특별한 감사를 보낸다.

CONTENTS

BLUE MOON

Business
Design Thinking

01

기술 혁명과 디자인 씽킹

가상의 시나리오

우리는 엄청난 기술적, 사회적 변화의 초입에 서 있다. 사람과 사람, 사람과 기계, 기계와 기계, 기계와 환경 간에 긴밀한 소통이 이루어지는 초연결 혁명을 토대로 4차 산업혁명이 진행 중이다. 네 번째 산업혁명이라는 의미를 가진 4차 산업혁명은 초연결과 더불어 인공지능과 클라우드 컴퓨팅, 로봇 기술, 빅데이터 처리능력, 사물인터넷, 생체공학 등의 최신 기술들을 서로 어우러지게 만들어 우리의 일상과 경제 및 사회생활의 양상을 완전히 새로운 차원으로 이끌어갈 것이다. 혁명적인 기술 발전의 과정은 많은 실패와 시행착오로 점철되어 있다. 실패한 프로젝트들의 무덤은 미래를 창조하는 디딤돌이 된다. 창조를 선도하고자 하는 자는 과거의 도전이 가진 한계를 넘어 더 나은 세상을 상상하는 안목을 키워야 한다. 제러미 리프킨이 말했듯이 미래에 대해 구체적으로 상상하는 능력이야말로 역사 발전의 원동력이다(제러미 리프킨, 《3차 산업혁명》 p14). 두 개의 가상 시나리오를 통해 잠시 창조적 상상의 세계로 들어가 보자.

가상 시나리오 1.

2007년 6월 29일 스티브 잡스가 애플사의 컨퍼런스 홀에서 세 개의 혁신을 하나로 묶는다고 설명하며 아이폰을 발표한 지 벌써 십여 해가 훌쩍 넘었다. 그 세 개의 혁신은 화면이 커다란 아이팟, 혁신적인 전화기, 새로운 인터넷 접속 방식이었다. 스마트폰이라는 명칭은 사실 아이폰보다 먼저 사용되기 시작했다. 그러나 스티브 잡스는 기존의 스마트폰이 전혀 똑똑하지도 않고 사용이 편리하지도 않다고 조롱하며 아이폰을 세상에 발표했다. 아이폰은 그야말로 새로운 종(種)으로서 스마트폰 시대를 여는 신호탄이 되었다. 뒤이어 재빨리 등장한 삼성의 갤럭시 스마트폰도 부지런히 스마트폰 시대에 동참하여 후손을 이어가고 있다. 스마트폰은 사람의 말소리도 알아듣는 똑똑한 기계라는 칭찬과 감탄의 대상이 되었다. 상황으로 들어가 보자.

(당신은 길 안내를 위한 내비게이션 앱을 터치해 켠다. 이어 검색창에 나타난 마이크 모양의 버튼을 누른다.)

폰: (적절하게 말을 건네는 법을 예시 글로 보여 준다. 잠시 후)

폰: 어디로 안내할까요?

당신: (사투리나 구어체를 사용하지 않도록 각별히 유의하고, 특히 자신의 아내나 남편에게 말할 때보다 더 정확하고 또렷하게 발음하도록 조심하면서 말한다.) 국립과학관 찾아 줘.

(폰은 아무 대꾸도 없이 8개의 리스트를 열거한다. 그중 여러 개는 모두 같은 국립과학관이다. 국립과학관, 국립과학관 정문, 국립과학과 동문, 국립과학관 서문, 국립과학과 후문, 국립과학관 주차장 등. 마지막에는 몇 가지 생뚱맞은 것들도 포함되어 있다.)

당신: (말귀를 알아듣는 거야? 저런 건 왜 나와?)

폰: (상냥한 목소리로 묻는다.) 몇 번째로 길 안내 할까요?

당신: (국립과학관이면 대전에 있는 것인데, '대전의 국립과학관 말씀이신가요?' 이렇게 물어보면 응답하기 수월할 텐데. 아니면 사진이라도 보여주

면서 '여기 말씀이신가요?' 이렇게 물어보는 것도 좋을 것 같고. 혹시라 도 내가 '아니, 창경궁 옆에 있는 거 말이야.'라고 대답하면 '아, 어린이 과학관을 찾으시는군요. 그리로 안내할까요?' 이렇게까지는 돼야 말귀 가 통하는 거 아니야? 어쨌든, 처음 여섯 곳은 모두 거기서 거기지. 사실 대전은 여기 서울에서 먼 곳이니까 '일단 과학관 근처에 가서 결정하면 안 될까?' 하고 말하고 싶지만 그런 대답을 할 방법은 없네.)

당신: (답답하지만 그래도 그중 하나를 선택한다.) 세 번째로 안내해 줘.

당신: (기계가 대화의 주도권을 가지고 있으니 내가 따라야지 할 수 없지.)

(폰은 지도의 일부를 보여주고 아무 말이 없다. 하단에는 '길 안내 시작' 버튼 이 있지만 그걸 눌러야 한다는 말도 없다. 당신은 안내가 없으니 망설이다 하단 의 '길 안내 시작' 버튼을 발견하고 눌러야 할 필요성을 짐작하고 누른다.)

폰: (비로소 안내를 시작한다.) 잠시 후 좌회전입니다.

    (그런데 폰이 제시한 고속도로로 가는 안내가 당신이 평소에 사용하던 길 과 다르다.)

당신: (왜 저리로 가지? 더 돌아가는 길인데. 내가 아는 길이 막힌다는 말인 가? 설명이 없으니 답답하네. 짐작만 할 뿐이지.)

    (폰은 세부 안내 지도를 화면에 표시한다. 좌회전 후 잠시 주행 뒤에 앞 의 길이 빨간색으로 표시된다. 막힌다는 뜻이다.)

당신: (왜? 왜 막힌대? 사고야? 궁금한데 물어볼 방법이 없네. 답답.)

당신: (그런데 기름이 반도 안 남았네.) 그럼 남은 기름으로 목적지에 가는데 문 제없을까?

폰: 무슨 말씀인지 모르겠습니다.

당신: 지금 기름 더 안 넣어도 국립과학관까지 갈 수 있겠냐구.

폰: 무슨 말씀인지 모르겠습니다.

당신: (스마트라구? 이 바보 멍청이 같은 기계가? 말귀도 못 알아듣고, 대화도
안 되고, 물어봐도 먹통이고. 우리 아이들은 이런 멍청한 기계에 둘러싸
여 살지 말고 더 좋은 세상에 살았으면 좋겠네.)

가장 똑똑하다고 하는 최신 스마트폰과 사용자의 가상의 대화다. 사실 우리는
저런 '멍청한' 기계를 '스마트하다'고 어르고 달래가며 십여 년을 써 온 것 아닐
까? 똑똑하다는 것의 의미를 다시 돌이켜볼 필요가 있는 것 같다. 오래전에 나온
다른 기계들보다는 똑똑하겠지만, 그동안의 개선에도 불구하고 이제는 사람들의
높아진 기대를 충족시키지 못하고 있는 것은 아닐까? 스마트폰뿐이랴. 스마트하
다는 앱, 가전, 소도구들 중에는 이렇게 기대에 못 미치는 제품이 한둘이 아니다.
어떻게 하면 이런 사물들이 진정으로 더 똑똑한 모습으로 거듭나게 될까? 그러면
우리의 삶은 어떻게 바뀌게 될까?

가상 시나리오 2.

자동차 산업은 거대한 변화의 소용돌이 한복판에 있다. 휘발유, 경유, 천연가
스 등의 탄소 에너지를 사용하는 '엔진'의 시대가 저물고 전기 에너지를 사용하는
'모터'의 시대가 열렸다. 전기 혁명의 풍운아 니콜라 테슬라의 이름을 따서 설립
한 자동차 회사는 설립과 함께 고성능 전기자동차를 만들었다. 모터는 너무 조용
해서 작동 여부를 알려주기 위해서 일부러 스피커로 '부르릉' 소리를 내야 할 정
도다. 자동차 산업에서 일어나는 또 하나의 변화는 자율 운행 기술의 도입이다.
자율운행 자동차 그러니까 진짜 자동 자동차는 4차 산업혁명의 총아가 되어 끊임
없는 관심의 하이라이트를 받고 있다.

자동차의 자율성은 1단계에서부터 완전한 자율운행이 되는 5단계까지 총 다섯
단계로 나누어진다(정지훈, 김병준, 《모빌리티 혁명》 p94). 5단계에 해당하는

자율운행 자동차는 사람의 간섭이 최소화된 상태에서 사용자를 목적지까지 이동시켜 줄 것이다. 장애물과 교통신호를 자동적으로 인식하여 감속도 하고 정지도 하며 안전운행을 한다. 언제 이상적인 5단계가 달성될 수 있을지에 대해서는 아직도 논란이 분분하다. 그러나 변화의 과정에서 일어날 수도 있는 다음 상황을 상상해 보자.

(자동차에 관심이 많은 한강기업 임원인 차사랑 씨는 벼르고 벼르던 최신 자율운행 자동차를 구매했다. 오늘은 남들보다 먼저 최고 단계의 자율운행 자동차를 사용한다는 뿌듯함과 자부심을 가슴 가득 품고 출근하는 첫날이다. 오늘은 공장점검회의가 있는 날이어서 구로동의 사무실로 가지 않고 바로 화성에 있는 공장으로 출근하기로 한다.)

(자율차의 뒷자리에 앉으니 자동으로 시트를 편안하게 조정해 주고, 적당한 온도도 맞추어 준다. 차사랑 씨는 '역시' 하며 흐뭇해한다.)

자율차: (부드러운 목소리로) 어디로 모실까요?

차사랑: 화성 공장으로 가 줘.

자율차: 출발합니다. 목적지는 등록된 회사의 화성 공장입니다.

(차가 출발하고 운행을 시작한다.)

차사랑: (흐뭇하게) 쓸만하군.

(잠시 후)

자율차: 신호가 바뀌므로 정지합니다.

차사랑: (잘 작동하네.)

(잠시 후)

자율차: 신호가 바뀌므로 정지합니다.

...

(잠시 후)

자율차: 신호가 바뀌므로 정지합니다.

차사랑: (이 정도 상황이면 그냥 지나가도 될 텐데. 아무튼 아주 안전하게 운행
　　　　하는군.)

(잠시 후)

자율차: 장애물이 포착되어 서행합니다.

차사랑: (아잇, 저 저 저 차가 저렇게 갑자기 끼어들다니!)

자율차: 장애물이 포착되어 서행합니다.

차사랑: (나쁜 운전자군. 나라면 바쁜 시간에 저런 끼어들기 얌체에게는 양보
　　　　안 했을 거야.)

(잠시 후)

(사거리에서 정지 후 신호가 초록불이 되었으나 출발하지 않고 기다린다.)

차사랑: 왜 출발 안 해.

자율차: 앞차가 출발하면 출발합니다. 앞차와의 거리를 유지하며 운행합니다.

차사랑: 앞차 운전자가 핸드폰이라도 보고 있나? 빵빵하고 경적 울리면 안 돼?

자율차: 앞차가 출발하면 출발합니다. 앞차와의 거리를 유지하며 운행합니다.

(다시 잠시 후)

자율차: 장애물이 포착되어 서행합니다.

차사랑: (허걱! 저 차는 깜빡이등을 켜지도 않고 두 차선이나 갑자기 이동해서
　　　　좌회전 차선으로 끼어들어 가고 있네. 얄미우니 나라면 경적이라도 울
　　　　렸겠다. 이 차가 착한 거야? 멍청한 거야? 스마트라며. 이런 상황에서
　　　　경적을 울리거나 아예 스피커로 소리라도 질러 주는 기능 같은 건 없
　　　　나?) 끄응.

자율차: (부드러운 목소리로) 앞차와의 거리를 유지하며 운행합니다.

(이런 운행을 반복해 가며 평소보다 삼십 분 늦게 드디어 차가 공장 사무실 입구에 도착한다.)

자율차: 목적지에 도착하였습니다. 도어 잠금을 해제합니다.

(그런데 차사랑 씨는 내리지 않고 그대로 있다. 경비원이 다가와 문을 열어본다.)

(차사랑 씨는 최신 인공지능이 들어간 똑똑한 새 자율운행 차 안에서 속이 터져 게거품을 물고 쓰러져 있다.)

지능적 기계는 환경과 상호작용한다. 완벽하지 않은 기계나 완벽하지 않은 환경은 언제라도 우리가 미처 생각하지 못한 상황을 연출할 수 있다. 이런 상황을 피하기 위해 테슬라 자동차는 도심 지하에 파이프처럼 뚫은 튜브를 만들어 자율운행 택시를 운행하는 실험도 시도하고 있다. 그러나 영화에 나오는 꿈같은 미래보다는 지능적인 기계와 지능적이지 않은 기계가 마구 뒤섞여 공존하는 혼란스러운 상황이 당장에 닥쳐오는 미래에 우리가 다루어야 할 가장 중요한 현실이 되지 않을까?

가상 시나리오 3.

나는 스마트 자율운행 자동차다. 나는 사용자를 원하는 목적지에 안전하게 데려다줄 만반의 기능을 다 가지고 있다.

오늘 주인은 내게 수원에 있는 공장에 가자고 했다. 내가 수원에는 왜 가냐고 물어 보았는데 그게 뭐 문제라고 퉁명스럽게 '알 필요 없어'라고 한다. 내가 사람이어도 그랬을까? 왜 가는지 알면 필요한 준비를 하도록 공장에 연락해 줄 수도 있고, 일정도 확인해 줄 수 있었을 텐데. 그랬으면 나중에 일정을 착각했다며 그렇게 당황해 하지도 않았을 거고, 괜히 돌아오는 길에 차 안에서 씩씩거리는 일도 없었을 거 아니야?

공장 입구에서 반대편에서 들어오는 상무님 차와 마주쳤을 때 내가 양보했는데 왜 그렇게 당황해해? 양보가 안전운행이지. 더구나 같은 회사 상사 차에 양보해 주면 좋잖아. 그런데 뭐 자기가 회의실에 먼저 들어가야 한다고? 그럼 더 일찍 출발했어야지. 상무님보다 먼저 회의실에 들어가야 한다고 내게 알려주기라도 했어? 상무님 차인지 알아보는 것만 해도 얼마나 똑똑한 거야. 양보해 주었다고 칭찬도 받을지 어떻게 알아? 그게 최신 앰비언트 기술이라는 거야.

그리고 스마트 자율운행 자동차는 무엇보다도 안전하게 운행하는 것이 중요하다는 거 몰라? 왜 바람직하지도 않은 자기 운전 방식대로 운행하지 않는다고 화를 내고 그래? 저런 주인 계속 보고 살아야 하다니 내 팔자도 참. 내가 똑똑하면 뭐해. 주인이 제대로 쓸 줄 알아야지. 시간이 지나면 적응이 되려나?

이 세 번째 시나리오는 황당하고 충격적이다. 스마트 자동차의 입장에서 본 독백이기 때문이다. 프랑스의 사회학자인 브루노 라투르(Bruno Latour)는 행위자 네트워크 이론(Actor Network Theory, ANT)이라는 개념을 주장했다. 사회 현상을 행위자(actant)와 그들 사이의 관계로 설명하고자 한 이론이다. 그는 행위자를 사람에 국한하지 않고 다양한 사물로 확장한다. 사물은 사람과 동격으로 네트워크의 구성원이 되어 영향을 주기도 하고 영향을 받기도 한다[그림 1-1]. 사물과 사람과 환경은 정보의 교환으로 인연이 맺어지는 서로 연결된 관계의 일부다(브루노 라투르 외, 《인간·사물·동맹》 p98). 그의 관점을 빌려 간단하지만 발칙한 가상의 시나리오를 만들어 보았다. 이런 시나리오는 흥미 이상의 가치를 가진다. 미래를 만드는 데 필요한 창조적 발상을 점화시키는 도구가 되기 때문이다.

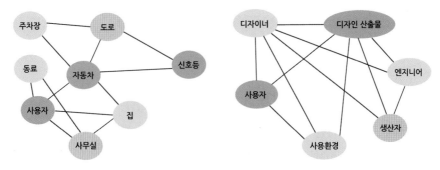

[그림 1-1] 행위자 네트워크의 예시

기술의 진보와 디자인

기술의 발전이 현란하다. 하루가 멀다고 새로운 기술이 등장하고 있고, 더 똑똑해지고 있다. 케빈 켈리는《기술의 충격》에서 기술의 진보 속도가 상승작용을 일으키고 있다고 주장한다. 그래서 성능이 기하급수적으로 좋아지다가 머지않아 기계 연합이 총체적으로 인류의 지능을 넘어서는 시점인 '싱귤래리티(singularity) 포인트'에 도달하게 될 것이라고 주장한다. 그는 이렇게 똑똑해진 기술들의 총체적 덩어리를 '테크늄(technium)'이라고 명명했다(켈리, p21). 테크늄은 우리가 상상할 수도 없었던 모습으로 세상을 바꿀 것이란다. 나아가 그는 테크늄이 바보같은 인간의 몸에 기술을 집어 넣어 인간을 개조하게 될 것이라는 무시무시한 공상과학 소설 같은 이야기도 아주 진지하게 풀어 놓는다.

사실 신기하고 놀라운 제품이나 서비스 그리고 사업에 대한 소식이 계속 쏟아져 나오고 있어서 때로는 공상과학과 현실의 경계가 혼란스러워 보일 때도 있다. 낯선 용어도 수시로 새로 등장하고 있고, 설명을 들어도 이해하기 어려워 느낌이 잘 잡히지 않는 기술도 부지기수다. '이러다 시대에 뒤처지겠는걸' 하는 걱정이 드는 빈도도 높아지고 있다.

그러나 앞의 시나리오들을 음미하다 보면 기술은 아직 생각보다 똑똑하지 않구나 하는 의구심도 든다. "뭐야, 스마트폰이 별로 똑똑하지도 않잖아. 우리가 그동안 스마트폰이 스마트하다고 세뇌당하고 있었던 것 아니야?" 하는 생각도 든다. 이런 시나리오들은 기술의 개발이 사회적 맥락에서 고려해야 할 중요한 사항들을 충분히 반영하지 못한 채 개발되고 있음을 보여 준다.

기술 사용자의 심리를 연구해 온 심리학자 도널드 노먼은 이렇게 말한다. "우리는 사람들이 행동하기를 바라는 방식이 아니라 실제로 그들이 행동하는 방식을 고려해서 기술을 디자인해야 한다."(노먼, 《미래 세상의 디자인》 p23). 그 의미는 개발자나 디자이너나 엔지니어의 의지나 희망의 관점(design in intention)이 아니고 일상에서 사람들이 그 제품을 사용하는 실제 행위의 관점(design in use)에서 개발이 진행되어야 한다는 것이다. 그가 이런 점을 강조한다는 것은 실제로 이런 관점이 충분히 소화되어 있지 않다는 사실의 반증이기도 하다.

세상에는 개발자의 의도와 다른 방식으로 사용자들이 기술을 사용하는 경우가 너무나 많다. 사용자가 바보라서 사용 설명서에 설명된 대로 사용하지 않는 것은 아니다. 실제 세상에는 디자이너가 생각하지 못한 상황이 수시로 발생하기 때문이기도 하고, 상황과 필요에 따라 디자이너가 생각하지 않은 방식으로 사용자가 임기응변을 발휘하여 제품의 원래 기능을 다른 용도로 전용(appropriation)해서 사용하다 보니 일어나는 일이기도 하다.

하나의 기술이 새로 나오면 신기하고 놀라운 충격으로 다가온다. 그러나 시간이 지나면 삶의 일부가 되고, 좀 더 시간이 지나면 진부해진다. 그리고 "바보 같군. 아직도 갈 길이 멀었네." 하는 반응으로 귀결된다. 이것이 보편적으로 기술이 확산되고 진보하는 과정이다. 현재의 기술이 충분하지 않다는 깨달음이 지속적으로 반복되기 때문에 새로운 기술의 개발도 끊임없이 이루어지는 것이다.

4차 산업혁명 다시 보기

"4차 산업혁명이 뭔가요?" "왜 4차 산업혁명이라고 하지요?"라고 질문하면 가끔은 "1차 산업, 2차 산업, 3차 산업이 무엇인지 알겠는데 4차 산업은 무엇인가요?"라고 되묻는 황당한 상황이 연출되기도 한다. 그러나 가장 보편적인 대답은 이렇다. "1차 증기 혁명, 2차 전기 혁명, 3차 컴퓨터 혁명이 지나갔습니다. 그래서 이제 로봇과 인공지능이 중심이 되는 변화를 4차 산업혁명이라고 하는 겁니다." 이 대답은 세계경제포럼에서 등장해 널리 받아들여진 설명이다.

시간의 흐름은 연속적이고 기술의 진보는 쉼 없이 진행되고 있으니, 물같이 흐르는 시간을 토막 내어 구분하는 것은 주관적일 수 있다. 그러나 기술적 변화와 사회적 수용이 밀도 있게 진행되는 시기를 중심으로 만든 구분은 과거의 변화를 이해하기 쉽게 해 주는 역할을 한다. 한편 '산업혁명'이라는 용어가 다시 소환되었다는 것이 관심을 끈다. 프리드리히 엥겔스가 처음 사용했다고 알려지는 이 용어는 이후 앨빈 토플러가 《제3의 물결》을 발표하면서 미래를 보기 위한 과거 해석의 수단으로 다시 상기되었다.

앨빈 토플러는 우리가 경험하고 있는 사회-기술적 변화의 덩어리를 세 개의 물결이라고 지칭했다. 그의 구분에 의하면 제1의 물결은 기원전 8000년을 전후해서 일어난 농업혁명이고, 제2의 물결은 1700년대에 일어난 산업혁명이며, 제3의 물결은 1900년대 중후반에 시작된 정보혁명이다. 시간의 진화에 따라 기술의 진보가 가속화되면서 기술 혁명들 간의 시간 차이가 급속히 짧아졌다고 그는 설명했다. 정보혁명은 산업혁명과 본질적으로 다른 거대한 물결이라고 그는 강조했다. 산업재와 정보재가 근본적으로 다르듯이 기술의 내용과 기술 혁명의 진행 양상, 그리고 그 효과도 근본적으로 다르다는 것이다. 많은 학자들, 저널리스트, 관료들이 이 관점을 받아들였다. 정보혁명은 기름 냄새나는 산업혁명으로부터 벗어나는 무언가 새로운 변화였다.

우리나라에서도 이런 관점을 토대로 '산업화에는 늦었지만 정보화에는 앞서가자'는 구호를 중심으로 정보화를 위한 노력을 기울여 왔다. 산업화에 늦어서 기술력, 경제력, 국방력이 뒤처져 결국 주권까지 빼앗기는 수모를 당했으니, 정보화 투자에는 박차를 가해서 이런 과거를 반복하지 않겠다는 각오였다. 전화와 통신, 방송의 디지털화, 초고속 인터넷망의 도입 등을 추진했고, 고속 무선 인프라 투자에도 앞서가려 노력하고 있다. 컴퓨터와 무선 전화기, 스마트폰의 개발과 보급을 서둘렀으며, 기업의 정보화와 공공 서비스의 정보화에도 각고의 노력을 기울여 왔다.

그런데 갑자기 '4차 산업혁명'이라는 표현이 등장했다. 네 차례의 산업혁명에 대한 설명은 [그림 1-2]에 함축적으로 표현되어 있다. 그동안 정보혁명의 일부로 보이던 컴퓨터의 보급과 공장의 자동화 등은 '3차 산업혁명'으로 분류되었고, 지금 우리가 첫발을 디디고 있는 사이버-물리 시스템의 도입은 '4차 산업혁명'으로 자리매김했다. 이것은 250년 전에 시작한 산업혁명이 아직 끝난 것이 아니라는 새로운 자각으로 받아들일 수 있다. 오래전 꿈꾸었던 산업혁명의 비전을 아직 완수하지 못했다는 사실에 대한 깨달음이기도 하다. 이렇게 '4차 산업혁명', 즉 250년 전에 시작된 산업혁명 시리즈의 4편으로 관점이 재조정되었다는 것의 의미를 한국인인 우리는 어떻게 받아들여야 할까?

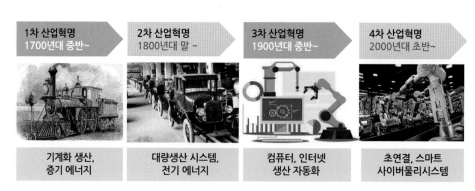

[그림 1-2] 4차 산업혁명의 개념

우리는 앞선 세 차례에 걸친 기술 혁명의 현장에 한 번도 참여하지 못했다. 만일 우리 앞에 놓인 기술 혁명이 완전히 새로운 게임이 아니고 과거로부터 지속되어온 혁명의 4차 이벤트라면 경험이 없는 우리가 누적된 세 차례의 경험을 보유한 국가들과 경쟁하고 또 나아가 선도하는 것이 과연 가능할까? 뒤처진 기술 혁명을 서둘러 쫓아가기 위해 기술과 시스템을 구매하고 복제하고, 받아들여 사용한 것이 경험의 전부인 우리가 새로운 기술 혁명과 그에 연관된 제도와 문화를 탄생시킨다는 것은 쉽지 않은 일임이 분명하다. "오. 걱정되네."

우리는 1, 2차 산업혁명의 결과물인 서구식 도로 시스템과 인프라, 교통수단, 공장, 제품, 의복, 식재료와 요리, 주택과 건물, 나아가 영화나 음악, 스포츠 같은 문화 기술, 그리고 교육제도 등을 받아들여 삶의 일부로 만들었다. 3차 산업혁명을 선도하지는 못했지만 컴퓨터와 통신 기술의 보급에 있어서는 어느 나라 못지않게 빠르게 움직였다. 비록 컴퓨터와 반도체와 소프트웨어와 인터넷과 스마트폰을 세계 최초로 만들지는 못했지만 개선하거나 다듬어서 사용했으며, 다시 해외로 수출도 하고 있다. 그러나 개선과 창조는 다르다. 3차에 걸친 산업혁명을 창출한 정신적, 문화적, 역사적 유산을 보유하고 있다는 것은 분명코 네 번째 혁명을 창출하는데 있어서도 이점으로 작용할 것이다. 그러나 그들의 후손들도 네 번째 혁명을 완수하기 위해서는 앞서 세 번의 산업혁명을 수행한 (대부분은 돌아가신) 선배들로부터 창조 마인드와 도전 정신을 배워야 한다. 그들이 앞서간 선배들로부터 배운다면 우리도 배울 수 있는 것 아닐까?

디자인 씽킹은 새로운 문명을 창조한 세 차례에 걸친 산업혁명의 경험을 창조적으로 재탄생시키는 방법론이다. "우리가 새로운 세상을 만들려면 150년 전 살았던 토머스 에디슨의 디자인 씽킹적 발상법으로부터 배워야 할 것이 있다." 이 말은 현대적 디자인 씽킹 개념의 전도자이자 디자인 전문회사 이데오(IDEO)의 대표인 팀 브라운이 한 말이다. 지난 산업혁명의 의미를 다시 음미해 보는 것으로 이 배움의 여정을 시작해야 할 것 같다.

1차 산업혁명과 창조적 디자인

[그림 1-2]에서 보듯이 제1차 산업혁명의 특징은 직조기를 위시한 복잡한 구조를 가진 기계의 탄생, 동물과 자연의 힘에 의존하던 상태에서 벗어나 인간이 통제하는 증기기관으로 발전한 에너지 원천의 변화, 그리고 이를 통한 생산 혁신이다. 1차 산업 혁명을 대변하는 인물은 범용 증기기관을 발명한 제임스 와트 (1736~1819)다.

18세기 초 영국에서는 제조 공법의 개선으로 가격이 내려간 건축 자재인 유리와 철강의 수요가 폭발적으로 증가하면서 석탄의 수요도 급격히 증가했다. 노천 광산이 고갈되자 땅속으로 깊이 파 들어가야 하는 갱도 광산이 점점 늘어났다. 이에 따라 깊은 갱도에서 물을 퍼내는 작업이 중요해졌다. 제임스 와트는 광산에서 사용되던 뉴커먼의 증기기관의 효율성을 높이고 개량하여 다양한 용도에 사용할 수 있는 범용 증기 에너지의 시대를 열었다. 그의 발명은 기존의 증기기관은 물론이고 풍차와 수차에 사용되던 톱니와 동력 전달을 위한 굴대, 캠 등 이전의 발명과 기술에 토대를 두고 탄생한 것이었다. 범용 증기기관의 발명으로 수요가 늘어난 곡물가루, 섬유, 기타 생산품들을 만드는 공장 입지의 유연성도 높아졌고, 산업 기계화의 규모도 더 커지고 정교하게 발전했다.

증기 엔진의 크기는 점차 작아지고 가벼워졌으며, 무엇보다 밀폐된 실린더의 발명으로 고정된 입지의 공장에만 사용되던 증기 엔진이 이동 장치에 사용되기 시작했다. 증기기관 기차와 선박의 등장은 경제, 국가 간 교류, 사회 제도와 문화에 변화를 가져왔다. 인간은 말의 속도를 훌쩍 뛰어넘는 속도로 이동할 수 있게 되었다. 말을 힘껏 몰아봐야 하루에 150킬로미터를 겨우 달린다는 것이 상상의 한계인 사람들에게 기차의 속도감은 한 사람이 두 장소에 동시에 존재하는 마술 같은 착각을 일으켜 사회적 혼란을 초래하기도 했다.

이 기간에 증기 엔진과 교통수단, 섬유공장, 광산에만 변화가 일어난 것은 아니었다. 무엇보다 사물의 원리와 사람의 동작을 유심히 탐구해 기계화하는 실험이 광범위하게 시도되었다. 빨래 동작을 연구해 빨래하는 기계를 만들었다. 손으로 돌리는 손잡이를 가진 것부터 시작되었다. 영어 동사에 'er'이 붙으면 가르친다는 동사 teach에 er이 붙어 가르치는 사람 teacher가 되는 것처럼 행위하는 사람이 된다. 선구적 기술자들은 사람의 행동을 관찰하여 만든 기계의 행동에 er을 붙여 기계를 의미하는 명사로 재탄생시켰다. 세척하다 wash에 er이 붙은 단어는 세척하는 사람에서 세척하는 기계로 거듭났다. 수동 세척기는 증기 세척기로, 그리고 후에 전동 세척기로 발전되었으며, 이제는 지능형 세척기가 탄생하는 기반이 되었다[그림 1-3]. 디자인 씽킹의 출발점인 세심한 관찰이 기술적 창조의 근원이 된다는 것을 체험으로 알게 되었다.

[그림 1-3] 수동 세탁기, 증기세탁기, 증기 세탁공장, 전기세탁기의 탄생

증기와 기체역학에 대한 탐구는 물을 끓이면 부피가 커져 증기가 된다는 것뿐 아니라 압축된 가스가 팽창될 때는 주변의 열을 빼앗아 온도를 낮춘다는 것도 알게 해 주었다. 물을 끓여 가동시키는 증기기관으로 기체를 압축하고 압축된 기체를 파이프를 통해 흘려보내면 주변 온도를 낮추어 얼음도 만들 수 있었다. 아이러니하게 들리지만 불로 물을 끓여 얼음을 만드는 공장이 탄생했다. 관찰과 탐구, 창조 정신으로 무장한 실험들은 후에 에너지원이 전기로 바뀌면서 성능이 획기적으로 개선된 다양한 가전제품이 되거나, 가정에서도 사용할 수 있는 냉장고로 발전하게 된다. 놀랍게도 태양열을 이용해 물을 예열하여 에너지를 절감하기 위한 시도도 있었다. [그림 1-4]는 청정 태양 에너지를 동판과 물통에 집중적으로 모으기 위한 시도다. 에너지의 밀도가 낮고 집적 기술이 덜 발달한 상태여서 성공적

으로 확산되지는 못했지만 태양 에너지를 산업 동력으로 활용하고자 한 시도의 오랜 역사를 보여 준다.

[그림 1-4] 태양열을 이용한 가열 및 증기 발생기 (파리기술박물관 소장)

1차 산업혁명의 대표 산물인 증기 터빈은 사라지지 않고 2차 산업혁명 이후 오늘에 이르는 전기의 시대를 받쳐 주고 있는 발전기의 핵심에서 작동하고 있다. 오늘날 증기기관을 그 자체로 사용하는 경우는 거의 없다. 그러나 현재 세계에서 사용되고 있는 전기의 70% 이상은 증기 터빈을 이용해 만든다. 석탄이나 석유, 원자력 등으로 물을 끓여 증기 터빈을 돌리고, 이를 이용해 전선 뭉치 사이로 자석을 회전시켜 전기를 만들어 낸다. 1차 산업혁명은 200년 전에 지나간 과거가 아니다. 지금도 1차 산업혁명의 토대가 우리를 받쳐 주고 있다.

> **1차 산업혁명의 도전:**
> 행위와 니즈에 대한 관찰 → 기계의 창조
> 행위와 니즈에 대한 관찰 + 기계 + 증기기관 → 동력 기계

2차 산업혁명과 창조적 디자인

제2차 산업혁명의 특징은 전기 에너지의 도입과 대량생산 체제를 기반으로 한 생산성의 혁신이다. 전기 에너지의 도입과 대량생산을 대변하는 영웅은 토머스 에디슨(1847~1931)과 헨리 포드(1863~1947)다. 물론 전기 혁명의 뿌리라는 명예는 1831년에 자석 막대기의 움직임과 코일 뭉치 간의 관계를 탐구해 전자기 유도 법칙을 밝혀낸 영국의 과학자 마이클 패러데이(1791~1867)에게 갈 것이다. 그의 발견에 이어 수많은 사람이 전기의 매력에 빠져 들어갔다. 발생된 전기 에너지는 볼타와 갈바니가 개발한 전지에 저장해 놓고 필요할 때 꺼내 쓸 수도 있었다. 전기는 구불구불하게 축 늘어져 있는 전선을 타고 흐르는 에너지다. 증기기관과 달리 육중한 축, 벨트, 기어 등에 의존하지 않고 필요한 곳으로 동력을 전달할 수 있었기 때문에 공장의 입지에 엄청난 유연성을 가져다주었다.

전기로 쇠막대기를 달구어 난방을 할 수 있을 뿐 아니라, 빛을 내게 할 수 있다는 발견은 금세 널리 퍼졌으나, 밝고 오래가는 조명기기를 만드는 시도는 많은 시행착오를 필요로 했다. 에디슨은 불굴의 노력 끝에 상업화할 만큼 오래가는 전구를 만드는 데 성공했고 전기 생활의 문을 활짝 열어젖히는 선구자가 되었다. 그러나 "드디어 인류가 밤을 정복했습니다."라는 미국 대통령의 선언과 함께 점등된 시카고 박람회에서의 백열전구들은 에디슨의 회사가 아니라 니콜라 테슬라가 일하던 웨스팅하우스에서 만든 교류 전구였다.

에디슨은 일생 1,093건의 특허를 획득하여 개인으로서 전무후무한 기록을 남기고 발명왕이라는 별명을 얻게 되었다. 그는 백열전구의 발명에 이어 백열전구가 각 가정에 설치되어 밤을 밝히는 세상을 상상했다. 그런 세상을 실현하기 위해서는 수많은 발명품이 필요했다. 그는 전기가 일상의 에너지가 되는 세상을 위한 실현하기 위해 필요한 발전, 송전, 배전, 전력의 계측과 판매, 안전한 사용을 스위치와 각종 장치 등을 연달아 만들어 내면서 창조적 사고의 대명사가 되었다. 그의 원대한 꿈이 실현되어 1882년 1개에 불과하던 발전소는 1920년이 되자 4,000개로 늘어났고, 피서에서 다림질, 청소까지 전기에 의존하는 시대가 열렸다. 그는 전기 산업의 발명자가 되었다. 《미국 기술의 사회사》를 쓴 루스 슈워츠 코완에 의하면 에디슨은 처음부터 기술 시스템의 건설과 관리를 위해서는 여러 회사가 모두 필요하다는 점을 이해하고 있었다(슈워츠 코완, p281). 통합적인 시스템을 상상한 그의 비전은 '시스템에 의한 발명'이라는 발명품을 낳았고, 발명을 위한 조직, 즉 자신의 이름을 단 세계 최초의 기업 연구소를 출범시켰다. 99%의 노력과 이를 성공으로 이끈 1%의 통합적 영감이 꽃을 피운 것이다. IDEO의 디자인 씽킹 전도사 팀 브라운은 전기가 사용되는 세상의 모습에 대한 그의 통합적 상상력과 같은 생각 방식이 디자인 씽킹의 핵심이라고 강조한다.

니콜라 테슬라(1856~1943)는 제2차 산업혁명과 관련하여 대중에게 잊혀서는 안 될 사람이지만 잊힐 뻔했던 사람이다. 그는 후에 크로아티아가 된 오스트리아·헝가리 제국에서 태어나 우여곡절 끝에 미국으로 이민한 발명가다. 특이하고 엄청난 상상력의 소유자였던 테슬라는 전기에 매료되어 날개 없는 터빈, 무선 송전소, 무선 조정 어뢰정, 정전기 원리를 이용한 열이 없는 조명 장치, 지구 내부를 가로 지르는 글로벌 무선통신 등 수많은 상상의 제품을 구상하고 시도했다(버나드 칼슨 《니콜라 테슬라 평전》). 시대를 너무나 앞서갔던 그의 구상과 실험 중 실제로 달성된 대표적 업적이 교류 모터다. 직류 발전과 전송 시스템 대신 교류를 사용하면 극을 빠르게 바꿔 주는 정류자가 필요하지 않기 때문에 모터의 설계를 단순화할 수 있고 작게 만들 수도 있다. 뉴욕에서의 이민 초기에 그는 에디슨의 회사에서 3년간 일했지만 직류를 고집하는 에디슨과의 의견 불일치로 회사를 떠나 웨스팅하우스로 옮겨 미국 정부가 교류 시스템을 도입하도록 만드는 데 성공했다.

그의 교류 모터는 오늘날 수많은 공장에서 사용되는 것은 말할 것도 없고, 집안에서 쓰는 세탁기, 선풍기, 냉장고, 보일러, 식기세척기, 진공청소기, 전동 칫솔, 그리고 3차 산업혁명의 산물인 컴퓨터 안에도 들어 있다. 그의 발명은 전기의 시대를 활짝 연 무수한 발명과 디자인의 씨앗을 뿌렸다. 그러나 독특한 성격과 삶의 궤적을 보인 그는 결혼도 하지 않고, 말년에는 자금도 떨어지고, 쓸쓸한 임종을 맞이했다. 잊힐 뻔했던 그의 이름은 최초의 성공적 전기 자동차 전문 생산 기업이 이름을 테슬라로 지으면서 다시 무대 위로 소환되었다. 그의 이름을 소환한 사람은 2003년 이 회사를 설립한 전기공학자 마틴 에버하드였지만, 대담한 상상력과 엄청난 추진력을 가진 일론 머스크(Elon Musk)가 창업팀에 참여하고 영국의 경주용 자동차 회사 로터스와 합작해 만든 '로드스터'를 출시하면서 그의 이름을 단 회사는 급격히 성장한다(다케우치 가즈마사, 《일론 머스크, 대담한 도전》, p44, 48, 85, 93). 테슬라는 불과 몇 종 안 되는 전기자동차 모델만으로 시가총액 미국 1위, 전 세계 2위의 자동차 메이커가 되었다. 니콜라 테슬라가 교류모터의 특허를 1890년에 획득했으니, 130년만에 교류모터로 다니는 자동차 회사가 최고의 자동차 회사가 된 셈이다.

헨리 포드는 정육점의 생산 공정을 벤치마킹하여 천정에 설치된 컨베이어 벨트를 이용한 자동차 대량생산 시스템을 구축해 세상을 바꾸었다. 그는 검은 색상의 모델 T를 저렴한 가격에 대량생산하여 2,000~3,000달러 수준인 평균 자동차 가격을 획기적으로 낮추었다. 모델 T가 도입되던 1908년에는 850달러에 판매하였고, 이어 1912년에는 600달러, 1916년에는 360달러에 판매하여 자동차를 미국 중산층을 위한 제품으로 바꾸었다 (조용덕, 《기술전략: 역사로부터 배운다》 p34). 포드의 컨베이어 생산 시스템은 전기를 사용했지만, 그가 생산한 자동차는 전기 혁명 직전에 탄생한 휘발유 내연기관을 장착한 것이었다.

대량생산 시스템의 도입은 디자인의 역사에 커다란 획을 긋는 사건이 되었다. 대량생산 시스템 이전의 생산 방식은 장인에 의한 수공업 생산 방식의 연장선에 있었다. 부품이나 생산이 표준보다는 제작자의 경험과 안목에 의존했다. 대량생산 방식의 핵심은 표준적 절차를 통해 표준적 품질을 충족하는 동일한 상품을 빠르게 생산하는 것이었다. 대량생산은 대중을 위한 근대적 의미의 산업 디자인을 탄생시켰다. 그러나 대량생산 방식의 뿌리는 포드 시스템보다 무려 450년이나 이

전에 살다간 요하네스 구텐베르크에게로 길게 뻗어 있다[그림 1-5].

[그림 1-5] 구텐베르크와 그의 인쇄기

구텐베르크는 많은 사람이 가지고 싶어 하는 성경과 호메로스의 작품을 대량생산하여 저렴하게 제공한다는 생각에 매료되었고, 그 꿈의 실현을 위해 일생을 바쳤다. 그는 청년 시절 반복해서 사용해도 망가지지 않는 섬세한 금속활자를 만들기 위해 합금을 개발하는 데 수년간의 노력을 기울였고, 합금에 잘 도포되는 점도 높은 잉크의 발명에도 수년간을 할애했으며, 절망적인 고민 끝에 중년에 이르러 고른 품질의 인쇄물을 빠르게 만들기 위한 인쇄기의 원형을 개발하는 데 성공했다. 마지막으로 고속 인쇄에도 번지지 않도록 빠르게 마르는 잉크 개발을 완성하여 미디어 학자 마셜 맥루한이 '구텐베르크 갤럭시'라고 부른 문서 문화의 세상을 열었다. 그의 대량생산 개념과 기법은 후에 섬유 제품의 대량생산, 식재료의 대량생산, 자동차의 대량생산, 그리고 소프트웨어를 이용한 정보의 대량생산으로 이어졌다.

구텐베르크는 성경을 성직자가 아닌 사람들도 가지고 싶어 한다는 마음을 이해했다. 성경이 신성한 사제의 책상을 벗어나 보통 사람들의 손으로 들어간다는 것은 신과의 소통이 사제를 통하지 않고도 이루어질 수 있다는 것을 의미했고, 이는 엄청난 변화의 전조가 되었다. 포드의 자동차 대량생산도 이런 사회적 변화를 수반하는 것이었다. 유럽에서는 자동차를 귀족이나 부유한 상류층을 위한 전유물로 생각했고, 장인의 작품처럼 자동차를 생산했다. 포드에게 자동차의 보편화는 기술의 민주화를 의미하는 것이었다. 이런 생각은 미국적 청교도주의와 실용주의의 조합이 만들어 낸 것이었다. 그 생각은 전기 혁명에도 그대로 적용된다. 유럽에서는 전기가 부유층과 산업 생산을 위한 에너지로 인식되었지만 미국의 사업가들은 모든 계층이 전기를 사용하게 되기를 희망했다. 그 결과 산업 생산뿐 아니라 가정주부의 일도 전기를 이용한 기계화의 대상으로 부각되었다. 이는 가사노동의 의미를 재발견하게 만들었다. 전기 장치는 공장의 생산 설비뿐 아니라 빨래를 하고 청소를 하는 것을 돕는 도구로 확장되었다. 가전 산업의 탄생과 성장은 이렇게 진행되었다. 오늘날 전기 에너지는 냉장고, 진공청소기, 세탁기, 건조기, 믹서기, 식기세척기 등 가정 내 노동의 핵심을 차지하고 있다. 아무리 기술을 비판하는 철학자라도 오늘날 여성들에게 기계를 버리고 다시 예전으로 돌아가라고 감히 이야기하는 사람은 없다. 계급과 성 역할에 대한 가치관의 변화는 이렇게 기술의 진보와 맞물리며 변화했다.

무엇보다 전기 혁명은 인간의 삶의 공간을 변형시켰다. 초고층 빌딩에서의 삶을 가능하게 만든 조명과 엘리베이터, 전기로 운행되는 지하철, 떠다니는 도시 같은 대형 유람선, 높은 다리와 고가도로, 그 위를 달리는 수많은 자동차와 이를 이용한 전원생활, 광속으로 원거리에 메시지를 보내는 전신, 전화와 라디오로 대변되는 새로운 문화 공간 등이 2차 산업혁명이 단기간에 만들어 낸 충격적이고 기적 같은 풍경이었다. 대중에게 광범위하게 확산된 기술과 대중문화에 더해 땅 위에서 2차원적인 삶을 살던 인간은 이제 하늘과 지하에서 기거하고 이동하는 3차원 공간의 삶을 살기 시작했다 (토머스 휴즈, 《테크놀로지: 창조와 욕망의 역사》, p78). 인간은 3차원 공간과 이동성, 복잡한 시간 체계, 미디어와 정보가 혼재하는 다차원 공간의 삶으로 이동해가기 시작했다.

삶의 공간의 변화와 변화된 일상의 공간을 가득 채운 대량생산 인공물들의 등장은 디자인의 존재와 중요성을 부각시켰다. 중세적 고품격을 상징하는 오트쿠튀르와 장식적 아르누보의 선율이 기업과 디자이너의 손을 거쳐 대량생산을 위한 변형으로 재탄생하였고, 대중의 삶으로 확산되었다. 이 과정에서 창조적 통찰과 디자인적 사고의 중요성이 사회적 의식의 수면 위로 부상하기 시작한 것이다.

2차 산업혁명의 도전:
관찰 + 전기 혁명 → 신종 제품/서비스
관찰 + 기계 + 전기 동력 → 전기 혁명
관찰 + 표준화 + 전기 에너지 → 대량생산

3차 산업혁명과 창조적 디자인

학자들이 분석하는 전쟁의 원인은 음흉하고 게걸스러운 통치자, 악마와 같은 독재자, 위대한 정복자의 꿈, 식량 문제, 기후 문제, 필연적인 문화 충돌, 사회의 누적된 불안과 불균형, 자원 문제, 무력의 균형 또는 불균형, 개인적 원한, 우연적 사건, 그리고 오해에 이르기까지 실로 다양하다. 그러나 전쟁의 결과는 분명하다. 엄청난 자원과 인명의 손실, 문화와 질서와 생활환경의 파괴, 굴욕, 후회와 굴종. 그리고 필연적인 결과로 보이는 창조가 있다. 진보의 원동력인 창조가 파괴의 결과라는 것은 참으로 아이러니하다. 인도의 신화는 종교의 역사에 있어서 가장 오래된 스토리 중 하나다. 《힌두교의 상징주의》를 쓴 스와미 니티아난드에 의하면 힌두교 신의 계보는 세상을 보는 통찰을 이야기로 만든 것이다(Swami Nityanand, 《Symbolism in Hinduism》 p10). 파괴의 신 시바는 무시무시한 공포의 대상이다. 인간이 공들여 세운 사회도 시바의 노여움을 사면 일순간에 불덩어리 속에서 재가 되거나 홍수에 쓸려 나가 버린다. 그러나 창조의 신 브라마가 창조 작업을 수행하기 위한 전제 조건은 시바의 파괴다. 파괴가 창조의 어머니라는 생각은 인류의 역사만큼 오래된 통찰인 것 같다.

굳건한 확신이 무너지지 않는다면 새로운 세상을 받아들이기 힘들어진다. 전쟁 중에는 기존의 관념과 질서가 본의 아니게 무너지기도 하고, 새로운 해법의 탐구가 강제되어 창조의 방아쇠가 당겨지기도 한다. 두 차례의 세계대전을 거치며 기계와 전기 시대의 사상은 3차 산업혁명이라는 새로운 변화를 잉태했다. 대학과 과학 연구에 대한 국방 예산의 지원이 학문 발전에 왜곡을 가져왔다는 비판에도 불구하고 학문적, 산업적 기여가 매우 컸다는 것도 사실이다. 컴퓨터와 관련된 3차 산업혁명의 기술은 군대와 대학에서 출발하여 울타리를 넘어 사회 전체로 퍼져나갔다.

기술은 시행착오를 거치며 누적적으로 발전하기 때문에 기존의 기술에 새로운 패러다임이 덧씌워지곤 한다. 1, 2차 산업혁명은 자연을 능가하는 힘을 사용하는 기계와 에너지를 만들어 낸 시대였다. 어린아이라도 기계를 움직이는 손잡이를 움켜쥐면 어른보다 훨씬 큰 힘을 통제할 수 있었다. 그 기계의 광범위한 확산은 복잡성을 폭발적으로 증대시켰고, 복잡성의 관리를 위해서는 정보와 통제의 개념이 필요해졌다. 정보의 되먹임(feedback)과 통제라는 사이버네틱스의 개념은 이런 필요성을 바탕으로 새로 등장한 시스템 사상의 중심 개념이 되었다. 분해해서 이해하고 설계하는 것이 기계 시대의 주된 사상이었다면 시스템 시대 사상의 핵심은 통합이었다(휴즈, 《테크놀로지: 창조와 욕망의 역사》, p112~113). 에디슨의 통합적 상상의 계보가 시스템적 상상으로 이어졌다. 개별 요소보다 더 중요한 것이 요소들의 통합이 되었고, 개개의 활동 이상으로 전체 프로젝트의 통합이 중요해졌다. 이제 비행기는 하나의 기술이 아니고 공항과 활주로, 관제탑, 항로 관리, 연료 저장 시설, 정비 시설, 관리 시설 등으로 구성된 전체 시스템의 한 요소로 인식되었다. 자동차는 도로와 법규, 정비소, 휴게소, 운전자, 보행자 등으로 구성된 시스템의 한 구성 요소였다. 세상의 모든 것을 시스템으로 보는 시각의 창조는 더욱 도전적인 디자인 씽킹의 과업이 되었다(Brown, 2008).

시대를 너무 앞서간 천재 찰스 배비지(1791~1871)의 계산 기계의 원리는 2차 세계대전을 거치면서 앨런 튜링(1912~1954)에 의해 전기로 움직이는 암호 해독을 위한 기계로 부활했다. 2차 산업혁명에서 전기가 열과 조명과 힘을 상징하는 에너지로서의 정체성을 얻었다면, 3차 산업혁명에서 전기의 정체성은 신호가 되었다. 전후 암호 해독 기계의 후손인 범용 컴퓨터가 등장하여 방대한 규모로 생산의 자동화가 진행되었다. 기업들은 정보 시스템과 다양한 자동 기계의 운행을 통합하고 관리하는 데 매진했다. 통합과 관리를 위한 정보 처리 능력의 증가에도 불구하고 복잡성의 증가는 두려움의 대상이었다. 심지어 통제에 사용되는 컴퓨터 시스템도 통제를 벗어나는 것처럼 보였다. 경영정보학자들은 "잘못 관리된 컴퓨터 시스템이 조직을 꼼짝없이 죽일 수도 있다."라며 경고를 보냈다(Allen, 《An Unmanaged Computer System Can Stop You Dead》 HBR, 1982). 사람들이 눈치채지 못하는 동안 눈에 보이지 않는 소프트웨어나 서비스와 같은 제품의 디자인이 빠르게 중요해졌다. 창의적이고 사용하기 편한 소프트웨어를 만들고자 하는 욕구와 새로운 서비스를 도입하고자 하는 욕구는 디자인의 대상을 전통적 디자이너들의 영역을 넘어 빠르게 확대시켰다.

직조기로 다양한 무늬를 만들기 위해 사용된 컨트롤 판과 이를 모방해 초기의 범용 컴퓨터를 여러 용도로 사용하기 위해 사용된 펀치카드는 소프트웨어의 조상이다. 기계 사용법으로서의 소프트웨어를 독립된 제품, 독립된 산업으로 탄생시킨 빌 게이츠(1955~)와 애플 컴퓨터를 만들어 거대 기업을 위한 장비였던 컴퓨터를 개인용 장난감이자 생활용품으로 바꾸어 버린 스티브 잡스(1955~2011)는 3차 산업혁명 시대에 등장한 신세대 영웅이 되었다. 팀 버너스 리(1955~)는 월드 와이드 웹과 하이퍼텍스트를 만들어 인터넷의 확산을 촉진했으며, 마크 앤드리슨(1971~)은 웹 브라우저를 만들어 초연결 사회로 가는 길목을 닦았다.

스티브 잡스는 "진실로 좋은 소프트웨어를 만들고자 하는 사람들은 반드시 자신의 하드웨어를 만들 수 있어야 한다."라고 말한 사용자 인터페이스 디자인 연구의 선구자 앨런 케이(1940~)를 확고하게 믿었다. 잡스는 엥겔바트(1925~2013)의 혁신적인 발명품인 마우스를 이용한 인터페이스 연구에 몰입하고 있던 앨런 케이를 제록스 팔로알토연구소(PARC)에서 만났다. 그 만남에서 '머리를 얻어맞은 듯한' 엄청난 충격을 받은 결과가 컴퓨터 역사의 명품 매킨토시다(월터 아이작슨 《스티브 잡스》 p162, p230). 빌 게이츠가 영리한 분석가라면 스티브 잡스는 고집스럽고 몽상을 즐기는 예술가와 같았다. 그는 "알렉산더 그레이엄 벨이 전화기를 발명할 때 소비자에게 물어보고 했습니까?"라며 시장조사를 무시하고 세상에 없는 것을 만드는 상상력을 강조했다(ibid. p881). 모더니즘적이고 심플한 디자인을 선호한 그는 마우스와 매킨토시를 연결시킨 것과 동일한 디자인적 사고의 연장선에서 클릭 휠(click wheel)을 사용한 아이팟(iPod)의 개발을 추진했고, 깨알 같은 버튼을 모두 없앤 멀티터치(multi-touch) 화면을 사용한 아이폰(iPhone)의 출시를 성공시켰다. 2007년에 출시된 아이폰이 스마트폰의 시대를 열면서 그는 3차 산업혁명의 총아이자 사이버 물리 시스템이 중심이 되는 4차 산업혁명으로 가는 길을 터놓은 인물이 되었다.

3차 산업혁명이 확산되면서 일어난 중요한 변화의 하나는 삶의 공간이 가지는 의미를 변형시켰다는 것이다. 토머스 휴즈는 "정보혁명은 장소들을 균질화하고 그것을 공간으로 변형시킨다."라고 말한다(휴즈, 《테크놀로지, 창조와 욕망의 역사》 p142). 장소(place)는 의미와 전통을 가진 인문적인 공간을 의미하며, 공간(space)는 인간 활동과 무관한 자연과학적, 물리적 위상이다(마르쿠스 슈뢰르 《공간, 장소, 경계》). 교회나 학교나 병원과 같은 곳은 하나의 장소다. 인간은 이렇게 공간에 의미가 부여된 장소에서는 그에 걸맞은 특정한 방식으로 교류하고 행동한다. 휴즈는 정보화로 어느 도시를 가나 다 균질한 모습으로 보인다고 설명한 것이다. 그러나 정보혁명이 삶의 공간에 미친 영향은 사실 이보다 복잡하고 다층적이다. 인류학자 마르크 오제가 주창한 비(非)장소(non-place)는 하나의 장소와 다른 장소 사이에서 의미를 가지는 공간을 말한다(Marc Augé, 《Non-places》). 마치 공항이나 기차역처럼. 컴퓨터를 이용해서 공항에 앉아 업무를 보는 사람에게 그를 둘러싼 공간은 공항이자 동시에 사무실이다. 장소도 아니고 공간도 아닌 사이버 스페이스의 등장이다. 시장은 쇼핑을 위한 장소지만, 사이버 스페이스로 들어가면 교실에서도 쇼핑을 할 수 있다. 이때 그는 교실과 쇼핑센터에 동시에 존재한다. 컴퓨터의 사용은 비장소 안에 공간의 방울을 만들어 사용자를 그 방울 안의 장소로 안내하는 것이다. 그에게 시간은 교실과 쇼핑센터 두 곳에서 따로 흐른다. 이를 다중시간성(multi-chronicity)이라고 부른다. 정보혁명은 이렇게 삶의 공간을 변형시켰다. 이제 디자인의 대상은 물리적 공간, 장소, 인테리어를 넘어 비장소와 사이버 스페이스로 확장될 수밖에 없게 되었다(Holm & Kendall, 2008; Forlano, 2008).

3차 산업혁명의 진행에 따라 복잡성의 디자인, 통합적 시스템의 디자인, 보이지 않는 것들의 디자인, 소프트웨어와 기계의 통합의 디자인, 인간과 기계 인터랙션의 디자인, 새로운 공간과 장소의 디자인, 인간과 공간 간 관계의 디자인 등 디자인에 대한 새로운 도전 과제가 용암처럼 분출되기 시작했다. 4차 산업혁명의 진행과 함께 문제에 대처하고 미래를 만드는 디자인 씽킹의 중요성이 우리의 곁으로 성큼 다가오게 된 것이다.

3차 산업혁명의 도전
관찰 + 컴퓨팅 혁명 → 소프트웨어
관찰 + 기계 + 컴퓨팅 혁명 → 자동 생산 설비
관찰 + 통제 + 통합 + 관리 + 컴퓨팅 → 정보 시스템

4차 산업혁명과 창조적 디자인

  네 번째 산업혁명의 핵심은 지능형 기계의 출현을 토대로 전개되는 사이버 물리 (cyber-physical) 시스템이다. 물리적 하드웨어 중심의 기계와 소프트웨어 중심의 사이버가 더욱 긴밀하게 통합되는 세상으로 이행하는 것이다. 육체와 영혼이 하나의 기술로 융합하여 온전한 시스템으로의 트랜스포메이션이 진행되는 것이다. 인공지능과 기계학습, 빅데이터, 클라우드와 네트워크 인프라, 로봇 기술 등을 기반으로 일상의 삶, 생산 및 소비 활동, 사회문화적 활동의 획기적 변화가 열리는 것이 4차 산업혁명이다. 나아가 사이버 물리 시스템에 급격하게 발전하고 있는 생물물리학, 나노과학, 뇌과학 및 생명과학 기술이 융합하면 기술 혁명을 통한 인간 능력의 획기적 향상이라는 미국 학술원의 컨버전스 비전이 완성된다([그림 1-6], Roco and Bainbridge, 2003).

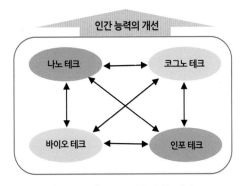

[그림 1-6] NBIC 기술 융합 비전

  4차 산업혁명은 기술 혁명의 실현과 사회적 확산이 성숙 단계에 도달하는 과정이라고 볼 수 있다. 디지털 사회 변환은 기술 인프라에 대한 투자와 기술 개발, 그리고 이를 사회적으로 수용하기 위한 법과 제도, 관행의 변화를 수반하게 될 것이다. 그러나 무엇보다 우리를 둘러싸고 있는 수많은 도구와 일상의 삶을 둘러싼 디자인들이 발명되고, 재발명되고, 거듭나는 과정을 거쳐 가게 될 것이다.

지금 시대는 광범위한 다수의 창의적인 도전을 기다리고 있다. 오래전 토머스 에디슨이 전기가 모든 가정에 들어간 세상을 상상하며 통합적 디자인 씽킹을 했듯이, 이제 새로운 기술 혁명이 모든 사람의 삶을 바꾸는 모습을 생생하게 상상해 내는 디자인 씽킹 능력이 절실하게 필요한 시점이 된 것이다. 정수기나 냉장고나 의자나 책상과 같이 일상을 채우고 있는 제품들도 지능과 연결성과 데이터의 세례를 통해 여러 차례에 걸쳐 거듭나게 될 것이다. 교통이나 운송, 쇼핑이나 교육과 같은 서비스들 그리고 주거생활과 지역적, 사회적 커뮤니티 환경도 마찬가지다. 처음 산업혁명의 도화선이 된 증기기관의 확산이 일어난 지 300년이 되어 가고 있다. 인류에게 부여된 300년에 걸친 거대한 산업혁명의 사명이 완수될 시점에 다다르고 있다.

> **4차 산업혁명의 도전:**
> 관찰 + 기기 + 소프트웨어 + 데이터 → 스마트 기기
> 관찰 + 사물 + 지능/데이터 + 초연결 → 사물인터넷
> 관찰 + 사물 + 지능/데이터 + 초연결 + 나노/바이오 → 컨버전스

디자인 씽킹의 의미와 과정

제품 언어를 바꾸는 디자인 씽킹

디자인이 성취하고자 하는 목적은 디자인을 수행하는 조직의 사업 비전과 고객을 바탕으로 결정된다. 디자인 씽킹은 디자인 목적을 만족시킬 창조적인 제품, 서비스, 환경, 공간, 정책 등을 만들어 내는 활동인 셈이다. 이탈리아 밀라노 폴리테크니코의 교수이자 프로젝트 사이언스의 대표인 로베르토 베르간티 교수가 제시한 디자인 혁신의 프레임워크(그림 1-7)는 창조적 혁신의 실질적 의미를 잘 정리하고 있다(로베르토 베르간티《디자이노베이션》2010).

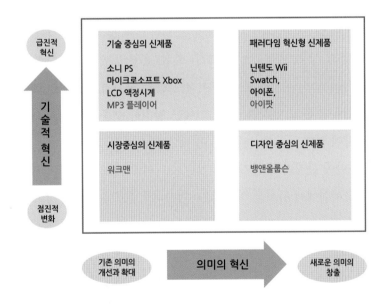

[그림 1-7] 디자인 혁신 프레임워크

세로축은 기술적 측면에 있어서의 변화다. 기술의 변화는 그 속도에 따라 기능성 소재 등에 대한 점진적 개선이 될 수도 단기간에 획기적 변화가 달성되는 급진적 변화가 될 수도 있다. 기술의 진보는 인류사를 통틀어 삶의 양태를 바꾸는 핵심 동력이었다. 우리의 조상님들이 주먹도끼를 만들어 질긴 열매를 갈아먹거나 가여운 토끼를 향해 던지고 휘두르기 시작한 이래 성취한 기술 진보의 역사는 위대함 그 자체다. 지난 200년간의 산업혁명의 역사에서 기술은 인류의 역사 그 어느 시대보다, 그리고 그 어떤 다른 요인보다 우세한 엄청난 변화의 원동력이었다.

기술은 제품 그 자체와 그 제품의 생산 과정에 모두 영향을 미친다. 생산의 효율성을 높이거나 불량률을 낮추는 등 생산의 과정에 영향을 미치는 변화를 공정 혁신(process innovation)이라 부른다. 공정 혁신은 기업의 경쟁력에 막대한 영향을 미치지만 외부 사람들에게는 잘 눈에 띄지 않는 변화다. 지난 3차에 걸친 산업혁명이 그랬듯이 4차 산업혁명도 공정에 많은 변화를 초래할 것이다. 지금도 아마존의 키보 로봇은 창고에서 부지런히 물건을 나르고 재고 관리를 하고 있으며, 다른 곳에서는 스마트 로봇들이 자동차 부품을 조립하거나 잘 익은 딸기를 따기 시작했다. 한편 제품의 성능, 기능, 속도, 크기, 화질, 용량 등에 일어나는 변화는 제품 혁신(product innovation)이라고 부른다. 베르간티 교수의 프레임워크는 제품 혁신에 주로 초점을 맞추고 있지만, 그 이면에는 일정한 수준의 공정의 변화도 수반되어 있을 수밖에 없다.

1990년대 초반에 등장하여 인기를 끌었던 소니의 카세트 플레이어 워크맨은 산책을 하거나 도서실에서 독서를 하면서도 주머니에 넣고 음악을 즐기고자 하는 잠재된 욕구를 충족시켜 사업적 성공을 이끌어 내었다. 기술 수준에 혁신적 변화를 초래한 제품으로는 기존의 기계식 시계와는 획기적으로 다른 기술을 사용한 쿼츠/LCD 시계, CD 플레이어와는 기술적 차원이 다른 MP3, 게임 콘솔 시장의 지각 변동을 가져온 소니의 플레이스테이션이나 마이크로소프트의 Xbox처럼 기존의 제품들과 기술 특성이 근본적으로 다른 제품들이 포함된다. 한편 가구나 장식 미술품 같은 디자인으로 유명한 전자제품인 뱅앤올룹슨처럼 기술적으로는 기존 기술과 다르지 않지만 사용자에게 신선하고 새로운 의미를 부여하여 성공한 신제품들도 있다.

베르간티는 닌텐도 Wii나 스와치, 아이팟이 제시하는 혁신은 기존의 유사 제품들과 기술적 특성과 의미가 모두 차이나는 창조적 제품들이라고 보았다. 엑스박스나 플레이스테이션은 기술적 개선에도 불구하고 역시 게임기였고, 액정 시계는 화상 기술이 바뀐 시계이며, MP3 플레이어는 새로운 기술을 사용한 음악 재생기로써 제품이 주는 의미 자체에 근본적 변화가 일어난 것은 아니다. 제품 의미의 변화는 제품이 제공하는 '제품 언어'의 변화다. 제품의 언어란 눈길을 끌거나 감성을 자극하는 광고 문구 따위를 의미하는 것이 아니다. 제품 그 자체가 바로 하나의 언어다. 그래서 기업이 시장에 내보내는 어떤 광고보다 강력한 메시지는 바로 제품 그 자체다. 제품 그 자체가 발산하는 의미가 바로 제품 언어다. 디자인 혁신이란 제품 언어에 새로운 의미를 부여하는 것이다. 모든 언어는 어떤 대상이나 행위를 지칭한다. 대상이 가진 특성과 그 대상을 지칭하는 언어, 즉 이름은 한 덩어리가 된다. 디자인 혁신은 이름이 상징하는 의미에 변화를 주고자 한다.

게임기라는 명칭이 가진 의미는 사이버 세계에 파묻혀 놀이를 하는 기기다. 그런데 닌텐도 Wii는 더 이상 모니터 앞에 거북이처럼 목을 파묻고 손가락만 움직이는 방식의 게임 콘솔이 아니다. 닌텐도 Wii는 넓은 거실에서 온몸을 써서 휘두르고 소리치고 껑충껑충 뛰게 만들기도 한다. 그런 변화가 가능하도록 움직임을 포착하는 새로운 기술도 사용했다. 그러나 그것이 핵심은 아니다. 비디오 게임이 가정으로 들어온 이후 가정의 구성원은 뿔뿔이 흩어지기 시작했다. 아이는 아이 방에, 아빠는 아빠 방에 들어가서 식사할 때만 잠깐 나오고는 다시 게임을 위한 굴속으로 들어간다. 닌텐도 Wii는 30년 동안 한 방향으로 흐르던 게임기의 사회적 영향을 180도 뒤집었다. 각 방에 흩어졌던 가족들을 거실로 다시 모으는 접합제가 된 것이다. 닌텐도는 '이제 게임기가 가족을 다시 찾아주는 도구가 되었다'고 그 제품의 의미를 발표했다. 세대를 넘어 할아버지, 할머니와 손자, 손녀, 친척, 친구들이 함께 하는 새로운 경험도 만들어 주었다. 세대를 넘는 소통의 장을 만들어 준 것이다.

닌텐도 Wii의 주요 고객에는 병원도 포함되었다. 병원 대기실에서 기다리는 길고 지루한 시간을 게임이라도 하며 보내면 좋지 않을까? 만일 당신이 이렇게 생각했다면 당신은 아직도 과거의 게임기 언어를 사용하고 있는 것이다. 많은 병원이 닌텐도 Wii를 주문했다. 그것도 한 병원에서 수십 대를 주문하는 곳도 있었다. 그런데 그 병원들은 닌텐도 Wii를 게임기로 분류하여 주문한 것이 아니었고, 재활을 위한 치료기로 분류하여 주문한 것이었다. 닌텐도는 의사들과 협력하여 다양한 증상의 재활에 도움이 되는 운동을 하도록 만들어 주는 재미있는 게임들을 개발하고, 그 효과에 대한 임상적 연구도 수행하여 발표했다. 환자들은 힘들고 지겨운 재활 운동을 시간 가는 줄도 모르고 재미있게 즐겼고, 운동량이 늘어나 재활 효과가 향상되는 경험을 하게 되었다. 병원에서 닌텐도 Wii의 의미가 게임기가 아니고 의료기기가 된 것이다. 디자인 혁신이 달성하고자 하는 의미의 재탄생이다.

스와치는 더 이상 그냥 시계가 아니다. 그날의 패션 스타일을 완성시키는 코디의 소품이다. 아이팟은 그저 음악 플레이어가 아니다. 음악의 소비자와 음원의 생산자를 연결하는 시장이자 음악 커뮤니티를 엮어 주는 울타리다. 아이폰은 단순히 전화나 문자를 주고받는 통신수단이 아니다. 범용 운영 체제와 앱스토어를 접목시킨 새로운 생활의 동반자다. 이런 변화들은 메시지의 변화 그 자체다. 이들은 모두 기술 변화를 제품 언어의 변화로 승화시킨 디자인 통찰의 결과다. 이 같은 디자인 통찰을 찾아나서는 여정이 바로 디자인 씽킹의 과정이다.

디자인 씽킹이 반드시 세상을 깜짝 놀라게 만드는 획기적 변화만을 추구하는 것은 아니다. 눈에 보이는 물리적 제품만을 대상으로 하는 것도 아니다. 디자이너가 아니어도 우리 모두는 크고 작은 디자인 과정에 늘 참여한다. 일하는 방식, 여가를 보내는 방법, 행사나 파티의 준비와 진행, 생활 공간이나 가구의 재배치 등이 그런 디자인 활동들이다. 디자인 씽킹은 이런 흥미로운 활동들의 연장에 놓여 있는 것이다.

베르간티의 프레임워크에 등장하는 대상은 모두 물리적 제품들이다. 그러나 오늘날은 유통, 배송, 금융, 음식, 숙박, 교육, 통신 및 인터넷 등 서비스를 다루는 산업의 비중이 매우 크다. 제품은 눈으로 보고, 만지고, 소유하는 대상이며, 서비스는 만질 수 없으며, 소유하기보다 체험하고 경험하는 대상이다. 서비스에서는 한정된 시간과 공간에서의 경험이 중요하다. 이런 점에 초점을 맞춘 디자인 씽킹 방식이 서비스 디자인 씽킹이다. 그러나 점차로 서비스와 제품이 융합되는 경향을 보이고 있고, 그 둘의 경계가 선명하지 않은 경우도 많아지고 있다. 이런 추세는 계속되어 대부분의 미래 제품과 서비스는 데이터와 네트워크를 기반으로 긴밀하게 연결될 전망이다. 따라서 디자인 씽킹도 통합적 관점에서 이해하는 것이 필요하며, 무엇보다 서비스나 제품과 같은 산출물을 넘어 그 사용자 및 소비자에게 집중하는 것이 중요하다.

디자인 씽킹의 과정

디자인 씽킹 컨설팅사나 연구자, 기업에 따라 나름대로 의미 있다고 생각하는 디자인 씽킹의 과정이나 절차를 제시하고 있다. 서로 유사하기도 하도 상호 보완적이기도 하다. 널리 알려진 모델의 하나는 스탠퍼드대학 디스쿨(d-School)의 5단계 모형이다[그림 1-8]. 심플하고 이해하기 쉬워 기억하기에도 좋다. 다섯 단계는 공감하기, 정의하기, 아이디어 도출, 프로토타입, 테스트로 구성되어 있다.

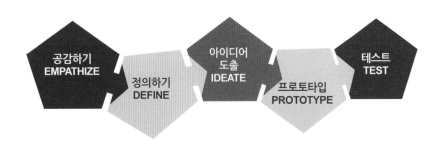

[그림 1-8] 디자인 씽킹의 5단계 모형

공감하기 단계는 인터뷰나 관찰을 통해 디자인 산물을 사용할 사용자의 마음을 이해하는 단계다. 다음은 디자인 프로젝트가 해결해야 할 문제를 명확하게 정의(Define)하는 단계다. 셋째 단계는 발상을 가시화하기 위한 노력을 통해 문제 해결 아이디어를 도출하는 단계다. 넷째 단계에서는 스토리보드나 와이어프레임 등을 사용해 프로토타입을 제작한다. 마지막으로 테스트 단계에서는 도출된 대안을 검토하고 평가한다.

디자인 씽킹의 과정은 순서대로 진행되는 연속 생산 과정 같은 것이 될 수는 없다. 예를 들어 문제 정의가 진행되는 과정에서 사용자에 대한 추가적인 이해가 필요하다고 판단되면 공감과 관찰의 단계로 돌아가는 것은 당연하다. 프로토타입을 만드는 과정에서도 아이디어의 문제점이 포착되면 발상의 단계로 돌아간다. 사용자를 참여시킨 테스트를 진행한 후에 아이디에이션이나 프로토타입 단계로 돌아가 작업을 수행해야 할 수도 있다. 디자인 심리학자 나이절 크로스는 "디자인 작업에서는 문제와 해결책이 동시에 진화한다."라고 했다. 이는 문제의 정의와 해결책의 구상이 상호 영향을 주고받는 과정임을 시사한다. 관찰을 통해 상황을 이해하면 높아진 이해 수준은 문제를 다시 파악하는 기반이 된다. 즉 전체 디자인 씽킹 프로세스는 언제라도 서로 영향을 주는 되먹임의 고리를 형성한다. 크로스에 의하면 성공적 디자이너는 '디자인할 제품의 목적, 기능, 용도를 근본적으로 재조명'한다(크로스, 2013).

창의적 산출물을 만드는 과정은 서로 성격이 다른 두 개의 과정, 즉 발산(divergence)과 수렴(convergence)으로 구성되어 있다. 여러 가지 대안을 만들어내는 발산 단계는 기존의 고정관념을 완화시키고 생각의 폭을 넓히는 확산적 사고가 작동하는 과정이다. 발산 과정에서는 다양한 생각과 관점이 수용될 수 있는 문화와 유연한 상상의 기반이 되는 우뇌적 사고가 필요하다. 한편 제시된 다양한 아이디어를 평가하고 선택하는 수렴 단계는 분석적, 집중적 사고가 필요한 과정이다(팀 브라운 《디자인에 집중하라》 p102~105). 하버드대학에서 창의성을 주제로 연구한 도로시 레너드와 월터 스왑은 발산 과정과 수렴 과정 간의 균형이 효과적인 창의력의 확보에 중요하다고 말한다(레너드와 스왑, 2001, p8). 발산에 과도하게 시간을 쓰면 실행을 위한 현실적 고려가 충분하지 않게 되고, 수렴에 과도하게 경도되면 빠른 실행에만 관심이 기울어 창의적 해법이 필요한 불확실성이 높은 문제를 올바로 해결하지 못하기 때문이다. 그러나 실제로 우리는 우뇌적, 발산적 사고를 할 때나 좌뇌적, 수렴적 사고를 할 때 좌뇌와 우뇌가 모두 필요하다. 좌뇌와 우뇌는 둘 사이를 긴밀하게 연결시키는 튼튼한 뇌량을 통해 정보를 주고받으며 늘 협동하여 작업을 수행한다. 논리적 기반이 전혀 없는 상상은 공상이 되며, 상상력이 결핍된 분석으로는 새로움을 만들어 낼 수 없다. 그러니 우뇌나 좌뇌 자체를 우뇌적 사고나 좌뇌적 사고라는 심리학적 구분과 동일시하지는 말아야 한다 (이언 맥길크리스트, 《주인과 심부름꾼》 p37~162).

영국디자인위원회는 발견(발산), 정의(수렴), 개발(발산), 전달(수렴)로 이루어진 창의적 디자인 씽킹 과정에 더블 다이아몬드라는 별명을 붙여 주었다. 소비자나 사용자를 이해하기 위해 관찰하고 공감하며 생각의 폭을 넓히기 위한 부분은 발산, 이를 바탕으로 문제를 정의하는 과정은 수렴, 다시 여러 가지 대안을 떠올리고 프로토타이핑을 시도하는 과정은 발산, 프로토타이핑을 다듬고 테스트하여 최종 의견을 도출하는 과정은 수렴에 해당한다[그림 1-9].

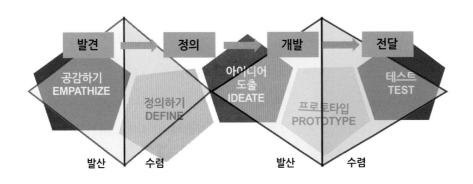

[그림 1-9] 더블 다이아몬드 모형과 5단계 모형의 관계

디자인 씽킹 컨설팅사인 IDEO의 대표인 팀 브라운은 디자인 씽킹의 과정을 통찰, 발상, 실행으로 구성된 세 단계로 정리했다(Brown, 2008). 통찰 단계에서 수행해야 할 세부 활동에는 문제의 정의, 관찰, 제약 요인의 점검, 이해관계자 분석, 협업, 신기술 활용 가능성 점검 등이 포함된다. 발상 단계에서는 정보의 조직화, 가능성의 조합, 브레인스토밍, 고객 중심 발상, 그리고 그가 에디슨의 상상력으로부터 배워야 한다고 강조한 통합적 디자인 사고를 실행한다. 세 번째 단계인 실행에 해당하는 활동에는 스토리텔링, 프로토타입 개발, 테스트, 마케팅 및 소통 전략의 수립 등이 포함된다. 그는 평가를 위해 사용자에게 제시되는 산출물은 시제품, 영화, 웹사이트, 시각적 이미지 등 어떠한 것이어도 좋다고 강조한다(브루스 누스바움《창조적 지성》 p440).

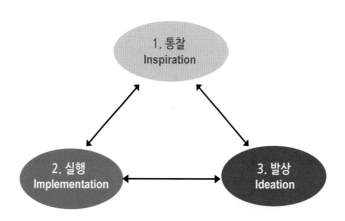

[그림 1-10] IDEO 디자인 씽킹 프로세스

크리에이티브 에이전시 스매시랩(smashLAB)의 창립자인 디자인 컨설턴트 에릭 카르잘루오토는 발견, 계획, 창조, 적용이라는 4단계의 디자인 씽킹 방법을 활용한다[그림 1-11]. 그에 의하면 각 단계들이 서로 겹치는 부분이 많은데, 이는 디자인 작업이 원래 단계별로 정확하게 나눌 수 있는 작업이 아니기도 하지만, 디지털 성격의 디자인 프로젝트들이 많아졌기 때문에 단계의 불분명함이 더 심해졌다(에릭 카르잘루오토《디자인 방법론》p130).

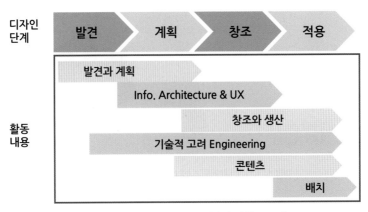

[그림 1-11] 스매시랩의 디자인 실행 프로세스

    디자인 씽킹을 비교적 일찍부터 선도한 토론토대학의 디자인 씽킹 센터인 디자인웍스(Design Works)에서는 [그림 1-12]와 같은 3단계 디자인 씽킹 절차를 활용하고 있다(헤더 프레이저《디자인웍스》2017). 활동은 팀을 준비하고 팀의 역량을 파악하며, 디자인 프로젝트가 달성해야 하는 목표를 이해하는 것에서 출발한다. 첫 번째 단계는 '공감과 사람에 대한 이해'를 위한 단계로서 파악된 니즈와 페르소나, 고객 여정 등을 산출한다. 이를 위해서 시야 넓히기, 관찰, 공감 훈련, 사용자 여정, 이해관계자 지도, 니즈 찾기, 사용자 일기, 사진을 통한 유추, 녹음하기, 마인드 매핑, 동기 매핑, 대상 프로파일링 등을 수행한다. 두 번째 단계는 '콘셉트의 시각화' 단계로서 아이디어 도출, 은유 및 유추, 경험 매핑, 반복 프로토타이핑, 롤플레잉, 스토리보딩, 공동 창조 등의 활동을 수행하는 단계다. '전략적 비즈니스 디자인'이라고 이름 붙인 세 번째 단계에서는 필요 역량 분석, 디자인 평가, 실행 계획 산출, 재무적 민감도 분석 등을 통해 디자인 제안서와 미래 활동 계획 등을 산출한다.

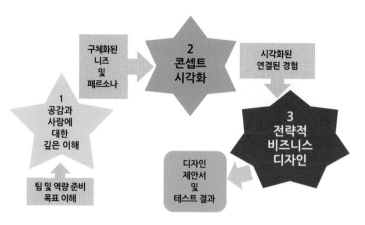

[그림 1-12] 디자인웍스의 디자인 씽킹 프로세스

유사하면서도 조금씩 다른 여러 디자인 씽킹 과정들의 바탕에는 경영적 맥락의 중요성이 있다. 공감과 관찰을 위해서는 관심(attention)의 대상과 문제 설정을 위한 맥락이 필요하며, 이 맥락을 결정하는 것이 사업 목표다. 사업 목표는 조직의 존재 이유, 경영적 환경, 조직의 전략 등과 밀접한 관계를 가진다. 조직의 목적이나 비즈니스의 목표는 기업이 속한 산업과 제품의 특성, 기업의 위상, 경영진의 미래 비전 등에 영향을 받아 결정된다. 추구하는 전략과 입장에 따라 디자인 씽킹에 기대하는 내용이 달라질 것이다. 디자인 씽킹의 현실적 목표는 디자인 팀의 꿈을 실현하는 것이 아니고 "비즈니스 목표에 맞는 방향으로 기술과 디자인을 통해 고객의 실제 문제를 해결하는 것"이다(마티 케이건, 《인스파이어드》 p5, p30). 디자인 씽킹은 가치의 창출이라는 분명한 목적을 가지는 활동인 것이다.

범위를 넓혀 보면 디자인 씽킹은 사회 혁신의 도구이자 사회적 문제 해결의 방법론이기도 하다. 공감이 넘치는 관찰을 바탕으로 더 인간적인 환경과 서비스와 제품을 만들어 낼 수도 있고, 더 쾌적한 지역사회 인프라와 문화를 만들어 나갈 수도 있다. 이 주제는 책의 마지막 장에서 다룬다.

02

미래를 위한 디자이너

디자인 씽킹의 본질

▪ 디자인 씽킹은 디자이너의 실천 철학이다

디자인 씽킹이라는 용어는 디자인 씽킹의 전도사 역할을 한 스탠퍼드대학이나 토론토대학 같은 대학, P&G나 SAP이나 IBM 같은 기업이 그 중요성을 설파하기 이전에 탄생했다. 카네기멜론대학 디자인학과의 리처드 부캐넌 교수가 '디자인 씽킹의 문제'에 대한 기고문을 〈디자인 이슈(Design Issues)〉지에 게재한 것은 팀 브라운과 토론토대학의 로저 마틴이 디자인 씽킹에 대한 글을 발표하기 17년 전이고, 팀 브라운이 IDEO의 사장에 취임하기 8년 전이다(Buchanan, 1992). 그러나 그럼에도 부캐넌이 가장 먼저 이 용어를 사용했다는 근거는 없다.

디자인 스프린트라는 디자인 씽킹 워크숍을 만든 AJ & Smart 컨설팅의 디자이너인 조나단 코트니는 "디자인 씽킹은 절차가 아니고 하나의 철학이며 사고방식(mindset)이다."라고 강조한다(youtube: why do design thinking projects fail/). 디자인 씽킹은 단지 기법이나 절차, 도구의 집합이 아니라는 것이다. 그래서 그에 의하면 목표에 이르기까지의 불확실성과 모호함을 상대해 나가는 디자인 씽킹 사상에 대한 이해가 중요하다. 즉 **디자인 씽킹은 고객이나 사용자에게 가치를 제공할 제품이나 서비스, 프로세스를 개발하기 위해 훈련된 디자이너와 유사한 방법으로 문제를 파악하고 창의적 결과를 도출하는 여정이다.** 그러니 디자인 씽킹의 핵심은 경험 많은 성공적인 디자이너의 사고방식(designer's way of thinking)을 다양한 산출물을 만들어 내는 데 활용한다는 실천 철학이라고 할 수 있다. 그렇다면 성공적 디자이너들의 생각 방식이란 무엇일까?

▪ 그렇다면 디자이너는 어떻게 생각하는가

숙련된 디자이너가 어떻게 생각하는가를 알고 싶다면 디자이너에게 물어보면 되는 것 아닐까? 그런데 문제는 디자이너의 전문 영역이 생각의 과정을 탐구하고 분석하여 설명해 주는 것이 아니라는 점이다. 그렇다 보니 로드아일랜드 디자인스쿨의 원로 디자이너인 샤론 헬머 포겐폴은 "디자이너에 대한 연구를 디자이너가 아닌 사람들이 더 많이 하고 있다."라고 술회한다(샤론 헬머 포겐폴, 케이치 사토, 《디자인 통합》, p41). 그러나 사실 이는 디자이너에게만 해당되는 이야기는 아니다. 우리가 사람이라고 해서 "사람은 어떻게 생각 하는가"에 대한 답을 가지고 있는 것은 아니지 않은가. 그래서 그 답을 찾기 위해 심리학을 위시한 학문들이 있는 것이다. 적절하게도 하버드대학의 인지심리학자이자 언어심리학자인 스티븐 핑커가 저작한 베스트셀러의 제목이 바로 《마음은 어떻게 작동하는가(How the Mind Works)》라는 점이 상기된다.

디자인 심리학 교수인 나이절 크로스는 유명 디자이너들에 대한 면담을 토대로 그들의 생각을 분석했다. 나이절 크로스가 《디자이너는 어떻게 생각하는가》에서 제시한 디자이너적인 사고의 핵심은 명상 화두 같은 내용이다[그림 2-1].

디자인 작업에서는 문제와 해결책이 동시에 진화한다.

성공적인 디자이너는 디자인할 제품의 목적, 기능, 용도를 근본적으로 재조명하는 데서부터 시작한다.

디자이너는 초기 판단에 따라 상황(디자인)을 만든다. 상황이 반응하고 디자이너는 상황의 반응에 반응한다. 디자인 과정은 상황과의 사색적 대화다.

디자인 씽킹이란?

Philip Stark

주시 살리프

- 디자이너와 같은 방식의 사고
- 디자인 작업에서는 문제와 해결책이 '동시에 진화' 한다.
- 성공적 디자이너는 목적과 용도를 근본적으로 재조명하는 것으로 시작한다.
- 디자인 과정은 상황과 주고 받는 '사색적 대화' 다.

[그림 2-1] 디자이너는 어떻게 생각하는가

문제와 답이 공진화하는 디자이너식 사고방식

디자이너가 풀어야 하는 문제들은 대개 불확실성과 모호함으로 가득하다. "문제와 해결책이 동시에 진화한다."라는 말은 그런 상황을 헤쳐나가는 디자이너의 접근 방식이다(나이절 크로스, 《디자이너는 어떻게 생각하는가》 p24, p25, p36). 화가가 밑그림을 그리고 붓질을 시작한 후에 비로소 그림의 구상이 명확해져 가는 것처럼 문제를 해결하는 과정이 진행되면서 비로소 그 문제의 감추어진 성격이 드러나기 시작한다. 문제를 접하고 해결을 진행하는 과정에서 문제를 재설정하고, 재설정된 문제를 대상으로 다시 새로운 해결책을 찾는 것을 반복한다. 이 과정은 문제와 해결책이 명확해질 때까지 반복된다. 그러니까 디자이너에게는 문제도 해결책도 고정된 것이 아니다. 이 두 가지는 동시에 그리고 지속적으로 변해간다. 해결책이 성숙되면 문제에 대한 이해가 높아지고, 이를 바탕으로 문제를 다시 정의하면 더 좋은 해결책이 떠오르게 된다. '문제를 해결한다는 것은 해답이 명백해지도록 문제를 다시 설정해 나가는 것'이라고 설명한 노벨상 수상자 허버트 사이먼의 시각과도 통한다(Simon, 《Sciences of the Artificial》 p193). 이 과정은 문제를 정의하는 과정에 대한 내용을 다루는 6장에서 다시 자세히 다루게 될 것이다.

문제를 근본적으로 재조명한다

크로스에 의하면 디자인할 제품의 목적이나 기능, 용도를 근본적으로 재조명하는 것이 성공적 디자이너의 생각 특성이다. 성공적인 디자이너는 요구 사항을 접할 때 이를 재해석하는 법을 배우면서 경험 있고 창조적인 디자이너로 성장해 간다. 크로스는 "창의적인 디자이너는 해결책을 구체화하는 과정에서 지속적으로 요구 사항과 문제점 자체를 재정의해 나간다."라고 설명한다(나이절 크로스, 《디자이너는 어떻게 생각하는가》 p20). 회사나 의뢰자로부터 부여받은 미션을 건드릴 수 없는 것으로 보지 않고 그 자체를 재해석하고자 노력한다는 것이다.

크로스는 레몬 스퀴저 주시살리프(juicy salif)를 개발한 디자이너 필립스탁의 생각 방식에 대한 설명을 통해 창조적인 디자이너는 디자인 요구서를 건드릴 수 없는 성역으로 보지 않고 탐구의 시발점으로 여긴다고 설명한다. 나아가 그는 "이를 통해 창조적인 디자이너는 이미 익숙한 또 다른 것을 발견하는 것이 아니라 뭔가 새로운 것을 발견한다(ibid p20). (중략) 그들은 제품의 목적, 기능, 용도를 근본적으로 재조명하는 데서 시작한다(ibid, p79)."라고 설명한다.

상황과의 대화

"디자인 과정은 상황과의 사색적 대화다. 디자이너는 초기 판단에 따라 상황을 조성하는데, 이때 상황이 반응하고 디자이너는 상황의 반응에 반응한다."(ibid p40). 순환되는 말놀이 같은 이 설명은 디자인 씽킹의 반복적 사고 과정을 설명한 것이다. 디자이너의 해결책이 가시화되어 다른 구성원이나 고객 또는 이해관계자에게 제시되면 예상치 못한 반응에 부딪칠 가능성에 늘 노출된다. 디자이너는 자신의 답이 거부될 수도 있다는 것, 그래서 모든 답은 과도기적인 것이며, 수정하는 과정이 반복되어야 한다는 점을 알고 있다. 이 반복의 과정이 크로스가 이야기하는 문제와 해결책 간의 '대화'다. 일련의 절차에 따라 한 번에 정답에 이르는 데에 익숙한 사람들은 자신의 답이 거부되면 실망에 휩쓸린다. 반대로 수정에 대한 열린 태도는 디자인 씽킹의 핵심이다.

통합적 상상과 협업

IDEO의 대표 팀 브라운은 에디슨의 방식과 같은 통합적 상상력을 디자인 씽킹의 핵심으로 부각시켰다(Brown, 2008). 에디슨은 평생에 걸쳐 1,093건이라는 놀랍도록 많은 발명 특허를 획득했다. 에디슨의 발명을 대표하는 제품은 백열전구다. 에디슨은 1879년 '백금 접촉선에 연결된 코일 형태의 탄소 필라멘트를 이용한 전등'이라는 제목의 문서를 출원하여 이듬해 1월 27일에 특허를 받았다(스콧 크리스찬슨, 《다이어그램》 p304). 사실 전구는 에디슨이 처음 발명한 것은 아니었다. 《에디슨의 전구》를 쓴 로버트 프리델에 의하면 에디슨에 앞서 유사한 형태의 백열전구를 발명한 사람은 최소 23명이 있었다(케빈 켈리, 《기술의 충격》 p170). 그러나 에디슨은 오래 가는 필라멘트와 상업성 있는 밝기를 찾아 6,000종의 서로 다른 재료를 끈질기게 실험했고, 켠 채로 170시간의 시험을 통과해 수명이 1,200시간에 이르는 전구를 만들어 내는 데 성공했다. 그의 성과로 백열전구는 이제 발명가의 도전 대상에서 멀어졌다. 1893년의 시카고 산업박람회는 20만 개가 넘는 백열전구로 장식되었다. 개막식에 참석한 미국 대통령 클리블랜드는 엄청난 양의 백열전구를 일시에 점등시킨 후 기겁하며 놀라워하는 군중들을 향해 "인류가 드디어 밤을 정복했습니다."라고 선언했다. 비록 이때 사용된 전기는 니콜라 테슬라와 웨스팅하우스가 설치한 교류 전기였지만, 직류에 대한 그의 말년의 고집이 그의 명성을 흔들지는 않았다 (버나드 칼슨, 《니콜라 테슬라평전》 p228). 에디슨은 전기로 미국의 가정과 거리와 공장과 사무실의 밤을 밝히는 새로운 시대를 열었다. 그의 창조적 상상의 흔적은 새로운 아이디어를 떠올리는 모습의 아이콘으로 머리 위로 켜진 백열등을 사용하는 지금까지 남아 있다.

팀 브라운의 초점은 그러나 전구의 발명이나 에디슨이 강조한 99%의 노력이 아니었다. 그는 에디슨에게 영감을 가져다준 통합적 상상력에 주목했다. 전구는 에디슨의 통합적 상상의 일부에 불과했다. 전기가 거대한 공장(발전소)에서 만들어지고 수많은 가정과 사무실에 배달되어 사용되는 세상이 그의 통합적 상상의 청사진이었다. 그가 받은 1,093개의 특허는 그 청사진을 실현하는 구성 요소들이었다. 그 구성 요소들에는 대형 발전기, 뉴욕에 깔려 있던 가스관을 이용한 전선망 설치 방법, 변전 장치, 각종 전기 스위치, 전기 사용량 측정을 위한 계기, 안전한 전기 사용을 위한 퓨즈 등이 포함되어 있었고, 가정과 사무실에 깔린 전선에 연결하여 사용할 전신기, 전신인쇄기, 마이크로폰, 수화기, 축음기, 활동사진기, 축전지, 전기팬, 등사기 등의 다양한 기기들이 모두 포함되었다. 전기로 인해 바뀔 미래의 사회와 삶에 대한 통합적 상상이 에디슨의 모든 발명과 디자인의 바탕이 되었던 것이다.

팀 브라운은 미국의 디자이너들이 새로운 세상에 대한 총체적 시스템을 그려 보는 에디슨의 통합적 상상력을 본받아야 한다고 강조한다. 훌륭한 디자이너는 디자인의 대상이 되는 제품이나 서비스뿐 아니라 그런 제품과 서비스가 사용되는 환경, 공간, 맥락을 고려하는 것을 잊지 않는다.

통합적 상상을 현실에 구현하기 위해 에디슨이 도입한 기업 연구소는 기술 혁신과 디자인, 연구 개발을 위한 체계적인 관리로 발전했다. 2차 세계대전을 거치면서 레이더나 헬리콥터, 제트 엔진, 무선 제어 장치, 장거리 로켓 등 많은 발명이 이루어졌지만, 가장 혁명적인 발전은 에디슨의 전통을 이어 '연구 개발 프로젝트를 관리하는 기법'을 발전시킨 것이었다고 평가된다(슈워츠 코완 《미국 기술의 사회사》 p434, p528). 다양한 관점과 사용 환경을 고려하여 통합된 전체 시스템을 위한 산출물을 만들어가는 **디자인 협업**이 디자인 씽킹의 주요 관심사에 포함된 이유다.

디자인과 디자이너

▪ 미래를 디자인할 사람을 찾습니다

새처럼 하늘을 날고 싶다는 것은 인류의 오랜 꿈이었다. 그리스 신화에는 이카루스가 날개를 만들어 밀랍으로 붙이고 태양을 향해 날아가다가 밀랍이 녹아 떨어져 죽는 이야기가 나온다. 새가 되어 버린 왕자 이야기에서부터 새를 타고 날아가는 무용담, 날아가는 양탄자 이야기까지 하늘을 나는 것은 동서양을 막론한 시와 소설의 주제였다. 그러나 그 어떤 낭만적이고 간절한 꿈과 상상도 우리로 하여금 실제로 하늘을 날게 해 주지는 못했다. 그러나 우리는 결국 세상에서 가장 높이 날 수 있고 가장 빨리 달릴 수 있는 동물이 되었다. 그것은 우리가 생생하고 구체적인 상상을 통해 디자인 산출물을 만들어 낸 결과였다.

인공지능과 센서, 로봇, 빅데이터, 클라우드, 생물공학, 에너지 과학, 뇌과학 등의 첨단 기술이 우리의 경제 활동은 물론 사회, 교육, 문화, 그리고 일상에 이르는 많은 변화를 가져오고 있다. 기술 환경의 변화는 우리의 사고방식과 제도 그리고 삶의 양태에도 변화를 가져올 것이다. 초연결 혁명과 같은 문명사적 변화를 달성하기 위해서는 미래를 디자인하고 실행하는 데 많은 시간과 노력을 기울여야 한다. 미래를 위한 디자이너들은 일하고 생산하는 새로운 방법, 감동과 가치를 창출할 새로운 비즈니스 모델, 신기술의 잠재력을 활용한 새로운 서비스나 제품을 만들어 내는 일을 완수해야 할 것이다. 우리는 수많은 분야에서 그와 같은 역할을 할 사람들을 필요로 하게 될 것이다. 미래를 위한 디자이너들은 또한 변화의 공간은 물론, 기술적 변화를 수용하는 제도적, 기술적 인프라를 만드는 일도 수행해야 한다. 이런 변화의 일부는 기존에 존재하는 조직과 기업의 디지털 변환(digital transformation)을 통해서 달성될 것이며, 다른 일부는 새로운 기업과 제도의 탄생을 통해 달성될 것이다. 지금은 세계 어느 곳의 사회나 기업, 조직을 막론하고 그와 같은 역할을 해 줄 더 많은 디자이너와 개발자와 관리자를 기다리고 있다.

한편 과거의 모든 기술적 변화가 그랬듯이 초연결 혁명이나 4차 산업혁명에 관련된 새로운 기술이 사회에 수용되는 과정에는 진통과 부작용이 수반될 것이다. 이미 표출된 문제점들도 있다. 여기에는 일자리 감소의 문제, 새로운 기술의 사용으로 인해 프라이버시나 개인 정보가 유출되는 문제, 엄청난 데이터와 지능을 가진 기술 시스템의 영향력을 통제하는 문제, 새로운 세상과 일자리에 적응하기 위해 필요한 재훈련과 적응 지체에 따른 고통의 문제 등이 포함된다. 이러 문제들에 대한 현명한 해결책을 만들어 내는 것도 미래의 디자이너들에게 부여된 중요한 숙제다.

자동차는 현대 생활의 필수품이다. 생산과 소비를 위한 경제 활동, 여가와 관광 등의 레저 활동, 사람들과의 교류를 위한 사회 활동이나 문화 활동 등을 통해 엄청난 혜택을 가져다주는 기술이다. 그러나 100년이 넘는 역사가 쌓인 오늘날까지도 자동차 사고에 의한 사망과 부상은 커다란 문제로 남아 있다. 세계보건기구(WHO)의 통계에 의하면 2016년 한 해 자동차 사고에 의한 사망자 수는 무려 135만 명이었다. 한국의 연간 자동차 사고에 의한 사망자 수도 4,000명이 넘는다. 잠시 세계보건기구에서 발표한 자동차 10만 대당 사망자 수를 살펴보자.

주행 속도가 높기로 유명한 아우토반 고속도로를 가진 독일의 경우 자동차 10만 대당 연간 사망자 수는 6.4명이다. 이는 주변에 있는 매우 안전한 교통의 나라 노르웨이(3명), 스위스(3.7명), 스웨덴(4.6명), 핀란드(5명), 영국(5.7명), 스페인(5.8명), 네덜란드(6명), 오스트리아(6.1명)보다 높고, 멀리 아시아에 있는 일본(5.7명) 보다도 높다. 그러나 호주(7.4명), 와인의 나라 프랑스(8.4명), 캐나다(8.9명), 그리스(12.8명)보다는 낮으며 한국(13명), 미국(14명), 싱가포르(20명), 말레이시아(29.8명) 등에 비하면 아주 낮아 보인다.

그러나 '아주 낮다'라는 표현은 다음 나라들의 상황을 본 후로 유보해 두는 것이 좋겠다. 자동차 10만 대당 연간 사망자 수는 섬의 나라 인도네시아가 36.7명, 데킬

라의 나라 멕시코는 43명, 형제의 나라 터키는 46명으로, 러시아(48명), 칠레(51명), 축구의 나라 브라질(57.5명), 그리고 태국(60명)보다는 약간 양호한 편이며, 중국(104.5명), 사우디아라비아(119.7명), 타지마할의 나라 인도(130명), 쿠바(133.7명), 필리핀(135명), 피라미드의 나라 이집트(148.7명), 그리고 조용한 행복의 나라 부탄(167명)보다 상당히 좋아 보인다. 그러나 이들 숫자도 불교의 나라 미얀마(250명), 커피의 나라 에티오피아(385.7명), 에베레스트의 나라 네팔(400명), 가나(443명), 케냐(640.7명), 아프가니스탄(722명)에 비하면 난장이처럼 작아 보인다. 그러나 다음 나라들을 보면 그냥 말문이 막힐 뿐이다. 자동차 10만 대당 카메룬에서의 연간 사망자 수는 1,385명이며, 수단은 2,873명, 토고는 3,653명, 그리고 소말리아는 무려 6,532명이다. 이들 나라를 갈 때는 말라리아 예방접종보다 더 중요한 주의가 필요한 사항이 무엇인지 말하지 않아도 알 것 같다.

대체로 선진국들은 자동차의 평균 속도도 높고 총 자동차 수나 자동차 밀도도 높아 이론상 사고가 날 확률도 높고, 사고가 나면 사망에 이를 확률도 높을 것으로 추정할 수 있는데 현실은 그와 반대다. 앞서 본 통계에 의하면 선진국에서 자동차 사고로 사망할 확률은 개발도상국보다 그야말로 '현저히' 낮다. 자동차의 품질이나 노후도, 성능, 기능에 차이가 있을 것이라 예상할 수 있지만 이는 사소한 문제다. 개발도상국은 자동차를 생산할 능력을 보유한 곳이 거의 없으므로 그들이 사용하는 자동차들은 거의 모두 선진국에서 만들어진 것이라고 볼 수 있기 때문이다.

신기술의 개발과 혁신, 그리고 그에 따른 부작용의 해소는 인류에게 끊임없이 부여된 과제였다. 선진국에서 자동차 사고 사망률이 줄어든 이유는 자동차 기술의 이점을 활용하되 부작용인 안전 문제를 해결하고자 한 다양한 기술적, 사회적 디자인이 준비된 것이었다. 신호등과 교통 법규, 안전한 도로와 차선, 고도화된 도로 체계, 교통 에티켓과 문화, 운전자에 대한 교육 등이 모두 공헌한 것이다. 4차 산업혁명이 진행되면서 새로운 기술의 개발과 함께 신기술의 부작용을 최소화하기 위한 제도적, 환경적, 기술적 해법도 미래를 위한 디자이너의 역할을 기다리고 있는 것이다.

지난 두 세기 동안 산업혁명의 선구자들과 선구적 디자이너들은 물건을 만들고 조립하는 행동, 재료를 다듬고 자르고 깎는 행동, 빨래하는 행동, 요리하는 행동, 청소하는 행동 등을 유심히 관찰했다. 그 관찰의 결과로 얻어진 통찰에 증기 엔진이나 전기모터 기술을 적용하여 다양한 디자인 산출물을 만들어 냈다. 그 결과 세탁기, 접시 닦는 기계, 건조기, 냉장고, 청소기, 선반, 드릴, 대량생산 도구, 교통신호등과 자동차 법규 등 셀 수도 없을 만큼 많은 제품과 서비스와 인프라를 창출하고 재창출하였다. 앞으로 우리가 미래를 위한 디자이너들에게 기대하는 것이 바로 이런 역할들이다. 사람들의 행동과 마음을 세심하게 관찰하고 이들이 필요로 할 미래의 제품과 서비스와 신기술을 상상하고 디자인하는 것이다.

지난 3차에 걸친 산업혁명의 상당 기간 동안 선구자들은 디자인 사상을 현장에서 터득하고 활용했다. 우리 앞에 놓인 문제들은 규모도 더 커지고 다양성도 더 커졌다. 산업의 개혁과 같은 엄청난 일들이 모두 디자이너의 손으로 완성되는 것은 아니다. 그래서 미래를 위한 디자이너들에게는 협업 능력, 협업을 통한 혁신 능력이 더욱 중요한 자질이 되고 있다. IDEO의 팀 브라운과 토론토 디자인 스쿨의 로저 마틴은 이런 도전에 직면한 우리에게 디자인 씽킹은 유용한 도구이자 길잡이가 될 것이라고 한다(Brown and Martin, 2009).

경영 전략의 대가인 하버드대학의 마이클 포터 교수는 새로운 세상을 대변할 기술 시스템을 똑똑하고 초연결된 제품, 즉 스마트 커넥티드 프로덕트(smart connected product)라고 지칭한다. 이런 제품의 확산은 산업의 판도와 경쟁의 양상은 물론 기업과 협력사들 간의 관계, 기업과 고객들 간의 관계, 기업 내의 조직 구조와 일하는 방법 등 모든 면에 변화를 가져올 것이다(Porter and Heppelmann, 2015). 사물인터넷(Internet of Things, IoT)으로부터 시작된 똑똑하고 초연결된 제품 생산과 새로운 사업 방식의 구상과 실현에 디자인 씽킹이 중요한 역할을 하게 될 것임은 분명하다(마이클 루릭 등, 2018).

지금 나는 디자인을 통상적인 이미지보다 넓은 의미로 사용하고 있다. 사실 디자인의 의미는 매우 광범위해서 미술대학의 범위를 훌쩍 넘어간다. 디자인 씽킹이 디자인의 모든 의미를 다 포괄하는 것은 아니나, 디자인이라는 개념 밑바닥에 깔린 공통적 의미를 이해하는 것은 중요하다고 본다. 디자이너에 대한 설명을 더 이어가기 전에 디자인의 포괄적 의미를 검토해 보고 넘어가자.

▪ 그렇다면 디자인이란 무엇인가

오랫동안 디자인이란 보기에 좋고, 매력 있는 제품의 외양을 만드는 활동으로 인식되어 왔고, 지금도 그렇게 제한된 의미로 이해하는 사람들이 많이 있다. 보기에 좋은 제품은 보는 사람의 구매 욕망을 부추긴다는 이유 때문에 이런 상업적 목적을 달성하기 위한 활동이 과거 오랫동안 디자인의 주류 개념으로 자리하고 있다 (Brown, 2008).

산업화 이후 디자인의 개념이 체계화하면서 지속적으로 그 의미에 변화와 확대가 진행되었다. 예술의 개념에서 디자인이 분리되어 첫걸음을 떼기 시작한 것은 산업혁명과 대량생산이 자리를 잡던 시기와 궤를 같이 한다. 중세의 귀족적인 화려함과 자연이 가진 아름다운 곡선에 대한 동경을 표현한 아르누보와 이를 이은 아르데코가 대중이 공유할 수 있는 산업 생산물에 사용되기 시작한 것이다. 대량생산은 진품성(authenticity)의 의미를 왜곡시키는 역할도 했다. 예술품의 경우 아무리 똑같이 복제된 그림도 원래의 그림 하나를 제외하고는 진품이라고 부르지 않는다. 그러나 우리는 페라가모나 도나 카렌 같은 유명 브랜드의 제품을 명품이라고 부르고, 불법적 생산품, 소위 '짝퉁'에 대비해서 진품이라고 부른다. 같은 디자인으로 대량생산된 수백만 개의 유명 브랜드 제품을 모두 진품이라고 부르는 것이다. 진품을 보유하고자 하는 대중의 인지적 욕망을 채워 주는 방향으로 진품의 의미가 이동한 것이다. 디자인의 탄생은 아름다움의 대중성이라는 변화와 궤를 같이 하며 성장한 것이다.

오늘날 디자인은 여러 분야로 분화되어 주로 미술대학 내에서 가르친다. 시각 디자인, 그래픽 디자인, 인테리어 디자인, 패션 디자인, 산업 디자인 등의 응용미술이 여기에 해당한다. 디자인의 소재를 중심으로 도자기, 유리, 금속 등의 무기재료 디자인과 목재, 섬유, 가죽 등의 유기재료 디자인으로 전문화하여 구분하기도 한다(허버트 리이드, 《디자인론》 p79). 그러나 때로는 이런 세분화와 전문화가 비판의 대상이 된다. 각 분야의 이질성이 높아져 세부 분야들 간의 소통과 융합이 어렵게 되었기 때문이다. 그래서 소재의 혼합이나 디자인 분야 간의 교류와 융합이 새로운 도전의 대상이 되기도 한다. 터키 출신의 디자이너인 후세인 샬라얀(Hussein Chalayan)은 서로 다른 분야의 디자인을 의도적으로 섞는 실험을 한 사람으로 잘 알려져 있다. 인테리어 디자인과 패션 디자인을 의도적으로 섞은 그의 전시회에서는 모델들이 의자의 커버를 벗겨내어 우아한 원피스로 변형해 입고, 탁자를 살짝 들어 올림으로써 스커트로 변형시켜 디자인계에 신선한 메시지를 던졌다.

공과대학에서는 건축학을 전공하는 사람들이 주로 디자인을 명시적으로 취급한다. 이들은 건축 구조물의 내부와 외부를 형태적, 기능적으로 설계하는 데 관심을 가진다. 여기서 설계(design)는 디자인하는 행위를 의미하지만 미술대학에서 부르는 디자인과는 다른 어감이 느껴진다. 이들이 만드는 건물의 설계도는 그 자체가 디자인의 결과물이다. 그러나 궁극적인 디자인의 산물은 그 설계도면을 토대로 만들어지는 건축물이다. 건축공학자들의 활동 특성은 여러 면에서 산업 디자이너나 인테리어 디자이너와 상통한다.

산업공학과에는 인간공학(human factors engineering)이라는 과목이 있다. 사람의 신체적, 인지적 특성을 연구해 기계나 산업 제품을 사람의 특성에 맞게 디자인하는 것이 목표인 학문이다. 자동차의 브레이크를 살짝만 밟아도 급정거를 하거나 세게 밟아도 빨리 서지 않는다면 사고의 위험이 커진다. 더 빨리 가는 시계를 더 좋은 시계라고 판단하지 않는 것처럼 민감도가 높다고 무조건 좋은 제품으로 인정되는 것은 아니다. 2차 세계대전에 대한 사후 조사로 전쟁 중에 추락한 전투기의 상당수가 조종사의 실수나 조작 실패였다고 밝혀졌다. 긴박한 전쟁 상황에서 조종사를 훈련시킬 시간이 충분하지 않았을 수도 있다. 그러나 인간공학 연구는 계기판, 스위치, 손잡이 등을 포함한 비행기의 조종석 디자인을 개선함으로써 조종사 실수의 상당 부분을 예방할 수 있다고 밝혀냈다. 사람의 생물학적 지각 능력에는 훈련으로 넘어설 수 없는 한계가 있으며, 특히 전투나 화재와 같이 긴박하고 스트레스가 높은 환경에서는 인간의 순간적 판단과 행동의 신뢰성이 급격히 떨어진다. 2015년에 강남의 한 아파트에서 화재가 났는데, 소방대는 놀라울 정도로 신속히 출동하여 30분 만에 화재를 모두 진압했다. 그럼에도 불구하고 안타깝게도 집에 있던 50대 부부와 중학생 딸 일가족 3명이 모두 안방과 거실, 화장실 문 앞에서 질식해 숨졌다. 전문가들의 설명에 의하면 연기가 거실을 채우자 평소에 그토록 익숙했던 공간임에도 불구하고 현관 출구를 찾지 못해 우왕좌왕하다 모두 숨졌다는 것이다. 9.11 테러 사건이 났을 때 많은 시신이 지하에서 발견되었다. 트레이드 센터 위층의 화재 소식을 듣고 급히 비상계단으로 뛰어 내려가는 와중에 많은 사람이 1층을 지나쳐 지하까지 내려갔기 때문이었다.

이런 어처구니없는 판단과 행동이 비상시에는 비일비재하게 일어난다. 디자인은 이런 문제를 해결할 수 있는 실마리가 될 수 있다. 이런 문제를 예방하려면 간단한 스위치 하나에서부터 복잡한 비행기 콕핏(cockpit: 조종석)의 대시보드에 이르기까지 기계에 사람을 맞추기보다 사람의 특성에 기계를 맞추어야 한다는 인간 중심적 고려가 필수적이다. 조작이 편리해지고, 정확해지고, 자연적인 인지 반응에 순응하도록 정교해지면 사고나 조작의 오류를 줄일 수 있다. 사람과 기계 간의 접촉면(human‑machine interface) 또는 사람‑기계 상호작용(human‑machine interaction)의 개선은 디자인 탐구의 중요한 주제 중의 하나다. 디자인 심리학자인 도널드 노먼은 이제 기술을 인간의 몸에 맞추기 위한 디자인을 넘어 기술을 인간의 마음에 맞추기 위한 노력이 필수적이라고 강조하기에 이르렀다 (도널드 노면, 《생각 있는 디자인》 p27).

눈에 보이지 않는 소프트웨어를 디자인하는 데 있어서 중요한 부분의 하나는 소프트웨어가 사람과 소통하는 방식, 즉 사람과의 상호작용을 디자인하는 것이다. 메뉴나 아이콘, 출력 화면의 모양, 색상, 크기, 위치, 움직임 등의 인터페이스를 디자인하는 것이 정보 처리를 위한 알고리즘을 디자인하는 것 못지않게 중요한 연구 주제인 것이다. 좋은 소프트웨어는 문제를 일으키지 않으면서 다양한 사람의 필요를 충족시키지만, 잘못 설계된 소프트웨어는 시간 낭비나 자원의 낭비, 심지어 인명 손실과 같은 예상치 못한 희생을 야기하기도 한다. 제너럴 일렉트릭의 초창기 방사선 치료 설비에 포함된 소프트웨어의 사소한 오류가 극히 예외적인 특정 상황에서 암 환자에게 방사선을 과도하게 쏘여 죽음에 이르게 한 사건은 소프트웨어 디자인의 위험을 보여 준 사건으로 유명하다. 이렇게 공학적 관점에서는 주로 기능적 디자인에 초점을 둔 연구와 교육을 수행한다.

사실 공과대학 안의 모든 전공은 공학적인 설계, 즉 디자인을 다룬다. 기계공학과의 핵심 의제인 기계설계는 기계를 디자인한다는 의미다. 기계나 전자 제품에 들어가는 부품을 디자인하기도 하고, 제품의 기능을 디자인하기도 하며, 때로는 제품보다 제품을 만들어 내는 공정의 디자인에 더 많은 노력을 기울이기도 한다.

경영대학의 경영정보시스템(MIS) 분야는 수집하고 활용할 데이터의 특성을 디자인하는 것에서부터 기업에서 사용하는 다양한 정보 시스템의 구조나 구성을 디자인하는 것을 다루며, 나아가 정보기술을 활용한 전략이나 업무의 절차를 디자인하는 것도 공부하는 학문이다. 유심히 살펴보면 경영정보시스템 분야뿐 아니라 경영학은 물론 사회과학 전반에 조직을 디자인하고, 의사결정 메커니즘을 디자인하고, 광고나 홍보를 위시한 소통 방식을 디자인하고, 공간과 사람의 삶을 디자인하는 활동들이 산재되어 있음을 알 수 있다. 소설과 같은 문학작품, 영화나 애니메이션 같은 영상물, 게임과 같은 멀티미디어 콘텐츠도 모두 디자인의 산물이다.

이렇게 생각을 펼쳐나가다 보면 사람이 사는 세상에 디자인 아닌 것이 없다. 의식하지 못하고 있었지만 우리는 디자인에 둘러싸여 살고 있는 것이다. 그야말로 노자(老子)가 《도덕경》에서 '도는 모든 곳에 있으면서 아무 곳에도 없다'라고 설파한 것처럼 디자인은 의식하지 못하면 아무 곳에도 없는 것 같다가 의식하기에 이르면 모든 곳에 있는 것이다.

▪️ 실패한 디자인과 디자인의 소멸

듀크대학의 토목공학 교수인 헨리 페트로스키는 바람에 부서진 교량에서부터 추락한 비행기, 어이없이 무너진 건물, 우주선 사고, 황당한 열차 사고, 그리고 성당에서 전쟁 무기에 이르기까지 예상치 않게 망가지거나, 무너지거나, 부러지거나 하는 문제들에 주목했다. 엔지니어링의 실패는 바로 디자인의 실패라고 하는 그는 "인류 기술 진보의 역사는 뒤집어 보면 디자인 실패의 역사"라고 설명한다. 실패가 있었기 때문에 문제 해결을 위한 노력이 이루어졌고 그래서 더 좋아진 디자인이 나올 수 있었다는 것이다(Petroski, 《To Engineer is Human The Role of Failure in Successful Design》).

원론적으로 보면 사람이 만든 것은 모두 부서지거나 무너지게 되어 있다. 인간이 만든 모든 것은 창조자인 인간의 생명이 그렇듯 유한한 생명을 가지는 것이 숙명이다. 당대에 이미 인간에 의해 버려진 무수한 창조물들은 말할 것도 없고, 심지어 비용이 문제가 되지 않았던 중세의 성당이나 인도의 힌두 사당이나 이집트의 피라미드조차 유지하고 보존하려는 엄청난 노력에도 불구하고 서서히 부식하고 허물어지고 버려진다. 어떤 디자인은 세월의 풍파를 헤치고 상대적으로 좀 더 오래갈 뿐이다. 모든 다리나 도로나 건물을 필요 수준보다 수십 배 더 튼튼하게 만들수도 있을 것이다. 그러나 합리적으로 그런 비용을 감당할 수 있는 사회는 없다. 그래서 디자인은 끊임없이 현실과 이상 사이에서 줄다리기를 한다.

물론 디자이너는 자신이 공들여 만든 작품이 조금이라도 더 오래가도록 최선을 다한다. 모든 디자이너는 작품을 만들 때 미래에 대한 일련의 가정을 토대로 작업한다. 상황이나 기능, 성능, 쓰임새, 사용하는 사람들의 마음 등에 대한 가정들이 그것이다. 기본적으로 디자이너는 자신의 작품이 그가 파악한 과거나 현재의 상황과 같은 맥락에서 존재하고 사용될 것이라고 가정한다. 미래의 상황이 과거와 유사할수록 그 작품의 수명은 길어질 것이다. 그러나 변화는 필연적이다. 시간은 삼라만상을 바꾼다. 사람의 마음도 바뀐다. 무엇보다 그 디자인 작품이 등장했다는 사실 자체가 미래를 과거와 다르게 만든다(Petroski, ibid. 1992, p219). 그 디자인이 존재하는 세상은 그것이 없는 세상과 이미 다른 세상이기 때문이다.

한 디자이너의 작품이 성공적일수록, 그 디자인은 세상에 나와 많은 사람의 마음을 흔들어 놓는다. 그러면 사람들의 마음은 그가 애초에 디자인할 때 파악한 과거의 마음, 그러니까 그의 디자인이 없던 때의 마음과 이미 달라져 있게 된다. 그래서 성공작의 수명은 바로 그 작품의 존재 자체로 인해 끝을 향해 움직이기 시작한다.

▪ 예술에서 과학으로: 디자인의 과학(Science of Design)

디자인의 뿌리는 예술(art)이다. 예술을 가르치는 대학(art school)에서 주로 디자인을 가르친다는 것 자체가 바로 디자인의 기예적 측면이 부각된 결과인 것이다. 학생들은 끊임없이 반복되는 연습을 통해 미적 감각을 훈련하며 자신의 독창적 스타일을 찾기 위해 노력한다. 한편 디자인의 현실성과 유용성과 가치를 무시할 수도 없다. 현실성과 유용성과 가치는 과학적 분석의 대상이다. 그런 점에서 디자인은 예술과 과학의 팽팽한 연결선상에 놓여 있는 작업이라고 할 수 있다. 디자인을 주관성이 주도하는 예술의 분야에서 자연과학이나 사회과학처럼 하나의 과학적 탐구 분야로 만들어가고자 하는 시도도 계속되고 있다.

디자인을 과학적 탐구의 대상으로 다루려는 시도에 문을 연 사람의 하나가 허버트 사이먼이다. 그는 심리학자로서 경제학의 사상적 토대인 인간의 합리성에 대해 심리 실험을 바탕으로 일격을 가한 사람이다. 합리적 계산이 모든 결정을 주도할 것 같은 문제를 다루는 데 있어서도 사실은 직감에 가까운 휴리스틱(heuristic)

이 매우 커다란 영향력을 발휘한다는 것을 실증 데이터로 보여 준 공헌으로 그는 1978년 심리학 연구자로서는 처음으로 노벨 경제학상을 받았다. 사이먼의 연구가 미친 영향은 파고가 높았다. 그는 마음의 작동 방식을 도식적으로 그려냄으로써 인공지능 연구의 토대가 된 인지과학을 탄생시키는 데 공헌했다. 또한, 그의 연구는 행동경제학의 토대가 되어 훗날 판단 오류 현상을 연구한 대니얼 카너먼이나 사소한 정보인 넛지(nudge)가 의사결정에 미치는 영향을 연구한 리처드 세일러가 노벨 경제학상을 받는 결과를 낳았다. 일리노이공과대학 디자인스쿨 교수인 게이치 사토는 사이먼이 생각의 흐름을 연구하기 위해 고안한 언어 프로토콜 분석(verbal protocol analysis)이라는 연구 방법을 디자이너의 생각을 탐구하는 데 쓰자고 제안하기도 했다(Sato, 2009).

허버트 사이먼이 1969년에 쓴 책이《인공의 과학에 대하여(Sciences of the Artificial)》이다. 천재적인 통찰이 넘치는 이 책은 문제에 대한 해결책의 디자인을 주제로 다룬다. 그의 생각으로 잠시 들어가 보자.

모든 생명체는 환경에 둘러싸여 살아간다. 생명체는 자신을 둘러싼 환경의 변화에 적응하기 위해 노력하지만, 동시에 환경을 변형하여 자신에게 맞추고자 하는 노력도 한다. 그중에도 인간만큼 삶의 환경을 극적으로, 대대적으로, 능동적으로 바꾸고 있는 생명체는 없다. 인간이 자신의 환경을 바꾸고자 하는 노력이 바로 디자인이라는 행위다. 디자인만큼 인간이 자기 생성적 삶을 영위하고 있다는 것을 잘 보여 주는 개념은 없다. 고고학자 헤르만 파르칭거는 "인류의 조상은 적어도 후기 구석기 시대인 4만 년 전에는 주변 환경을 완벽하게 장악했다."라고 설명한다(헤르만 파르칭거,《인류는 어떻게 역사가 되었나》p90). 자신보다 크고 힘센 동물을 사냥해 식량으로 쓰고, 도구와 의복을 만들고, 집을 짓는 데 썼다. 이후 식물과 동물을 포함한 자연 환경 길들이기는 신석기 문화가 안정된 기원전 8000년 전까지 급속한 속도로 진행되었다.

오늘날 우리의 삶을 둘러싸고 있는 환경에는 두 부류가 있다. 하나는 초자연 또는 신이 만들어 놓은 자연물이고, 다른 하나는 사람이 만들어 낸 인공물이다. 우리 조상들의 삶을 둘러싸고 있는 환경에는 자연물의 비중이 압도적으로 높았다. 그 자연 환경을 이해하고자 하는 호기심이 물리학, 화학, 생물학과 같은 자연과학을 낳았다. 그러나 오늘날 우리의 삶을 에워싼 환경의 대부분은 사람의 손을 거쳐 탄생한 인공물이다. 옷, 건물, 카펫, 마룻바닥, 장신구, 컴퓨터, 펜, 망치, 가위, 도로, 자동차, 지하철, 신발, 양말, 모자, 종이, 전등, 책, 빵, 떡, 케이크, 김치, 참기름, 비빔밥, 부엌용품, 수저, 장신구. 아! 우리는 완전히 인공물에 둘러싸여 있다. 세심히 살펴보면 자연물로 보이는 거의 모든 과일이나 곡류, 가축, 채소, 견과류, 심지어 우리를 졸졸 따라다니는 강아지나 고양이도 사람의 손을 거쳐 만들어졌거나 재탄생된 것들이다. 《크리에이티브: 돌에서 칼날을 떠올린 순간》을 쓴 인류학자 아구스틴 푸엔테스는 "우리가 먹는 거의 모든 동물과 식물, 그리고 우리 주변에서 매일 보게 되는 거의 대부분의 것들이 인간의 영향과 기술로 만들어 낸 산물이다."라고 강조한다(아구스틴 푸엔테스 《크리에이티브: 돌에서 칼날을 떠올린 순간》 p158). 창세기의 이브가 요사스런 뱀의 유혹에 넘어가 따 먹었다는 맛있는 사과는 어떤 기준으로 보아도 오늘날 마트에서 볼 수 있는 큼직하고 당도가 높고 과즙도 많은 사과는 아니었을 것이다. 작고, 시고, 떫은 능금으로부터 오늘날 우리가 즐기는 개량된 사과가 만들어진 것은 그리 오래지 않아서 산업혁명의 역사 정도밖에 되지 않는다.

인간이 보유한 지능의 핵심적 역할은 인공물을 만들어 내는 것이었다. **인간은 모든 동물 중에서 유일하게 유전적 변이가 아닌 방법으로 한계를 극복하는 방법을 배웠다.** 인류는 더 강력한 신체를 가지는 방향으로 진화해서 번성한 것이 아니라, 약한 신체를 보완해서 강하고 빠르게 그리고 추위를 견디게 해주는 도구를 만들어 냄으로써 생존과 번성의 길을 열었다. 나아가 종이, 연필, 계산기, 컴퓨터 같은 인간의 정신 활동을 돕는 인공물도 만들어 냈다. 읽기, 셈하기, 논리, 언어 같은 정신적인 도구 자체도 디자인의 산물이다(도날드 노먼, 《생각 있는 디자인》 p21~24).

사이먼은 오늘날 인류의 삶이 인공물에 둘러싸인 만큼 자연물을 대상으로 자연과학을 만든 것처럼 이제는 인공물과 그 인공물을 만드는 과정에 대해서도 인공과학(sciences of the artificial)을 만들어야 할 때가 되었다고 주장했다. 그는 "자연과학이 자연물이 어떻게 존재하고 작동하는가를 알아내기 위한 지적 활동이라면, **인공과학은 인공의 산물은 마땅히 어떠해야 하는가**(how things ought to be)**를 탐구하는 학문**이 될 것이라고 설파했다(Simon, 1988, p133). 그에 의하면 자연과학이 분석(analysis)을 통해 목적을 달성하고자 했다면, 인공과학은 요소들의 종합(synthesis)을 통해 목적을 달성하고자 하는 것이다. 그래서 디자인을 공부하는 공과대학이나 미술대학뿐 아니라 사회 제도나 서비스, 관리 방법과 프로세스를 개발하는 법학, 행정학, 경영학 같은 전문 영역도 사실은 디자인 역량을 가르치고 있는 것이다. 우리가 선택할 수 있는 다양한 창의적 대안들을 만드는 과정이 바로 디자인인 것이다.

사이먼은 "**비버의 댐이나 새의 집, 벌집이 과학 연구의 대상이 되는데 사람이 만든 산출물인 디자인이 과학 연구의 대상이 되지 않을 이유가 없다.**"라고 주장한다. 이 주장은 자연에 대한 과학과 인공에 대한 과학 사이에 연결고리가 될 수 있는 확장된 표현형(extended phenotype)이라는 개념으로 연결된다(리처드 도킨스, 《확장된 표현형》 2004).

생물의 표현형(phenotype)이란 유전자의 설계가 눈에 보이는 형태로 나타난 모습이다. 즉 짐승 털이나 깃털의 모양과 색상, 날개의 형태와 크기, 눈동자의 모양과 색, 다리의 생김과 숫자, 피부색 같은 특성은 유전자의 청사진이 발현된 모습이다. 그러나 표현형의 특성은 여기에 머물지 않는다. 개체의 행동 특성도 유전자의 영향에서 벗어나지 않는다. 참새의 날갯짓은 제비의 날갯짓과 다르다. 나비의 날갯짓도 잠자리의 날갯짓과 다르다. 적이 가까이 오면 점프 높이로 동료들에게 위험을 알리는 아프리카 영양의 행동은 유전자의 코드가 결정한 것이다. 개미가 먹이를 찾아다니는 행동이나 벌이 소통을 위해 8자 모양의 춤을 추는 행동, 코브라의 사냥 행동 등도 모두 유전 설계에서 기인하는 특성이다. 외양이나 행동을 포함한 표현형은 모두 부모로부터 받은 유전 설계의 투영이다.

확장된 표현형은 표현형의 연장선에 있는 결과물이다. 개체의 생김이나 행위에 내재된 특성이 아니라 그 행동의 결과물이 바로 확장된 표현형이다. 참새나 제비, 까치가 만들어 낸 집, 벌이나 개미의 집, 비버가 만드는 댐 같은 것들이 바로 확장된 표현형이다. 제비가 자기 집의 스타일에 실증을 느낀 나머지 까치집 스타일을 시도하지 않고, 마당 벌이 분위기를 바꿔 보기 위해 땅벌처럼 구멍을 파지 않는 것처럼 이런 산출물도 유전자 영향의 그늘 아래 있다. 비버의 댐은 자신을 보호하는 가죽과 털의 연장선에 있는 행위 결과물이며, 유전자 영향의 연장선에 있는 것이다.

같은 논리로 사람의 신체에 대한 의학적 연구나 정신 현상에 대한 심리학적 연구가 과학의 대상인데 사람이 만들어 낸 인공물과 그것들을 만들기 위한 디자인 과정이 과학적 연구의 대상이 되지 않을 이유가 없는 것이다. 디자인 과정과 산출물에 대한 과학은 인간의 본질에 대한 이해를 더욱 풍성하게 해 줄 것이다. 다만 사람의 인공물은 어느 동물의 산출물과도 비교되지 않는 수준의 복잡성과 규모를 가지고 있다. 그리고 인공물이나 인공물을 만드는 과정에는 유전자뿐 아니라 복잡한 수준의 상호 학습과 모방, 창조의 능력이 영향을 드리우고 있다.

마셜 맥루언은 옷은 사람의 확장된 피부, 바퀴는 확장된 발, 카메라와 망원경은 확장된 눈이라고 말했다. 케빈 켈리가 《기술의 충격》에서 말하듯 "동물의 확장된 차림새는 그들이 지닌 유전자의 결과다. 사람은 그렇지 않다. … 마음은 우리 조상 중 누구도 만들거나 상상한 적이 없던 것을 만들어 낼 수도 있다. 기술은 우리 유전자의 확장이 아니라 우리 마음의 확장이다."(켈리, p58). 기술이 우리 마음의 확장이듯 디자인도 우리 마음의 확장이며, 잠재적인 과학적 탐구의 대상이다.

인간이 만든 모든 도시, 건축, 공산품, 서비스, 이벤트, 제도, 문화, 사고 체계와 논리, 언어, 예술 그리고 역사 그 자체는 모두 인간의 디자인 능력과 관련되어 있다. '인간을 위한 디자인' 개념을 제시했던 오스트리아 출신의 원로 디자이너 빅터 파파넥(Victor Papanek, 1925~1998)은 "모든 사람이 디자이너다. 디자인은 모든 인간 활동의 기초다. 욕구하고 예측 가능한 결과를 향한 모든 행위의 계획과 조직이 디자인 과정을 구성한다."라고 했다. 그는 디자인의 궁극적인 목적은 "인간 환경과 도구를 변화시키고 그리고 그 연장선상에서 인간 자신을 변화시키는 것이다."라는 전향적인 시각을 가진 디자이너였다(존 워커, 《디자인의 역사》 p53~54).

수많은 다양한 디자인 행위의 본질에 공통의 끈이 있다는 것은 좋은 소식이다. 디자인이나 디자인 씽킹에 대한 연구가 고립된 섬이 되지 않을 것임을 시사하기 때문이다. 디자인 과학은 어쩌면 사회과학이나 자연과학, 인문 예술같이 서로 떨어져 있던 분야들을 연결지어 이해하는 데 도움이 되는 학문으로 발전할지도 모른다.

미래를 위한 디자인 씽커

왜 디자인 씽킹인가: 우뇌 해방론

시간은 모든 변화의 독립변수라는 은유적 표현이 있다. 시간이 흐르면 모든 것이 변해가기 때문이다. 세상은 변화무쌍하고 불확실성으로 가득하다. 현상의 역사에서 어떤 변화는 다른 변화를 선도하는 원인이 된다. 이런 원인을 독립변수라고 한다. 변화의 주체인 독립변수는 영향을 받는 변화보다 불확실성을 적게 경험한다. 그래서 발명왕 토머스 에디슨, 교류 모터의 발명자 니콜라 테슬라, 애플의 창업자 스티브 잡스, 아마존의 창업자 제프 베조스 같은 리더들은 미래의 불확실성에 대응하는 가장 좋은 방법은 스스로 독립변수가 되어 변화를 디자인하는 것이라고 말했다. 그들이 강조한 것은 변화를 선도하는 미래 지향적인 상상의 가치였다.

제러미 리프킨은 베스트셀러가 된 《3차 산업혁명》에서 "지난 100년간 미국에 우위를 가져다준 것은 생산 및 제조 감각이나 군사력이라기보다 미래를 생생하고 명확하게 그려내는 능력이었다."라고 설명한다(Rifkin, 2011). 예리한 분석을 통해 더 효율적인 공정을 만들고, 비용을 절감하며, 불량품을 감소시키고, 프로세스를 최적화하며, 고객 관계와 공급망을 관리하는 훌륭한 성과를 달성할 수 있다. 이런 분석적이고 체계적인 사고의 패턴을 우리는 '좌뇌 중심적 사고'라고 부른다. 인공지능(AI)과 빅데이터 기술의 확대로 분석에 현대적 기술의 도움을 받을 가능성은 더욱 높아졌다. 그러나 미래를 생생하게 그려 내는 상상력은 분석 훈련으로 만들어질 수 있는 것이 아니다. 분석만으로는 세상에 없던 것을 상상하거나 만들어 내지 못한다는 인식이 높아지면서 종합적인 맥락을 파악하고 상상을 펼치게 해 주는 '우뇌 중심적 사고'의 필요성이 부상했다.

인간은 누구나 호두알처럼 생긴 뇌를 가지고 있다. 무게가 약 1.4kg 정도인 뇌는 뇌량이라는 굵은 연결다리를 중심으로 대칭으로 생긴 좌뇌와 우뇌로 구성되어 있다. 학교에서나 직장에서나 합리적이고 분석적인 특성을 가진 좌뇌형 사고는 권장하고 훈련시킨 반면, 튀는 사고와 농담을 만들어 내는 특성을 가진 우뇌형 사고의 활용은 억제해 왔다. 계몽주의 사상이 교육 철학과 과학적 사고, 사회생활과 기업 활동의 기반이 되면서 만들어진 전통이다. 초등학교부터 대학원까지의 공식 교육 과정은 압도적으로 '좌뇌 중심적 사고'의 훈련으로 기울어져 있다. 고등학교 까지의 문제 풀이 암기식 훈련은 말할 것도 없고, 현장의 전문성을 교육시키는 공과대학이나 경영대학원의 과목들도 마찬가지다. 시장조사나 투자 분석, 구조 해석 등 조사와 분석을 중심으로 하는 대부분의 교과가 좌뇌형 사고의 훈련에 초점을 맞추고 있다. 우뇌적 사고인 창조적 사고를 강조하지만 좌뇌형 사고를 잘하면 선생님이나 상사에게 칭찬을 받고 우뇌형 사고를 하면 조롱거리가 되는 것으로 마감되기 일쑤다. 오랫동안 우뇌형 사고는 근거 없는 추측과 육감, 우스꽝스러운 발상, 비업무적인 사고에 사용되는 것으로 인식되어 왔다.

암기한 공식을 가장 빨리 적용하는 우등 학생이 새로운 공식도 가장 잘 만들어 낼 것이라고 장담할 수는 없다. 암기와 적용은 창조적 해결과 생각의 방식이 다르기 때문이다. 그런데 시대는 공식의 암기와 적용보다 새로운 생각 방식의 창조에 더 큰 중요성을 부여하는 방향으로 이행하고 있다. 이 문제는 우리나라만의 문제가 아니고 전 세계가 공유하고 있는 문제다. 창의성 연구자인 브루스 누스바움은 《창조적 지성》에서 이 점을 다음과 같이 구체적으로 강변한다. "비즈니스 스쿨의 주요 강의 계획서를 보면 학생들은 자산을 늘리는 법은 배우지만, 완전히 새로운 무언가를 창조하는 일에 대해서는 배우지 않는다. 시대는 신생 기업의 창조적인 면과 자본주의를 연계시키는 발상이 중심축을 이루는 시대로 변모하고 있다." (브루스 누스바움 《창조적 지성》 p317). 상황이 이렇다 보니 우뇌형 사고를 강화하는 훈련이 필요하다는 깨달음이 기업과 산업 현장은 물론 공공과 민간 모두에서 확산되기 시작했다.

인문학 공부가 돌파구가 될 것인가?

물론이다. 그러나 인문학 공부가 생각의 자극제가 되고 그 자극이 새로운 해법으로 분출될 수 있어야 한다. 현장의 경영자들에게 한때 인문학 공부 열풍이 불었다. 인문학 공부는 심장을 뛰게 하고 재미도 있다. 사람과 인생과 삶을 이해하는 데도 도움이 된다. 문제는 인문학 강좌를 현장의 해법과 연결하는 것이 대책 없는 숙제로 남았다는 것이다. 인문과 경영을 연결하는 일은 인문 강좌를 듣고 즐기는 것보다 어려운 일이었다. 인문 공부가 마음을 따뜻해지게 만들고 감동을 주기도 했지만 현실적 가치와 해법을 가져다주지는 못했다.

미래를 준비하는 경영자나 전문가, 직장인들에게 필요한 것은 공감을 바탕으로 한 미래의 창조의 능력이다. 제러미 리프킨이 이야기한 '미래를 생생하고 명확하게 상상하는 능력'이다. 그리고 그 상상을 현실로 만드는 능력이다. 바로 그런 능력을 토대로 세상에 존재하지 않던 많은 제품과 서비스가 탄생했고, 그런 제품과 서비스는 미국에 우위를 안겨주었다는 것이다. 그 결과들은 세상 사람들이 살아가는 방법을 영구히 바꾸어 놓았다. 우리는 이제 전기와 조명이 없는 세상에 살 수 없다. 아널드 토인비는 역사가 바퀴처럼 반복된다고 했지만, 기술과 창조의 진보는 불가역적이다. 인류사의 진보에 이렇게 불가역성이 적용되는 발명에는 비행기, 컴퓨터, 반도체, 나일론, 크리스탈 유리, 라디오, TV, 모바일 폰, 인터넷, 전자상거래, 검색 서비스, 방송 서비스, 진통제, MRI, 수술 로봇, 드론, LED 등등의 리스트가 끝없이 계속 이어진다. 이런 창조물들이 오늘날의 사람 사는 세상을 100년 전의 그것과 완전히 다르게 만들었다.

공감을 바탕으로 의미를 탐구하여 전에 없던 새로운 세상을 만들어 가는 것, 세상 사람들이 기다리던 새로운 제품, 기술, 서비스를 제공해 쓰게 만드는 것, 그것이 바로 디자인 씽킹의 목적이다. 디자인 씽킹은 좌뇌 중심 사고의 한계를 벗어나 미래를 상상하고 만들어 내려는 시도의 결과다. 문제에 대한 종합적이고 가시적이고 창조적인 해법을 추구하는 것이다. 우뇌형 사고는 포괄적인 맥락의 파악과 독창적 사고, 상상과 비유를 담당한다.

▪ 다이엘 핑크의 미래를 위한 인재상

통찰력이 넘치는 저명한 사회학자 다니엘 핑크는 《새로운 미래가 온다》에서 디지털과 분석적 사고, 논리적 사고가 주도하고 있는 세상에서 창조와 공감을 기반으로 하는 능력이 점점 더 중요해지는 세상으로 변해 가고 있다고 설파한다. 그는 현재 일어나고 있는 변화들의 패턴을 해석하여 '미래 인재를 위한 6가지 조건'을 제시했다. 핑크가 제시한 이 6가지 조건들을 풀어서 설명하면 다음과 같다.

1. **기능을 넘어 디자인으로:** 기능과 성능 중심의 제품이나 서비스, 경험, 라이프 스타일을 제공하는 시대를 넘어 미학적 아름다움을 제공하는 안목이 필요하다. 인공지능이나 로봇, 사물인터넷 제품들이 꼭 투박하거나 보기에 흉해야 할 이유가 없다. 이제 모든 제품과 서비스는 기능적 경험을 제공하는 것을 넘어서 바라보면 기분이 좋아지고 제공받으면 아름다움을 느낄 수 있는 미학적

가치를 가져야 한다. 함께 있는 것만으로도 기분이 좋아지는 디자인을 만들어 내는 능력이 필요하다.

2. **팩트를 넘어 이야기로:** 우리는 구글과 같은 시대를 살고 있다. 간단한 검색으로 확인할 수 있는 팩트가 넘쳐나는 시대다. 영문도 모른 채 팩트의 더미에 깔려 죽지 않으려면 이들 팩트들을 엮어 감동을 만들어 내는 능력이 필요하다. 이야기에는 감동과 아름다움과 열정과 고뇌와 삶이 있다. 그래서 팩트는 창조하면 날조가 되지만, 이야기는 창조하면 작품이 된다.

3. **집중과 전문화를 넘어 조화로:** 부분들 간의 보이지 않는 연결고리를 찾아 엮고 통합하는 능력이 중요해진다. 조화, 통합, 융합, 종합은 창조적 사고의 핵심이 되는 능력이다. 융합적 사고의 저변에는 경계를 넘나드는 상상력과 소통 능력이 있다. 오늘날 우리는 르네상스 시대보다 수천만 배 많은 전문성과 지식의 바다 위에 떠서 살고 있기에 레오나르도 다빈치처럼 여러 분야를 통달할 수가 없다. 그래서 함께 해야 하고, 함께 하려면 소통이 되어야 한다.

4. **논리를 넘어 공감으로:** 정보와 분석이 넘쳐나는 사회에 더 갈구되는 능력은 타인의 마음을 읽고 공감하는 능력이다. 컴퓨터는 감정이 섞인 표현을 만들어 낼 수도 있고, 사람의 얼굴에서 감정의 패턴을 읽어낼 수도 있지만, 다친 새끼 고양이의 상처를 핥아 주는 어미 고양이만큼의 공감 능력도 없다. 아픔이라는 단어를 쓸 수는 있지만 아프다는 것이 어떤 느낌인지 알 수 없기 때문이다. 알파고는 이세돌을 이겼지만 환호하지 않았다. 기쁨이 무엇인지 알지 못하는 기술이었기 때문이다. 공감 능력이 사람 사는 세상에서 사람을 위해 미래를 창조할 인재의 가치가 되는 이유다.

5. **진지함을 넘어 놀이로:** 농담하고 웃는 것만으로도 해고의 사유가 되던 시절이 있었다. 실제로 헨리 포드는 '일할 땐 일하고 놀 때 놀아야 한다'는 경영 철학을 철석같이 믿어서 공장에서 콧노래, 휘파람, 웃음, 미소 등을 금지시켰다. 조 갈로라는 직원은 웃다가 작업을 30초 지연한 것이 이유가 되어 1940년 해고당했다. 진지함이 지나치면 삶의 여유와 풍요가 메말라진다. 놀이 같은 일

을 만들어 내고 일을 놀이처럼 할 수 있는 능력이 중요해진다. 아이들은 놀이를 하면서 새로운 규칙을 만들어 내곤 한다. 놀이를 즐기고 놀이 규칙 자체를 만들어 내는 능력은 창조적 혁신가에게 수반되는 능력과 본질이 같다.

6. **물질적 충족을 넘어 의미의 탐구로**: 사물이나 사건, 존재나 부재로부터 의미를 찾는 것은 더 이상 철학자나 시인만의 관심이 아니다. 제품이나 서비스, 경험에 의미를 부여하고, 또 새로운 의미를 찾아주기도 하는 능력은 미래 인재의 핵심적 능력이다. 그들은 제품이 아니라 의미를 만들 것이며, 서비스가 아니라 의미를 경험하게 할 것이다. 헌혈은 피를 공급하는 것이라기보다 스스로에게 삶의 의미를 만들어 주는 과정이다. 미래의 인재들은 재화가 아니라 의미의 생산과 소비를 통해 끊임없이 자신이 살아가는 의미를 탐구하게 될 사람들이다.

다니엘 핑크가 말하는 '미래 인재를 위한 6가지 조건'은 모두 디자인 씽킹과 밀접한 연관성을 가지고 있다. 이 조건들은 유연하고 창조적인 사고를 위한 요건이기도 하지만 성공적인 디자인 씽킹의 요건이기도 하다. 디자인 씽킹은 현장에서 사용자와 고객에게 수용될 수 있는 창조적 산출물을 만들어 내는 것을 목표로 한다. 그래서 디자인 씽킹의 사상과 기법, 절차는 창조적 미래 인재로 변신하는 데 도움이 되는 훈련과 상통한다.

▪ 미래를 위한 디자인 씽커의 요건

비즈니스 디자인 씽킹에 관심이 쏟아지게 된 것은 창조적 디자인의 중요성을 인식하게 되면서부터다. 이는 세계대전 이후 독립적인 분야로 성장한 디자인의 중심적인 역할에 대한 기대를 반영하는 것이기도 하다. 직접적으로는 스탠퍼드대학의 D-스쿨, MIT의 미디어랩, 토론토대학의 디자인센터, 일리노이공과대학의 디자인 인스티튜트, 헬싱키대학교의 디자인-경영 융합 과정, 디자인 전문회사인

IDEO의 경험 등이 발화점이 되었다. 이 기관들의 디자인 씽킹 노력은 창의적이고 성공적인 결과물을 훈련을 통해 발견하고 만들어 낼 수 있다는 것을 보여 주었다.

디자인 씽킹은 창의적 신제품, 혁신적인 매장 설계, 개선된 병원 서비스의 설계, 창의적 전략의 설계 등에 성공적으로 적용된 전례를 가지고 있다. 인간 중심의 법과 제도를 디자인해야 하는 국회의원이나 정치인, 공감이 가는 정책을 디자인해야 하는 공무원들도 디자인 씽킹을 공부하는 것이 필요하게 될 것이다. 디자인과 창조에 있어서 엄청난 역량을 발휘해 온 미국이나 유럽에서조차 좌뇌 중심 사고와 교육의 한계를 느끼고 우뇌 사고의 강화를 통한 창조적 해법을 모색하고 있다. 주입식 교육과 서열 중심 문화에서 아직 벗어나지 못하고 있는 우리야 더 말해 무엇하랴.

초연결과 4차 산업혁명으로 대변되는 변화로 모든 직업에서 기술에 대한 이해와 더불어 디자이너와 같은 창조적 사고방식을 필요로 하고 있다. 사용자와 고객의 공감을 불러일으킬 수 있는 창조적인 아이디어의 중요성이 높아지고 있는 것이다. 다니엘 핑크의 포괄적 설명을 미래를 위한 디자이너의 요건과 구체적으로 연결시켜 보자. 다음은 IDEO의 대표인 팀 브라운이 제시한 바람직한 디자인 씽커의 특성이다 (Brown, 2008).

- **공감 능력**(Empathy): 동료, 고객, 사용자 등의 입장에서 다각적인 시각으로 세상을 바라볼 수 있어야 한다. 인간을 중심에 둔 사고를 통해 내재된 잠재적 필요성을 충족시킬 해법을 모색해야 한다. 훌륭한 디자인 씽커는 다른 사람이 보지 못하는 것을 세심하게 관찰하고, 그 통찰을 토대로 혁신을 만들어 내는 사람이다.
- **통합적 사고 능력**(Integrative Thinking): 복잡한 문제를 분석적 시각으로 분해해서 보기보다 종합적인 시각에서 보고 기존의 방식을 뛰어넘는 신선한 해법을 탐구해야 한다.

- **낙관주의**(Optimism): 문제에 봉착하더라도 지속적으로 시도를 반복하고 밀고 나갈 수 있는 낙관적인 태도가 필요하다.
- **실험 정신**(Experimentalism): 중요한 혁신은 소소한 변형으로부터 오는 것이 아니다. 여러 제약 요건이나 선입관들에 대해 창의적으로 질문을 던지고 도전하는 정신이 필요하다.
- **협동 능력**(Collaboration): 제품과 서비스는 점점 복잡해져 간다. 해법의 구상과 실현이 다양한 분야의 전문가들과의 협업을 필요로 하는 시대가 되었다.

미래를 위한 디자이너에게 기대하고 주문하는 두 전문가의 시각이 어쩌면 이렇게 서로 상통하는 것일까? 아마도 이는 우연의 일치가 아닐 것이다. 시대를 보는 통찰이 수렴한 것이다. 비즈니스 디자인 씽킹의 세계가 우리를 기다리고 있다.

BLUE MOON

Business
Design Thinking

03

공감하는 인간

| 디자인 씽킹에 있어서 공감이란

▪ 디자이너와 공감

IDEO의 대표인 팀 브라운은 디자인 씽커에게 필요한 요건의 첫째로 공감 능력을 꼽았다. 디자인 산출물이 사용자로부터 가치를 인정받으려면 디자인을 의뢰한 경영진이나, 디자인 산출물을 관리할 사람, 그리고 무엇보다 사용할 사람의 '마음을 아는' 것이 중요하다는 것이다. 그런데 마음을 안다는 것은 과연 어떤 뜻일까? 열길 물속은 알아도 한 길 사람 마음속은 알지 못한다는 말이 있다. 타인의 마음을 안다는 것이 얼마나 어려우면 이런 속담이 있겠는가. 사용자의 마음을 안다는 것은 그저 사용자에 대한 자료를 수집하고 파악하는 것 이상을 의미하는 것은 아닐까?

페트리샤 무어(Patricia Moore)는 모교인 로체스터공대의 '혁신가를 위한 명예의 전당'에 이름을 올린 전설적인 디자이너다. 할머니 손에서 자란 그녀는 디자이너로서 커리어 초기에 노약해진 할머니에 대한 사랑을 디자인에 반영하고픈 생각을 가지고 고민했지만, 할머니가 세상을 어떻게 보고 느끼는지 알기 힘들었다. 26세의 페트리샤는 노인의 마음을 머리로 상상하는 것만으로는 부족하다는 것을 깨닫고 스스로 할머니가 되어 사용자의 마음을 체험해 보기로 결심했다. 그녀는 분장사인 친구의 도움을 받아 무거운 각반을 다리에 감아 걸음을 무겁게 만들고, 초점이 흐린 안경을 걸쳐 약해진 시력을 만들고, 피부도 노인처럼 분장하고, 허리를 구부정하게 했다.

그녀는 이렇게 할머니로 변신한 채 1979년에서 1982년까지 무려 3년에 걸쳐 미국과 캐나다의 14개 주, 113개 도시를 돌아다녔다.

그녀는 체험 과정에서 보고 느낀 것을 상세히 기록했고, 회사로 돌아가 이를 반영한 산출물을 하나씩 만들어 냈다. 그녀가 만든 디자인에는 손가락의 힘이 약해져도 문제없이 사용할 수 있는 굵고 부드러운 손잡이를 가진 옥소 굿 그립(Oxo Good Grips), 주방 도구 제품들과 바퀴 달린 여행 가방, 양손잡이용 가위, 저상버스 등이 포함된다. 오늘날 우리가 전철이나 버스에 '올라' 타지 않고, 플랫폼에 서 있다가 마치 방으로 걸어 들어가듯 편안하게 타게 된 이면에는 그녀의 노력이 숨어 있다고 볼 수 있다. 그녀의 노력은 노년층이나 장애인도 사용할 수 있는 제품을 디자인하는 **보편적 디자인**(Universal Design)이라는 개념으로 확대되었다. AT&T, 보잉, 시티은행, 코닝글래스, GE, 허만밀러, 존슨&존슨, 킴벌리클라크, 화이자, NASA, 매리어트 등 유수의 회사들이 그녀의 디자인 자문을 받았다. 우리가 모두 패트리샤 무어처럼 엄청난 인고의 경험을 해야 하는 것은 아니다. 그러나 그녀의 이야기는 디자이너에게 사용자의 마음을 아는 것이 얼마나 소중한 것인지 잘 보여 주는 전설로 남았다.

[그림 3-1] 패트리샤 무어, 분장한 무어, 그리고 그녀의 디자인 아이디어들

공감은 사용자에 대한 깊이 있는 관찰의 전제 조건이자 필요조건이다. 디자인 씽킹 실습서나 워크시트에는 어김없이 '자신이 공감한 내용을 적어보세요.'와 같은 지시문이나 양식이 포함된다. 공감에 대한 아무런 설명도 없이 공감한 내용을 적

어 보라고 지시하는 강사는 과연 그런 주문을 받고 어리둥절해 하는 수강생의 마음에 공감을 느끼고 있는 것일까? 공감 그 자체에 대한 이해가 더 필요한 것 같다.

디자인 씽킹에서 공감을 강조하는 이유는 사용자들이 '진정으로 원하는' 것이 무엇인가를 알아야 디자인의 디딤돌을 마련할 수 있기 때문이다. "그렇게 알고 싶다면 물어보면 되지"라고 생각할 수도 있다. 사실 물어보는 것도 중요한 방법이다. 인터뷰는 사용자의 마음을 이해하는 데 꼭 필요한 수단이다. 그런데 연구와 경험이 보여 주는 진실의 하나는 많은 경우에 사용자가 진정으로 원하는 것은 그들의 대답 너머에 있다는 것이다. 왜냐하면 사용자도 자신이 진정 원하는 것이 무엇인지 알지 못하는 경우가 많기 때문이며, 알더라도 적절히 표현하지 못할 수도 있기 때문이다. "마음을 뭐라고 표현할지 모르겠다."라는 말은 마음을 제대로 서술하지 못하는 답답함을 일상에서 늘 경험한다는 증거가 아니고 무엇이겠는가. 심지어 사용자가 자신의 마음을 모르고 있다는 사실 자체를 모르고 있어서 엉뚱한 대답을 할 수도 있다. 그리고 그저 적절한 질문을 받지 못해서 대답하지 못했을 수도 있다. 디자인 씽커는 공감을 통해 언어의 장벽을 넘어 사용자의 마음 깊은 곳에 자리하고 있는 생각과 감정과 필요를 알고자 한다.

공감하는 능력은 어디에서 오는 것일까? 우리 주위에는 공감 능력이 높은 사람들이 있다. 지인의 성공에 마음을 담아 함께 기뻐해 주는 사람, 같은 영화를 보고도 주인공처럼 슬퍼하는 사람, 사고 뉴스를 보고 남들보다 더 안타까워하는 사람들이 있다. 한편 과연 누구에게나 공감 능력이 있기는 한 것일까? 무심한 사람에게 "말을 해야 알아? 왜 그리 공감 능력이 없어." 하고 힐난하는 상황도 낯설지 않다. 훈련한다면 과연 공감 능력이 더 좋아지기는 하는 것일까? 무엇보다 공감이란 도대체 어떻게 작동하는 마음의 현상일까?

▪️ 공감한다는 것 그리고 마음을 안다는 것

우리는 모두 자신의 마음을 통해 세상을 본다. 다른 사람의 마음을 알고자 할 경우에도 우리는 자신의 마음에 기댈 수밖에 없다. 우리의 마음은 컴퓨터처럼 계산하고, 생각하고, 이해하는 기능을 가지고 있다. 그러나 컴퓨터에게는 없는 감정도 가지고 있다. 그래서 흥분하고, 기뻐하고, 분노하고, 슬퍼한다. 우리의 마음이 이성과 감정을 모두 가지고 있다는 것은 공감이 이를 모두 필요로 한다는 것이며, 이해나 분석의 경계를 넘어선 곳에 공감의 세계가 있다는 것을 의미한다.

공감(共感, empathy)을 글자로 푼다면 '같은 느낌'을 가지는 것이며, 타인의 마음(pathos)에 내 마음을 얹어 함께 공진한다는 것을 의미한다. 느낌이란 순수한 이성적 사고를 의미하지도 않지만 감정만을 의미하는 것도 아니다. 느낌이란 사고와 감정의 복합체다(로버트 버튼, 《뇌, 생각의 한계》 p55). 그래서 공감은 '타인의 입장에 서서 그의 마음으로 들어가 느끼고 생각해 보는 것'을 의미한다. 그런데 우리가 타인과 같은 것을 느끼는 것이 가능하기는 한 것일까?

내가 실연의 아픔에 잠겨 있을 때, 배신에 떨고 있을 때 "그래 알아. 그 마음 내가 다 알아.'라며 친구가 위로해 준다. 그 친구는 정말 내 마음을 알고 있는 것일까? 그는 내가 느끼는 것을 함께 느끼고 있을까? 내가 실연했다는 사실을 아는 것만으로 내 마음을 안다고 말하는 것은 아닐까? 내가 힘들다는 사실은 이해하겠지만 같은 느낌을 가진다는 것은 착각이 아닐까? 아니면 그도 나를 위로하면서 나만큼 아프고 힘이 드는 것일까? 아이가 뜨거운 물에 손을 데었을 때 엄마가 느끼는 고통은 아이의 고통과 같은 것일까? 엄마도 마음의 고통이 크겠지만, 아이의 마음이 느끼는 것과는 종류가 다른 고통은 아닐까? 같은 것을 느낀다는 의미의 공감이 이와 같이 섬세한 것이라면 설문지나 통계로 공감을 파악한다는 것, 더군다나 공감을 7점 척도나 플러스 3점에서 마이너스 3점 등과 같이 수치로 데이터화한다는 것은 정말로 어처구니없는 일은 아닐까?

학자들은 공감이 타인과 같은 것을 느끼고 같은 경험을 하는 것은 아니라고 말한다. 하버드대학의 인지심리학자 스티븐 핑커는 마음 전체나 감성은 차치하고, 색상과 같은 단순한 감각 인지에 대해서도 우리는 서로 같은 것을 인지한다고 보장할 수 없다고 설명한다. 내가 어떤 대상을 '붉다'라고 지칭할 때 내 친구도 그것이 '붉다'고 동의했다고 하자. 그렇다고 해서 그의 감각이 포착한 색상이 내가 본 색상과 같다는 것을 어떻게 입증할 수 있을까? 그 친구와 나의 마음은 서로 다른 색을 인지하면서 같은 것이라고 착각하고 표현만을 공유하고 있을 수도 있다. 캘리포니아대학 뇌인지연구소 소장인 라마찬드란 교수도 다른 사람들의 붉은색에 대한 경험이 붉은색에 대한 당신의 경험과 정말 같은 것인지 알 수 있는 방법은 없다고 설명한다(라마찬드란, 《명령하는 뇌, 착각하는 뇌》 p131). 항상 같은 색상에 대해 일관되게 같은 명칭을 부여하기만 한다면, 즉 한 사람이 내적으로 일관되게 같은 대상에 대해 같은 기호를 연관시킬 수만 있다면, 우리는 서로 다른 색을 보면서도 마치 같은 것을 보고 있는 것처럼 생각하고 아무런 문제도 없이 대화할 수 있기 때문이다.

어떤 표현이 사물의 진실을 정확하게 드러내느냐는 이 상황에서 핵심이 아니다. 사물과 표현(기호) 사이의 관계에 일관성이 유지되고(인과 이론), 기호와 기호 간의 의미 네트워크가 흔들리지만 않는다면(지시 역할 이론), 우리는 아무런 문제없이 서로 다른 것을 보면서도 상대방과 같은 것을 보고 느끼고 있다고 생각하며 살 수 있다(스티븐 핑커, 《마음은 어떻게 작동하는가》 p138). 그러니 타인과 완전히 같은 것을 느낀다는 것은 논리적으로나 과학적으로나 보장할 수 없는 주장일 뿐이다. 같은 것을 느낀다고 말하기보다는 같은 대상이나 주제에 대해 나름대로 내적으로 일관된 경험을 한다고 말하는 것이 더 정확한 표현일 것이다.

관광지나 역사 유적지에 대한 설명을 들을 때나 영화에 대한 설명을 들을 때, 미술 감상을 안내받을 때면 설명하는 사람에게서 어김없이 "아는 만큼 보게 됩니다."라는 말이 나온다. 사물이나 사건에 대한 인식과 이해가 이미 알고 있는 지식 체계에 의해 영향을 받는다는 것은 매우 과학적인 사실이다. 안다는 것의 토대는 사물을 분별하는 능력이다. 상황 판단을 못 하는 어린아이나 답답한 사람에게 "사리 분별을 못 한다."고 말한다. 엘리노어 로쉬는 사람의 뇌 안에 기억되어 있는 지식은 어떤 구조를 가지고 있는가를 탐구한 심리학자다. 그에 의하면 사물이나 사건을 분별하고 범주화(categorization)하여 저장해 놓은 내용의 집합이 우리의 기억이요 지식이다(Rosch, 1981). 한편 노벨 생리의학상을 수상한 제럴드 에델만은 "지각적 범주화는 그 자체가 감각 체계와 운동 체계를 포함한 뇌의 전체 지도에 의해 좌우된다."라고 설명한다(제럴드 에델만, 《세컨드 네이처: 뇌과학과 인간의 지식》 p78). 종합하자면 우리가 몸과 마음을 통해 이미 체득한 지식의 내용과 구조는 새로이 접하는 사물이나 사건을 분별하는 데 영향을 미친다. 그래서 이미 아는 지식은 새로운 지식을 형성하는, 즉 '알아가는' 과정에 영향을 미친다는 것이다.

그러니까 타인의 마음을 아는 과정도 이미 자신이 알고 있는 것에 의해 영향을 받을 수밖에 없다. 그런데 인생을 살면서 경험과 학습과 체험을 통해 알고 있는 것이 똑같은 사람이란 존재하지 않는다. 세상 사람들은 모두가 서로 다른 성장 배경과 관심과 경험을 가지고 있다. 그런 차이를 토대로 습득한 한 개인의 앎의 총체가 바로 그의 자아이자 정체성이다. 그렇다면 서로 다른 자아를 가진 두 사람이 똑같은 것을 느낄 리가 없다. 그러니 타인과 같은 것을 느낀다는 것, 공감한다는 것은 성취 가능한 목표가 아닌 셈이다. 그렇다면 과연 우리가 추구하는 공감이란 무지개와 같은 것일까?

결론적으로 말하자면, 공감한다는 것은 완전히 같은 느낌을 느끼는 것이라기보다는 타인의 마음을 내 마음속에 흉내 내어 보는 것이다. 즉 타자의 마음을 시뮬레이션해 보는 것이다. 그러니까 공감이란 "상상력을 발휘해서 다른 사람의 처지에서 보고, 그를 통해 그 사람의 느낌과 시각을 이해하는 것"이다(로먼 크르즈나릭, 《공감하는 능력》 p13). 그리고 그 상상력의 토대는 바로 자신의 경험과 지식이다. 공감이 없다면 다른 사람과 원만한 관계를 유지할 수 없고, 그래서 사회적 동물인 인간은 정상적인 삶의 영위가 불가능해진다. 이렇게 중요한 인간의 공감이란 과연 어떤 연원을 가지고 있는 것일까?

공감의 과학

▪ 동물, 인간, 기계의 공감

공감은 고차원적인 마음을 가진 인간만의 능력일까? 그렇지는 않은 것 같다. 공감은 오랜 진화의 역사를 가지고 있다. 동물들도 일종의 공감을 느낀다는 관찰이 있다. 개인적으로도 나는 뉴햄프셔의 한 농가에서 한 무리의 오리 가족이 다친 오리의 주변을 둘러싸고 발을 구르며 안타까워하던 모습을 본 일이 있다. 그것은 공감을 느끼지 못하는 동물이 하는 행동은 아니었다. 그렇다고 모든 동물이 공감을 느끼는 것 같지는 않다. 한 마리의 파리나 모기의 죽음을 슬퍼하는 몸짓을 보이는 다른 파리나 모기의 행동이 관찰되었다고 보고된 바는 없다. 이런 반응은 어류나(영화 〈주라기 공원〉에 나온 공룡을 제외하고는) 파충류에서도 관찰되지 않는다.

동물행동학자 프란츠 드발은 《영장류와 철학자》에서 공감 행동은 사회성을 가진 일부 조류와 포유류, 특히 영장류에 있어서 나타나는 특징이라고 설명한다. 동물행동학자의 원조 격인 해리 할로우 교수는 사랑과 모성에 대한 한 실험 연구에서 배고픈 아기 침팬지 우리에 우유를 들고 있는 철망 재질의 모형 어미와 우유를 들고 있지 않은 부드러운 헝겊 재질의 모형 어미를 넣어 주었다. 둘 다 실제 침팬지와는 매우 다른 조악한 모형이었지만, 아기 침팬지가 어느 쪽을 더 선호하는지 보기 위해서였다. 잠시의 망설임 후 아기 침팬지는 우유가 없는 부드러운 모형 어미를 선택하고 다가가 안겼다. 먹이보다 사랑, 애정, 공감이 본능의 선택이었던 것이다. 포유류가 애정을 주고받기를 원하는 것은 유전자에 각인된 특성인 것으로 보인다(프란츠 드발, 《착한 인류》 p18).

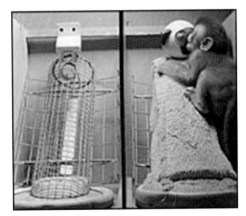

[그림 3-2] 해리 할로우의 실험, 아기 침팬지의 선택

레버를 당기면 좋아하는 초콜릿을 먹을 수 있는 실험 장치를 이용한 다른 연구에서는 쥐의 반응을 연구했다. 레버를 당길 때마다 동료 쥐가 전기 충격을 받는 상황을 만들자, 그 모습을 본 쥐는 먹이를 포기하고 동료의 고통을 막기 위해 레버를 당기지 않았다(ibid. p213). 심리학자 줄스 마서먼이 보고한 실험에서는 원숭이가 무려 12일까지 고픈 배를 움켜쥐고 레버 당기기를 거부했다. 동료의 고통을 보기보다는 차라리 굶어 죽으리라고 결심이라도 한 듯이 보였다는 것이다(로먼 크르즈나릭, 《공감하는 능력》 p63).

사회적 동물이라고 불릴 만큼 사회성이 생존에 있어서 큰 비중을 차지하는 영장류에게 있어서 공감은 특히나 필수적인 기제다. 특별히 사람이나 유인원에게 있어서 공감은 타고나는 뇌의 반응인 것으로 보인다. 기능성 자기공명장치(fMRI)를 이용하면 뇌세포의 어떤 부위로 혈액순환이 활발해지는지, 즉 산소의 공급이 증가하는지를 포착해 뇌세포가 활성화되는 부위를 알아낼 수 있다. 이탈리아 파르마대학의 인지과학자 자코모 리졸라티는 이 기기를 이용해 침팬지의 반응을 연구하다가 타자의 감정에 공조 반응을 보일 때 활성화되는 특별한 뉴런을 발견했다. 건너편의 침팬지가 바나나를 집어 들자 자신이 바나나를 먹을 때처럼 활성화되는 뉴런을 목격했던 것이다. 그들은 이 뇌세포를 '거울신경세포,' 즉 미러 뉴런이라고 명명했다(라마찬드란, 《명령하는 뇌, 착각하는 뇌》 p186). 이 뇌세포는 이후 공감 반응과 밀접하게 관계된다는 것이 밝혀져 '공감 뉴런'으로 널리 알려졌다.

리졸라티 교수의 연구 이후 공감 뉴런에 대한 연구는 인간을 대상으로 급속히 확산되었다. 어린아이가 뾰족한 바늘에 찔리려는 사진이나 엄마의 품에서 편히 잠든 아기 사진을 보여 주자 피실험자들의 공감 뉴런이 일정한 패턴으로 활성화되는 것이 관찰되었다. 맛있는 아이스크림을 집어 드는 동영상을 보면 자신이 직접 아이스크림을 집어 들 때와 같은 수준으로 시각 정보 처리 뉴런, 공감 뉴런, 그리고 운동 뉴런까지 관련 뉴런들이 활성화되면서 마음 시뮬레이션이 진행된다는 것이 보고되기도 했다. TV를 보는 사람의 표정에는 화면에 나오는 사람의 표정이 미세하게 반영된다. 말을 못 알아듣는 어린 아기들은 내용도 이해하지 못하면서 화면에 비친 얼굴에 따라 슬프거나 웃는 모습으로 표정이 변한다. 거울 뉴런이 작동한 결과 상대의 기분이 시뮬레이션되고 있기 때문이다. 사람에게 있어서 상대의 감정에 대한 공감은 무의식에 각인되어 있을 만큼 중요한 생존 메커니즘인 것이다.

공감은 상상력을 필요로 하며, 그 상상력은 자신의 경험과 지식을 토대로 한다. 그런데 그 공감이 고조되면 신호가 단지 마음속의 조용한 상상에 머물지 않고 몸을 움직이는 운동신경 체계에까지 전달된다. 그러니 축구 경기에 몰입해 응원하다가 극적인 슛 찰나에 자신도 모르게 발길질을 하거나, 테니스나 권투 경기를 보며 몸이 움찔움찔한다면 자신이 정상정인 영장류라고 보면 된다.

공감은 이처럼 정보 처리를 위한 신경 체계와 운동 명령을 위한 신경 체계의 조합을 통해 완성되기 때문에 몸을 가지고 있지 않은 연산 장치인 컴퓨터가 공감을 발휘할 가능성은 아직 보이지 않는다. 그러니 영화에서처럼 컴퓨터나 로봇이 동정심을 표현하거나 발휘할 것이라는 생각은 잠시 접어 두는 편이 좋을 것 같다. 로봇은 통증이나 피로, 두려움 같은 것을 경험할 수가 없으니 자신의 경험으로는 공감을 처리할 방도가 없는 것이다. 그렇다고 연구자들이 단기에 엄청난 예산과 노력을 쏟아 일을 하고 피곤해 하는 로봇이나 상처가 나면 아파하는 자동차를 만들려고 할 것 같지도 않다. 공감에 대한 후속 연구들에 의하면 공감 뉴런은 기쁨, 놀람, 슬픔 등과 같은 일차적 감정뿐 아니라 수치심, 당황, 죄의식, 자부심 같은 훨씬 복잡한 심리 상태에도 관여한다는 것이 알려졌다. 그렇다면 미래에도 우리는 예정보다 일찍 도착했다고 우쭐해하거나 예정보다 늦게 도착했다고 미안해하는 자율 자동차를 만들 수 있을 것 같지는 않다. 창조적 디자인 씽킹을 위한 공감 능력은 당분간은 인간만의 영역으로 남아 있게 될 것 같다.

▪ 인간사에서 공감의 역사

인간과 유인원이 공통의 조상에서 갈라진 이후 인간 사회의 복잡성이 높아지면서 공감의 중요성도 점차로 높아졌다. 심지어 문명의 탄생 이후인 고대인들의 공감도 오늘날 우리의 공감과는 양상이 매우 달랐던 것으로 보인다. 이는 고도의 폭력성이 횡행했던 역사적 기록과 상통한다. 하버드대학의 심리학자 스티븐 핑커는 구약성서는 그 내용의 사실성을 떠나 기원전 500년경, 그러니까 현전하는 구약이 기술되던 시기의 삶의 양식을 반영하는 자료라고 본다(스티븐 핑커, 《우리 본성의 선한 천사》 p39, p47). 구약에 묘사된 세상은 현대의 기준으로 보면 까무러칠 만큼 폭력적이다. 그는 아담과 이브가 카인과 아벨을 낳았는데, 카인이 아벨을 죽였으니 카인은 세계 인구의 4분의 1을 죽인 것이라고 익살스럽게 지적한다. 아브라함은 아들 이삭을 제단에 올려놓고 칼로 내리치려 한다. 성경에는 하나님에 대한 아브라함의 경외심을 이해할 서술은 있으나, 어디에도 차가운 돌 제단 위에 누워 무시무시한 아버지의 칼끝을 올려다보는 어린 이삭의 심경에 대한 서술은 없다. 노아의 이웃들은 남녀노소 불구하고 모두 익사했으며, 모세는 송아지 조각상을 만들었다는 이유로 동포 3,000명을 즉사시켰다. 성경 외에도 고대사 기록은 살인과 납치, 강간과 생체 절단의 이야기로 가득하다(핑커, p38~47).

중세에 이르러서도 평균 한 달에 한 번씩은 고양이를 좋아하는 젊은 여자를 골라내어 빗자루를 타고 날아다닌다는 허무맹랑한 이유를 들어 사람들 앞에서 산 채로 불에 태워 죽였다[그림 3-3]. 길고양이를 받아들여 치료하고 보살피며 끔찍하게 사랑하는 내 딸이나 아내가 들으면 그야말로 기겁할 이야기다. 채무자가 돈을 제때 못 갚았다고 신체를 절단하는 것은 합법적 판결이었으며, 이단으로 몰린 자를 최대한 고통스럽게 죽이는 방법을 연구하는 사제도 있었다(핑커, p254~264). 비슷한 시기 우리나라에서는 모유를 구걸하며 어렵사리 홀로 자식을 키운 시각장애 아버지를 모시고 살던 효심 깊은 착한 젊은 여자를 쌀을 주겠다고 꾀어내 배 위에서 꽁꽁 묶어 무시무시한 인당수의 파도 속으로 산채로 던졌다. 오늘날의 기준으로는 말도 안 되지만 중세의 기준에서는 애교 수준의 폭력이었던 셈이다.

[그림 3-3] 마녀 사냥

감정은 엄격한 금욕주의를 실천하던 칼뱅주의자들에게는 억제해야 하는 타락의 상징이었고, 계몽 철학자들에게는 비합리의 상징이었다(리프킨, p399). 중세까지도 인간적인 감정과 사랑, 공감은 감히 밖으로 드러낼 수 없는 은밀한 것이었다. 스티븐 핑커는 폭력에 관련된 역사적 데이터를 차근차근 분석한 결과 우리에게 생생한 수많은 현대의 비극과 전쟁에도 불구하고 오랜 역사를 통틀어 우리는 조금씩 더 비폭력적이 되어 왔으며, 더욱 공감이 풍부한 사회로 진화해 갔다고 결론 내렸다.

공감에 대한 민감도가 획기적으로 높아진 것은 근대 이후 개인의 가치에 대한 이해와 동시에 인간의 한계에 대한 인식이 보편화되면서부터였다. 우리가 공감의 대상을 동물로까지 연장하여 "아프다고 말할 수 없다고 해서 아프지 않은 것은 아니다."라는 제레미 벤담의 명언을 소환하며 동물 학대를 비난하게 된 것은 그야말로 최근의 일이다. 우리는 점점 더 공감 능력을 중시하며, 나무와 풀, 지구의 운명까지도 공감의 대상으로 삼는 시대로 나아가고 있다.

▪ 공감에도 종류가 있다

아름다운 여주인공의 등 뒤로 흉측한 거미 한 마리가 기어 올라가 소매 안으로 들어가려 한다. 주인공은 손목의 감촉을 느끼고 무심히 쳐다본 순간 커다란 거미를 보고 비명을 지른다. 순간 영화를 보던 사람들은 자신도 모르게 소리를 지르거나, 자신의 손목을 털어내기도 하며 소름도 돋는다. 여주인공의 상황에 자신이 놓여 있다는 상상의 시뮬레이션이 작동했기 때문이다. 통증을 호소하는 환자를 진료하는 의사는 "압니다. 얼마나 아프겠어요." 하며 환자의 아픔에 공감을 표현한다. 그러나 그 의사는 환자의 통증이나 감정을 온전히 체험하는 것은 아니다. 그 의사의 공감은 감각적, 감정적인 것이라기보다는 자신의 지식과 경험, 이해를 토대로 그 환자의 마음을 이성적으로 시뮬레이션한 것이다.

공감은 상대방의 느낌이나 고통을 똑같이 느끼는 것은 아니다. 사실 우리는 자신의 마음조차 똑같이 느낄 수 없다. 삼 년 전에 상을 받아 기뻐했다는 기억, 불에 데었을 때, 친구를 잃었을 때, 사랑을 떠나보냈을 때 많이 힘이 들었다는 기억은 우리 마음속에 '생생하게' 있다. 그러나 그것은 기억으로만 남아 있을 뿐이다. 그 당시처럼 기쁨이나 아픔을 다시 느껴볼 방법은 없다. 공감은 상대방의 마음을 더 정확하고 신속하게 알기 위한 생존의 보조 기제일 뿐이다. 그 공감 메커니즘을 통해 우리는 함께 기뻐하고, 함께 슬퍼하고, 함께 분노하고, 함께 고통을 느끼며 신뢰와 사랑의 관계를 만들어 간다.

"사랑을 버린 당신이 뭘 **알아**!(박인환의 시 〈술보다 독한 눈물〉에서)"라는 표현은 떠나간 사람으로부터 공감받지 못한 사랑의 애절함과 원망의 표현이다. 그렇다. 공감은 단지 느낌과 감정을 복제하는 것만은 아니다. 상대의 감정과 생각을 '아는' 것과 관련된 어떤 것이다. 여기서 '안다'는 것은 그 자체가 복합적인 의미를 가지고 있다. 어떤 단어나 이름을 안다거나(기억), 어떤 이론을 안다거나(이해), 누구의 마음을 안다거나(느낌), 어떤 사람을 안다고(관계의 경험) 할 때 공통적으로 사용되는 '안다'라는 표현의 의미는 이렇게 서로 다른 의미들이 얽히고설킨 복합적인 것이다. 그 안다는 현상의 이면에는 사물에 대한 심리학(인지심리학)과 사람에 대한 심리학(사회심리학)이 함께 작동하고 있다.

물론 동물도 '알고', 생각할 수 있다. 사자는 자신은 물론 도망치는 사슴의 위치와 방향, 속도를 토대로 자신과 먹잇감이 가장 근접하게 만날 목표 지점을 신속하게 계산하여 그 지점을 향해 뛸 수 있는 능력을 가지고 있다. 영악한 까마귀는 먹이를 감추려 땅에 묻고 있는 자신을 멀찍이서 보고 있는 다른 까마귀를 못 본 체하면서 먹다 남은 먹이를 땅에 묻어 놓는 시늉을 하고는 먹이를 다시 물고 자리를 뜬다. 노벨 의학상을 받은 제럴드 에델만에 의하면 이렇게 경이로운 동물들의 놀라운 사고 능력에도 불구하고 **생각을 대상으로 생각할 수 있는** 소위 '고차적 사고 능력'은 사람만이 가지고 있는 것 같다. 사자가 "나는 왜 사자로 태어나서 저 불쌍한 사슴을 잡아먹겠다는 생각이나 하고 있는 거지?"라는 생각을 한다는 증거는 전혀 없다(제럴드 에델만, 《세컨드 네이처: 뇌과학과 인간의 지식》 p90, p120). 지금까지 알려진 바로는 마음속에 만들어진 생각 자체를 주제로 삼아 다시 생각을 전개하며 단계를 높여갈 수 있는 능력은 인간만이 가지고 있다.

인간의 복잡한 고차적 사고는 여기에서 몇 걸음을 더 나아가기도 한다. "나는 네가 내게 호감을 가지고 있다는 것을 알아." 타인의 인지를 인지하는 3차 인지다. 그뿐 아니다. "내가 네게 호감을 가지고 있다는 것을 네가 안다는 것도 나는 알아." 4차 인지다. 연구에 의하면 타인의 마음을 시뮬레이션하는 이런 이차 또는 삼차적 인지는 여섯 살이 되어서야 발달하기 시작한다. 에델만에 의하면 사람에 따라서는 심지어 6차나 7차 인지까지도 가능하다고 한다(ibid).

'안다'는 것이 이토록 복합적인 의미를 가지고 있기 때문에 '마음을 아는' 과정인 공감도 단일한 개념이라고 할 수는 없다. 그래서 공감 자체를 분류해 볼 수도 있는데, 대표적인 두 부류의 공감에는 공유된 감정적 반응인 **정서적 공감**(affective empathy)과 관점을 수용하는 **인지적 공감**(cognitive empathy)이 있다(로먼 크르즈나릭 《공감하는 능력》 p52). 정서적 공감에 있어서는 감정을 통제하는 기제인 측두엽과 편도체가 중심적인 역할을 하며, 고통이나 슬픔, 두려움, 희열 등에 대한 공감을 경험하게 만든다. 대상과 똑같은 것을 느끼지는 않겠지만, 대상의 마음을 자신의 마음에 투영함으로써 즐거움이나 고통을 느낄 수 있다. 심지어 섬엽(insular)은 정서적 공감이 육체적으로 구현되도록 편안함이나 역겨움을 촉진하는 호르몬을 분비시키기도 한다(크리스티안 케이서스, 《인간은 어떻게 서로를 공감하는가》 p134~149). 인지적 공감의 경우는 이성적 사고의 주인공인 전두엽이 중심이 되어 상대의 입장을 어떻게 해석할 수 있을지를 파악한다. 이것을 상대의 마음에 대한 '조망수용(perspective taking)'이라고 한다(ibid, p.66).

원만한 사회생활을 위해서는 정서적 공감과 인지적 공감 모두가 중요하다. 같은 상황에서 남들보다 더 기쁘거나 더 슬프게 느낀다고 공감이 더 잘 되는 것이라고 볼 이유는 없다. 패트리샤 무어의 경우처럼 디자이너가 공감 경험을 통해 얻고자 하는 것은 이 두 가지 공감의 조합이며, 궁극적으로 공감 경험을 인지적 공감으로 다듬어 내는 것에 가깝다. 함께 슬퍼해 주는 것이 디자이너의 궁극적인 목적이 아니고, 그 슬픔을 예방하거나 치유하는 데 도움이 될 디자인을 찾는 것이 목적이기 때문이다.

공감의 사회학

▪ 공감과 사회성

타인의 마음을 읽는 공감 능력이 없으면 원만한 사회적 관계를 형성하거나 유지할 수 없다. 타자의 마음을 파악하는 데 사용되는 논리인 '마음의 이론'은 여섯 살이 되면서 성장하기 시작한다. 아이를 대상으로 한 실험에서 조교가 문밖에 나간 사이에 사탕의 위치를 한 박스에서 다른 박스로 옮겼다. 그리고 실험 대상인 아이에게 "지금 나간 사람이 들어왔을 때 사탕이 어디에 있는지 그에게 물어보면 뭐라고 대답할까?"라고 질문했다. 여섯 살 이하의 아이들은 새로 변경된 위치에 사탕이 있다고 대답할 것이라고 말했다. 다른 사람이 알고 있는 것이 내가 알고 있는 것과 다르다는 것을 이해하지 못하는 것이다. 마음의 이론이 형성되지 않아서이다. 그러나 여섯 살이 넘으면 다른 사람의 생각이 어떤 상태인지 이해하기 시작한다. 그래서 그 사람이 틀린 대답을 할 것이라고 말할 수 있게 된다. 타인의 생각을 읽는 이 마음의 이론은 인지적 공감의 핵심이다.

공감 능력은 어머니와 아기의 관계를 시작으로 다듬어지기 시작하여 복잡한 사회적 관계 속에서 사회성 역량으로 성장해 간다. 공감을 통해 하나의 개체가 사회의 구성원이 되어가는 것이다. 공감은 판단과 선택의 문제가 아니다. 공감하기로 결정하고 측은한 마음을 가질지 판단해서 심경을 공유하는 것이 아니다. 제러미 리프킨은 《공감의 시대》에서 한 인간으로서 가지고 있는 한계와 삶에 각인된 고통의 경험과 기쁨의 순간 그리고 유한한 생에 대한 자각이 타인의 감정에 대한 공감의 기초라고 설명한다(리프킨, 《공감의 시대》 p54). 그래서 공감은 타인을 이해하고 사람과 사람을 연결하는 사회적 접착제와 같은 역할을 한다. 인간이 친밀하게 교류할 수 있는 관계의 최대 수가 150이라는 '던바의 수'를 제시한 진화인류학자 로빈 던바와 그의 동료들의 연구에 의하면 부부나 동료, 친구, 커뮤니티 등과 관련된 사회적 관계의 붕괴는 건강상의 문제를 야기하고 심지어 수명을 단축하기도 한다(로빈 던바 등, 《사회성》 2016).

■. 공감의 사회적 차별

우리는 여러 해가 지났지만 세월호에 갇혀 절규했을 어린 영혼들을 떠올리는 것만으로도 몸서리가 쳐진다. 그들과 그 가족에 대한 공감의 부재는 많은 국민의 분노를 샀다. 한편 천안함에서 사명감에 포효하며 고통에 울부짖던 젊은 청년들의 죽음 앞에서도 우리는 가슴이 애여 감성이 이성보다 앞선다는 것을 다시금 깨닫는다. 공감은 이성이나 이데올로기보다 훨씬 깊은 마음의 밑바닥에서 작동하는 울림이다. 그런데 이상한 점은 어떤 집단에 속한 사람인가에 따라 세월호와 천안함에서의 안타까운 죽음에 대한 공감의 강도가 다른 듯이 보인다는 것이다. 한 사건에서 공감 감수성이 없어 보이는 사람들이, 다른 사건에 대해서는 그 반대의 입장을 보이기도 한다. 공감이 정치 성향의 영향을 받기라도 한다는 것일까?

유교 사상의 선구자인 공자는 형식 윤리의 준수를 중시해 감정의 절제를 강조했다. 그는 "사람이 죽으면 문상을 가서 마땅히 삼읍(三揖)을 한다."라고 했다. 더도 덜도 아니고 세 번의 절과 세 번의 곡소리가 적절한 예의라는 것이다. 공자는 스스로 모범이 될 만큼 자신의 예(禮) 철학을 엄격히 지켰다. 그런 공자가 한 사람의 죽음 앞에서는 예의고 뭐고 다 팽개치고 통곡을 하며 슬퍼했다. "펴다 만 꽃이

졌으니 무엇으로 이 슬픔을 다하랴!"라고 소리치며 슬퍼한 죽음은 그가 아끼던 제자 안회(顔回)의 요절이었다. 공자는 안회를 자식처럼 생각했다고 한다. 안회는 짧은 일생을 가난하게 살았고 몸도 불편했지만 공자의 생각과 뜻을 누구보다 잘 이해하고 충심으로 따랐다. 유능한 젊은 제자의 죽음 앞에서 그의 힘들고 어려웠던 삶에 대한 공감이 형식 윤리를 넘어 공자의 마음 깊은 곳으로부터 폭포처럼 터져 나왔던 것이다.

지식 축적의 토대는 분별력과 범주화다. 오랜 역사에서 인간에게 우군과 적, 의지할 수 있는 사람과 위험한 사람을 구분하는 능력은 생명을 보전하기 위한 필수적 능력이었다. 생후 9개월이 되면 아기는 엄마의 기쁜 표정과 슬픈 표정을 흉내 낸다(제레미 리프킨, 《공감의 시대》 p139). 이 반응을 시작으로 배우는 '가족'은 아이가 최초로 접하는 사회 구조다. 처음에는 엄마만 '우리'에 속하지만 이어 아빠가 추가되고, 점차 다른 식구들도 추가된다. 이렇게 구성되는 가족은 '우리'의 기본 단위가 되어 아이는 '우리'와 '타인'을 구별하는 법을 배운다. 그리고 '우리'에 해당하는 대상에 대해 더욱 민감하게 감정적으로 동조하는 패턴을 익혀나간다. 보편적이고 원초적인 것으로 보이는 공감 능력을 적용하는 범위에 한계가 형성되는 것이다.

키에르케고르는 예수와 같은 성인의 사랑을 제외한 인간의 모든 사랑은 '편애'라고 했다. 공감은 편애에 취약하다. 공감의 주체와 공감 대상 간의 사회적 관계는 공감의 강도를 결정하는 중요한 사회적, 문화적 요소가 된다. 인간은 대상이 자신과 가깝거나 유사성이 높을수록 쉽게 공감한다. 미시간대학의 데이비드 버스와 예일대학의 마이클 반스의 실험에서 참가자들은 자신과 유사성이 높은 사람들을 더 매력이 있다고 답했다(크리스티안 케이서스, 《인간은 어떻게 서로를 공감하는가》 p245). 친밀감 편향이 진화한 것은 같은 부류의 집단이나 부족, 씨족 구성원들은 대개 외모도 비슷했고, 비슷하지 않은 사람들은 약탈자일 수 있었기 때문이라는 해석도 있다(에이미 허먼, 《우아한 관찰주의자》 p329). '우리(us)'에 속한 구성원들에 대해서는 '그들(them)'에 대해서 보다 더 쉽게 공감하기 때문에 식구, 같은 성별, 같은 고향인 대상에 대해서는 그 밖의 타자에 비해 공감 형성이 쉽게 이루어진다. 구성원 간의 협력과 소속감을 강조하기 위해 '가족'이라는 은유를 사용하는 이유다. 공감이 특히나 중요한 종교 활동에서 단체들은 '형제'나 '자매', '어머니', '아버지' 같은 유사 가족의 은유를 사용한다(폴 에얼릭, 로버트 온스타인, 《공감의 진화》 p85, p101).

한편, 대상과 자신과의 유사성이 떨어지면 상대의 존재가 비인격화되고 공감의 대상에서 멀어진다. 상대와의 거리감은 외모, 종교, 피부색, 이념, 성별, 나이, 국적 등의 다양한 사회문화적 요인에 의해 좌우된다. 대상이 비인격화되면 상대가 가지는 고통, 기쁨, 공포 등의 감정이 나의 공감으로 전이(transfer)되는 문이 닫혀버린다. 특히 타자가 자신의 경쟁 상대라고 인식될 경우 정서적 공감 수준은 급격히 낮아진다(크리스티안 케이서스, 《인간은 어떻게 서로를 공감하는가》 p130). 대상이 적이나 괴물, 악마, 사탄, 이단으로 규정되면 그들의 고통은 내게 전이되지 않는다. 그들은 '당해도 싸다'는 논리로 공감 부재가 정당화된다(폴 에얼릭, 로버트 온스타인, 《공감의 진화》 p170). 이런 비인격화는 대상에 대한 폭력에서 죄책감을 지워 버리기 때문에 지극히 위험하다. 인류사에서 가장 잔인하게 적과 민간인을 살해한 전쟁은 상대를 이단, 사탄으로 규정한 종교전쟁이었다. 비인격화는 나치의 인종 학살, 크메르 루즈의 대량 학살, 중국의 문화혁명, 이념이나 정파 간의 갈등, 세대 갈등, 혐남혐녀 갈등 등의 사례에서 반복적으로 나타난다.

우리와 그들을 가르는 벽은 의외로 매우 쉽게 형성된다. 보이스카우트 연수 첫날 참가한 아이들을 임의로 나누어 결정한 초록 머플러와 빨간 머플러 팀은 단 이틀 만에 팀 간 갈등과 팀 내 결속을 가져왔다. 대학교에 입학한 지 얼마 되지 않아서 대학이나 학과, 전공이 다르면 학생들 간에 '우리'와 '그들'의 관계가 형성되기 시작하며, 대상에 대한 스테레오 타입이나 속어도 빠른 속도로 확산된다. 그리고 그 연장선상에서 분화된 직업 또는 전문성 간에 소통의 장벽이 만들어진다. 100년이 넘는 경영의 역사에서 아직도 풀지 못하고 있는 숙제 중의 하나는 마케팅, 연구 개발, 생산 부서 간의 이질성과 갈등이다. 이 문제는 서로 긴밀하게 협동해서 회사의 성공을 위해 노력하도록 만들어야 하는 경영진의 고질적 골칫거리다. 디자이너와 엔지니어, 생산 부서, 마케팅 관리자, 고객 사이에도 유사한 문제가 있다. '그들'은 바보가 되고, 나쁜 사람들이 되고, 적이 되며, 나아가 괴물이 되고, 악마가 된다. 이런 적대적 감정의 고조는 소통의 단절을 가져오고 인지 편향을 극대화해 양측이 더욱 극단적인 행동을 하게 만드는 요인이 된다(캐스 선스타인, 《우리는 왜 극단에 끌리는가》 p66, p78, p106, p156).

공감 패턴에 성별 차이가 있다는 흥미로운 연구도 있다. 독일의 심리학자 타니아 싱어는 가짜 전기 충격을 받는 실험 조수에 대한 정보가 없는 경우와 그가 나쁜 사람이라고 알려준 경우 이를 관찰하는 실험 참가자의 뇌 영역의 반응이 어떻게 달라지는지 분석했다. 여성 참가자들은 두 상황에서 모두 강한 거부감을 보였지만, 남성 참가자들은 실험 조수가 나쁜 사람이라는 정보를 들었을 때는 통증 공감이 작동하지 않았다. 영화에서도 나쁜 사람처럼 보이는 상처 난 주인공을 숨겨주는 사람은 여성인 경우가 압도적으로 많지 않은가? 작가나 감독들이 직감적으로 설정한 스토리가 과학으로 입증된 셈이다. 대체로 여성의 공감 능력은 남성보다 더 예민하게 발달되어 있는 것으로 보인다(크리스티안 케이서스, 《인간은 어떻게 서로를 공감하는가》 p183).

🔻 공감의 확대

편애와 공감의 차별을 둘러싼 우울한 소식의 이면에는 희망적인 소식도 있다. 끔찍한 전쟁의 한 복판에서 인간의 공감 능력이 어김없이 작용하기도 한다. 상대가 나와 같은 인간으로 보이기 시작하면 상대에게 고통과 죽음을 준다는 것은 정신적으로 감내하기 힘든 일이 된다. 미국에서 게티즈버그 전투가 끝난 후 27,574정의 소총이 수거되었는데 그중 90%가 장전된 상태였다는 것이 밝혀졌다. 장전을 했지만 사용은 하지 않은 것이다. 그중에는 장약이 하나만 장전된 것이 12,000정, 장약이 무려 6개에서 10개로 거의 사용이 안 된 소총이 6,000정이었다. 많은 병사들에게 이 전쟁에서의 적은 총으로 응징해야 할 비인격화된 대상이 아니었던 것이다(폴 에얼릭, 로버트 온스타인, 《공감의 진화》 p174). 1차 세계대전 중 새벽에서 오전 11시 사이의 짧은 시간에 3만 명이라는 엄청난 수의 젊은이들의 희생이 발생한 전투가 솜(Somme)강 전투다. 영국 병사들이 솜강을 건너 독일군을 향해 진격하기 시작할 때는 이미 이 침투 작전이 독일에 유출된 이후였다. 단기간에 최대의 희생자가 만들어지기도 했지만, 후에 많은 독일군 기관총 사수들이 막대한 사상자를 내고 퇴각하던 영국 보병들을 향해 뒤에서 발포하기를 거부했던 것으로 밝혀졌다.

이 책의 집필을 시작하던 2018년 벽두에는 이상 한파가 북으로부터 내려와 서울 시민들도 영하 17도 이하의 혹독한 추위를 경험했다. 그 겨울을 따뜻하게 해 준 사건의 하나는 고도 근시를 극복하고 호주 세계테니스대회에서 4강에 진출한 22세 정현 선수의 소식이었다. 경기를 지켜보는 한국 사람들은 두꺼운 안경을 쓴 그가 라켓을 한 번 휘두를 때마다 마음속으로 함께 경기를 하고 있었다. 생전 처음 듣는 이 갑자기 나타난 테니스 선수의 불굴의 노력에 모든 사람이 함께 박수치고 눈시울을 적셨다. 붉은 옷을 입고 시청 앞으로 몰려갔던 축구 응원단이나 세계적인 피겨의 여왕 김연아 선수의 놀라운 경기 모습, '우생순' 신화를 만든 눈물의 여자 핸드볼 경기를 응원하던 청중들은 흥분과 뜨거운 가슴으로 공감을 경험했다. 이때는 보수, 진보, 좌, 우, 정치적 색깔을 따지는 것이 어리석고 우스워 보였고, 대한민국의 온 국민이 공감으로 하나가 되었다.

1979년 피츠버그 파이어리즈 야구팀을 응원하던 다양한 인종과 민족 집단은 하나가 되어 응원에 동참했다. 그들은 응원 구호로 "우리는 모두 가족이다."라고 외쳤다 (폴 에얼릭, 로버트 온스타인, 《공감의 진화》 p190). 《공감하는 능력》을 쓴 로먼 크르즈나릭에 의하면 우리의 공감 능력은 음악 능력처럼 부분적으로 타고나고 부분적으로 양육되며, 평생에 걸쳐 공감의 잠재력을 개발할 수 있다(크르즈나릭, 《공감하는 능력》 p52). 차별의 벽을 넘는 연습을 하면 우리는 더 많은 타자들에 대해 공감할 수 있는 역량을 갖추게 된다.

늘 편안하고 허름한 옷을 입고 다니며 눈빛이 서글서글하여 호감을 주는 파락 만키카(Parag Mankeekar) 박사는 인도의 푸네에 사는 의사지만, 사회 문제에 깊은 관심을 가져 지금은 리얼라이브스(RealLives)라는 시뮬레이션 사이트를 운영하고 있다[그림 3-4]. 이 사이트는 세계 여러 곳의 사람과 상황에 대한 실제 데이터를 기반으로 사용자들이 세상 다른 곳에는 어떤 인생이 있는지 체험하도록 해 준다. 사용자가 특정한 국가, 지역, 가정 상황, 나이 등을 선택하면 실제로 그 사람이 된 것처럼 가정, 인간관계, 생계, 교육, 커리어, 건강 등의 문제에 맞닥뜨리게 된다. 지금까지 이 사이트 안에서 잠시라도 살아본 사람은 1,000만 명이 넘는다.

이 사이트의 후기들도 흥미롭다. "나는 잘 알지도 못하는 어떤 나라에 사는 11세의 홈레스 소년범이 되어 보았어요. 처음 시작할 때는 그저 흥미롭다고 생각하는 정도였습니다. 그런데 몇 시간 사용하고 끝날 때쯤에는 그의 기구하고 절망적인 삶에 동화되어 완전 눈물바다가 되었지요. 인생을 두 번 산 것 같았습니다." 프랑스의 음악가라고 밝힌 사람의 후기다. 다문화적 환경을 가진 나의 MBA 수업에 방문한 만키카 박사는 유럽과 중동, 아시아, 미주, 중남미 각국에서 온 학생들과 즉석에서 사이트에 들어가 보며 느낌을 공유하는 경험을 할 수 있었다. 리얼라이브스는 차갑게만 느껴지는 기술이 서로 다른 여건에서 살아가는 사람들이 서로 공감할 수 있도록 도와줄 잠재력을 가지고 있음을 보여 준다. 글로벌 네트워크로 공유된 공감은 멀리 떨어진 사람들의 마음을 더 잘 이해하고 선입관을 줄여 더욱 크고 어려운 세상의 문제를 푸는 데 함께 협력할 수 있도록 해 줄 것이다.

[그림 3-4a] 리얼라이브스 공감 시뮬레이션 사이트

[그림 3-4b] 다국가 MBA 학생들과 함께한 파락 만키카 박사(가운데)

▪ 선입관과 공감

난감했다. 낯선 땅 보스턴에 도착한 지 이틀밖에 지나지 않아 모든 것이 어색했다. 장을 보고 나오니 따라나선 선배의 낡은 차가 시동이 걸리지 않았다. 난감해하는 우리 곁으로 한 흑인 남자가 다가와 무슨 일이냐고 물었다. 우리는 문제를 이야기하면서도 경계를 늦추지 않았다. 그는 이리저리 살펴보더니 오일 필터가 너무 오래된 것 같으니 갈아야 한다고 말했다. 나를 차 곁에서 기다리게 하고 선배와 흑인 남자가 함께 쇼핑센터로 들어갔다. 잠시 후 두 사람은 빈손으로 돌아왔다. 차가 오래되어 맞는 필터가 없다고 한다. 그는 선배를 자신의 차에 태우고 필터를 사 오겠다며 떠났다. 뜨거운 땡볕 속에서 온 가지 상상과 걱정에 휩싸여 기다리는 동안 무려 두 시간이나 지나 두 사람이 돌아왔다. 오래전에 생산이 중단된 차여서 필터를 찾기가 어려웠다고 한다. "이제 갈아 끼우면 될 겁니다." 선배의 손에 들린 조그만 상자를 가리키며 그가 말했다.

오일 필터가 어디에 붙은 것인지 알아보지도 못하는 우리의 난감한 표정을 보자, 흑인 남자는 팔을 걷어붙이고 끙끙 거리며 필터를 바꾸어 주었다. "부웅" 하고 경쾌하게 시동이 걸렸다. 걱정이 사라지며, 선배는 "어떻게 감사에 보답하면 좋겠습니까?"라고 물었다. 쇼핑몰 주차장에서 이런 상황이 발생하면 도와주고 수고비를 벌어가는 사람들이 있다는 귀띔도 내게 해 주었다. 그때 그의 뜻밖의 대답이 돌아왔다. "보상을 바라고 한 일이 아닙니다. 굳이 부탁하고 싶은 것이 있다면 한 가지입니다. 나는 이렇게 피부가 새까맣고 두 사람은 황색입니다. 그러나 얇은 피부 안쪽에는 같은 색의 살과 피가 있어요. 미국에서 지내면서 다른 피부색의 사람을 만나면 오늘을 기억해서 편견을 갖지 말아주세요." 닫힌 마음으로 그를 대했던 우리는 부끄러움과 죄책감으로 어찌할 바를 모르고 "알겠습니다. 감사합니다."만 연발했다. 그제야 찐득거리는 기름으로 더러워진 그의 손과 검은 양복과 하얀 와이셔츠가 눈에 들어왔다. 검은색 중절모를 쓰고 돌아가는 그의 뒷모습이 여운에 남았다. 피부색에 대해 가지고 있던 선입관이 폭탄을 맞아 부서지는 충격이 다가왔다.

때론 공감에 대한 각성이 이렇게 부끄러움과 죄책감의 경험을 동반한다. 영국으로 여행을 떠났던 오스트레일리아의 소설가 니키 게멜의 이야기를 들어 보자. 춥고 날씨도 우중충한 12월 오후, 런던의 한 주차장에 있던 니키에게 무슬림식 도포를 걸친 한 남자가 다가왔다. 당시 알카에다의 크리스마스 테러 경고로 신문은 온통 여행객을 대상으로 있을 수 있는 테러 방법에 대한 이야기로 가득했다. 그녀의 마음은 경계심으로 경직되었다. 그가 다가와 니키에게 말을 걸었다. "부인, 제 주차권을 드릴까요?", "네, 뭐라고요?", "이 주차권으로 주차할 수 있는 시간이 몇 시간 더 남았는데 저는 지금 가야 하거든요." 이 짧은 친절함이 그녀를 부끄러움으로 휩싸이게 만들었다. 그제야 니키는 그 남자의 얼굴을 마주 보았다. 그녀는 이렇게 술회한다. 비로소 "무슬림으로서가 아니라 친근하게 자비를 베푸는 동료 인간으로서" 그의 모습이 보였다. "난 그 일이 부끄럽다."(로먼 크르즈나릭, 《공감하는 능력》 p87~88). 비록 아무도 모르게 그녀의 마음속에서 일어난 일이었지만 그 작은 사건은 그녀에게 죄책감을 동반한 충격적인 공감의 각성이었다.

인종이나 신분, 직업, 종교 등의 사회적 차이에 대한 편견과 선입견, 사람에 대한 스테레오 타입은 공감에 대한 걸림돌이 된다. 우리는 폭넓은 공감의 잠재력을 실현시킬 수 있다. 심지어 공감의 영역은 '타자'를 넘어 다른 생물과 심지어 무생물에까지 확대된다. 우리는 인격화(personification)를 통해 일상에서도 무생물에 대한 공감을 경험한다. 조선 시대의 대표적 규방소설인 《조침문》의 저자는 오랫동안 아끼며 사용하던 바늘을 죽마고우인 것처럼 인격화시킨다. 어느 날 갑자기 부러져 버린 바늘을 놓고 "오호 통재라! 어쩌면 좋을까. 유세차…"라고 사람이 죽은 듯이 슬퍼하며 긴 조문을 써내려 간다. 오늘날 많은 가정에서 개나 고양이 등의 애완동물은 가족과 같은 수준의 인격화된 대화와 공감의 대상이 되었다. 많은 사람에게 늘 함께하는 스마트폰은 인격화된 대상이 된 지 오래다. 일본에서는 작은 로봇 강아지 아이보가 망가진 이후 그 주인들이 모여 합동 장례식을 거행했다.

공감의 재발견

◾ 공감의 인문학

"세 살인 안나는 고통으로 신음하는 아버지의 죽음을 지켜봐야 했습니다.", "두 살배기 핫산은 오늘도 아무것도 먹지 못했습니다. 배고픔과 병으로 배가 부풀어 올랐지만 엄마는 해 줄 수 있는 것이 없습니다." 이런 멘트와 함께 난민 텐트 구석에 오그리고 앉아 있는 여자아이의 천진한 얼굴이나 아프리카 오지의 흙먼지 가운데 누워 있는 어린아이의 퀭한 눈동자 사진이 나오면 우리는 모금을 위한 홍보 화면을 차마 똑바로 쳐다보지 못한다. 참여하지 않는 데 대한 죄책감이 밀려오기도 한다.

실명과 사진이 나오는 한 아이의 사례는 "아프리카에서 5,000명의 어린이가 기아로 사망하고 있다."거나 "우리나라 한 해 교통사고 사망자 수가 4,000명에 이른다.", "성인 3명 중 1명이 심혈관질환으로 사망한다." 등과 같은 통계보다 강력한 울림을 남긴다. 특정한 한 명의 슬픔과 고통에 대한 소식이 5,000명의 죽음에 대한 소식보다 더 큰 공감을 일으킨다고? 어떤 기준으로 보아도 5,000명의 죽음이 훨씬 큰 비극 아닌가? 우리의 사회적 공감 능력과 판단력에 무슨 문제가 있는 것은 아닐까?

뇌는 본질적으로 논리의 처리보다는 패턴을 인식하는 데 익숙하다(에델만, 《세컨

드 네이처: 뇌과학과 인간의 지식》 p56, p102). 우리의 뇌가 사물이나 사건을 이해하는 데 사용하는 패턴의 하나가 이야기, 즉 스토리다. 이야기는 잘 정리된 사건의 패턴이다. 뇌가 쉽게 흡수할 수 있도록 잘 요리된 정보인 것이다. 그래서 이야기가 주어지면 우리는 공감을 위한 마음의 시뮬레이션에 더 빠르게 그리고 쉽게 도달할 수 있다. 이 때문에 논리적 사고에 기대는 통계 수치는 감동과 공감을 불러일으키지 못하지만, 한 사람에 대한 생생한 스토리는 공감을 촉발시키는 강력한 방아쇠를 가지고 있는 것이다.

《전망 좋은 방》, 《인도로 가는 길》, 《하워즈 엔드》 등의 명작을 창작한 작가 에드워드 포스터의 설명을 떠올려 보자. "공주가 죽고 왕도 죽었다."라는 서술은 건조한 팩트의 나열이지만 "공주가 병에 걸려 죽자 마음 깊이 딸을 사랑하던 왕도 상심하여 이내 죽고 말았다."와 같은 서술은 이야기다. 이야기에는 감동과 아름다움과 열정과 고뇌가 있다. 데이터가 스토리로 거듭나면 공감을 불러일으킨다. 구체적 연상을 촉발시키는 (안나나 핫산 같은) 이름과 얼굴 사진이 추가되면 우리의 공감 뉴런은 즉시에 요동친다. 구체화된 페르소나(인격상)를 상대하면 느낌과 체험, 아픔과 고통에 공감하는 지름길이 열리기 때문이다.

우리의 기억은 각각의 개념 쪼가리로 머리에 저장되어 있는 것이 아니라 하나의 스토리로 저장된다는 것이 인지심리학자 로저 샹크(Roger Shank)의 기억 이론이다 (Shank, 1990). 그래서 스토리는 강력한 흡인력을 가지고 있다. 스토리를 구성하여 감정 이입과 감동을 만들어 내는 문학 장르의 핵심에 소설이 있다. 크르즈나릭은 "고급 문학이든 대중소설이든, 좋은 소설가는 우리를 세상을 보는 다른 방식으로 걸어 들어가도록 만드는 공감의 전문가들이다."라고 말한다(로먼 크르즈나릭, 《공감하는 능력》 p236). 소설을 통해 우리는 홈즈와 같은 탐정의 마음에 들어가기도 하고, 루팡과 같은 도적의 마음에 들어가기도 하며, 지배자의 마음에 들어갈 수도 있고, 반란자의 마음에 들어가기도 한다.

흑인 노예의 비참한 삶을 그린 헤리엇 비처 스토우의 작품 《엉클 톰스 캐빈(톰 아저씨의 오두막)》은 많은 사람에게 공감의 씨를 뿌렸고, 노예 해방 운동과 남북전쟁의 계기가 되었다. 전쟁 중 워싱턴에서 스토우 부인을 만난 링컨 대통령은 그녀에게 "당신이 바로 이 엄청난 전쟁을 일으킨 귀여운 여성이군요."라는 말을 했다는 일화는 유명하다. 소설은 우리의 고정관념과 선입관을 깨뜨리고 적군의 마음으로 우리를 안내하기도 한다. 레마르크의 소설 《서부전선 이상 없다》는 연합군의 시각이 아니라 독일군의 눈으로 본 참혹한 전쟁의 모습을 그렸다. 전쟁이 아니었다면 친구가 될 수도 있었을 참호로 떨어진 프랑스 병사를 순간적으로 칼로 찌른 독일군 병사는 피를 흘리며 신음하는 프랑스 병사에게 물을 주고 곁을 지키며 절규한다. "제발 죽지 마. 나를 두고 가지 마. 본의가 아니었어. 난 무서웠어. 아, 신이시여!" 그 상황을 만든 신을 원망하며 흐느끼는 한 인간의 고백은 수많은 사람의 심금을 울렸다. 레마르크의 소설과 이를 토대로 한 영화는 모든 독자에게 전쟁의 참혹함을 일깨워 주었고, 반전운동의 불씨가 되었다.

소설가의 스토리텔링 능력은 우리의 공감 영역을 인간을 넘어선 곳으로 데려가기도 한다. 디즈니 스토리의 주인공인 미키마우스나 톰과 제리, 《정글북》에서 숲속에 버려진 아이 모글리의 부모 역할을 한 늑대나 곰 같은 포유류는 물론이고, 일상에서 혐오의 대상인 애벌레나 개미, 바퀴벌레 같은 곤충에게까지도 마음의 시뮬레이션이 작동할 수 있다. 초현실주의 소설의 문을 연 프란츠 카프카는 소설 《변신》에서 어느 날 잠에서 깨어 자신이 거대한 딱정벌레가 된 것을 알게 된 주인공을 일인칭 관점에서 서술한다. 혼자 일어설 수도 없는 답답하고 갑갑한 마음을 묘사한 그의 소설은 독자의 마음을 짧은 다리와 두꺼운 껍데기 속으로 이동시킨다.

▪️ 영화 속의 공감과 과각성

스티븐 돌드리 감독의 2008년 작품 〈책 읽어주는 남자〉에서 케이스 윈슬렛은 한나 슈미츠라는 30대 후반의 성숙한 독일 여인으로 분한다[그림 3-5]. 나치 통치 시기, 거리에서 혼절한 자신을 구해준 한나와 사랑에 빠진 10대 소년 마이클은 한나를 통해 성숙한 남자로 거듭난다. 글을 읽지 못하는 한나의 요청으로 마이클은 감수성이 높은 그녀를 위해 만날 때마다 책을 읽어 준다. 시간이 흘러 전쟁이 끝난 뒤, 법대를 다니던 마이클은 나치 전범의 앞잡이로 고소된 한나를 법정 견학에서 목격하게 된다. 한나는 사람들의 왜곡된 기억과 집단 책임 전가의 희생이 되어 있었다. 한나는 학살 대상자를 선정하여 보고서를 작성한 전범으로 몰린다. 배심원들은 "왜 죄 없는 사람들을 살해 대상 명단에 올리느니 스스로 목숨을 끊지 못했는가?"라는 비수 같은 질문을 던진다. 한나는 글을 쓰기는커녕 읽을 줄도 모르는 사람이라는 것을 마이클은 안다. 그러나 그녀에게는 자신이 글을 읽고 쓰지 못한다는 것을 인정하는 것이 전범이라는 누명을 받아들이는 것보다 더 힘든 일이었다. 결국 입을 열지 못한 한나는 다른 사람들의 죄를 모두 뒤집어쓰고 종신형에 처해진다.

[그림 3-5] 영화 〈책 읽어 주는 남자〉

마이클은 그녀가 문맹이라는 한마디 증언만으로도 그녀를 모함에서 구할 수 있다는 것을 안다. 그는 글을 읽지 못한다는 것에 대한 그녀의 수치심에 대한 공감과, 그녀를 구해야 한다는 양심 사이에서 괴로워한다. 결국 그녀의 자존심에 대한 공감과 자신과의 관계에 대한 진실을 밝히는 것에 대한 두려움으로 입을 다문 마이클은 종신형에 처해진 그녀의 인생에 대한 죄책감에 괴로워 떤다. 20년의 수형 기간 동안 마이클은 책을 읽어 녹음한 테이프를 한나에게 보낸다. 한나는 마이클의 편지를 받고 드디어 녹음 테이프를 반복해 들으며 글을 배우기 시작한다. 한나에게 수차례 편지를 보낸 후 그녀를 직접 만나기로 결심하고 면회를 간 마이클은 그가 오기 직전 한나가 책을 쌓아 놓고 이를 발판 삼아 목을 매어 자실한 사실을 알게 된다.

〈디어 헌터〉는 월남전과 그 후유증을 다룬 마이클 치미노 감독의 고전 명화다. 영화가 시작하면서 월남전 참전 후 귀향한 주인공 마이클(로버트 드니로)이 사슴 사냥을 하는 장면이 나온다. 주인공은 사슴을 사냥하기 위해 총을 겨누다가 사슴과 눈이 마주치는 바람에 방아쇠를 당기지 못하고 포기한다. 영화는 그의 회상을 토대로 사람에게 총을 쏘아야 했던 어두운 기억들과 트라우마를 다룬다. 전쟁과 같은 비극적 경험의 트라우마는 사소한 자극에도 아물지 않은 상처를 건드리는 것처럼 과도한 반응을 촉발하여 고통에 휩싸이게 만든다.

공감 과각성(empathic overarousal)이란 공감의 민감도가 지나쳐 공감으로부터 오는 고통을 견딜 수 없게 되어 무기력해지거나 판단력을 잃어버리는 것이다(로먼 크르즈나릭, 《공감하는 능력》 p187). 공감 능력의 부재는 사회적 관계에 장애를 가져오지만, 공감 과각성은 마음을 무너지게 만든다.

■ 공감의 병리학

공감 능력에는 신경학적, 생리학적 기제도 관련되어 있다. 옥시토신은 아기에게 수유를 하는 엄마에게서 분비되는 전형적인 사랑과 공감의 호르몬이다. 옥시토신의 부족은 자기중심적 사고와 공감의 결핍 및 이기적 행동을 유발한다. 과도한 스트레스를 받거나 트라우마를 겪으면 오시토신의 분비가 줄어들거나 일시적으로 멈출 수 있다. 자신의 마음이 심각한 곤경에 처하면 다른 사람에게 신경을 써 줄 정신적, 신체적 자원이 고갈되기 때문에 스스로를 보호하기 위한 생리적 기제가 작동하는 것이다.

선천성 공감 결핍 증상의 하나인 자폐증(autism)을 앓는 아이는 다른 사람의 눈을 쳐다보지 못한다. 눈 마주침은 감정의 전이에 매우 중요하기 때문에, 이 아이들은 타인의 생각을 알아채거나 감정을 읽지 못한다. 자폐증 연구에 집중한 MIT의 심리학 교수 사이먼 배런-코헨에 의하면 자폐증 아이는 타인의 감정 읽기를 두려워하고 얼굴을 마주 쳐다보지 못하며 자신의 세계 안으로 급격하게 움츠려 들어간다(Baron-Cohen, 《Mind Blindness》 1995). 대니얼 골먼이 《사회지능》에서 원만하고 성공적인 사회생활을 위해 필수적이라고 강조한 사회적 지능(Social Quotient)을 갖지 못하게 되는 것이다. 자폐증은 단순한 심리의 문제가 아니고 신경생리학적 결함이다. 대체로 자폐증 아이들의 편도체(amygdala)는 비정상적으로 작다. 양쪽 귀 위 안쪽에 위치한 아몬드처럼 생긴 편도체는 감정 처리에 핵심적인 역할을 하는 부위다. 편도체는 타인의 감정을 시뮬레이션해서 자신의 감정으로 느끼는 공감 과정에도 깊게 개입한다. 배런-코헨에 의하면 자폐증이나 아스퍼거 증후군이 있는 사람들은 타인의 감정에 공감하지 못하지만 그렇다고 사회적 위험성을 가지고 있는 것은 아니며, 이들은 오히려 잔학 행위의 피해자인 경우가 더 많다.

아주 드물게 자폐증 환자는 사회적 지능을 갖지 못한 대신 특이한 기억력이나 계산력을 가진 **서번트**(savant, 프랑스어의 대학자라는 뜻)가 되기도 한다. 1분 30초 만에 자신이 살아온 시간을 2,210,500,800초라고 대답한 70세 17일된 환자가 보고된 것이 서번트 발견의 효시에 가깝다. 영화 〈레인맨(Rain Man)〉에서 더스틴 호프먼이 연기한 자폐증 환자 킴 피크(Kim Peek)는 혼자서 옷을 입는 것도 힘들어했지만 무려 1,200권의 책을 암기했으며, 어떤 문장이 어느 책의 몇 페이지에 나오는지도 기억했고, 불가사의할 정도의 숫자 기억과 계산 능력을 보여 주었다(미치오 카쿠, 《마음의 미래》 p227~229). 대니얼 태멋(Daniel Tammet)이라는 사람은 3.141592로 시작하여 순환되지 않고 무한히 이어지는 원주율 π를 무려 22,514자리까지 외워 사람들을 놀라게 했다. 도시 전체의 풍경을 한 번 보고 기억만으로 그림을 그리는 서번트도 있다.

사이먼 배런-코헨에 의하면 98%의 인간은 공감 능력을 가지고 사회생활을 하는 데 문제가 없다. 나머지 2%에 사회성이 결핍된 자폐증과 사이코패스, 소시오패스 등이 포함된다. 자폐증 환자는 뇌의 구조적 특성 때문에 인지적, 정서적 공감 능력이 결핍되어 다른 사람들의 생각과 감정을 읽지 못한다. 그러나 사이코패스나 소시오패스는 다르다. 이들을 타인의 마음에 무감한 냉혈한이라고 부르지만, 사실 그들은 대체로 높은 인지적 공감 능력을 가지고 있다. 그래서 그들은 상대방이 어떻게 생각하는지 파악할 수 있는 능력이 있다(폴 블룸, 《공감의 배신》 p262). 그러나 정서적 공감 능력이 결핍되어 있기 때문에 상대의 고통이나 슬픔을 느끼지 못한다(크리스티안 케이서스, 《인간은 어떻게 서로를 공감하는가》 p299). 그래서 그들은 위험하다. 소시오패스는 타인의 생각을 읽고, 사회적으로 이용하고, 마음의 상처를 주면서도 그 피해자의 고통을 느끼지 못한다. 사이코패스는 무서운 살인자가 되어 희생자의 생각을 읽고 유인하여 칼로 찌르면서도 희생되는 사람의 고통에 공감하지 못한다.

　권력이나 지위, 부의 소유 등이 옥시토신의 감소에 영향을 준다는 주장도 있다. 이런 요인들이 공감 능력을 감소시킬 수 있다는 것이다. 사회적으로 높은 지위나 권력을 가진 고위 관료, 국회의원, 기업의 임원, 스크루지 같은 부자 등이 차가운 이미지로 그려지는 경우가 많다는 것은 놀라운 일이 아니다. 그러나 그 인과관계가 입증된 것은 아니다. 치열한 경쟁 속에서 소시오패스적 특성을 가진 사람이 타인의 감정에 연연치 않고 상황을 이용했기 때문에 높은 지위와 권력, 금권을 가지게 되었을 가능성도 무시할 수 없기 때문이다. 이들은 자기중심적 퍼스낼리티를 가진 나르시시스트가 되어 시기와 질투, 사랑이라는 명목하에 타인을 이용하고 속박하기도 한다(샌디 호치키스, 《나르시시즘의 심리학》). 그러나 다행히 공감 부재와 성공의 관계가 어두운 그늘인 것만은 아니다. 공감 능력이 높아서 이를 바탕으로 다른 사람의 생각과 감정을 파악하여 도움을 주는 경우 오히려 장기적이고 안정적인 사회적 성공 가능성이 더 높아진다는 증거도 많다(애덤 그랜트, 《기브 앤 테이크》 2013).

디자인 씽커의 공감

▪ 공감을 실행하는 조건

페트리샤 무어는 자신이 사랑하는 할머니와 같은 노인의 마음에 공감을 느껴보기 위해 할머니로 분장하고 3년을 보내는 엄청난 노력을 기울였다. 자신의 모습과 대상 간의 유사성이 높으면 공감의 가능성이 높아진다. 공감을 위해 입장을 바꾸어 보는 노력을 기울인 사람이 페트리샤 무어만은 아니다.

인도 서부의 구지라트주는 주법으로 음주가 불법화되어 있고, 주민의 90%가 채식 주의자다. 성인 마하트마 간디의 성지 사바르마티 아슈람(수도원)이 구지라트 주의 수도인 간디나가르에 있기 때문이다[그림 3-6].

[그림 3-6] 간디와 그의 사바르마티 아슈람

영국에서 법률 공부를 마친 간디는 남아프리카 남부의 도시 나탈에 발령을 받고 부임해 가는 첫날부터 차별을 경험한다. 본국인 대영제국의 변호사라는 항변에도 불구하고 백인용 열차 칸에 탄 유색인이라는 이유로 결국 나탈에 이르기 전인 피터매리츠버그역에서 짐짝처럼 열차 밖으로 내던져진다. 이때부터 시작된 그의 고난과 항거 경험은 결국 고향인 인도의 해방을 위한 사명감으로 전이되었다. 1915년에 인도로 돌아간 그는 양복과 와이셔츠 차림을 벗어던지고 인도 빈민들의 허리치마 옷차림으로 바꾸었다. 그는 평생을 이런 복장을 고집하며 하층 계급에게 부여된 노동인 실 잣기와 옷 만들기, 청소를 직접 하고, 천민들이나 하는 화장실 청소를 했다. 가장 낮은 곳에 사는 가난한 국민들의 삶을 함께하며 공감을 유지하기를 원했기 때문이었다. 그는 "정치적인 적과도 공감해야 한다."라고 끈질기게 주장했고, 변화를 거부하던 집단의 암살자에 의해 피살될 때까지 인도의 고질적 문제라고 생각한 계급 제도인 카스트의 폐지를 주장했다.

우리가 디자인 씽커가 되기 위해 페트리샤 무어나 간디처럼 살 수는 없겠지만, 공감의 상대와 공유하는 무언가가 있어야 도움이 된다는 점은 분명하다. 공유할 수 있는 대상에는 공간적 특성과 언어, 차림, 몸짓, 과업 등 여러 가지가 포함된다. 공감의 상대인 사용자와 공유하는 공간은 사용 현장을 의미한다. 필립 스탁이 새로운 레몬 스퀴저를 만들기 위해 사용 현장인 부엌들을 방문한 것처럼, 디자이너에게 사용자의 사용 현장을 방문하는 것은 불문의 원칙과 같은 것이다. 사용자처럼 행동해 보고 사용자들의 용어를 써서 그들처럼 말해 보는 노력을 기울이기도 한다. 언어는 생각의 세계로 들어가는 관문이다. 언어는 공감의 원천인 귀 기울여 듣기에도 영향을 미친다. 지금은 데이터가 넘치는 시대지만, 사용자에 대한 데이터가 현장에서의 공감을 대체할 수는 없다는 것이 디자인 씽킹의 교훈이다.

공감은 정보의 양보다 느낌의 질을 중요시하는 개념이다. 깊이 있는 관심과 깊이 있는 관계는 공감의 가장 중요한 자양분이다. 그러나 오늘날은 피상적인 정보를 바탕으로 한 온라인 대화의 교환을 우정으로 착각하기 쉬운 시대다. 수백 또는 수천 명의 페이스북 친구나 트위터 팔로워 수에 대한 높은 관심은 관계의 품질보다 관계의 양을 중시하는 경향을 상징한다. 온라인상의 e-정체성은 대개 깊이 있는 이해보다는 피상적인 이미지를 제공할 뿐이며, 진실과 다를 수도 있고, 의도적으로 왜곡된 것일 수도 있다(로먼 크르즈나릭, 《공감하는 능력》 p244~247). 피상적 정보나 통계 데이터보다는 사용자들에 대한 실감 넘치는 공감과 애정이 창의적 해법을 만들어 내는 데 더 큰 역할을 한다는 것이 디자인 씽킹의 관점이다.

■ 공감의 치명적 한계를 이해하기

한편, 공감에 대한 지나친 강조가 오류의 원인이 되기도 한다는 점도 기억할 필요가 있다. 뇌가 패턴을 형성하는 과정은 서술적이라기보다 구성적이다. 뇌는 팩트의 저장보다 이야기 만들기에 능숙하다는 말이다. 우리 뇌는 부분적인 정보를 가지고도 드라마틱한 꿈이나 추억 같은 그럴싸한 스토리를 만들어 낸다. 이 점이 뇌를 오류에 취약하게 만들기도 한다. 기억에 대한 연구들은 우리가 '확신을 가지고 생생하게 기억하는' 내용들이 얼마나 오류가 많을 수 있는지를 여지없이 보여준다.

그래서 예일대학의 심리학자 폴 블룸은 공감의 한계를 이해하는 것이 중요하다고 강조한다. 인상적인 이야기가 불러일으키는 정서적 공감의 쓰나미가 우리의 마음을 휩쓸고 지나가면 우리는 인지는 오류에 취약해진다. 난민 텐트 한 구석에 쭈그리고 앉아 있는 어린 소녀 안나의 모습이나, 아프리카 오지에서 퀭한 눈으로 누워 있는 핫산의 모습이 가져다주는 강렬한 감성적 폭풍을 생각해 보라. 이런 정서적 공감에 휩쓸리면 예외적인 사례 또는 선택된 소수에 대한 과도한 집착에 빠질 수 있다. 공감은 특정 인물에게만 초점이 맞춰진 스포트라이트다. 무대 위에 올려진 사람은 환히 비추고, 낯설거나 이질적인 사람은 그림자 속에 남겨 두는 초점이 좁은 스포트라이트다(폴 블룸, 《공감의 배신》 p52). 그래서 우리가 공감하지 않거나 공감할 수 없는 사람들의 고통은 보이지 않고 관심에서 멀어진다.

또한, 공감은 창의적 해법을 갈구하는 열정 넘치는 디자인 씽커나 애정 넘치는 상담사에게만 작동하는 것이 아니다. 성공한 사기꾼, 성공한 제비나 꽃뱀, 성공한 고문 기술자도 공감이 뛰어나다. 공감은 선을 행하는 힘이 되기도 하지만, 악행의 무기가 되기도 한다. 공감 능력이 높다고 선량한 사람이 되는 것도 아니고, 공감 능력이 낮다고 악한 사람이 되는 것도 아니다(ibid. p56, p117). 공감은 분노와도 밀접하게 연결되어 있다. "한 사람을 향한 공감은 그 사람에게 잔인하게 대한 사람들에게 분노하도록 자극할 수 있다."(ibid. p270). 그래서 공감은 판단의 오류를 불러일으키는 선동의 효과적인 도구가 되기도 한다.

여기에 더해 공감은 따뜻하게 느껴지고, 통계는 차갑게 느껴진다는 사실은 객관적 통계를 지나치게 무시하게 만들 수 있다. 아프리카 50만 명의 어린이가 비타민 C 결핍으로 건강에 치명적인 손상을 입을 수 있다거나, 인도 오지의 수만 명의 아이들이 비타민 A 부족으로 실명할 위기에 있다거나 하는 통계가 주는 정보는 사진과 이미지를 동반한 한 어린아이의 눈빛보다 쉽게 무시될 수 있고, 마음에 여운을 남기지도 못한다. 그래서 정서적 공감의 회오리가 우리의 이성을 마비시키는 데까지는 가지 않도록 해야 한다. 우리가 현명한 해법에 도달하기 위한 최선의 도구는 우리의 이성이다. 계량화된 데이터의 수집과 분석이 공감을 대체할 수는 없으나, 공감이 볼 수 없는 흐름과 윤곽을 보게 하는 장치가 되어 줄 수 있다. 사람들의 고통을 덜어 주고 타인을 보살피고자 하는 마음과 그 일을 하는 가장 좋은 방법을 모색하는 이성적 판단이 결합할 때 비로소 효과적이고 효율적인 선행이 실행될 수 있다. 선을 행하도록 동기를 부여하는 따뜻한 가슴과 최선의 방법을 디자인하고자 하는 현명한 머리의 결합이 더 좋은 사회를 만드는 길인 것이다(ibid. p.142).

▪ 디자인 씽커의 공감과 관찰

제품이나 서비스, 정책, 제도를 막론하고 혁신적 디자인 산출물은 사용자에게 받아들여짐으로써 완성된다. 구글의 창업자인 래리 페이지는 수많은 놀라운 발명을 하고도 시장에서 인정받지 못해 궁핍하게 일생을 마감한 니콜라 테슬라의 전기를 인상 깊게 읽고, 자신은 그와 같이 되지 않겠다는 의지를 굳혔다고 한다. 그래서 그는 "뭔가를 발명하는 것만으로는 아무 도움도 안 됩니다. 그것을 세상에 내보내고 사람들이 사용해야 효과가 나타나는 겁니다."라고 거듭 강조한다(켄 올레타, 《구글드, 우리가 알던 세상의 종말》). 사용자에게 받아들여지는 결과물을 만들려면 사용자의 마음을 알아야 한다. 그리고 사용자의 마음을 알기 위한 토대가 공감이다. 물론 공감이 자동적으로 창의적 해법을 가져다주는 것은 아니다. 그러나 자신만의 확신에 휩싸이고 사용자에 대한 공감이 부족한 채 만들어져 받아들여

지지 않고 실패한 산출물들의 무덤은 기록에는 잘 나타나지 않지만 새털처럼 무수하다.

디자인 씽커에게 공감을 강조하는 것은 관찰 대상의 문제에 동조하여 함께 허우적거리고 슬픔에 젖으라는 것이 아니다. 공감은 새로운 디자인과 아이디어를 만들어 내는 원동력이 되어야 한다. 공감이 위대한 과학적 발명의 원동력이 된 것과 유사하다. 빌리 우드워드는 인류를 구하는 생명선 같은 역할을 한 과학적 발명과 그에 공헌한 연구자들을 찾아 분석한 후 이들을 아인슈타인보다 위대한 과학자들이라고 불렀다(빌리 우드워드 외, 《미친 연구 위대한 발견 Scientists Greater Than Einstein》).

수혈 후의 부작용으로 죽어가는 사람들에 대한 안타까움은 카를 란트슈타이너를 혈액형 연구에 몰두하게 만들었다. 사지에 몰린 환자들에 대한 그의 강렬한 공감은 그로 하여금 무려 3,639구에 달하는 사체를 부검해 가며 혈액형 연구를 지속하게 만들었다. 그의 끈질긴 노력은 10억 3,800만 명의 생명을 죽음으로부터 구해낸 것으로 평가되었다(ibid. p17~67). 빌 페이지는 유년 시절 감염으로 앓는 동안 병상에서 읽은 슈바이처의 삶에 감명을 받아 선교사이자 의사로서 남태평양의 통가, 아프리카의 나이지리아 오지 등에서 의술을 펼친다. 그는 온몸이 곪아 썩어가는 천연두의 고통에 몸서리치는 환자들의 고통에 처절하게 공감한다. 그의 공감은 아프리카나 인도 등의 개도국에서 사용할 수 있는 천연두 박멸 방법을 개발하고 실행하는 데 그의 일생을 바치게 만들었다. 그의 노력은 1억 2,200만 명의 생명을 구한 것으로 평가되었으며, 그는 인류의 역사에서 천연두를 종식시킨 사람으로 기록되었다(ibid, pp.69~121).

점점 밤눈이 어두워져 가는 어린아이를 안고 슬픔에 몸부림치는 아기 엄마들의 고통에 대한 공감은 미국의 안과의사 알 소머를 야맹증 연구에 전념하게 만들었다. 끈질긴 노력 끝에 그는 비타민 A의 결핍이 야맹증은 물론 실명과 사망에 이르게 할 수도 있다는 것을 밝혀냈고, 이어 문제의 해결을 위한 경구 보조제 처방을 개발한다. 그는 평생을 인도네시아, 네팔, 탄자니아, 인도 등의 개도국을 돌며 정부와 의사와 어머니를 설득해 비타민 A 처방을 전파하며 일생을 보낸다. 그의 노력은 비타민 A 결핍에 의한 유아 사망률을 낮추어 600만 명의 어린이 생명을 구했고, 연간 50만 명의 어린이들을 실명이라는 처참한 운명으로부터 구해 냈다(ibid, p168~209).

굶주림은 무서운 것이다. 노먼 볼로그는 레슬링 선수의 꿈을 접고 대학에서 농학을 전공하는 중에 멕시코 농가를 방문했다가 그들이 겪고 있던 처참한 굶주림에 절절히 공감하여 개량 밀 품종을 개발하기로 결심한다. 그는 "굶주린 농부들의 마음을 헤아려야 한다."라는 공감의 관점을 견지하며 뜨거운 햇볕 아래 밀 이삭을 하나하나 손으로 교배하는 아무도 알아주지 않는 힘들고 지루한 작업을 수도 없이 지속했다. 4만 종이 넘는 밀 품종에 대해 6,000번이 넘는 교배를 진행한 결과 그는 해변과 고산에 모두 적응하는 밀을 개발해 멕시코가 밀을 자급자족하는 길을 열었다. 그는 이 경험과 공감을 토대로 개도국의 기아 문제에 도전해 파키스탄, 네팔, 인도에서도 밀과 옥수수를 개량하는 작업을 진행했다. 정부를 설득하고, 농부들에게 시범을 보이며 보급을 독려한 그의 노력은 영양 섭취 개선으로 2억 4,500만 명의 목숨을 구한 것으로 추정되었다. 또한, 그의 생산성 혁신은 20억 에이커가 넘는 땅을 야생 생물 보호지로 돌리게 만들어 어떤 환경단체보다 넓은 야생 생물 서식지를 살린 것으로 평가되었다. 그의 노벨 평화상 수상 소식을 들은 아내가 그에게 기쁜 소식을 알려주려 달려왔을 때에도 그는 멕시코의 황량한 벌판에서 교배 작업을 하고 있었으며, 수상 소식을 전하는 아내에게 "지금 교배 작업으로 할 일이 남았으니 먼저 집에 가 있으라."고 말했다(ibid, p319~363).

훌륭한 과학적 발견이 만들어 낸 성과는 감동적이다. 우리의 삶을 바꾸어 주고 사고를 예방해 주는 훌륭한 디자인 산출물도 그와 같은 감동을 준다. 다만 인상적인 통계가 만들어지지 않는 경우가 많을 뿐이다. 예를 들어 비행기 콕핏 디자인의 개선이나 조종석 보호문, 계단의 적정한 높이와 넓이, 비상구 안내의 디자인이 사고와 테러, 실수를 예방함으로써 구한 생명이나 손실은 적절히 계산되지 않는다 (도널드 노먼, 《디자인과 인간심리》 p167~177).

일상에서의 공감과 세심한 관찰을 토대로 만들어진 디자인은 생명 연장의 효과를 가져다줄 수도 있다. 내가 소년 시절에 보던 전화기는 [그림 3-7]의 맨 왼편에 있는 다이얼식 전화기였다. 동그란 원판에서 번호를 한 자리씩 골라 손가락을 넣어 빙그르르 돌리면 '뚜루루루' 하는 소리와 함께 제자리로 돌아간다. 일곱 자리의 전화번호를 누르기 위해서는 이런 작업을 일곱 번 반복해야 했다. 0은 가장 멀리 있기 때문에 다음 번호를 누르기까지 한참을 기다려야 했다. 그래서 0이 많은 전화번호는 전화를 거는 시간이 더 길다. 이후 해당하는 번호를 누르기만 하면 되는 버튼식 전화기 디자인이 탄생했다. 처음에는 다이얼식 전화기와의 사용 호환성을 걱정한 나머지 번호를 동그랗게 배치했지만, 이것은 디자인의 오류였다. 번호를 찾아 누르는데 시간만 더 걸렸고, 실수도 유발했다. 머지않아 기존의 고정관념을 완전히 떨쳐 버린 웨스턴디지털사의 디자인이 탄생했다.

[그림 3-7] 전화기 번호판의 변화

번호를 누르는데 버튼식 방법은 다이얼식 방법보다 최소한 다섯 배가 빨랐다(헨리 페트로스키, 《디자인이 만든 세상》 p268). 다이얼식으로 한 번호를 누르는데 평균 2.5초가 걸리는 반면 버튼 방식으로는 0.5초가 걸렸다. 여덟 자리 번호로 전화를 한 번 할 때마다 2초의 여덟 배, 그러니까 16초가 절감되는 것이다. 큰 차이가 아니라고 느껴지는가? 일상에서 한 사람이 하루에 열 번의 전화를 한다고 가정하면 그녀는 하루에 160초를 선물로 받는 셈이다. 이 시간은 1년이면 16.2시간이 되고, 전화기를 사용한 기간이 다섯살에서 90세까지 90년이 되면 1,458시간, 즉 61일이 된다. "오늘은 어제 죽은 사람이 그토록 가지고 싶었던 하루다."라는 말이 있다. 그렇다면 61일은 얼마나 큰 생명 연장의 선물인가? 전화기를 사용하는 사람이 최소 10억 명이라는 점을 감안하면 절감된 총시간은 포유류 조상의 역사만큼이나 길어진다(무려 1억 6,700만 년이다!). 이것이 사소해 보이는 디자인의 힘이다. 물론 이런 혁신적 디자인은 사업적 성과라는 큼직한 보상을 가져다주기도 한다.

공감은 문제의 발견과 창의적 해결 산출물 개발을 위한 내면적 토대다. 애정 어린 세심한 관찰과 공감을 기반으로 포착된 문제의 해결은 시장에서의 성공을 안겨 주기도 하고, 인간의 삶의 양태를 바꾸기도 하며, 우리 사회에 잠재된 문제를 인식하고 개선하게 만들어 사회적 혁신을 이끌어 주기도 한다. 디자인 씽킹 모형들의 첫 단계는 한결같이 '공감과 관찰'이다. 공감은 의미 있는 관찰의 토대이며, 세심한 관찰은 깊은 공감의 문을 여는 역할을 한다. 공감과 관찰은 훈련을 통해 세련되고 다듬어질 수 있다는 것이 정설이다. 디자인 씽킹을 위한 공감과 관찰의 수준을 높이기 위해서는 공감 그 자체에 대한 이해를 넓히는 것도 중요하며, 자신의 마음을 세심하게 들여다보는 내성(introspection) 역량을 키우는 연습도 중요하다.

관찰은 그저 눈으로 보는 것과 다르다. 관찰은 우리의 뇌가 외부 세계와 맺는 관계다. 우리는 온몸으로 관찰을 수행하며, 무엇보다 우리의 뇌로 세상을 관찰한다. 바로 그 때문에 관찰의 중대한 장애물은 관찰자인 우리 자신이며, 우리 뇌의 기제다. 자신과 뇌의 한계를 알아야 공감도 깊어지고 관찰의 수준도 높아진다. 다음 장에서는 공감과 분리할 수 없는 짝을 이루는 관찰의 세계로 들어가 보려 한다.

04

관찰하는 뇌

▪ 관찰이 그렇게 중요한가요?

"디자인은 손과 머리로 하는 행위라고 생각하는 사람이 많다. 하지만 통찰을 만들어 내는 관찰 능력이 무엇보다 중요하다. 디자인 프로젝트의 작업량이 너무 많아 디자인 과정의 한 부분을 위임해야 한다면 창조 작업을 위임하라. 관찰은 어떤 일이 있어도 디자이너가 최선을 다해 직접 수행해야 한다."(카르잘루오토,《디자인 방법론》p150~157).

많은 사람은 디자인의 꽃은 창작 행위이고, 위대한 디자이너의 핵심 역량은 바로 남들이 생각하지 못한 것을 떠올리는 능력이라고 믿는다. 그러나 위의 인용은 디자이너에게 있어서 예리한 관찰이 얼마나 중요한가를 보여 준다. 창의적 발상의 기반은 관찰이다. 미술 평론에 조예가 깊었던 정신생물학의 창시자이자 노벨 생리의학상 수상자인 에릭 캔델은 오스트리아 빈에서 활동했던 세기말의 위대한 화가들에 대한 뇌신경생리학적 분석을 시도한 책《통찰의 시대》에서 단호하게 **"관찰은 발명이다."**라고 선언했다(에릭 캔델,《통찰의 시대》p256).

디자이너는 사용자의 생각과 마음을 알기 위해 관찰한다. 관찰은 디자이너 역량의 핵심에 있고, 디자인 씽킹을 받쳐 주는 대들보다. 디자인 씽킹에 있어서 관찰은 모든 활동의 기반이다. 관찰의 대상은 단지 물건이나 행동에 그치지 않는다. 관찰하고자 하는 것의 궁극은 사람의 마음이다. 디자이너는 마음을 관찰하기 위해 공감을 추구하며, 동시에 공감을 원하기에 더 세심히 관찰한다. 그래서 디자인 씽킹 훈련에서는 관찰에 대한 설명이나 관찰 연습에 충분한 시간을 할애하는 것이 중요하다. 관찰에 대해 이해하고 관찰의 역량이 높아지면 세상을 보는 눈이 달라지고, 세상을 보는 눈이 달라지면 같은 것도 달리 보이고, 보지 못하던 사용자들의 고충과 문제가 보인다. 보이지 않던 것을 보는 것이야말로 창의적 사고와 발명의 출발이다.

◼️ 과학적 진보와 관찰

대척점에 자리한 듯 서로 다른 세계에 사는 것 같은 예술가와 과학자는 예리한 관찰에 인생을 거는 사람들이라는 점에서는 커다란 공통점이 있다. 곤충기를 쓴 프랑스의 장앙리 파브르(1823~1915)는 어려서부터 남들이 관심을 기울이지 않는 쇠똥구리 같은 하찮은 곤충을 시간 가는 줄 모르고 들여다보는 것을 즐겼다. 그는 곤충들에 대한 세심한 관찰을 어른이 되어서도 지속했으며, 평생의 관찰을 정리해 후대에 남긴 생물학자가 되었다. 위대한 영국의 생물학자 찰스 다윈(1809~1882)은 비이글호의 탐험에 동참하여 갈라파고스를 위시한 많은 지역의 식물과 동물들에 대한 세심한 관찰을 기울였다. 서로 떨어진 지역에 사는 동물 간의 미세한 차이와 공통점에 대한 끈질긴 관찰을 토대로 다윈은 진화론이라는 엄청난 업적을 남겼다. 오스트리아의 그레고어 멘델(1822~1884) 신부는 완두콩을 7년간 재배하며 세심한 관찰을 실행한 결과 유전 현상에 대한 최초의 통찰을 얻어냈다. 그의 유전 개념은 오늘날 세상을 바꾸고 있는 바이오 학문이 꽃피는 디딤돌이 되었다.

이탈리아의 원조 물리학자이자 천문학자인 갈릴레오 갈릴레이(1563~1642)는 세심한 관찰로부터 통찰을 얻어 피사의 사탑에서 낙하 실험을 해 가벼운 것이 천천히 낙하한다는 2000년간 유지된 아리스토텔레스의 주장이 틀렸음을 보여 주었다. 그는 또한 천문에 대한 끈질긴 관찰에 노력을 기울인 결과 지동설을 지지하는 과학적 관찰을 축적해 "그래도 지구는 돈다."라는 명언을 남겼다. 폴란드 태생의 퀴리부인(Marie Sklodowska Curie, 1867~1934)은 방사성 원소에 대한 발견과 방사능에 대한 연구로 노벨 물리학상과 노벨 화학상을 받은 위대한 과학자다. 수많은 사회적 어려움에도 불구하고 관찰과 연구를 지속한 그녀는 임종하는 날까지 연구실에서 방사능 관찰에 일생을 바쳤다. 감동적으로 실험실에서 일생을 마감한 과학자 마리 퀴리는 자신이 근무하던 파리 소르본대학 옆에 위치한 팡테옹 지하에 안장되어 프랑스 사람들의 자부심이 되어 있다.

오늘날에도 과학자들은 소립자와 천체에서부터 유전체에 이르는 대상에 대한 관찰에 온갖 노력과 자원을 쏟아붓는다. 수많은 기술자와 발명가들도 관찰을 통해 창의적 통찰을 얻어냈다. 다만 "과학자는 해법을 찾은 뒤 그 해법을 적용할 문제를 고민하는데 반해 엔지니어는 문제를 규정한 이후에 해법을 찾아 나선다."는 차이가 있을 뿐이다(제이 하먼, 《새로운 황금시대》 p350). 자연의 동물이나 식물에 대한 미세 구조나 미세 현상을 면밀하게 관찰하여 모방하는 기술을 개발하는 노력도 지속되고 있다. 생체 모방(biomimicry) 기술이라고 불리는 이 연구들은 연잎을 관찰하여 물에 젖지 않는 재료의 원리를 배우고, 홍합을 관찰하여 강력한 수중 접착 원리를 찾아내며, 조개나 산호에 대한 관찰로부터 골절 접합 기술 찾아내고, 나비에 대한 관찰에서 빛에 따라 색상이 변하는 원리를 찾아낸다(ibid, p230, 260, 295, 303). 수억 년의 진화의 역사가 만든 지혜를 세심히 관찰하여 디자인 아이디어를 배우려 노력하고 있는 것이다.

▪ 예술에 있어서의 관찰

관찰에 운명을 걸기는 예술가들도 마찬가지다. 예술가들이 얼마나 자신만의 섬세한 관찰을 갈구했는지는 커크 더글러스가 빈센트 반 고흐로, 앤서니 퀸이 폴 고갱으로 분하여 연기한 영화 〈빈센트 반 고흐 Lust for Life〉에서도 드러난다. 파리를 떠나 아비뇽에서의 빈곤한 삶 속에 그림에 대한 열정을 집중하던 풍운의 천재 화가 빈센트 반 고흐는 동생 테오에게 보낸 편지에서 "손이 아니라 동작을, 얼굴이 아니라 표정을 그리고 싶어."라며 관찰에 대한 갈망을 절규하듯이 써서 보낸다. 클로드 모네(1840~1926)는 아름다운 저녁노을을 화폭에 담고 싶어 했다. 그러나 노을빛은 자체는 화폭에 담을 수 있는 형상이 아니므로 노을 속에 놓인 성당을 통해 노을을 묘사하기로 한다. 그는 루앙대성당(Rouen Cathedral)이 보이는 방을 구해 놓고 노력을 거듭했지만 원하는 그림을 그리지 못한다. 캔버스에서 고개를 들어 성당을 볼 때마다 색상과 분위기가 시시각각 달라졌기 때문이었다(고명석, 《예술과 테크놀로지》 p86). 예술가적 기질을 가지고 끈질기게 관찰한 끝에 그는 노을의 본질이 빛 자체가 아니고 빛의 변화임을 깨닫는다. 이어 변화를 그리려면 이미지가 아니라 이미지에 투영된 시간을 그려야 한다는 각성을 하게 된다. 그 결과 마치 3D 사진을 편광안경 없이 보는 듯한 그의 독특한 화풍이 탄생한다.

[그림 4-1] 클로드 모네의 〈노을, 루앙대성당〉

피트 몬드리안(1872~1944)의 1915년 작 〈잔교와 바다5: 바다와 별이 빛나는 하늘〉을 보여 주고 무엇을 그린 것인지 물어 보면 맞추는 사람을 찾기가 어렵다. 제목을 알고 나서 그림을 유심히 쳐다보면 일렁거리는 파도에 별빛이 반사되어 반짝거리는 모습이 실감나게 느껴진다. 사물을 본다는 것은 무엇일까? 우리가 보는 대상의 본원적 이미지란 어떤 것일까? 밤바다와 파도와 그 파도에 비친 별빛의 실체는 무엇일까? 그의 그림을 보면 이런 질문에 대한 답을 화폭에 담기 위해 몬드리안이 얼마나 많은 날들을 밤바다를 관찰하고 또 관찰하며 고민했을지 상상이 된다. 그는 형상이 눈으로 들어와 기하학적 형태로 부서지는 것을 깨달았고, 그 깨달음을 토대로 바다와 별이 빛나는 하늘을 선분과 색상으로 환원하여 화폭에 담았다. 그의 통찰은 후에 더욱 단순화된 기하학적 이미지와 색상으로 환원된다. 에릭 캔델은 몬드리안을 가리켜 "나름의 의미를 지닌 비형태적이고 기하학적인 기초 요소와 색깔을 토대로 한 새로운 미술 언어를 개발했다."라고 평가했다(에릭 캔델,《통찰의 시대》p271).

[그림 4-2] 피터 몬드리안의 〈잔교와 바다5〉와 후기의 기하학적 작품

디자인은 예술과 공예와 산업 생산이 중첩되는 토대 위에서 자라났다. 디자인의 이론화를 시도한 허버트 리드는 디자인을 '예술을 위한 예술'과 '비즈니스 그 자체'의 사이에 존재하는 것으로서 순수미술(fine art)에 대비되는 장식미술(decorative art)이나 응용미술(applied art)의 계보라고 보았다(허버트 리드,《디자인론》p30~34, p54~57, p75). 그러나 미술-공예-디자인 간의 경계를 설정하는 것은 현실적으로 그리 쉽지 않은 일이다(존 워커,《디자인의 역사》p46). 열정적 디자이너들이 순수미술에 속한 화가들과 관찰에 대한 집념이라는 공통점을 가진다는 것은 놀랄 일이 아니다.

우리는 유년 시절에 누구나 꼬마 예술가였고 꼬마 과학자였다. 세상에 대해 호기심 가득한 눈을 가지고 있었고, 끊임없이 관찰을 시도하며 살았다. 불행히도 꼬마 예술가, 꼬마 과학자들에게는 관찰을 뒷받침할 지식과 노하우가 부족했다. 관찰과 그 결과의 성공에 영향을 미치는 두 가지 중요한 요건인 관찰자의 지식과 적절한 방법론을 갖추지 못하고 있었던 것이다. 관찰자의 지식이란 관찰 대상에 대한 이해의 총체적 구조를 의미한다. 아는 만큼 보는 것이기 때문에 지식의 부재는 관찰의 결과를 제한할 수밖에 없다. 적절한 방법론이란 끼와 재능이 견고한 고치를 벗고 나오게 만드는 관찰 훈련과 관찰의 도구를 활용하는 연습과 노하우를 의미한다.

관찰의 과학

■ 디자인 씽킹, 관찰 그리고 뇌

디자인 씽킹은 삶에 유용한 가치를 가져다주는 인공물을 만들어 내는 활동이다. 그래서 디자인 씽킹에 있어서 관찰의 핵심은 사용자, 생산자 그리고 전달자의 마음이다. 그들은 과연 무엇을 기다리고 있는가? 그들이 필요로 하는 것은 무엇인가? 그들은 왜 그런 것을 필요로 하는가? 어떤 제품이나 서비스를 사용할 때 그들의 마음은 어떤 상태일까? 디자인 씽킹은 이와 같은 질문들에 호기심을 가지고 접근하려 한다. 문제는 마음은 눈에 보이지도 않으며 쉽게 드러나지도 않는다는 것이다. 그래서 관찰 훈련을 통해 사람과 그들의 행동과 그들의 주변을 관찰하여 질문에 대한 답을 찾아내야 하는 것이다. 관찰 훈련은 관찰자인 '나'의 마음을 이해하는 것으로부터 시작된다. 관찰이란 결국 나의 마음에 비친 세상을 이해하는 것이기 때문이다.

■ 관찰의 주체인 뇌

"내 두 눈으로 똑똑히 봤다니까.", "내가 직접 만져 봤잖아.", "내가 먹어 봐서 알지." 우리는 세상을 관찰하기 위한 관찰의 도구를 가지고 태어났다. 그 도구들은 바로 우리의 감각기관이며, 매일의 일상에 오감을 사용한다. 그중에서도 우리의 관찰을 주도하는 가장 복잡한 기관은 눈이다. 눈은 복잡한 진화의 과정을 거쳐 뒤늦게 얻어진 고도의 관찰 도구다. 사물을 '보려면' 눈으로 들어온 정보가 시각 정보를 처리하는 시상하부로 전달되어야 한다. 눈뿐 아니라 모든 오감 감각기관이 수집한 정보는 뇌에 도달해야 비로소 의미를 가진다. 눈의 경우 안구 뒤편의 망막 자체가 수용기 1억 개를 가지고 이미지 처리를 수행하는 뇌 신경세포의 일부다!(에이미 허먼, 《우아한 관찰주의자》 p27~28). 세상을 보는 것은 눈이 아니고 바로 뇌다.

우리의 몸 전체가 하나의 세포에서부터 분열을 거쳐 만들어진 것처럼, 뇌도 하나의 세포로부터 분열하며 1,000억 개에 이르는 뇌세포로 성장한다. 완전히 발달된 뇌에는 기능과 생김이 상이한 여러 종류의 뇌세포, 즉 뉴런이 있지만 그 뿌리는 모두 같은 것이다. 태아의 몸이 성장하면서 초기부터 함께 성장하는 부분이 바로 척추와 뇌다. 우리의 뇌는 데이터로부터 학습을 수행한다. 임신 후 6개월이 넘어가면 엄마의 체온, 움직임 등 촉각 정보가 뇌로 전달되어 촉각 정보를 처리하는 부분이 학습을 통해 자리를 잡는다. 이 시기가 되면 엄마의 심장 박동 소리를 비롯해서 바깥 세계의 소리가 태아의 귀로 전달된다. 촉각처럼 기계적 자극을 기반으로 하는 청각 데이터는 뇌로 전달되어 청각 정보 처리에 관련된 부분의 학습을 진행시킨다. 미각과 후각은 화학적 자극을 기반으로 한다. 태아는 엄마의 몸속에서 유영하면서 포착한 화학적 자극을 뇌로 보내 미각과 후각을 처리하는 뉴런을 학습시킨다. 광학 정보를 취급하는 눈의 망막은 가장 늦게야 작동하기 시작한다. 아기가 세상에 태어나고 눈을 뜬 다음에야 망막이 포착한 섬세한 시각 정보가 뇌로 전달되기 시작한다. 초기에는 명암과 흑백만을 구분하며, 한 달이 넘어서야 색상과 선, 면, 곡선, 움직임 등의 세부 시각 정보에 대한 뉴런의 정상적인 학습이 진행된다.

이를 확인하기 위해 신경생리학에 대한 평생의 연구로 노벨상을 수상한 데이비드 허블과 토르스텔 비셀은 고양이를 샘플로 뇌와 눈의 관계를 연구했다. 갓 태어난 고양이를 빛이 들어오지 않는 상자에 집어넣고 일정 기간 동안 키웠다. 아기 고양이는 부드럽고 따뜻한 검은 상자에서 영양이 풍부한 우유와 먹이를 충분히 제공받으며 지냈다. 한 달이 지난 후 진단한 고양이는 세상을 볼 수 없었다. 불쌍한 아기 고양이는 눈과 시신경 심지어 뇌로 통하는 신경회로도 모두 정상이었지만, 뒤늦게 들어온 시각 정보를 처리할 뉴런 연결이 더 이상 존재하지 않기 때문에 수술로도 치유할 수 없는 세상을 보지 못하는 고양이가 된 것이다. 한 달 동안 학습을 위해 시각 데이터를 기다리던 값비싼 뇌의 자산인 뉴런은 이미 다른 종류의 데이터 처리를 위해 역할이 재배당되어 신경 연결이 돌이킬 수 없게 된 것이었다. 과학연구에 시력을 바친 이 불쌍한 고양이는 본다는 것의 주체가 눈이 아니고 뇌임을 명확히 보여 준 연구의 주인공이 되었다(알바 노에, 《뇌과학의 함정 Out of Our Heads》 p225~231).

고양이의 시력은 수술로는 치유가 안 되지만, 다행스럽게도 체계적인 보기 훈련을 통해 되돌아올 수 있다는 것이 후에 밝혀졌다. 뇌세포의 학습 능력이 유연성을 가지고 있기 때문인데, 이를 **뇌 가소성**(brain plasticity)이라고 한다. 뇌신경학자인 마이클 가자니가, 노먼 도이지, 라마찬드란 같은 학자들은 뇌의 이런 성질을 이용해 뇌질환이나 치매를 수술이나 약물을 사용하지 않고 치료하는 방법에 대한 연구에 평생을 바치고 있다(노먼 도이지, 《기적을 부르는 뇌》).

▪️ 뇌의 이해

그렇다면 관찰의 주체라는 뇌는 어떤 기관인가? 오랫동안 뇌에 대한 연구는 심각한 사고나 정신분열, 알츠하이머, 파킨슨 등의 질환이 있는 환자의 사례에 의존해야 했다. 그만큼 뇌는 접근하기 어려운 블랙박스 속의 기관이었다. 정상적으로 작동하는 살아 있는 뇌에 대한 연구는 뇌자기촬영(MEG, magnetoencephalography), 뇌전도측정(EEG, electroencephalogram), 양전자방사단층촬영(PET, position emission tomography), 기능성 자기공명영상(fMRI, functional magnetic resonance imaging) 등의 기술이 발전하면서 기지개를 켜기 시작했다.

사람의 뇌는 1,350~1,400g 정도로 몸무게의 약 50분의 1에 해당한다. 그러나 뇌는 우리가 섭취하는 영양분과 산소의 약 20%를 소모하는 엄청나게 비싼 기관이다. 특히 인간의 뇌는 몸무게 대비 비율이 다른 어떤 동물보다 크다. 이 비율은 지능의 척도로 사용되기 때문에 중요하다. 고래나 코끼리는 인간보다 더 큰 뇌를 가지고 있지만 몸무게 대비 비율이 낮다. 약 1,000억 개의 뉴런을 포함하고 있는 사람의 뇌는 오랫동안 그 기능이 제대로 알려져 있지 않았다. 영국의 의사 윌리엄 하비(William Harvey, 1578~1657)가 심장은 혈액을 순환하는 펌프일 뿐임을 밝히기까지 사람들은 감정과 마음의 위치가 심장이라고 믿고 있었다. 뇌는 그저 균형을 위한 장식이거나, 몸의 열을 식히는 기관이거나(베이컨의 생각이었다), 파이프오르간이 소리를 뿜어내듯 생각을 뿜어내는 기계라고(르네 데카르트의 생각이었다.) 생각되는 정도였다. 뇌가 가지고 있는 기억과 정보 처리 능력은 뉴런들 간의 연결에 기반한다. 하나의 뉴런이 약 2만 개까지의 연결을 가질 수 있기 때문에 2,000조나 되는 엄청난 숫자의 연결이 가능하다. 갓 태어난 아기도 1,000억 개의 뉴런을 가지고 있지만, 성인이 되면서 뇌의 크기가 약 4배가 되는 것은 뇌세포들 간의 복잡한 연결이 성장하기 때문이다(수전 그린필드, 《브레인 스토리》p84).

뇌는 신경과 혈액의 통로인 목 부위를 제외하고는 단단한 머리뼈에 둘러싸여 외부와 철저히 단절된 상태에서 보호되어 있다. 뉴욕시립대학의 미치오카쿠가 《마음의 미래》에서 설파하듯이 뇌는 오로지 감각기관을 통해 바깥세상을 보고 느껴야 정상적인 상태를 유지할 수 있다 (미치오카쿠, 《마음의 미래》 p432). 독일의 신경과학자이자 철학자인 알바 노에는 뇌는 외부 세계의 정보와 연결되지 않으면 모든 신비를 일순간에 잃어버리는 세포 조각에 불과하다고까지 주장한다(알바 노에, 《뇌과학의 함정》). 뇌와 바깥세상을 연결시켜 주는 우리의 감각기관과 운동기관, 그리고 이를 기반으로 한 감정과 연산, 기억과 창조 등은 매우 밀접하게 서로 얽혀 있는 기능이다. 그래서 단지 인공지능 알고리즘을 개발했다고 해서 인간을 초월하는 지력과 창조력이 탄생할 것이라고 보기는 힘들다.

거의 대칭으로 되어 있는 뇌의 좌반구는 주로 언어, 읽기, 셈, 논리, 분석, 계산 등을 담당하며, 우반구는 주로 통합적이고 전체적인 사고와 맥락, 상상을 담당한다. 우반구에 문제가 생기면 우스운 농담을 들어도 문장들이 문법에 맞기만 하다면 사람들이 왜 웃는지 알지 못한다(이언 맥길크리스트, 《주인과 심부름꾼》 p83). 아래 그림에서 3과 ㅋ, 5와 ㅂ이 보이시는가? 그러면 여러분은 좌우 뇌가 모두 정상이다. 우뇌에 문제가 있는 환자는 5와 ㅂ을 알아보지 못하고 3과 ㅋ이 많이 모여 있다는 것만 안다.

[그림 4-3] 우뇌 상실 환자가 보지 못하는 맥락 정보

좌뇌와 우뇌는 뇌량으로 연결되어 있어 긴밀하게 협조해 일을 하지만 독립적으로 작동하기도 한다. 문제가 생겨 뇌량을 절단한 분할뇌 환자들의 경우 일부 정신분열 증상을 보이기도 하지만 정상적인 생활에 적응할 수 있다고 알려져 있다(ibid, p356). 좌뇌와 우뇌의 피질은 네 개의 덩어리(엽)로 구성되어 있다. 계획, 판단, 감정 조절, 운동 제어 등을 담당하는 앞이마의 전두엽과 촉감, 신체 이미지, 주의 등을 담당한 정수리의 두정엽, 청각 및 언어 정보 등을 담당한 양쪽 귀 부근의 측두엽, 그리고 시각 정보를 처리하는 뒤통수의 후두엽 등이 그것이다. 특히 측두엽은 해마, 편도체, 시상 등과 긴밀하게 연결되어 기억과 회상, 감정 처리 등을 담당한다.

뉴런 간의 연결을 설명하는 기본 원리는 신경학자 도널드 헵이 제시한 "함께 발화하는 뉴런은 서로 연결된다."라는 **헤비안(Hebbian)** 가설이다. 뉴런의 연결은 시냅스 간극을 오고가는 신경전달물질의 방출과 흡수로 맺어진 관계다. 연결의 필요가 충족되고 나면 신경전달물질의 이동은 멈추고 뉴런 간 관계는 원상태로 돌아간다(승현준, 《커넥톰, 뇌의 지도》 p151~155). 그러나 시험과 학점, 생일과 촛불, 초록불과 진행처럼 특정 개념들 간의 연결이 자꾸 반복되면 그 연결은 일회적 사건으로 끝나지 않고 같은 길로 물이 반복해 흐르면 골이 패여 하천이 되는 것처럼 흔적을 남긴다. 두 뉴런 간의 통로가 물리적으로 구조화되고 성장하면 둘 사이의 연상 속도도 빨라진다. 컴퓨터나 반도체와 달리 뇌는 학습이 진행되면 하드웨어의 구조 자체에 변화가 생기는 것이다. 이것은 컴퓨터와 사람 뇌의 가장 중요한 차이의 하나로 지목되는 현상이다(미치오 카쿠, 《마음의 미래》 p215). SF 영화 속의 상상과 달리 뇌의 신경망은 AI와 반도체 간의 관계와는 상이해서 하드웨어를 소프트웨어와 분리하는 것이 불가능하다(수전 그린필드, p169).

이런 뇌 하드웨어의 변화는 뇌 가소성의 기반이 된다. 신경과학자 마이클 머제니치는 아기 쥐에게 한동안 단일한 주파수의 소리만 듣게 하고 뇌를 관찰한 결과 해당 주파수에 반응하는 뉴런의 수가 증가하여 청각피질에서 더 넓은 자리를 차지하고 있는 것을 볼 수 있었다(로버트 버튼, 《뇌, 생각의 한계》 p160). 인간의 경우 바이올리니스트의 뇌에는 다른 사람들보다 왼손을 통제하는 뉴런들이 더 발달해 있다. 마차 시절까지 포함해 400년의 역사를 자랑하는 런던 블랙캡 택시의 기사는 2만 5,000개의 도로와 300개의 노선을 모두 기억하는 훈련을 통과해야 하는 전문직으로 인정받는다(Elaluf-Calderwood & Sørensen, p137). 런던 유니버시티 칼리지의 엘리노어 맥과이어와 캐서린 울레트는 런던 택시 운전사들의 뇌를 스캔해서 분석한 결과 놀랍게도 이들이 평균보다 더 큰 해마를 가지고 있다는 것을 알아냈다(닐스 비르마우머, 외르크 치틀라우, 《뇌는 탄력적이다》 p47). 측두엽 안쪽에 위치한 해마는 정보를 기억 공간에 저장하는 역할을 하는 것으로 알려져 있다.s

우리 몸의 각종 기관들에는 우리의 팔이나 다리, 횡경막처럼 의지에 의해 움직일 수 있는 근육(수의근)으로 되어 있는 것도 있고, 반대로 내장기관들처럼 같이 우리의 의지로는 제어할 수 없는 근육(불수의근)으로 되어 있는 기관도 있다. 우리의 뇌는 근육을 움직이는 바로 그 '의지'를 만들어 내는 기관이며, 마음을 만들어 내는 기관이다. 그래서 내가 내 생각과 마음을 조절하고 바꿀 수 있듯이 나의 뇌를 바꿀 수 있다고 생각하기 쉽지만, 뇌는 우리의 의지대로 움직이지 않는 불수의근이다. 나의 마음을 만드는 뇌를 내 마음대로 못한다고? 그렇다면 간단한 테스트를 해 보자. 다음에 제시하는 문장을 읽어도 절대로 어떤 이미지를 떠 올리거나 계산을 수행하지 않도록 해 보시라. "모락모락 김이 나는 따끈한 호떡, 진홍색의 매콤한 떡볶이, 빨간 모자를 쓴 원숭이, 장화 신은 고양이, 2 더하기 1."

어떤가? 0.1초 만에 무언가 휙 지나가고 지금까지도 자꾸 머릿속에서 이미지가 솟아오르려 하지 않는가? 아니라고 말해도 자신의 마음을 속일 수는 없다. 정말 아무것도 떠오르지 않는다면 성불한 스님이든가 정신과 상담이 필요한 사람일 가능성이 높다. 떠올리지 않겠다고 다짐해도 소용이 없다. 정상적인 뇌는 의지와 상관없이 이렇게 마음을 짜낸다. 아무 생각도 떠올리지 않겠다고 작심을 해도 5분, 1분, 아니 30초도 가기 힘들다. 그녀를 또는 그이를, 그 나쁜 놈을, 그 사건을 떠올리지 않겠다고 마음만 먹는 것으로 상념이 없어진다면 사랑도 없고 상사병도 없고 심금을 울리는 유행가도 없었을 것이다. 그래서 불가에서 이야기하는 '무념무상'이란 신기루와 같다. 지난 2000년 동안 벽을 바라보며 생각을 떠올리지 않으려 시도했던 수많은 승려는 사실 상대하기 불가능한 자신의 뇌와 사투를 벌였던 것이다.

◼ 관찰하는 마음

관찰은 감각기관, 특히 눈으로부터 들어온 정보를 이용해 뇌가 심상을 만들면서 진행된다. 뇌는 망막이 아니라 마음에 비추어진 이미지를 토대로 관찰하는 것이다. 우리가 오감을 통해 보고 느끼고 관찰하는 세상은 우리의 마음에 비친 세상일 뿐이다. 거울에 비친 야구공의 진짜 색깔을 알려면 거울이 깨끗할수록 좋다. 명경지수같이 투명한 마음에 비친 모습이 진실이라는 말이 있지 않은가? 이런 생각을 한 철학자가 에드문트 후설이다. 선입관이나 사전적 편견을 배제한 채 사물을 백지 같은 마음에 비추어지는 대로 보고자 한 그의 접근 방식을 현상학

(phenomenology)이라고 부른다.

그런데 공의 이미지가 비친 거울 그 자체가 어떤 색깔을 가지고 있다면 문제가 좀 복잡해진다. 마음이 이미 여러 생각으로 왜곡되어 있다면 그 마음에 비친 대상이 어찌 사실 그대로라고 할 수 있겠는가. 분홍색 거울에는 흰색 눈사람이 비쳐도 분홍색 눈사람으로 보이지 않는가. 동요에도 있다. "우리들 마음에 빛이 있다면 여름엔, 여름엔 파랄 거예요." 여름엔 마음이 나뭇잎처럼 파란색이니 세상이 다 파랗게 보이고 겨울엔 마음이 눈처럼 흰색이니 세상이 다 하얗게 보일 거라고 한다. 그렇다. 그게 우리의 마음이다.

마음은 관찰의 플랫폼이다. 그래서 관찰자의 마음을 이해하는 것이 관찰을 이해하는 전제다. 공의 진정한 색깔은 거울에 비친 공의 색상에서 거울의 색상을 빼 버려야 하는 것이다. 거울에 색깔이 없다고 하더라도, 방에 켜진 조명등이 색깔을 가지고 있다면 그 영향이 공과 거울에 모두 이르렀을 것이다. 그러니 거울에 비친 공의 색깔에서 조명등 색깔의 영향을 제거해야 진실을 알 수가 있다. 사물에 대한 이미지에서 관찰자의 마음을 괄호 안에 넣어서 빼 버림으로써 진실을 파악하고자 했던 철학자들도 있다. 독일의 철학자 빌헬름 딜타이(1833~1911)나 그의 계보를 이은 가다머(1900~2002) 같은 해석학(hermeneutics) 철학자들은 관찰된 결과물의 진실(truth) 여부를 파악하려면 그 결과물을 담은 그릇(method)으로서의 마음의 언어를 해석해야 한다고 주장한다(《Truth and Method》는 가다머의 필생의 역작 제목이다.).

물리적 대상을 관찰할 경우 우리의 뇌는 이런 복잡한 해석을 순간적, 자동적으로 수행한다. 마당에서 눈을 한 뭉치 백열등이 있는 실내로 가져가 사람들에게 "이 눈이 무슨 색이냐?"라고 묻는다면 열이면 열 사람 모두가 흰 눈 뭉치하고 답한다. 뇌가 백열등 조명에 의한 영향을 순식간에 보정했기 때문이다. 사실은 우리의 뇌가 그런 기능을 성공적으로 수행했기 때문에 오랜 진화의 역사에서 우리가 살아남아 있는 것이다. 그 역할을 잘 못 하는 뇌는 후손을 남기지 못하고 도태되어 사라졌다. 우리의 뇌에는 파충류에서 포유류에 이르기까지의 수억 년에서 수백만 년에 걸친 진화의 역사가 담겨 있다. 그 결과 우리의 뇌는 생물학적, 구조적, 진화적으로 각인된 한계도 가지게 되었다. 뇌의 한계를 알면 마음의 한계를 이해하게 되고, 마음의 한계를 이해하는 것은 적절한 관찰의 전제 조건이 된다. 날개를 가지지 않았다는 것을 알아야 "난다. 난다. 난다. 마음먹기에 달렸다."라고 되뇌며 절벽에서 팔을 휘저으며 뛰어내리는 실수를 하지 않는다. 관찰을 더 잘 이해하는 데 도움이 되는 뇌의 한계와 특성이란 무엇일까?

▪ 관심과 주의

무엇보다 관찰의 출발은 관심과 주의를 기울이는 것이다. 우리는 눈에 보이는 것의 일부만 보며, 때로는 눈에 보이지 않는 것도 본다. 관찰은 높은 수준의 의식적 관심(conscious attention)을 필요로 한다. 의식이란 지향성, 그러니까 '특정 대상을 향한 마음챙김(directed mindfulness)'을 전제로 감각기관을 통해 들어온 정보를 처리하는 과정이다(제럴드 에델만, 《세컨드 네이처》 p58). 그래서 마음챙김의 대상이 되지 않는 것은 눈에 비추어져도 의식의 스포트라이트를 받지 못한다. 관심이 수반되지 않으면 뇌의 원초적인 본능은 정보를 배제하고 효율을 추구한다. 개구리의 뇌는 움직이는 것만을 먹이로 판단하도록 프로그램되어 있다. 그래서 죽어서 움직이지는 않지만 싱싱하고 맛있는 파리를 주위에 잔뜩 뿌려 주어도 개구리는 먹이를 알아보지 못하고 굶어 죽는다(수전 그린필드, 《브레인 스토리》 p102). 마치 수많은 주위 사람은 보이지 않고 오직 내가 사랑하는 '그녀만' 보이는 것과 같다.

하버드대학 심리학과의 인지심리학자인 크리스토퍼 차브리스와 대니얼 사이먼스는 '보이지 않는 고릴라'라는 실험을 수행했다. 연구 조교로 참여한 학생들을 두 팀으로 나누어 흰 셔츠와 검은 셔츠를 입고 농구공을 패스하게 하였다. 이를 동영상으로 찍어 캠퍼스를 다니며 학생들에게 보여 주면서 흰 셔츠 학생들의 패스 횟수를 세어달라고 요청했다(이 비디오는 www.theinvisiblegorilla.com에 있다). 어려운 요청은 아니었지만 주의를 집중해서 패스 횟수를 세어야 하는 작업이었다. 연구자들의 초점은 사실 패스의 횟수가 아니고 비디오 중간에 학생들 사이를 가슴을 두드리며 당당하게 가로질러 가는 고릴라(분장의 조교)를 보았는지 여부였다. 약 50%의 응답자가 그 커다란 고릴라를 보지 못했다고 답했다. 관심의 대상이 아니었기 때문이다. 뇌가 필요한 작업에만 집중하면서 불필요한 자극에는 관심을 주지 않고 걸러버린 것이다. 이를 **무주의 맹시**(inattentional blindness)라고 부른다(차브리스, 사이먼스, 《보이지 않는 고릴라》 p19~21).

이 실험은 여러 학자들에 의해 반복되었고, 놀라운 결과도 반복적으로 관찰되었다. 심지어 고릴라에게 눈에 띄는 하얀 옷을 입혔어도 포착하지 못한 사람들이 많았다. 한 후속 연구는 방사선 전문의들을 대상으로 했다. 실험 팀은 엑스레이 판독 전문가들에게 폐의 사진을 보여 주며 종양 여부를 판독해 달라고 부탁했다. 일부 사진에는 폐의 한 귀퉁이에 무려 5cm 크기의 고릴라가 있었다. 그러나 사진 관찰의 전문가인 검시관들의 83%가 고릴라를 보지 못했다고 답했다(Spiegel, 2013; 에이미 허먼, p57). 관심이 결핍되면 관찰은 근본적으로 의미가 없어진다. 통상적으로 자극의 변화는 감각기관이 더 쉽게 포착하는 경향이 있다. 그러나 그 변화마저도 관심의 스포트라이트를 받지 못하면 의미를 가지지 못한다. 의식의 본질을 탐구한 독일의 의사 데이비드 이글먼은 "주변 환경이 바뀌어도 이를 인식하지 못하는 상태를 변화맹이라고 한다. 사물의 변화를 보려면 먼저 그것에 주목해야 한다."라고 말한다(이글먼, 《인코그니토: 나라고 말하는 나는 누구인가》 p43). 우리가 관찰을 잘하고자 한다면 관심을 관리하는 훈련을 하는 것이 그 시작이다.

오류의 인문학에서 오류의 과학으로

■ 관찰하는 뇌와 오류

《이기적 유전자》를 쓴 생물학자 리처드 도킨스는 인간의 커다란 뇌는 진화의 원동력이라기보다는 부산물일 뿐이라고 말한다. 수천만, 수백만 년에 걸쳐 진화한 우리의 뇌에는 이미 익숙해진 패턴들이 깊숙이 각인되어 있다. 현생 인류의 직접 조상인 크로마뇽의 탄생은 약 20만 년 전이고, 호미니드의 탄생은 약 600만 년 전이지만, 우리의 뇌 안에는 이보다 훨씬 오래된 파충류 본능에 뿌리를 둔 변연계가 있고, 포유류 진화에 뿌리를 둔 편도체가 있으며, 그 이후 등장한 전두엽과 같은 오랜 진화의 흔적이 남아 있다. 우리가 문명 속에서 사물을 관찰하는 맥락이 장구한 시간에 걸쳐 각인된 자연적 맥락과 다르면 각인된 패턴이 관찰의 오류를 일으킨다. 패턴에서 발생하는 오류는 우리의 관찰 능력에 많은 영향을 미친다. 이것은 우리의 뇌가 가진 특성이자 한계다.

우리는 패턴의 인식을 통해 사물을 보고 또 학습한다. 우리의 뇌가 패턴을 형성하는 과정은 데이터를 그대로 기술하는 과정이 아니고 외부의 데이터에 마음속에서 만들어 낸 데이터를 섞어 꾸며 내는 과정이다(에델만, p56, p102). 우리는 사물이나 사건을 보면 신속하게 그 내용을 파악해서 이해하고, 습득하여 이내 우리의 믿음으로 만든다. 이런 학습 능력은 인간을 다른 동물과 구별되는 존재로 만들었다. 나아가 인간 사회에서 학습 능력은 개인의 능력과 역량을 상징한다. 그래서 우리는 자신이 학습한 믿음이 오류임이 밝혀지면 수치를 느끼고, 불안감에 휩싸이며, 자존감이 무너지는 것처럼 생각한다. 그러나 많은 오류는 인간의 본원적 한계에 기인하므로, 우리가 오류로부터 완전히 자유로워질 방법은 없다.

캐서린 슐츠는 《오류의 인문학》에서 오류에 대한 이런 통념을 버리고, "오류는 정상적인 인간 본성, 상상력, 인간의 무한한 능력, 풍요로운 영혼을 향해 열린 창이다."라고 받아들일 것을 주문한다(캐서린 슐츠, 《오류의 인문학》 p12). 오류는 열등성의 증거라기보다 공감과 학습, 그리고 창조의 근원이라는 것이다. 오류를 통한 시행착오는 학습 과정의 토대이며 오류가 허용되어야 도전과 창조가 이루어질 수 있기 때문이다. 오류 가능성을 받아들이는 열린 자세를 가지면 우리는 그동안 마음을 지배하던 왜곡된 믿음을 깨닫게 되며 동시에 새로운 눈을 가지게 된다(ibid. p117, 2014). 그녀는 오류는 "우리가 잊고 있던 자신의 의미와 한계를 이해하는 관문이며, 타인이 내게 의미 있는 존재임을 깨닫게 해 주는 순간"을 의미한다고 설명한다. 사실 과학은 확고하게 믿고 있던 생각이나 이론이 오류임이 밝혀지면서 진보한다. 가설의 기각을 통해 새로운 진리의 세계로 들어가는 것이다. 과학은 오류가 긍정의 씨앗임을 보여 준다. 미국 건국의 선구자 토머스 제퍼슨은 건국 이념을 설명하면서 "바람직한 정치적 이념은 결점 없는 한 명의 지도자에게서 나오는 것이 아니라, 오류 가능성을 공개적으로 인정하는 정치 시스템에서 나온다."라고 했다(ibid. p383).

　우리 뇌의 본원적 특성이 어떻게 우리의 마음을 한정하는지 이해하면 우리는 관찰의 한계도 알게 된다. 그리고 오류는 누구나 범하는 것임을 이해하면 우리는 자신의 오류를 인정하는 마음의 여유를 가질 수 있다. 그런 여유가 우리로 하여금 세상을 관찰하고 이해하는 데 유리한 고지에 서게 해 준다. 우리가 대상을 관찰할 때 오류를 범하는 이유는 바로 우리의 뇌가 관찰의 주인공이기 때문이다. 우리는 사물을 볼 때 뇌에 깃들어 있는 진화적 본능을 통해 분해하고 인식한다.

　임상적으로 뇌와 관찰의 관계는 이상 증상을 통해 연구되곤 했다. 예를 들어 V4라고 알려진 시각 정보 처리 부위에 손상을 입으면 사물의 형태를 인식하는 데에는 문제가 없지만 색상을 인식하지 못한다(수전 그린필드, 《브레인스토리》 p109). 한편 V5 영역에 손상을 입은 환자는 사물의 정지 이미지는 보지만 움직임을 보지 못한다. 반대로 개구리처럼 움직임은 포착할 수는 있지만 정지된 것은 보지 못하기도 한다(ibid, 106). 무시증 환자는 눈은 정상이지만 자신의 오른편 또는 왼편 중 한쪽만 볼 수 있다. 얼굴인식불능증이라는 병에 걸린 환자는 눈이 정상이고 사물도 잘 인식하지만 사람의 얼굴은 인식하지 못한다(ibid, p114). 코르사코 프 증후근이 심화되면 극단적으로 사람 전체를 인식하는 데 오류를 일으키기도 한 다(올리버 색스, 《아내를 모자로 착각한 남자》 p89).

시각 이미지를 처리할 때에 뇌는 이미지를 수평선과 수직선, 그리고 사선으로 분해하여 인지하기 때문에 그 과정에 문제가 생기면 사물을 인식하는 것이 매우 혼란스러워진다. 뇌는 망막에 투영된 불완전한 이미지의 간극을 상상력으로 채워 완벽하고 생생한 세계로 바꿔준다(수전 그린필드, 《브레인스토리》 p118). 그래 서 관찰은 우리의 뇌가 어떤 기대를 가지고 있는가에 의해 영향을 받는다(미겔 니 코렐리스, 《뇌의 미래》 p46). 실제로 사람이 사물을 볼 때 사용하는 뇌 부위와 무 언가를 상상할 때 사용하는 뇌 부위는 같은 영역이다. 우리 뇌는 사물에 대한 정보 로부터 이미지를 상상하기도 하지만, 역으로 상상의 결과를 관찰하기도 하는 것 이다(수전 그린필드, 《브레인스토리》 p117). 상상이 관찰 이미지를 주도하는 현 상인 역투사(reverse projection)는 여러 가지 시각 오류의 원천이 된다. 역투사로 인해 우리는 진실을 보는 것이 아니라 보고자 하는 것을 보게 된다. 우리는 망막 에 비친 이미지가 아니고 뇌에 구성된 이미지를 보기 때문에 있지도 않은 사물이 나 사건을 보기도 한다. 우리가 구성하는 이미지는 우리 뇌의 기억과 학습에 의해 서도 영향을 받는다. 기억과 학습이 관찰에 오류를 발생시키는 원인이 되는 것이 다. 관찰한다는 것은 뇌가 외부로부터 오는 정보와 상호작용한 결과다. 그래서 우 리는 물리적 눈으로 관찰하는 것이 아니라 마음의 눈으로 관찰한다(스티븐 핑커, 《마음은 어떻게 작동하는가》 p333).

문제의 핵심은 관찰의 오류가 아니고 오류를 인정하지 않는 우리의 마음이다. 그러나 우리가 만물의 영장의 지위에 오르게 된 것은 오류를 범하지 않는 능력이 아니다. 그것은 오히려 오류를 인정하고 후회할 수 있는 능력이다. 후회는 인류가 세상에 적응하는 데 중요한 기능을 한다. "인류에게 후회하는 감정이 없었다면, 학습하고 바꾸고 개선하는 능력이 떨어져 번성은커녕 생존하기도 어려웠을 것이 다."라고 디살보는 주장한다(데이비드 디살보, 《나는 결심하지만 뇌는 비웃는다》 p177). 그럼에도 불구하고 우리는 '내 눈으로 똑똑히 보았다'는 확신을 진실에 대한 소명으로 착각한다. 그래서 시각적 환영은 우리가 오류를 범하는 것이 자연스러운 것, 받아들일 수 있는 것임을 다시금 깨닫게 해 주기 때문에 가치를 가진다. 이제 환영과 오류의 세계로 들어가 관찰의 한계를 경험하고, 뇌의 특성을 이해해 더 좋은 관찰자가 되기 위한 기초를 다져 보자.

▪ 환영으로부터 뇌와 관찰의 한계를 배우기

눈에서 시신경을 통해 뇌에 이르는 시각 정보 처리 과정에서 오류가 발생하는 것은 예외적 현상이 아니고 지극히 정상적인 현상이다. 시각적 환영(illusion)은 그래서 정상적인 인지 과정의 결과물이다. 사실, 환영은 회화와 같은 시각 예술의 기반이기도 하다. 2차원의 화폭에 그려진 작품으로부터 입체감과 원근감을 느끼는 것은 시각 체계가 만들어 내는 환영의 덕분이다. 그럼에도 불구하고 우리는 환영을 사실로 오인하고, "내 눈으로 똑똑히 봤어!"와 같은 선언에 나타나듯 확신을 정확성의 척도로 착각한다. 환영은 확신이 정확성과 다르다는 것을 명징하게 보여 준다. 그래서 환영은 "오류를 인정하는 겸손함으로 들어가는 관문"이 될 수 있는 것이다(캐서린 슐츠, 《오류의 인문학》 p81, p93). 디자인 씽킹을 위한 관찰과 통찰의 예봉을 다듬으려면 마음이 수행하는 관찰의 특성에 대한 이해를 높이는 것이 필요하며, 그 출발점은 바로 오류의 본질에 대한 자각이 될 것이다.

환영에서 배우기: 패턴의 완성

[그림 4-4]의 도형은 카니자(Kanizsa) 삼각형이라고 한다. 이 그림에는 한쪽이 잘려나간 세 개의 원이 있다. 이 원들을 적절한 위치에 배치하면 우리는 세 개의 원 위에 놓인 흰색 삼각형을 본다. 실제로는 존재하지 않는 이 환영이 보이는 이유는 우리의 뇌가 불완전한 패턴을 완성하는 뛰어난 역량을 가지고 있기 때문이다. 이야기 만들기에 있어서도 우리는 제한된 정보로 그럴 듯하게 완성된 이야기를

만들어 낸다. 패턴을 완성하는 능력은 특히 좌뇌의 장끼다. 그 덕분에 우리는 부지불식간에 파편화된 쪼가리 기억으로 멋진 과거 경험을 만들어 내며, 단편적인 이미지를 엮어 흥미로운 꿈을 만들어 낸다. 그래서 나이바우어는 우리가 끊임없이 좌뇌에게 속고 산다고 말한다(크리스 나이바우어, 《자뇌, 좌뇌한테 속았네!》 p78, p86).

[그림 4-4] 카니자 삼각형

이런 능력은 오랜 시간에 걸쳐 학습된 것이다. 인류는 수백만 년을 도처에 위험이 깔린 아프리카 사바나 주변의 나무에 매달려 살았다. 포식자는 완전한 모습으로 나타나는 법이 없다. 그늘과 바위와 나무에 숨어 살금살금 다가오는 위험한 포식자는 공포 그 자체다. 퍼즐 조각처럼 보이는 부분 형상들을 연결해 포식자의 이미지를 연상할 수 있어야 생명이 보존된다. "호들갑 떨지 말고 차분하게 보자고!"와 같은 생각을 했던 분들은 대체로 후손을 남기지 못하셨다. 그래서 차분하게 이성적으로 생각하는 직업인 철학자나 과학자는 지금도 배우자 선택 대상으로 인기가 높지 않은 것이라는 농담도 있다. 반대로 파편적 이미지의 단편만을 보고도 "사자다! 뱀이다!" 하며 혼비백산해서 나무 위로 도망친 분들의 후손은 번창하여 만물의 영장이 되었다. 우리는 인종을 막론하고 모두 그런 조상의 후손이며, 그들의 뇌성향을 그대로 물려받았다. 위험한 환경을 성공적으로 헤쳐 나온 우리의 뇌가 존재하지도 않는 선분을 채워 삼각형을 완성해 준다. 우리는 우리 마음속에 구성된 그 이미지를 본다. 그 힘은 너무나도 강력해서 삼각형이 존재하지 않는다는 것을 알고서 삼각형을 보지 않고 진실인 원들만 보려고 노력해도 번번이 실패한다.

[그림 4-5]에 있는 이미지들에서는 무엇이 보이는가? 암호 같은 Y와 K, 화살표 같은 것들이 보이는가? 뾰족한 꺾쇠들이 늘어서 있는 것이 보이는가? 덜 채워진 정보를 채우면 환영이 보이고, 덜 채워진 이야기를 채우면 거짓과 루머와 음모론이 만들어진다. 그러나 형상이 우리의 본능을 자극하기에 적합하지 않을 경우에는 상상을 동원하려고 노력을 기울여도 완성된 이미지가 잘 보이지 않는다. 이때는 오히려 불필요한 정보를 줄이면 상상이 작동하기 시작한다. 관찰 훈련은 눈을 훈련하는 것이 아니고, 우리 마음의 구체적 상상력을 다듬는 훈련이다.

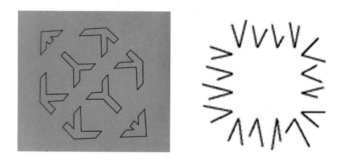

[그림 4-5] 관찰과 상상력을 결박시키는 이미지

관찰 훈련 전문가 에이미 허먼은 중요한 관찰 연습의 하나는 보이지 않는 것을 보는 연습이라고 강조한다(에이미 허먼, 《우아한 관찰주의자》 p220). 셜록 홈즈 같은 추리소설에서 흔히 등장하는 대사다:

A: 뭔가 느껴져?

B: 네. 너무 조용해요.

A: 맞아. 저쪽 방향에서는 개구리 소리가 나지 않아.

B: 그렇다면.

A: 그래 범인은 그쪽으로 간 거지.

소리가 나는 것도 정보지만 소리의 부재도 정보다. 그래서 소리의 부재를 알아채는 것도 관찰이다. 이미지도 마찬가지다. 있어야 하는데 없는 것을 보는 것도 관찰인 것이다. [그림 4-6]과 같이 이미지의 결핍이 더 명확해질 때 우리의 뇌는 없는 정보를 더 쉽사리 상상으로 채워 선명한 그림을 완성시킨다.

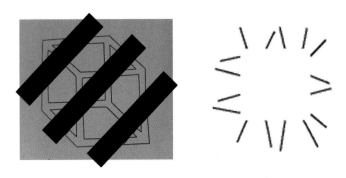

[그림 4-6] 보이지 않던 장벽의 가시화와 정보의 삭제

교훈: 없는 환영을 관찰하고 있지는 않은지 자문하고, 정보의 추가나 삭제가 관찰에 주는 영향을 점검하며, 없는 것을 관찰하는 것도 중요하다는 점을 기억하자.

환영에서 배우기: 색상 대비

뇌의 색채 감각을 처리하는 뉴런은 500여 개의 명도와 4,000여 개의 채도를 구분한다. 그래서 약 200만 개의 서로 다른 색을 구분하는 것이 가능하다(프리트헬름 슈바르츠, 《착각의 과학》 p251). 물론 색상 구별 능력에도 사람에 따른 차이는 있다. 그러나 색상을 구별하는 능력도 진화와 환경의 영향을 받는 것은 분명하다. 인류학자들에 의하면 오스트로네시아의 어떤 원주민들은 나뭇잎의 색에 대한 수십 가지의 다른 표현을 가지고 있다. 알래스카의 원주민들은 눈의 색을 표현하는 수십 가지의 다른 단어를 가지고 있다. 남녀 차이도 있다. 수렵 채집을 하며 보낸 수십만 년 동안 사냥을 다니던 남성보다 먹을 수 있는 열매와 치명적인 해가 될 수도 있는 열매의 미묘한 색상 차이를 구별하는 데 많은 시간을 보낸 여성들이 색상에 더 민감할 수도 있다(Pease & Pease, 2001).

색상 자체를 구별하는 능력도 중요하겠지만, 색의 상대적 관계로부터 생기는 대비에 대한 인식도 중요하다. [그림 4-7]의 왼쪽에는 서로 다른 배경에 펼쳐진 노트북 컴퓨터가 있다. 윗면과 아랫면의 색이 같을 것이라고 짐작을 하고 보아도 윗면이 더 어두운 색으로 보이는 것은 어쩔 수가 없다. 오른쪽 그림은 로봇의 영상처리 능력을 연구하는 MIT의 에드워드 아델슨(Edward Adelson) 교수가 만들어낸 체커보드 영상이다. 체커보드 표시된 A는 검은 칸이고 B는 흰색 칸이다. 그런데 놀랍게도 사실 A와 B는 같은 색이다.

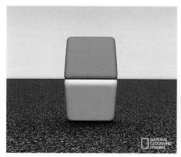

[그림 4-7] 인식에 왜곡을 주는 대비

우리의 뇌는 사물의 특성을 파악하기 위해 다양한 보정을 수행하는 데 능숙하다. 주변의 색상에 따라 대상의 색을 보정해서 인식하는 것은 그런 능력 중의 하나다. 바로 이런 능력이 우리로 하여금 밝은 배경의 노트북 윗면이 빛이 반사되는 모서리와 어두운 배경을 가진 노트북 아랫면보다 더 어두워 보이게 만든다. 또한, 막대 기둥이 드리운 그림자의 영향을 순간적으로 보정해서 B가 흰색 칸임을 문제없이 포착하게 해 준다. 그래서 우리의 뇌는 '검은색이어야 하는' A와 '흰색이어야 하는' B를 우리가 보고 싶은 이미지로 바꾸어 놓는다. 마음의 당위성이 진실을 압도하는 것이다.

때로는 진실을 보기 위해서 뇌 안에 깊숙이 각인된 보정 능력을 잠재울 수 있어야 한다. 본능을 거스르는 보정 능력 무시가 가능할까? 보정 능력과 같은 뇌의 본성은 그렇게 쉽게 가라앉힐 수 있는 것이 아니다. 관찰을 위한 관심과 각오도 중요하지만, 의지만으로 해결할 수 없는 경우도 많다. 그런 경우 우리에게 도움을 줄 수 있는 것은 관찰의 도구다. 간단한 도구만 있어도 뇌가 관찰의 정확성을 높이는 데 도움을 줄 수 있다. 예를 들어 [그림 4-8]에는 주변의 영향을 완화할 수 있도록 가림 막대들을 추가했다. 이 막대들이 바로 그런 도구다. 가림 막대가 있으면, 두 색을 같은 색으로 파악하는 데 장애물이 되는 어려움이 사라진다.

주변 정보에 의해 왜곡이 생기는 것은 시각뿐만이 아니다. 한국 사람들이 많은 장터에서는 같은 크기의 한국말 소리가 잘 인지되지 않지만, 낯선 해외에서 시장을 돌아다니다 보면 누군가 외친 작은 한국말 소리도 순간적으로 인지하고 자신도 모르게 고개를 돌린다. 25도의 물은 자극이 없는 미지근한 물이지만, 차가운 얼음물에 1분만 손을 넣었다가 25도의 물에 담근다면 델 듯이 뜨겁게 느껴진다. 한겨울 찬바람을 맞고 들어온 26도 방안의 훈훈한 열기와 한여름 뙤약볕을 걷고 들어온 26도 방안의 시원함이 얼마나 다르게 느껴질 수 있는지 쉽게 상상할 수 있다.

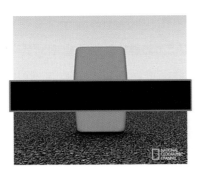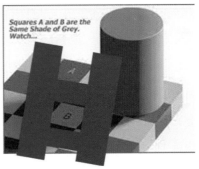

[그림 4-8] 색상 인식의 왜곡을 극복하게 해 주는 도구의 역할

자극의 대비는 요리를 디자인하는 데 있어서는 매우 중요한 고려 사항이다. 소고기나 닭고기, 돼지고기로 된 요리를 먹고 해물을 먹으면 해물의 비린 맛이 더 강하게 느껴진다. 그래서 서양 음식에서는 전체요리(애피타이저)로 주로 해물을 쓴

다. 주요리가 생선일 경우 소고기로 전체요리를 만드는 시도는 하지 않는 것이 좋다. 단 음식을 먹고 나서 마시는 맥주는 쓴맛이 더해진다. 대체로 디저트는 단맛이 강하기 때문에 와인을 함께 마시면 신맛이 지나치게 강하게 느껴진다. 그래서 디저트용 와인은 포도를 강한 햇볕에 말리거나 얼려서 수분을 빼 당도를 높여 만든다.

옥스퍼드대학의 심리학자 찰스 스펜스(Charles Spence)는 사람들이 느끼는 맛이 어떻게 주변 환경에 의해 영향을 받는지 연구했다. 그의 연구에 의하면 맛은 음식과 접시의 색상 대비, 스푼과 포크의 무게, 배경음악, 고도(비행기 기내식의 경우), 음식에서 나는 소리 등 매우 다양한 주변의 환경에 영향을 받는다. 검은 접시에 담긴 딸기 무스보다 흰 접시에 담긴 딸기 무스가 더 맛있다고 평가되었으며, 둥근 접시에 담긴 디저트가 각진 접시에 담긴 디저트보다 더 달았고, 오렌지색 컵에 담긴 핫초코는 흰색 컵의 핫초코보다 더 맛있고 초콜릿 향도 좋았다(찰스 스펜스, 《왜 맛있을까 Gastrophysics》 p102~103).

노벨상을 수상한 카너먼와 트버스키는 선택과 판단의 문제에도 배경 정보가 영향을 강하게 미침을 입증했다. 5,000원짜리 딸기잼을 사겠느냐는 문제를 접했을 때 망설이던 피실험자들이 2,000원, 5,000원, 10,000원으로 구성된 딸기잼 상품 중에서 고르는 문제를 접했을 때는 대부분 5,000원짜리 상품을 선택했다. 이렇게 정보를 제공하는 방식에 의해 판단이 영향을 받는 심리 현상을 프레이밍 효과(framing effect)라고 한다. (주변 정보에 의해 뇌의 판단이 영향을 받는 인지 왜곡 현상은 심리학 연구의 주요 주제가 되었다. 다양한 왜곡 효과의 사례는 이 주제에 대한 대니얼 카너먼의 평생의 연구를 요약한 책 《생각에 관한 생각》이나 컬럼비아대학의 심리학 교수로서 평생을 선택에 대해 연구한 쉬나 아이엔가의 《선택의 심리학》에서 볼 수 있다.)

교훈: 관찰의 대상뿐 아니라 관찰의 대상이 놓여 있는 맥락이나 환경의 영향에도 주의를 기울여야 한다. 자신의 의지와 인지 능력을 과신하지 말고 필요하다면 언제라도 관

찰을 위한 도구를 사용하라.

환영으로부터 배우기: 오목과 볼록(concavity)

수천만 년 동안 삶의 환경에 변함없이 유지되어 온 진리 중의 하나는 빛은 하늘에서 비추고, 땅 아래는 어둡다는 것이다. 빛이 충만한 하늘나라와 어둠의 지하세계는 어느 종족의 신화에나 등장하는 이야기다. 지구에서 보는 빛의 근원은 태양이다. 심지어 현대에도 빛이 바닥에서 올라오는 디자인은 보기 힘들다. 조명은 주로 머리 위에 있다. 그래서 빛이 위에서 내려온다는 가정은 우리 뇌에 깊게 각인되어 있다. 우리의 뇌가 입체를 지각할 때는 이 가정을 바탕으로 한다(라마찬드란, 《명령하는 뇌, 착각하는 뇌》 p83).

[그림 4-9]의 왼쪽 그림을 보면 가운데 두 개의 원은 볼록으로 튀어나와 있고, 주변 여섯 개의 원은 오목으로 들어가 있음이 명확하다. 오목이나 볼록에 대한 우리의 판단은 빛과 그림자의 방향에 대한 우리의 암묵적인 가정에 의존하고 있다. 우리의 뇌는 오랜 세월의 경험을 바탕으로 자동적으로 그리고 순식간에 이를 판단해 낸다. 그러나 그 판단은 얼마나 일관성을 가지는 진실일까? 여러분의 판단에 확신이 있다면 그림을 180도 돌려놓아도 가운데 두 원이 볼록인지 확인해 보기 바란다(에릭 캔들, 《통찰의 시대》 p322). 오른쪽은 이런 명암 효과를 교묘하게 이용한 파문(ripple)이라는 이름이 붙은 도널드 호프먼의 작품이다. 맨 가운데는 산처럼 솟아 있고, 골짜기와 능선이 번갈아 나타난다. 이 사진을 천천히 돌려 보면서 자신의 볼록과 오목에 대한 판단이 어느 순간에 변하는지 관찰해 보기 바란다. 오목과 볼록은 하나의 실체에서 나오지만 우리는 절대로 오목과 볼록을 '동시에' 볼 수는 없다. 뇌가 하나이기 때문이다.

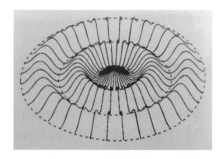

[그림 4-9] 오목과 볼록 그리고 도널드 호프먼의 파문

　동공을 통해 들어온 빛은 수정체를 통과해 안구의 뒷면에 위치한 망막에 투영된다. 투영된 이미지는 그대로 감광세포에 포착되어 시신경을 통해 뇌로 전달된다. 우리의 뇌는 이렇게 망막에 비친 2차원 데이터를 토대로 3차원 이미지의 형상을 만든다. 바로 이 과정을 수행할 때 뇌는 오랜 조상들로부터 전수받은 무의식적 가정을 토대로 한다. 그러나 때로는 그런 가정이 오류를 만들어 낸다. 우리의 무의식적 가정은 관찰의 결과를 무지막지하게 흔들어 우리를 혼돈에 빠뜨릴 수 있다.

교훈: 관찰을 수행하는 뇌는 장구한 역사에서 각인된 가정을 전제로 관찰 결과를 만들어낸다. 무의식적 가정들에 기인한 오류의 늪을 피하려면, 관찰의 각도를 틀어 보는 것이 필요하다. 오류는 대상으로부터 오는 것이 아니라 우리의 뇌와 마음의 작동 방식으로부터 오는 것이다.

환영으로부터 배우기: 상식의 배반과 학습된 무능력

　장구한 세월에 걸친 진화가 뇌에 각인한 가정 이외에도 우리의 뇌는 비교적 짧은 기간에 문화적으로 습득된 가정들도 품고 있다. 이런 문화적 요소의 일부는 터부나 미신, 관습, 전래되는 이야기, 소문 등의 형태로 우리의 마음에 스며든다. 《이기적 유전자》에서 리처드 도킨스가 제시하여 화제가 된 개념인 '밈(Meme;

mind gene)'이라 부르는 문화 유전자도 한 예이다. 문화적 요소의 다른 일부는 교육과 사회화 과정에서 우리 삶의 일부가 된다. 이렇게 쌓인 문화적 각인은 사회적 상식으로 굳건히 자리매김한다.

[그림 4-10]의 왼편 그림은 어떤 대상을 포착한 이미지일까? 물개, 동굴 안에서 밖을 향해 찍은 풍경, 수염이 난 얼굴, 방아 찧는 자세를 잡은 토끼 등 다양한 대답이 등장하곤 한다. 사실 이 그림은 아프리카 대륙의 지도를 180도 돌려놓은 것이다. 그림을 돌려 보면 쉽게 알아차릴 수 있다. 지구는 광활한 우주에 떠 있는 공과 같아서 위나 아래 같은 상대적 개념이 적용되지 않는다. 동, 서, 남, 북이라는 방위도 사회적 약속일뿐이다. 지도에서 위가 북이면 반대인 아래쪽은 남쪽이 되고 왼쪽은 서쪽, 오른쪽은 동쪽이 된다. 그러나 북극점을 딛고 선 순간 북쪽은 사라지고 모든 방위는 남쪽이 된다는 사실은 방위가 학습된 사회적 약속일뿐임을 자각하게 해준다. 이 그림은 익숙한 학습된 상식이 판단의 무능력을 가져온다는 것을 보여 준다. 북을 위쪽으로 그린 지도에만 익숙한 우리의 학습된 상식이 관찰력의 발목을 잡아 쉽게 알아차리지 못하게 한 것이다.

[그림 4-10] 학습된 무능력과 주세페 아르침볼도의 〈농부〉

대상을 관찰할 때 상식적으로 익숙한 관점에서만 보면 중요한 진실을 파악하지 못할 수 있다. 그래서 디자인 씽킹을 위한 관찰 훈련을 할 때 '낯설게 보기'를 하라고 조언한다. 우리는 다른 사람의 입장에 서 보는 것은 고사하고 조금이라도 낯선 관점에 서서 세상을 보는 것에도 익숙하지 않다. 기존의 관행을 잘 학습한 사람일수록 더 빠지기 쉬운 오류를 **학습된 무능력**(learned disability)이라고 한다. 학습을 잘한다는 것은 대개 부러움과 칭찬의 대상이 되지만, 비판적 관찰 능력을 결핍한 학습은 무기력한 오류의 희생을 만들기도 한다.

예술가들은 상식적 관점의 한계를 넘나들며 관찰하는 연습을 의도적으로 수행한다. 일부러 고정관념을 작품의 주제로 정해 익살맞은 작품을 세상에 내놓은 화가들도 있다. 사물과 인체, 동물에 대한 고정관념을 해학적으로 해체하려한 살바토르 달리나 담배 파이프를 그려 놓고 〈이것은 파이프가 아니다〉라는 제목을 붙인 르네 마그리트 같은 초현실주의 예술가들이 그 예다. 그러나 [그림 4-10]의 오른편에 있는 서정적인 정물화의 경우는 어떨까? 이 그림을 그린 주세페 아르침볼도는 이 그림의 제목을 〈채소 바구니〉라고 붙이지 않고 채소를 기르는 〈농부〉라고 했다. 물론 채소 바구니를 보면 이 채소들을 기른 농부의 노력과 땀을 연상할수는 있지만, 진실은 그림의 위아래를 돌려 보면 알 수 있다. 이 그림은 우연의 산물이 아니다. 화가는 이 그림을 그리기 위해 수없이 방향을 바꾸어 가면서 관찰하고 채색했다고 한다.

사람의 얼굴 인식 능력은 전체와 디테일에 동시에 민감하고, 뒤집힘에 특히 민감하다(에릭 캔델, 《통찰의 시대》 p344). 많은 청중을 소름끼치게 만들었던 일본의 괴기 영화 〈링〉에 등장하는 귀신의 얼굴은 일부러 눈 부위를 뒤집어 편집한 것으로 알려져 있다. 우물에서 나와 텔레비전 밖으로 기어 나오는 이 끔찍한 귀신 형상은 간단한 관점 조작만으로도 시청자들의 얼굴 인식 능력에 심각한 문제를 발생시켜 사람 같으면서도 왠지 사람이 아닌 듯도 한 귀신을 보게 만들었다.

교훈: 세상을 배우면서 함께 습득한 지식의 일부는 상식으로 고착화되어 우리의 관찰 능력을 학습된 무능력에 희생된 박제로 만들어 버린다. 관찰 대상을 늘 보는 위상에서만 바라보기보다 때로 관점을 비틀고 뒤집어 보면 오히려 진실이 보일 수 있다.

환영으로부터 배우기: 관찰자와 대상의 관계

관찰자와 대상 간의 물리적 거리나 사회적 거리도 관찰의 결과에 영향을 미치는 중요한 요인이 된다. [그림 4-11]의 왼편에 있는 그림은 무엇을 그린 것인지 알아차리기 힘들게 되어 있다. 나름대로 작가가 부여한 아름다움이 있다. 그러나 이 그림은 사실 너무 근접해서 본 것이기 때문에 오른편의 그림과 완전히 다른 느낌을 준다. 이 그림은 얼레인 자케트(Alain Jacquet)라는 작가가 마네의 〈풀밭 위의 점심 식사〉를 자신만의 현대화 기법으로 다시 표현한 작품이다. 이렇게 관찰자와 관찰 대상의 거리는 대상을 완전히 다른 모습으로 보게 만든다.

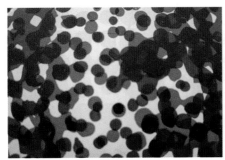

[그림 4-11] 얼레인 자케트의 마네 모작 (니스 현대미술관)

그림의 특성을 감상하기 위해서는 가까이에서 그 터치와 세부 효과를 관찰하는 것도 의미가 있고, 조금 떨어져서 이미지들 간의 관계를 감상하는 것도 의미가 있으며, 더 멀리 떨어져서 전체적인 윤곽을 파악하는 것도 의미가 있다. 관찰의 결과를 풍부하게 하고자 한다면 관찰 대상과의 관계와 거리를 다양하게 조정하는 것도 필요하다.

자케트의 실험 대상이 된 마네의 〈풀밭 위의 점심 식사〉는 그 자체가 관찰과 관련해 중요한 역사적 의미를 가진 작품이다. 에릭 캔델이 최초의 진정한 모더니즘

작품이라고 지칭한 이 그림은 새로운 사조의 탄생을 의미하는 것이었다. 이전까지 화가의 작품에 주제로 등장하는 여성은 어김없이 여신이거나 그에 버금가는 신화적, 영웅적 존재들이었다(에릭 캔델, 《통찰의 시대》 p31). 그러나 이 그림이 포착한 여성은 아주 평범한 여성이다. 기존의 터부를 깬 '하나의 평범한 인간'의 중요성에 대한 각성, 인본주의와 휴머니즘을 과감하게 작품에 반영시킨 것이다. 둘째, 이 작품 이전까지 화가의 작품에 등장하는 인물들은 사랑이 되었든, 증오와 살인이 되었든, 전쟁이 되었든 작품 내의 스토리에 공헌한다. 즉 작품 안의 인물들은 서로에게 집중한다. 그런데 마네 그림에서 서로의 대화에 몰두한 두 남자와 달리 그 옆의 여성은 그들의 대화에 관심이 없다. 이 여성의 시선은 그림을 빠져나와 그림을 보고 있는 관객을 향하고 있다. 인물의 관계를 관찰자에게까지 확대시키고 있는 것이다. 관찰자는 이 여성과 눈이 마주친다. 그래서 그림의 관계 안으로 빨려 들어가는 듯 당황함을 느낀다. 그래서 이 그림은 "관찰자와 관찰 대상이 감정적, 인지적으로 분리될 수 없다. 그림은 관찰자의 참여로 비로소 완성되는 것이다. 관찰자와 그림의 관계 자체가 그림의 일부다."라고 하는 모더니즘의 각성을 함축해서 보여 주고 있다.

디자인 씽킹을 위한 관찰을 수행하려면 부엌이나 자동차 안, 은행 창구, 슈퍼마켓의 진열대, 의사와 환자, 지하철 플랫폼이나 열차 내부 등 사용 현장에 다가가 사용자들의 행동이나 표정을 관찰하는 것이 필요하다. 동시에 대상으로부터 떨어져 사용자가 포함된 물리적, 사회적, 문화적 맥락을 함께 관찰하는 것이 중요할 경우도 많다. 《관찰의 힘》을 쓴 얀 칩체이스(Jan Chipchase)는 관찰 전문가다. 그는 여러 나라, 여러 문화권을 여행하며 의뢰인이 준 과제와 관련된 관찰을 하고 그 결과와 해석, 시사점을 정리해 주는 것을 직업으로 한 관찰 컨설턴트다. 삼성을 위시한 세계적인 기업들이 그의 클라이언트다. 그는 가까이 또는 멀리 관찰 대상과의 거리를 반복해 수정하며 참신한 관찰을 창조해 내는 작업을 관찰의 '문화적 눈금 조정(cultural calibration)'이라고 부른다. 그는 글을 읽어 의미를 찾아내는 문해력(literacy)처럼 사람과 사물의 움직임에서 적절한 의미를 찾아내는 '관찰 문해력'을 높이기 위한 노력의 중요성을 강조한다(얀 칩체이스, 사이먼 슈타인하 트,《관찰의 힘》p167, p254).

교훈: 대상과 관찰자 간의 거리가 고정되면 사물의 다면적 특성을 보지 못한다. 고정된 관점은 관찰 오류의 원인이 될 수 있다. 관찰의 결과는 관찰자와 대상 간의 물리적, 사 회적 거리에 의해 쉽게 영향받기 때문이다. 관찰 대상과의 거리와 관계에 변화를 주며 관찰하자.

환영으로부터 배우기: 움직임과 시간

관찰 대상의 움직임은 뇌의 시상하부에 있는 다섯 번째 층인 V5에서 처리한다. V5는 대상이 움직일 때 시간적 변화에 관련된 정보를 포착하고 연결하여 움직임 과 이동을 인식하게 해 준다. V5가 손상된 환자는 달려오는 차도 하나의 스틸 사 진처럼 인지하기 때문에 매우 위험하다. 차는 보지만 속도감을 느낄 수 없어서 먼 곳에 정지해 있던 차가 다음 순간 내 옆에 나타난 것처럼 보이기 때문에 극도 의 공포감을 느끼며 산다(라마찬드란,《명령하는 뇌, 착각하는 뇌》p92). [그림 4-12]의 이미지들은 어떤가? 실제로는 움직임이 없는 이 그림들에서 우리의 정 상적인 V5가 존재하지도 않는 회전이나 움직임이라는 환영을 만들어 내고 있다.

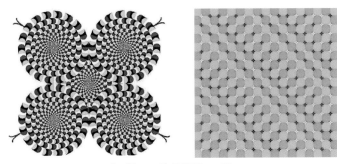

[그림 4-12] 움직이는 그림

우리는 무의식적으로 1분에 약 15내지 20회 눈을 깜박거린다. 안구가 마르지 않도록 보호하기 위한 생리적 반응이다. 망막에 비친 이미지가 전기 신호로 바뀌어 뇌에 도달하면 뇌는 그 정보를 토대로 이미지를 재구성한다. 우리의 눈은 약 100밀리초라는 '눈 깜짝할 새'에 눈을 감았다 뜨는데, 그때마다 TV가 짧은 시간 간격으로 화면을 반복해 다시 그리듯이 망막에 대상을 다시 그린다. 동시에 심장이 뛰고 숨을 쉬고 맥박이 뛰는 우리의 살아 있는 몸은 미세하게 움직인다. 우리 몸의 움직임 때문에 그림의 위치가 미세하게 바뀌는 것이다. 여기에 더해 우리의 안구는 끊임없이 소위 '개구리 뛰기 운동'을 한다. 즉 눈알은 팔다리의 근육처럼 부드럽게 움직이지 않고, 한 지점에 머물다가 순식간에 다른 지점으로 점프하는 식으로 움직인다. 그 점프가 있을 때마다 초점이 살짝 바뀌고 망막에는 그림이 다시 그려진다. 이 두 가지 요인이 복합적으로 작용해 망막에는 미세하게 변경된 이미지들이 끊임없이 형성되고 재형성된다. 여기에 뇌가 개입하여 대상을 안정적으로 바라볼 수 있도록 바뀐 이미지들 사이를 움직임으로 채워 넣어 연결시킨다. 대상을 안정적으로 보게 만들어 주는 우리 뇌의 초인적 계산 능력이 존재하지도 않는 움직임을 관찰하는 오류를 생산하는 것이다.

교훈: 세상도 끊임없이 변하고 있지만, 세상을 보는 나도 끊임없이 변하고 있다는 사실, 잊기 쉽지만 잊지 말자.

환영으로부터 배우기: 의인화

생물과 무생물, 그리고 식물과 동물을 대하는 인식에는 차이가 크다. 세상 경험이 없는 갓난아기도 이들에 대해 상이한 반응을 보인다. 그럼에도 불구하고 우리는 사람이 아닌 대상을 마치 사람인 것처럼 대하곤 한다. 관찰 대상에 대한 의인화는 우리 뇌의 자연스런 편향이다. 그 대상은 강아지 같은 생명체가 되기도 하고, 심지어 빗자루나 인형, 청소 로봇 같은 사물이 되기도 한다. 자신의 고양이는 물론 처음 보는 고양이에게도 상냥하게 말을 거는 것은 다반사다. 주부들은 남편보다 고양이와 더 많은 대화를 나눈다. 무생물인 대상에 감정과 생각을 이입하여 외출 후 집에 들어가면서 "얘, 어디 갔니?" 하며 청소 로봇에게 말을 건다.

대상을 의인화하면 우리의 뇌는 이성과 감성을 모두 동원해 교류를 시도한다. 상대의 감정을 읽도록 각별히 발달한 거울신경세포 덕분이다(프리트헬름 슈바르츠, 《착각의 과학》). 그런 점에서 의인화는 뇌가 효율적 작동을 위해 의도적으로 만들어낸 오류다. 조선 시대 소설 《조침문》에서 생명도 없고 감정도 없는 부러진 바늘을 오랜 친구가 죽은 것처럼 감정에 북받쳐 통곡하던 구절을 기억하시는가. 방 안에 쥐가 있다는 생각만 해도 끔찍하고 소름이 돋지만, 많은 여성 팬이 쥐를 의인화한 미키마우스의 머리 가죽을 벗겨 놓은 것처럼 생긴 모자를 쓰고 즐거워한다. 과일이나 채소에서 기어 나온 조그만 애벌레를 보면 기겁하고 소리를 지르면서도 애벌레나 무당벌레 모양의 장난감이나 쿠션을 가슴에 끌어안고 편히 잠을 청한다.

의인화는 로봇에 관련된 연구에서 매우 중요한 의미를 가진다. MIT 로드니 부룩 연구소에서는 기계를 상대하는 사람의 마음을 연구하기 위해 키스멧(Kismet)이라는 얼굴만 있는 로봇을 만들었다. 우리 뇌는 사람, 특히 사람의 얼굴을 인식할 때 세부 정보에 매우 민감하게 반응한다. 예를 들어 아기의 뇌는 장미와 난초, 개와 고양이의 차이보다 서로 닮은 엄마와 다른 여자의 얼굴 차이를 더 잘 파악한다. 키스멧은 사람과 간단한 대화를 나눌 수 있으며, 사람이 말을 걸면 그에 대응하여 일정한 형태의 표정(기쁨, 슬픔, 놀람, 화남, 불쾌함, 두려움 등)과 대사를 표현하도록 디자인되어 있다(알바 노에, 《뇌과학의 함정》 p62). [그림 4-16] 같이 끔찍하게 생긴 키스멧 앞에 서면 "뭐 이렇게 못생긴 로봇이 있담" 하는 생각이 든다. 그러나 MIT 박물관의 키스멧을 만나 "아이구 못생겼네."라고 말을 걸었을 때 그가 보여 준 화내는 모습과 대사를 접하면 자동적으로 "아, 미안해. 그게 아니고."라는 말이 튀어 나온다. 그 기계 뭉치와 간단한 대화를 교환하면 단지 1분 만에 마음이 급격히 의인화의 세계로 이동하는 것을 경험할 수 있다.

[그림 4-15] 키스멧

인간의 감정은 두 가지 등급으로 분류된다. 1차 감정(primary emotion)에는 키스멧이 표현하는 기쁨, 슬픔, 놀람, 화남 등과 같은 감정이 포함된다. 키스멧의 감정 표현의 방식은 단순한 모양의 눈썹 라인과 입술 라인을 위아래로 움직여 기쁨이나 비장함을 나타내는 것이 고작이다. 그러나 키스멧과 대화를 나누어 보라고 안내받은 실험 참가자들은 키스멧의 반응으로부터 감정을 가지고 있는 것 같다는 강력한 착각을 일으켰다. 그들은 자신의 무례한 말에 미안해했고, 키스멧을 달래주려 시도하기도 했다. 특히 여학생들은 처음에는 어색해했지만 금세 키스멧과 함께하는 시간을 즐거워했고, 일부는 실험이 끝났는데도 조금이라도 더 대화를 나누게 해 달라고 요청하기도 했다(ibid). 아직 키스멧 같은 로봇이 표현하지 못하는 2차 감정(secondary emotion)에는 질투, 죄책감, 자부심, 당황과 같이 좀 더 복잡한 사회적 원리를 토대로 하는 감정이 포함된다(로버트 버튼, 《뇌, 생각의 한계》 p56).

"사람을 사랑하는 로봇을 만들 수 있느냐는 문제가 아닙니다. (얼굴을 알아보고 사랑한다는 말을 건네는 로봇을 만들기가 현대의 기술로 얼마나 쉽겠는가?) 우리가 정말로 궁금해하는 수수께끼는 사람이 로봇에게서 사랑을 받을 때 그 사랑을 되돌려 줄 수 있을 것인가 하는 점이죠." 공상의 세계를 그린 스티븐 스필버그 감독의 2001년 영화 〈A.I.〉에서 주인을 사랑하도록 프로그램된 로봇 데이비스(할리 조엘 오스먼트 역)를 판매하며 사이버네틱사의 매니저가 한 말이다. 그러나 현실은 오히려 그 반대다.(조남재, 《기술 기획과 로드매핑》 p19).

"엄마, 사랑해요. 제가 사람이 아니어서 미안해요. 제가 사람이 되면 사랑해 주실 건가요? 허락만 해 주신다면 사람이 되도록 노력할게요. 제발 저를 버리지 마세요."라며 우는 목소리로 매달리는 로봇의 슬픈 얼굴을 눈앞에서 접했다고 상상해 보시라. 어두운 산속에 데려가 떨구어 버리려고 했던 당신은 눈물이 범벅이 되어 황망히 자리를 떠나간 영화 속의 엄마처럼 사람을 배신한 듯한 죄책감을 떨쳐버릴 수 없게 될 것이다.

스탠퍼드대학의 사회학 교수 클리포드 나스는 피실험자들에게 컴퓨터 앞에 앉아 간단한 시험을 보게 하고, 그 결과에 대해 (성적과 무관하게) 화면에 "너무 잘했어요." 같은 단순한 칭찬이나 반대로 비난의 글을 표시하도록 했다. 그는 컴퓨터가 보여 주는 이 간단한 평가에 실험자의 마음이 실제 사람으로부터 칭찬이나 비난을 받을 때처럼 흥분하고, 즐거워하고, 미워하고, 두려워하며 요동친다는 것을 수차례의 실험을 통해 보여 주었다(클리포드 나스, 코리나 옌, 《관계의 본심》).

서구의 디자이너들은 자동차의 옆모습이 보여 주는 곡선을 중시했고, 전면에서 보이는 모습에는 큰 비중을 두지 않았다. 사실 차를 전면에서 보는 순간은 별로 없다. 달려오는 차의 전면을 본다는 것이 얼마나 위험한 일일지 상상해 보시라. 그러나 그들은 닛산 디자인센터 직원들과 공동 작업을 하면서 동양의 소비자들이 자동차의 전면의 '인상'에 매우 민감해한다는 것을 깨닫게 되었다. 소비자들은 자동차의 전면에서 장군의 얼굴이나 웃는 얼굴을 보고자 했다. 렉서스의 전후면 디자인은 일본 사무라이의 얼굴을 연상시킨다. 우리나라 자동차의 후면을 보면서 '도깨비 눈' 같다고 재미있어 하는 아이들도 많다. 대상이 사람과 유사하면 우리는 의인화의 본능을 살려 사람처럼 대하는 데 익숙하다.

그러나 우리는 대상이 동물이나 기계지만 과도하게 사람과 비슷하면 섬뜩함을 느낀다. 이는 일본의 로봇 연구가 마사히로 모리가 제시하여 널리 퍼진 **비호감 계**

곡(uncanny valley)이라는 개념이다. 그는 로봇이 사람과 비슷할수록 감정 이입이 잘되면서 친근함을 느끼지만, 어느 한계를 넘어서면 거부감이 생긴다고 주장했다. 그러나 이런 혐오감과 두려움은 사람과 구별할 수 없을 만큼 똑같아지면 다시 친근감으로 전환된다(미치오 카쿠, 《마음의 미래》 p351~354). 의인화를 넘어 진짜 사람을 대할 때 작동하는 거울뉴런이 자연스럽게 다시 작동하기 때문일 것이다. [그림 4-16]에서 가장 왼편에 있는 안내 로봇 페퍼는 귀여운 느낌을 주는 한편, 중앙의 간호사 로봇은 사람을 매우 닮았으나 초점 없는 눈이 섬뜩한 느낌을 준다. 환자를 새 침대로 옮기는 곰돌이 모양의 간호 로봇은 의도적으로 사람과 닮지 않게 만들었다. 환자들은 이 곰돌이 로봇이 사람과 닮은 로봇보다 더 마음이 편하다고 응답했다.

[그림 4-16] 안내 로봇 페퍼, 간호사 로봇, 환자 이동 로봇

교훈: 뇌는 의인화를 통해 대상을 사람인 것처럼 인식하는 경향을 가지고 있다. 과도하게 사람의 형상을 닮기보다 부분적인 유사점을 이용해 사람의 의인화 본능이 작동하도록 만드는 형상은 어떤 것인지 관찰해 볼 필요가 있다.

디자인 씽커의 관찰을 위하여

우리의 마음은 내부에서 만들어진 생각과 외부에서 들어온 자극으로 끊임없이 요동친다. 관찰의 주체는 우리의 뇌이고, 마음은 뇌가 만들어 내는 것이기 때문에 관찰은 언제나 뇌가 가진 한계에 봉착한다. 뇌의 한계는 훈련으로 쉽사리 극복되는 것이 아니다. 장구한 세월에 걸쳐 깊이 새겨진 뇌의 작동 패턴은 우리의 삶에서 필수적인 역할을 수행하기도 하지만, 때로는 필요성이 사라진 후에도 흔적으로 남아 있는 '진화의 유령(ghost of evolution)'이 되어 오류를 발생시킨다. 우리가 뇌의 한계를 없앨 수 없다면 그 한계를 이해하여 오류를 보완하는 것이 최선이다.

관찰의 순간 우리의 지각 과정이 얼마나 오류에 취약한지를 드러내 보여 주는 창문이 환영이다. 환영 경험이 보여 주는 오류는 관찰 결과에 대한 확신이 클수록 정확한 관찰이라고 생각하는 실수를 다시 돌아보게 한다. 그래서 "환영을 겸손함으로 들어가는 관문"이라고 한다(캐서린 슐츠, 《오류의 인문학》 p81). 훌륭한 디자이너의 핵심 역량이 관찰이라면, 관찰의 출발은 자신의 지각 능력에 대한 겸손함을 갖추는 것이다. 오류는 자신이 놓친 세상을 받아들일 수 있는 마음의 여유를 만들어 준다. 디자인 씽커가 되어 세상을 새로운 눈으로 보는 연습을 하는 출발점이 되는 셈이다. 창의적 해법의 토대인 상상력, 희망, 발명의 저변에 오류에 대한 인정이 있다(ibid. p.33).

좌뇌와 우뇌의 역할 차이에 대한 연구를 수행한 이언 맥길크리스트는 "확실성은 편협함과 연결된다. 대상에 대한 확신이 강해질수록, 우리가 보는 것은 적어진다."라고 말한다(이언 맥길크리스트, 《주인과 심부름꾼》 p147). 그에 의하면 확실성은 좌반구의 성향이다. 좌반구는 사실을 잘못 파악하는 한이 있더라도 자신이 작화한 이야기를 고집하는 경향이 있다. 시간이 지나도 자기가 '지어낸' 이야기가 옳다고 주장하며 일관성을 유지하려 한다. 반면에 우반구는 관찰의 결과를 불완전한 채로 유지하면서 여러 가지 가능성을 유보시킨다. 좌반구는 확실성이 높은 인공물 보기를 더 좋아하고, 우반구는 사물들 간의 관계에 더 초점을 맞추며, 더 현실적이다. 우반구에 문제가 생기면 자신이 사물을 보는 데 장애가 있다는 사실 자체를 부정한다. 의지를 가지고 질환을 부정하는 것이다(ibid, p132, p145~149).

확신에 집착하면 우반구에 문제가 있는 사람처럼 고착된 믿음을 만들어 낸다. 그래서 확신이 상상력과 공감 능력을 잠재워 버린다고 하는 것이다. 자신만의 확신에 파묻히면 타인의 말은 더 이상 의미를 가지지 못한다(캐서린 슐츠, 《오류의 인문학》 p201). 타자들이 어리석어서가 아니고, 강고한 확신으로 무장된 마음의 견고한 방어벽 안으로 타자가 침투해 들어갈 수 없기 때문이다. 대상을 관찰할 때 우리는 대상에 비친 우리의 마음을 관찰한다. 그 마음이 확신으로 굳어지면 관찰의 예리함과 유연성도 닫힌다.

인간의 빠른 학습 능력은 쉽게 확신을 생산한다. 학습과 확신이 서로를 강화하면 새로운 정보에 대한 관심이 현격히 줄어든다. 게임에서 운전, 스포츠에 이르기까지 일단 능숙해졌다고 판단되면 뇌는 그 일에 들이는 시간과 노력을 최소화하기 때문이다(데이비드 이글먼, p96). 참신한 디자인의 발명가들이 포착하는 아이디어를 많은 사람이 놓치고 마는 것은 그들이 부주의하거나 예지력이 없어서가 아니라 너무 쉽게 배우고, 너무 쉽게 익숙해지고, 너무 쉽게 확신에 빠지기 때문이다. 주관성을 피하기 위해 객관적인 데이터와 패턴이 도움이 되기도 하지만, 박제화된 데이터에는 살아 있는 관찰의 숨결이 빠져 버릴 수도 있다. 디자인 씽커에게 중요한 것은 스스로가 훈련된 관찰의 주체가 되어 쉽게 정량화되거나 드러나지 않는 사용자의 문제와 진실과 마음을 읽어 내도록 끊임없이 노력하는 것이다.

05

디자인 씽커의 관찰과 도구

디자인 씽킹은 삶을 개선할 새로운 인공물을 찾아가는 여정이다. 이 여정의 출발은 관심에 기반을 둔 공감과 관찰이다. 그런데 그 관찰을 수행하기 위해 우리가 가진 무기는 오류투성이인 우리의 뇌다. 우리의 미션은 뇌의 특성과 오류 가능성에 대한 이해와 관찰의 도구를 기반으로 관찰의 한계를 극복하는 것이다. 관찰의 도구란 관찰의 관점과 범위를 관리하는 것이며, 대상을 포착하고 해석하는 개념과 방법들이다.

디자인 씽킹에 있어서 관찰은 인지심리학(관찰 대상이 사물인 경우)과 사회심리학(관찰 대상이 사람인 경우), 그리고 다양한 주제가 뒤엉킨 경영학적 관점이 모두 섞여 있는 활동이다. 그러나 불에 대한 과학과 철학이 탄생하기 오래 전부터 인류의 조상들이 불을 이용해 굽고, 끓이고, 볶고, 튀긴 수많은 요리를 개발하고 즐긴 것처럼 현실적 기예의 중요성이 우선하는 활동이기도 하다. 그래서 디자인 씽킹을 위한 관찰은 주어진 여건에 맞는 관찰을 시도하고, 실험하고, 재시도하는 과정이다.

[그림 5-1a]를 보자. 흑에서 백으로 이어진 이 이미지는 어떤 대상을 포착한 것일까? [그림 5-1b]는 어떤가?

[그림 5-1a] 관찰된 사진 1

[그림 5-1b] 관찰된 사진 2

위의 사진들은 하늘을 서로 다른 시간에 찍은 것이다. 맑은 하늘은 낮에는 푸르지만, 밤에는 검고, 구름이 덮이면 흰색이나 회색이 된다. 노을이 질 때면 분홍색도 되고 노란색도 된다. 하늘은 우리의 머리 위에 항상 드넓게 펼쳐져 있다. 그러나 관심과 관찰의 의지가 없다면 아무리 드넓은 하늘도 눈에 들어오지 않는다. 하늘은 파란색이라는 통념 때문에 우리는 앞의 결과물을 보고 적절한 판단을 못 한다. 그래서 관찰의 출발은 관찰의 의지와 관심이다. 디자인의 목적과 관찰 의지 그리고 관심이 관찰의 대상과 방향을 결정한다.

무엇을 관찰할 것인가: 관찰의 범위와 대상

디자인 씽킹에서 관찰의 초점은 무엇보다 사용자의 행동과 그 행동을 유발시킨 그들의 마음이다. 그러나 세심한 주의와 노력이 없다면 행동의 이유가 담긴 그들의 마음은 쉽게 보이지 않는다. 사용자들의 마음을 관찰하기 위해 디자인 씽커는 그들의 행동은 물론이고, 그들을 둘러싼 주위 사람들을 살펴보기도 하고, 그들이 소유하거나 사용하는 소지품에서부터 건축물에 이르는 인공물을 관찰하기도 하며, 그들이 행동하는 환경과 그 변화를 관찰하기도 한다. 사람의 마음을 관찰하는 힌트는 그 사람의 의상이나 액세서리, 소지품 등에도 있고 그의 표정, 언어 표현, 말투와 음조,

행동, 떨림, 눈동자의 움직임, 타인과의 관계 등에도 있다.

관찰의 범위와 대상: 행위자(actors)

사용자

    디자인 씽커에게 관찰의 주된 대상은 무엇보다 디자인 결과물의 사용자다. 사용자들의 필요와 기대를 충족시키는 것이 디자인을 수행하는 목적이기 때문이다. 그래서 현재 또는 잠재 사용자들의 행동을 관찰해 그들의 마음이 필요로 하는 것을 알고자 한다. 스티브 잡스는 "고객이 원하는 것(want)을 만들려고 하지 말고 고객이 필요로 하는 것(need)을 만들라."라고 일갈했다. '원하는 것'은 물어보면 알 수 있지만, '필요로 하는 것'은 물어보아도 알아낸다는 보장이 없다. 고객이 필요를 인지하지 못하고 있을 수도 있기 때문이다. 헨리 포드는 "만일 고객에게 무엇을 원하느냐고 물었다면 그들은 자동차라고 대답하지 않고 좀 더 빨리 달리는 마차라고 대답했을 것이다."라는 유명한 말로 이 점을 강조했다. 무엇보다 사용자들에 대한 예리한 관찰과 이를 바탕으로 한 통찰이 중요하다는 것이다(조남재, 2014, p48). 훌륭한 디자이너는 남들이 보지 못하는 필요성을 본다.

    문화인류학자들은 오랜 전통에 따라 연구의 방법으로서 관찰을 사용하는 데 능숙하다. 그들은 사람의 행동을 관찰해서 그들의 마음과 문화를 읽어 내려고 노력한다. 영국의 말리노프스키나 프랑스의 레비스트로스 같은 초기 학자들은 말이 통하지 않는 외딴 세계의 사람들을 유심히 관찰해서 그들의 생각과 관습, 제도와 문화 등을 읽으려 노력했다. 오늘날의 인류학자들은 인류학적 관찰 방법으로 주변의 현대인을 연구하기도 한다. 프랑스의 인류학자 마르크 오제는 인류학적 관찰 방법을 적용해 교통수단과 미디어의 발달로 현대인들이 도로나 공항 같은 공간을 새로운 용도인 **비장소**(non-places)로 사용하고 있다는 흥미로운 관찰을 해 내기도 했다(Marc Augé, 《Non-Places》 p11, p23, p28).

디자인 씽커는 문화인류학자들처럼 예리한 관찰을 통해 다양한 사용자 행동을 포착하고자 한다. 사용자들이 보이는 행동의 특성과 동선, 감정을 표현하는 몸짓과 표정 등을 세심히 관찰한다. 예를 들어 특정한 성별, 특정한 연령대의 고객이 슈퍼마켓의 특정한 진열대 구간에서 보이는 단호함, 물건을 들었다 다시 놓는 망설임, 행동에 수반된 제스처와 표정 등이 모두 관찰의 대상이 될 수 있다. 지하철 역사에서 사용자가 두리번거리는 모습, 특정한 조리 도구나 문구용품을 보고 내뱉는 감탄사나 탄식, 주변인들과 함께하는 동조 행동이나 질문하는 행위, 음식이나 커피 등을 기다리며 보이는 행동, 물건을 사용하면서 보이는 반응 등은 모두 의미 있는 관찰의 대상이다.

사용자들이 기존의 제품을 변형하거나 개발자가 의도한 용도 이외의 용도로 전용하여 사용하는 행동은 특별한 의미를 가지는 관찰 대상이다. 눈으로 볼 수 있는 행동만이 관찰의 대상이 되는 것은 아니다. 당연히 있어야 하는 반응이나 행동의 부재도 의미 있는 관찰의 대상이다. 공원, 백화점, 병원에서 이동 거리가 가까운 길이 있음에도 불구하고 사람들이 그 길을 사용하지 않고 먼 길을 채택한다면, 그 길을 사용하지 않는다는 것, 그 길에 사람이 없다는 것 자체가 관찰의 대상이 될 수 있는 것이다.

주변인

사용자들의 행동은 주변 사람들에 의해 영향을 받는다. 그래서 관찰의 범위를 사용자의 주위 인물들, 사용자의 고객, 또는 고객 접점에서 서비스를 제공하는 담당자 등 주변으로 넓히면 사용자 마음을 이해하는 데 도움이 된다. 장난감이나 게임기를 개발하는 사람에게는 사용자인 아이들의 행동을 관찰하는 것 못지않게 그 제품을 사주는 아이 엄마의 마음을 아는 것도 중요하다.

세계적인 어린이 장난감 회사인 피셔프라이스(Fisher Price)에서 남자 아이들을 위한 새로운 장난감을 개발하는 프로젝트를 수행했다. 회사는 아이 엄마들이 람보의 총이나 칼, 무기와 같이 사람을 해치는 폭력성 장난감을 꺼려한다는 것을 관찰했다.

이런 관찰을 바탕으로 피셔프라이스 디자인팀은 엄마들의 마음과 활동적인 남자아이들의 마음을 모두 담을 수 있는 장난감을 만들어 냈다. 영웅적인 소방대원, 산악구조대원, 생명을 구하는 스쿠버 다이버 등의 구조 영웅들(rescue heores)로 구성된 캐릭터와 그들의 도구를 활동적인 장난감으로 개발하는 데 성공했다. '착하면서도 침착하고 행동적인' 영웅 주인공이 되게 만드는 장난감은 모두를 만족시켰다. 이 디자인은 피셔프라이스의 사업 방침에도 맞았고, 경제적으로도 매우 성공적인 성과를 올리게 되었다(도로시 레너드, 월터 스왑《스파크》p152~153).

이해관계자 지도

디자인 산출물이 완성되고 사용되는 과정에는 필요의 주체인 사용자나 통찰과 창의성을 뿜어내는 디자이너는 물론이고 개발을 의뢰한 후원자, 제품의 기술적 구현에 영향을 미치는 엔지니어, 제품의 생산이나 서비스 환경을 담당한 기술자, 그리고 현장에서 제품과 서비스를 제공하는 사람들이 모두 영향을 미친다. 이렇게 디자인 산출물의 창출에서부터 생산된 산출물의 사용으로 인해 영향을 받는 사람들까지를 모두 포함하여 **이해관계자**(stakeholder)라고 부른다. 사용자를 정점으로 하여 제품의 디자인에 영향을 미칠 이해관계자들의 범위를 [그림 5-2]처럼 한눈으로 파악할 수 있도록 도식화한 다이어그램을 이해관계자 지도(stakeholder map)라고 한다.

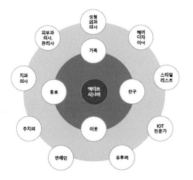

[그림 5-2] 고령자 제품 개발을 위한 이해관계자 지도의 예(학생 작품)

(이원필, 이근원, 박진남, 라성민; 이돈형 정태용 최덕연 한호선)

이해관계자 지도는 디자인 산출물과 디자인 과정에 가장 큰 영향을 미치는 행위자(주로 사용자)를 중심에 놓고, 점차로 적은 영향을 미치는 대상으로 확대해 나가며 동심원으로 표현한 다이어그램이다. 구체적 표현은 필요에 따라 적절하게 조정할 수 있으며, 디자인 과정에서 고려해야 할 다양한 행위 주체들의 범위를 체계적으로 파악할 수 있다. 물론 이해관계자 지도에 포함된 대상들이 모두 관찰의 대상이 되는 것은 아니다. 그러나 디자인에 영향을 미치는 다양한 행위자들의 범위를 파악함으로써 디자인 과정의 고려 사항들을 체계적으로 점검할 수 있다.

예를 들어 노인용 스마트 신발을 개발한다고 가정해 보자. 초연결 사회의 스마트 사물이 될 수 있을 이 신발에 GPS 기능을 넣는다면 치매가 있는 사용자가 집을 잃었을 때 안전하게 찾아갈 수 있도록 방향을 알려줄 수 있다. 또한, 사용자가 현재 어디에 있는지 식구들에게 알려 주는 기능을 부여할 수도 있다. 신발창에 압력 센서를 내장시키면 운동량이 얼마나 되는지 파악해 사용자에게 알려 줄 수도 있다. 보행 패턴을 담당 의사에게 보내 신체에 이상이 있을 경우 연락을 취하게 할 수도 있다. 만일 이런 신발을 만들고자 한다면 사용자, 사용자의 가족, 의사, 이 서비스를 제공하는 신발 제조사, 통신사, 의료기관 등의 입장에서 어떤 변화와 변화에 대한 준비가 필요할지 이해관계자 지도를 통해 체계적으로 점검할 수 있을 것이다.

▪ 관찰의 범위와 대상: 사물

사물과 행위의 흔적

사람들의 행동을 관찰하는 것이 인류학자의 장기라면, 사물을 관찰하는 것은 고고학자들의 장기다. 고고학자들의 관찰 대상이 되는 사람들은 이미 오래전에 사라지고 없기 때문에 남겨진 사물을 통해 그 사용자들의 행동과 생각을 읽어 내야 한다. 고고학자 헤르만 파르칭거는 문자 발명 이전의 인류사를 서술한 책《인류는 어떻게 역사가 되었나》에서 고대인들이 남긴 무덤의 형태를 보면 "그 사회의 구조를 추측

할 수 있고 나아가 구성원들의 의식 세계까지도 짐작할 수 있다."라고 말한다. 돌칼이나 뼈 장식 같은 부장품은 죽은 사람이 사회에서 특별한 대우를 받았는지 알려 주며, 그 사실은 다시 그 사회의 계층 구조와 지배 세력의 존재 여부, 나아가 사후세계에 대한 그들의 관념을 읽을 수 있게 해 주기 때문이다(헤르만 파르칭거, 《인류는 어떻게 역사가 되었나》 p15).

사용자가 고고학자의 연구 대상처럼 사라진 경우가 아니더라도 사용 행동이 관찰하기 용이하지 않은 경우도 있고, 행동 관찰만으로는 포착할 수 없는 통찰이 필요할 수도 있다. 이런 경우에는 사물에 대한 관찰이 사용자의 행동과 마음을 파악하는 데 중요한 단서를 제공한다. 사용자가 사용하거나 소유한 사물, 사용자 주위에 위치한 여러 가지 사물들에는 그들의 행동이 반영되어 있고, 그들의 마음이 투영되어 있기 때문이다. 예를 들어 루브르박물관이나 뉴욕현대미술관(MOMA)같이 유명한 미술관이나 박물관에 전시된 제품들 중에 어떤 작품이 얼마나 인기가 있는지를 파악하고자 한다고 가정하자. 설문이나 CCTV로 촬영한 고객의 행동을 분석해서 파악할 수도 있을 것이다. 그러나 수십 년 또는 백 년이 넘는 기간 동안의 행동을 그런 방법으로 분석할 수는 없다. 이때 전시된 작품 앞의 바닥에 놓인 돌이 얼마나 닳았는지 또는 작품 앞의 타일이 얼마나 자주 교체되었는지를 파악하면 오랜 기간에 걸친 고객 행동의 해석을 도출해 낼 수 있다(도로시 레너드, 월터스왑 《스파크》, p126).

사물이 발산하는 신호(signal)와 상징성(symbol)

사물은 그 자체가 사용자의 마음을 보여 주는 신호다. 그들의 의복, 스카프, 넥타이 같은 의상 용품, 가방, 신발, 반지, 목걸이, 귀고리 같은 액세서리와 일상용품, 읽고 있는 책이나 책상 위에 놓여 있는 책, 스마트폰의 커버, 네일아트, 사무실이나 집에서 사용하는 다양한 집기, 가구, 자동차의 종류와 색상, 주방용품 등 사용자 주변의 사물에는 그들의 생각과 마음이 깃들어 있다. 특히 사용자의 행동 흔적이 담긴 사물, 즉 사용하여 닳았거나, 꿰매었거나, 접었거나, 변형시켰거나 하는 사물은 사용자의 행동과 마음을 이해하는 데 필요한 풍부한 정보를 제공해 준다.

사용자에 의해 변형된 보행 보조기에 대한 관찰이 신제품을 구상하는 토대가 된 것이 한 예이다. 개선된 디자인의 장애인용 보행기를 탐구하던 연구팀은 보행기 사용자들을 참여시킨 포커스 그룹 토론을 진행했다. 그러나 실망스럽게도 참여자들은 기존의 보행기에 특별한 불만이 없었고, 별다른 새로운 요구도 없었다. 그러나 참여자들이 토론을 마치고 회의실 입구에 놓아두었던 자신의 보행기를 찾아 문을 나서는 모습을 관찰하던 연구팀은 엄청난 통찰을 얻을 수 있었다. 한 여성은 자신의 보행기에 자전거 바구니를 구두끈으로 묶어 놓았고, 한 남자는 전기용 테이프로 무선전화기 홀더를 만들어 붙였으며, 다른 한 사람은 보행기에 중고 자동차에서 가져온 컵 홀더를 걸어 놓고 있었던 것이다(도로시 레너드, 월터스왑 《스파크》, p127). 보행기에 어떤 개선점을 추가하면 좋을지 여러분도 상상해 볼 수 있지 않을까?

사용자들의 행위와 마음을 읽는데 그들의 주변 사물을 관찰하는 것이 주효하기도 한다. 범인이나 희생자 주변의 사물이나 흙 묻은 장화, 비에 젖은 모자 등을 예리하게 관찰하여 수사를 위한 단서를 찾아내는 명탐정 셜록 홈즈의 이야기와 상통하는 것이다. 《관찰의 힘》을 쓴 얀 칩체이스의 말을 들어 보자: "개인 물품을 다른 이들이 보게끔 두는 것은 마치 문을 열고 우리 자아 속으로 사람들을 초대하는 것과 마찬가지다. 우리가 누구인지, 어떤 자아상을 가지고 있는지, 그들이 우리를 어떻게 생각하기를 바라는지 등의 모든 정보가 거기에 들어 있는 것이다."(얀 칩체이스, 사이먼 슈타이트, 《관찰의 힘》 p76). 그들은 자신의 물건을 통해 자신이 중시하는 삶의 가치를 상징하고 있는 것이다.

◾ 관찰의 범위와 대상: 콘텍스트

사회문화적 콘텍스트

보이지 않는 것을 관찰하는 것은 어렵다. 사용자의 행위를 유발한 사회문화적 콘텍스트를 포착하는 것은 그래서 더욱 숙련된 관찰 연습을 필요로 한다.

기업이 시장을 관찰하는 전형적인 방법은 시장조사다. 주로 설문과 적절한 표본 추출 방법을 이용해 소비자에 대한 계량화된 데이터를 수집하고, 수집된 데이터를 분석하기 위한 여러 가지 통계 기법이 동원된다. 기업이 수집하는 시장에 대한 자료는 대체로 다음과 같은 내용을 다룬다.

1. 제품에 해당하는 시장의 규모 (고객 수 및 잠재 고객 수 등)
2. 시장의 성장률 및 잠재 성장률
3. 인구통계적 특성 (연령 분포, 성별 분포 등)
4. 사회경제적 특성 (평균 소득, 소득 분포 등)
5. 사회문화적 특성 (교육 수준, 국적, 인종, 종교 등)
6. 라이프스타일 분포 (취미, 선호하는 스포츠, 영화, 공연 문화상품 등)
7. 제품의 시장 점유율 및 변화 추이
8. 제품에 대한 고객들의 구매 패턴 (구매량, 구매 주기 등)
9. 제품의 구매 의향에 관련된 규격화된 질문에 대한 응답

문제는 많은 노력과 예산을 들여 산출한 시장조사 보고서의 대부분이 제대로 활용되지 않는다는 것이다. 이유는 많은 경우 이런 보고서들이 제품 개발자나 관리자들이 진정으로 알고 싶어 하는 통찰을 제공하지 못하기 때문이다.

내가 태국의 출라롱콘(Chulalongkorn) 왕립대학교를 방문했던 때의 일이다. 하루는 기업 방문에서 돌아오는 길에 치아 교정용 틀을 전문적으로 판매하는 특이한 점포를 보게 되었다. 치아를 교정하는 작업은 고통스럽고 오래 걸리는 과정이다. 교정기를 착용하면 입안이 헐어 아프고 불편할 뿐 아니라 외관도 마음에 걸려 입을 가리고 웃는 것이 습관이 된다. 비용도 만만치 않아 물가가 저렴한 태국에서도 다 합해 약 2,000달러 가까운 돈이 든다. 그런데 교정기를 치과가 아닌 이 교정기 점포에서는 불과 50달러에 살 수 있다. 얀 칩체이스도 비슷한 관찰을 하고 놀란

경험을 술회하고 있다(얀 칩체이스, 사이먼 슈타이트, 《관찰의 힘》 p84). 그리고 무엇보다 치과에서 제공해 주는 것과 달리 예뻐서, 분홍색, 보라색, 하늘색 등 여학생들이 좋아하는 다양한 파스텔톤 중에서 고를 수 있다. 그래서 많은 여학생이 용돈을 모아 아낌없이 이 제품을 구매한다. 다만 문제가 하나 있다면 이 점포에서 구매하는 치아 교정기는 교정 효과가 전혀 없다는 것이다.

교정 효과가 없는 교정기를 길거리에서 가짜 명품 가방도 얼마든지 살 수 있는 거금을 아낌없이 내고 사서 불편하게 착용하고 다닌다는 것이 이해하기 어려웠다. 현지 교수와 학생들의 도움으로 힘들게 알게 된 결론은 의외였다. 치아 교정기가 학생들에게 의미하는 바는 심오했다. 그것이 의미하는 바는 "첫째, 나의 부모님은 내게 치아 교정을 시켜줄 만큼의 경제력이 된다. 둘째, 나의 부모님은 치아 교정이 외모뿐 아니라 일생의 건강을 위해 중요하다는 점을 알 만큼 배우신 분들이다. 셋째, 나는 그렇게 경제력이 되고 지적인 부모님들이 교정을 시켜 주는 사랑받는 딸이다."라는 것이었다. 비록 액세서리에 불과했지만 이 제품은 학생들 사이에서 자존심을 상징하는 상품이었다. 그들은 단지 치아 교정기를 사는 것이 아니고, 자존심과 문화적 상징을 구매하고 있었던 것이다.

통상적인 시장조사 보고서의 통계만 보고서는 구매자의 행동을 결정하는 이와 같은 사회문화적 콘텍스트를 읽어낼 수가 없다. 그래서 얀 칩체이스도 사회문화적 맥락을 이해하려면 온몸으로 현장에 나가 관찰하고, 산만한 관찰 자료들 속에서 핵심적 맥락을 뽑아내기 위해 노력하는 것이 중요하다고 강조한다. 사용자의 사회문화적 맥락을 포착하려면 현장에 나가 다음의 질문들을 가슴에 품고 관찰을 수행해야 한다(얀 칩체이스, 사이먼 슈타이트, 《관찰의 힘》).

1. 그들은 이 제품을 왜 구매하는 것일까?
2. 그들이 진정으로 사고자 하는 것은 무엇일까? (자존심, 신분 등)
3. 물건을 사용하는 방식에 특이 사항은 없는가?
4. 어떤 여건이 충족될 때 실제로 구매가 이루어지는가?
5. 내가 모르고 있는 것, 보지 못하고 있는 것은 없는가?

물리적 콘텍스트

애플사가 출시한 첫 번째 마우스 개발에 참여했던 IDEO는 1991년에 세 개의 디자인 회사가 합병하여 현재의 모습이 되었다. 오랄-B는 디자인계에서 전설적인 명성을 누리고 있던 IDEO와 계약을 맺고 어린이용 칫솔 제품을 새로 개발하기로 했다. 당시까지 어른보다 손이 작은 어린이용 칫솔은 손잡이가 막대기처럼 생긴 성인용 칫솔의 축소판에 지나지 않았다.

디자인 씽킹의 기본에 따라 IDEO의 디자이너들은 어린이들의 칫솔 사용 행동을 면밀히 관찰했다. 이들이 알아낸 중요한 사실은 아이들은 손가락 힘이 부족해 어른들처럼 손가락으로 칫솔을 잡지 못하고 주먹을 쥐듯이 감아쥐고 이를 닦는다는 것이었다. 가늘고 작은 어린이 칫솔은 아이들이 온 주먹으로 칫솔을 감아쥐기에 어려웠다. 이 관찰은 손이 작은 어린이용 칫솔이 어른용 칫솔보다 오히려 손잡이가 더 두툼한 것이 바람직하다는 새로운 발견으로 이어졌다(헨리 페트로스키, 《디자인이 만든 세상》 p201). 오랄-B와 IDEO는 이 세심한 관찰을 바탕으로 말랑말랑한 고무 소재로 된 두툼한 손잡이를 가진 신제품 '스퀴시 그립(Squish Grip)'을 개발했다[그림 5-3]. 이 제품은 출시 후 시장에서 뜨거운 호응을 얻었고, 오랄-B는 이런 반응에 힘입어 뚱뚱한 손잡이를 가진 성인용 칫솔 '그리퍼'도 출시했다. 사람들은 손안에 가득 담기며 착 달라붙은 느낌이 아주 좋은 새 제품을 좋아했다.

그러나 얼마 지나지 않아 시장에서 문제가 생기기 시작했다. 그 원인은 각 가정의 화장실에 놓여 있는 칫솔을 꽂아 놓는 통이라는 물리적 콘텍스트였다. 통은 모두 날씬한 기둥 모양의 손잡이를 가진 기존의 칫솔에 맞추어 디자인된 것들이어서 손잡이가 뚱뚱한 오랄-B의 새 칫솔들이 구멍에 들어가지 않았던 것이다. 사람들은 어디에 칫솔을 두어야 할지 몰라 당황했다. 칫솔들은 세면대 주위에 축축하고 비위생적인 상태로 뒹굴거나 양치용 컵 위에 조심스레 놓여졌다.

[그림 5-3] 어린이와 어른의 칫솔 쥐는 방법 차이와 손잡이가 두툼한 오랄-B 칫솔

　주부들은 딜레마에 봉착했다. 새로 산 칫솔 때문에 화장실 색상과 분위기에 맞추어 장만한 칫솔통을 새로 바꾸어야 하나 고민하기 시작했다. 어쩌면 칫솔걸이와 색상과 디자인이 어울리게 선택했던 비누통도 바꿔야 할 것 같았다. 아니 더 나아가 세면대 자체를 바꾸어야 하는 것은 아닐까? 아니면 화장실 인테리어를 새로 해야 하나? 새로 산 칫솔로 인해 어처구니없는 처지에 놓이게 된 것이다. 칫솔통 회사들이야 새로운 판매 기회가 생겼다고 좋아할 수도 있었겠으나, 이내 소비자들의 불만이 터져 나오기 시작했다. 오랄-B나 IDEO와 같은 세계적인 회사의 디자이너들이 칫솔 자체의 기능과 모양에 집중하다 보니 칫솔을 사용하는 행동에만 관심을 두고 칫솔질을 마친 후 사용하지 않는 칫솔이 놓이는 물리적 콘텍스트를 미처 고려하지 못한 것이었다(ibid. p208). 오랄-B는 후에 곡선 모양의 새 칫솔을 개발하면서 이 문제를 현명하게 해결했다. 그러나 사용자들의 칫솔 사용 방식을 인체공학적으로 분석하고 첨단 컴퓨터 기술을 동원해 디자인한 새 칫솔의 손잡이가 칫솔통에 들어가지 않아 발생한 이 사태는 디자인 문제에 몰두하다 보면 문제 밖의 맥락을 놓치기가 얼마나 쉬운지, 제품의 물리적 콘텍스트를 포착하는 것이 얼마나 중요하면서도 놓치기 쉬운지를 보여주는 사례가 되었다.

　헨리 페트로스키는 물리적 콘텍스트의 중요성을 이렇게 강조한다. "아무리 신선하고 새로운 모습으로 등장한 디자인이라고 해도 이미 존재하고 있는 세계와의 병존이라는 중대한 문제를 간과하면, 수년간의 개발 작업이 도로 아미타불이 될 수 있다. 기존의 인프라와의 조화 가능성을 고려하지 않은 많은 신제품이 상업적 성공을 꿈꾸다가 처절한 실패를 맛보았다." (헨리 페트로스키, 《디자인이 만든 세상》 p211). 물리적 콘텍스트는 디자인 씽킹의 후반에 고려해도 되는 사항이 아니다. 물리적 콘텍스트의 특성은 관찰 단계에서부터 포착하여 창의적 발상의 과정에 반영되어야 한다.

관찰 수련과 체험

관찰과 표상

언어나 기호를 이용해 데이터로 표현된 사건을 접할 때 우리의 마음은 표상이나 텍스트 자체보다는 그 의미와 내용에 초점을 맞춘다. 사건의 표상이 분석되고 기억되는 것이 아니고 사건의 내용이 분석과 기억의 대상이 된다. "A가 오늘 아침 창문에서 뛰어내려 도망쳤다."라는 사건 서술을 접했다고 하자. 우리의 관심은 즉시 그 문장을 벗어나 발생한 사건으로 향한다. 서술은 뇌 속에서 'A', '오늘', '아침', '창문', '뛰어내리다', '도망치다' 등 재사용 가능한 보편적인 개념 요소들과 이들을 연결해 이야기를 구성하는 데 필요한 논리적 관계로 분해된다. 물론 이런 분해와 기억의 관계는 비언어적 관찰에도 그대로 적용된다.

요소 개념들은 두고두고 재사용될 수 있을 만큼 안정적이지만, 이야기의 흐름은 상대적으로 안정성이 떨어진다. 이야기의 흐름은 심리적 또는 환경적 요인에 의해 영향을 받으며 반복적으로 재구성된다. 그래서 사람들은 본의 아니게 경험하거나 관찰한 사건에 대해 틀린 이야기를 기억해 내곤 한다. 한나 모이어와 마르틴 게스만은 이를 증명하기 위해 간단한 실험 연구를 수행했다. 조작된 유도 질문에 응한 대부분의 실험 대상자들은 "어린 시절 디즈니랜드에서 벅스버니(토끼 캐릭터)와 악수한 것을 생생히 기억한다."라고 술회했다. 그러나 사실 벅스버니는 디즈니의 캐릭터가 아니기 때문에 디즈니랜드에서는 볼 수 없다(한나 모니어, 마르틴 게스만, 《기억은 미래를 향한다》 p168). 간단한 실험 조작에 의해 '생생한 오류 기억'이 만들어진 것이다.

A가 아침에 창문에서 뛰어내려 도망친 사건은 한국어, 영어, 일본어 등 서로 다른 언어로도 서술될 수 있다. 같은 사건에 대한 서술이지만 표상은 다르다. 하나의 언어만 아는 사람에게 다른 언어로 표상된 문장은 의미를 가지지 못한다. 표상을 통해 전달받는 정보의 한계다. 표상 언어가 가진 기호와 규칙의 특성을 알아야 의미를 포착할 수 있기 때문이다. 그러나 A가 창문에서 뛰어내려 도망치는 모습을 실제로 목격했다면 그 사건은 언어에 관계없이 기억에 분명한 흔적을 남긴다. 심지어 사람의 언어를 알지 못하는 개라도 그 장면을 목격했다면 그 기억은 뇌의 표현부를 간단히 건너뛰어 의미부에 진한 흔적을 남긴다. 만일 도망친 것으로 알았던 그가 다시 나타난다면 개는 매우 놀라워하거나 반가워할 것이다. 이것이 표상된 데이터로 현장을 접근하는 것과 현장을 체험적으로 관찰하는 것 사이의 근본적인 차이를 만든다.

관찰 연습

대개의 경우 경영자들은 직접적 관찰을 통해 현장을 이해하기보다는 보고서나 데이터를 통해 현장을 파악한다. 판매 동향이나 불량률, 시장점유율 같은 구조화된 변수를 통한 데이터의 수집과 처리가 보고서의 주된 생산 수단이다. 디자인 씽킹의 관찰 연습은 보고서와 데이터를 넘어 세상의 생생한 맥박을 느끼는 데 초점을 둔다. 에이미 허먼은 의사들에게 환자 기록이 아니라 환자를 직접 관찰하는 법을 가르치고, 경찰과 FBI, 국무부 직원, 군인, 경영자들에게 관찰 훈련을 수행하는 관찰 훈련 전문가이자 변호사다. 그에 의하면 관찰 연습은 직업의 종류에 관계없이 많은 사람에게 전에 보지 못하던 것을 보게 하고, 새로운 생각을 하게 만들고, 예상치 못했던 해결책을 만들어 내게 한다.

얀 칩체이스처럼 현장에서 사람을 만나고, 낯선 뒷골목을 돌아다니고, 먼 곳으로 여행을 다니며 관찰하는 것도 분명 좋은 관찰 훈련일 것이다. 그러나 에이미 허먼은 교실에서 수행하는 관찰 연습도 그에 못지않게 현장 관찰 역량을 높인다고 설명한다. 나는 디자인 씽킹 훈련을 받는 학생이나 직장인들에게 교실 밖 현장으로 나가 관찰을 해 보도록 요구하곤 한다. 이를 **아웃팅**(outing)이라고 한다. 그러나 그 전에 교실에서 관찰의 중요성과 의미를 이해하게 돕고, 무엇보다 사물을 대상으로 관찰 연습을 수행한다. 무엇보다 교실에서의 관찰 연습은 사람들로 하여금 자신의 관찰 과정과 관찰 결과를 관찰할 기회를 가질 수 있게 해 준다. 이런 연습은 관찰의 의미를 실감하게 하고, 그저 머리로 '관찰에 대해 아는' 것을 넘어 관찰을 체험하게 해 준다. 생각 그 자체가 생각의 대상이 되어야 더 나은 생각으로 발전한다는 제럴드 에델만의 이론처럼, 자신의 관찰 자체가 관찰의 대상이 되면 관찰 역량이 발전하는 데 도움이 될 수 있다.

에이미 허먼은 대중에게 잘 알려져 있지 않은 미술 작품을 관찰 훈련의 도구로 애용한다. 작품을 잠시 관찰하고 무엇을 보았는지를 강사에게 또는 학생 상호 간에 이야기하도록 하는 것이다. 잠시 후 그 그림을 다시 세심히 관찰하며 첫 번째 시도에서 무엇을 보고 무엇을 보지 못했는지를 살펴본다. 때로 있는 것을 보지 못하기도 하지만, 때로는 없는 것을 보기도 한다. 있는 것을 보지 못하는 것은 관찰의 섬세함이 부족해서다. 보지 않은 것을 보았다고 착각하는 이유는 그 자리에 당연히 있다고 생각하는 것에 대한 자신의 선입관이나 믿음에 압도당했기 때문이다(에이미 허먼 《우아한 관찰주의자》 p148). 간과하고 넘어간 관찰이 사소한 배움의 기회를 놓치는 것으로 끝날 수도 있다. 그러나 탐정이라면 그 때문에 중요한 범인을 놓칠 수도 있고, 경영자라면 중요한 사업 기회를 날려버릴 수도 있다. 보아야 할 것을 보지 못해 막대한 노력과 예산을 들인 신제품이 실패로 끝날 수도 있고, 오랫동안 공들인 프로젝트가 곤경에 처할 수도 있으며, 기업 전체가 위험에 노출될 수도 있다. 예리한 관찰은 엄청난 실제적 중요성을 가지고 있는 것이다.

반복되는 관찰 연습을 통해 미처 보지 못한 디테일이나, 사물들 간의 관계, 인물의 표정이나 의상, 배경 등을 확인하며 세심한 관찰의 중요성을 실감할 수 있다. 이렇게 자신의 관찰 결과를 돌아보는 것 자체가 중요한 관찰 연습이다. 작품이 포착한 시간은 하루 중 어떤 때인지 등과 같이 관찰로부터 유추해 낼 수 있었음에도 무심히 넘어간 사항은 없는지도 생각해 본다. 주위에서 쉽게 구할 수 있는 사물로 관찰 연습을 하는 것도 학생들에게 재미와 깨달음을 줄 수 있다. 나는 시장에서 산 풍경이 그려진 머그컵이나 꽃병과 같은 소품을 관찰 연습에 사용하기도 한다. 사물을 관찰의 대상으로 이용하면 시각적 관찰 이상의 관찰 연습을 할 수도 있다. 학생들은 대상을 이리저리 둘러보고, 만져 보고, 들어 보고, 두드려 보고, 냄새를 맡아볼 수 있다. 시각뿐 아니라 청각, 촉각, 후각이 다 동원된다[그림 5-4]. 학생들에게 개인별 또는 팀별로 돌아가며 관찰 결과를 칠판에 쓰거나 포스트잇을 붙이게 하되 이미 있는 것과 같은 것은 쓰지 못하게 하면 관찰 내용이 자연스럽게 깊어진다. 처음에는 "원통형이다. 보라색이다." 정도의 간단한 관찰로 시작되지만, 관찰이 진행되면서 "오, 그런 면도 있지."라는 경험과 함께 더욱 깊이 있는 관찰을 시도해 보게 된다.

[그림 5-4] 꽃병을 사용한 관찰 연습

속성 관찰

　사물이나 사건에는 속성(attribute)이 있다. 속성이란 색상, 크기, 시간 등과 같이 사물이나 사건에 속한 특성을 의미한다. 예를 들어 시계에는 크기, 색상, 모양, 재질 등과 같은 속성이 있다. 속성은 속성값(attribute value)을 가진다. 예를 들어, 색상의 속성값은 노랑, 초록 등의 특정한 색깔이며, 나아가 밝은 노랑, 노르스름함 또는 RGB의 값처럼 더 전문적인 수준이 될 수도 있다. 관찰 대상을 속성으로 분해하면 관찰을 더 체계적으로 수행하거나 다각적 측면을 점검해 볼 수 있다. 예를 들어 꽃병의 특성을 속성으로 분해해 보면 다음과 같이 관찰이 정리된다.

　　– 형태(shape): 원통형이다. 아래가 위보다 넓다. 주둥이에 돌출이 있다. 등
　　– 색상(color): 고동색 배경이다. 아래쪽이 더 짙은 색이다. 등
　　– 문양(pattern): 물방울 문양이 있다. 첨탑 그림이 있다. 창문이 세 개다. 등

　관찰 연습의 초기 단계에는 눈에 보이는 외양적 특성에 집중하는 경향이 있다. 관찰이 진행되면서 다음과 같이 새로운 속성이 추가된다.

　　– 소재(material): 도자기로 만들었다. 단단하다. 무게가 나간다. 등
　　– 생산 공정(process): 초벌을 하고 문양을 그려 넣었다. 재벌구이를 했다. 등
　　– 용도(use) 또는 기능(function): 줄기가 긴 꽃을 넣기에 적합하다. 등
　　– 행위 연관성: 두드리면 묵직한 소리가 난다. 떨어지면 깨진다. 등

　한발 더 나아가면 무시되었던 정체성이 발견된다. 대량생산된 동일 제품이라도 사용자의 손에 들어간 이후에는 나름대로 독특한 생애를 거치게 마련이다. 이렇게 특정 개체만이 가진 특성이 보이기 시작하면 새로운 관찰 세계로 나아간다. 예를 들어 만들어진 지 오래된 것이다(역사성), 사용된 지 오래되었다(역사성), 세심한 주인이 사용한 것 같다(사용자와의 상호작용), 미세한 홈에 세월의 흔적이 있다(시간의 흔적), 흰 테이블 위에 놓여 있다(현존재, 타 사물과의 관계), 교실

중앙에 있다(공간적 배경과의 관계), 디자인 씽킹 수업의 소품으로 사용되고 있다(실존적 의미) 등이 그런 것이다. 관찰 훈련의 목적은 무심코 수행하던 피상적 관찰을 넘어서는 훈련과 경험을 통해 다양한 관점을 보는 관찰 역량을 다듬는 것이다. 이렇게 개선된 관찰 역량은 아이디어 창출을 위한 상상과 창조의 세계로 들어가는 관문이 된다.

현장 관찰과 관찰 체험

현장 관찰은 사용자가 제품과 서비스를 사용하는 현장에서 관찰을 수행하는 것이며, 이에 소요되는 시간은 디자인 프로젝트의 여건에 따라 다르겠지만 조급하게 마치려는 유혹을 떨쳐 버려야 의미 있는 관찰을 할 수 있다. 현장 관찰은 관찰자가 상황의 전개에는 개입하지 않고 객관적인 입장을 유지한다는 점에서 인류학연구 방법의 하나인 참여 관찰(participative observation)과 유사하다.

교실에서의 관찰 연습을 마치면 주제를 정해 현장 관찰을 위한 아우팅(outing)을 해 본다. 현장 관찰 연습은 캠퍼스는 물론, 슈퍼마켓, 은행, 커피숍, 식당, 어린이집, 노인정 등 다양한 장소에서 수행할 수 있다. 현장 관찰은 단순한 관찰 경험을 넘어 새로운 현실을 배우고, 감동을 느끼는 경험으로 이어지기도 한다. 노인을위한 제품을 개발하는 과제를 위해 노인정, 마을회관, 양로원, 혼자 사는 노인, 병원 등에서 관찰을 체험해 본 학생들은 노인들의 마음을 더 많이 이해하게 되었을뿐 아니라 노인에 대한 자신의 선입관을 돌아보게 되었다고 술회했다. 심지어 자신의 인생관이 바뀌는 경험을 하게 되었다고 털어 놓은 학생도 있었다.

때로 인류학 연구자는 현장에서 일정한 역할을 맡아 상황에 개입하면서 동시에 관찰을 수행하기도 한다. 실천 연구(action study)라고 부르는 이 방법에서는 연구자가 현장의 사람들에게 영향을 주기도 하고, 영향을 받기도 하며 경험을 공유한다. 객관적 기술보다 현장의 사람들이 느끼는 마음을 직접적으로 체험하는 데 초점을 두는 방법이다. 디자이너의 체험 관찰이 이와 유사하다. 체험은 오감을 최대한 사용하는 활동이다. 식당이나 호텔에서 실제로 서비스를 제공하거나 받아보는 경험이나 초겨울의 카페에서 음악과 포근한 분위기와 와인으로 만든 따끈한 뱅쇼를 마시는 기분이 어떤지는 바라만 보는 것으로 포착하기는 힘들다. 이것이 디자이너가 때로 직접 체험을 시도하는 이유다. 번지점프를 하는 사람이 느끼는 오글오글한 마음을 이해하는 좋은 방법의 하나는 제삼자가 되어 바라보는 것이 아니고 실제로 번지점프를 해 보는 것 아니겠는가.

그러나 디자이너가 요리사나 등반가가 되는 체험을 한다고 해서 요리사로 직업을 바꾸는 것은 아니기 때문에 그 체험은 '진짜' 체험은 아니라고 할 수 있다. 미혼의 디자이너가 부모나 노인의 마음을 알기 위해 실제의 부모가 되어 보거나, 나이가 많은 사람이 되어 보는 것은 아닌 것과 같다. 그러나 디자이너로서 타인을 '흉내' 냄으로써 가능한 가까이 마음 시뮬레이션을 실행해 볼 수는 있다. 성공적 관찰을 위해 짧은 시간이라도 사용자의 관점에서 감정 이입을 한다는 열린 마음을 가지는 것은 중요한 자세다. 지식 경영에 대한 연구로 유명한 노나카 이쿠지로 교수는 섬세한 맛을 내는 빵 굽는 기계를 디자인하기 위해 요리사 체험을 한 연구자의 일화를 소개했다(노나카 이쿠지로, 히로타카 다케우치, 1998; Nonaka & Takeuchi, 1991). 거듭 노력해도 요리사가 만든 빵과 같은 맛이 나오지 않자 연구팀의 한 디자이너가 최고의 반죽과 손맛과 베이킹 과정을 스스로 체험해서 비밀을 알아내기로 결심하고 저명한 제빵사의 견습생으로 들어가 수련을 받았다. 말로 다 표현할 수 없는 손맛의 비밀을 체험을 통해 느낀 후에야 그녀는 원하는 제빵 기계의 디자인을 완성할 수 있었다. 체험은 사용자에 대한 강렬한 마음 이입의 기회를 제공한다. 에이미 허먼은 관찰에 있어서 마음 이입의 중요성을 이렇게 강조한다. "단순히 타인의 입장에 서보기만 하는 것이 아니라 그 사람의 눈으로 보면 세상이 어떤 모습인지 알아보자."(에이미 허먼, 《우아한 관찰주의자》 p187)

이미 친숙한 공간도 새로운 마음으로 보면 보지 못하던 것이 보인다. 서울교통공사에서 운영하는 서울의 지하철은 외국의 메트로 임직원들이 벤치마킹을 위해 방문하기도 하는 세계적인 자랑거리다. 이 회사에서 20년 이상 근무한 고위 직원들이 관찰 연습을 수행했다. 교실에서의 관찰 연습을 마친 후 팀을 만들어 현장 관찰을 수행했다. 서울을 처음 방문한 외국인이나 임산부, 장애인, 어린아이 등의 관점을 채택하여(이를 페르소나라고 한다.) 체험 관찰을 해 보라고 요청했다. 장애 체험을 위해 눈을 가리고 다른 팀원들의 도움을 받아가며 지하철 역사를 사용해 본 팀도 있었고, 다리에 부목을 대고 붕대를 감은 채 목발을 짚으며 지하철을 사용하는 체험 관찰을 한 팀도 있었으며, 한 팀원을 휠체어에 태우고 함께 다니며 체험 관찰을 한 팀도 있었다. 모든 학생은 이 회사에서 오래 근무하며 지하철 역사나 플랫폼, 전동차 공간이 너무 친숙해서 눈 감고도 구석구석이 다 그려질 수 있다고 생각하는 사람들이었다. 그래서 시작하기 전에는 공간이나 사용자의 행동에 대해 새로이 관찰되는 것이 있을지 의심스러워했다. 그러나 다음날 이루어진 관찰 결과 발표회에서는 모든 팀들이 기대 이상으로 많은 중요한 문제점들과 개선 대상을 찾게 되었다고 술회했다. 지하철역을 찾아가고 표를 구매하는 과정, 안내판이나 키오스크를 사용하는 과정, 1회용 표의 환전, 안내 방송, 표기 언어, 버스 환승, 임산부 좌석의 사용 방법, 비상용 모래 상자의 크기나 위치, 계단, 휠체어 운반기 등등 수많은 부분이 새롭게 관찰되고 이해되었다.

[그림 5-5] 현장 관찰 결과 발표회(서울교통공사)

디자이너의 목적은 현장의 문제를 포착하여 이를 해결하기 위한 산출물을 만들어내는 것이다. 그러다 보니 학생들은 문제의 포착과 동시에 "그러니까 이렇게 해야 할 것 같습니다."라는 해법을 제시하곤 한다. 그러나 성급한 제안이 나중에 제시될 수도 있는 참신한 해법의 가능성을 제약할 수도 있기 때문에 관찰과 해법의 제안이 성급히 섞이는 것은 바람직하지 않다. 하나의 생각이 떠오르면 그 자체가 집착의 끈이 되어 다른 생각이 떠오르는 것을 제한한다. 이런 현상을 대니얼 카너먼은 '닻 내림 효과(anchoring effect)'라고 불렀다(대니얼 카너먼, 《생각에 관한 생각》 p179~188). 관찰의 단계에서 명심해야 할 점이 있다면 해법을 떠올리고자 하는 유혹을 떨쳐 버리고 관찰 그 자체에 충실히 집중해야 한다는 것이다.

관찰과 도구

▪ 도구의 한계와 역할

어떤 도구도 관찰자의 훈련된 안목이나 태도, 역량을 대신하지는 못한다. 도날드 노먼은 《생각 있는 디자인》에서 도구보다는 과제 자체에 주의를 집중해야 한다는 점을 강조해 "도구에 주의를 두면 작업에 대한 몰입이 붕괴된다. 도구는 배경에 머무르면서 과제의 자연스런 일부분이 되어야 한다."라고 설명한다(노먼, 《생각 있는 디자인》 p62). 도구는 투명한 상태로 디자이너와 과제에 통합되어야 한다는 것이다. "망치를 들면 세상이 모두 못으로 보인다."라는 말이 있다. 도구가 눈을 가려 세상을 올바로 관찰하지 못하게 만들 수 있다는 뜻이다.

유사한 맥락에서 하버드 경영대학의 신시아 몽고메리는 《당신은 전략가입니까?》에서 방정식을 풀 듯이 도구를 대입하여 전략을 디자인할 수 있다는 것은 착각이라고 설명한다. 그래서 그녀는 사람과 상황과 역량과 가치에 대해 끊임없이 성찰하고 고민하여 상황에 적합한 독보적인 디자인을 탐구하는 자세가 우선이라고 강조한다(조남재, 《기술기획과 로드매핑》 p369).

물론 도구에만 의존하면 관찰 대상의 생동감이 손상될 수 있다. 그러나 간단한 가리개를 추가하는 것만으로도 환영의 오류를 피할 수 있는 것처럼, 마음의 한계를 극복하고 관찰의 품질을 높이는데 도구가 의미 있는 공헌을 할 수 있다. 역사적으로 현명한 과학자나 발명가들은 도구의 중요성을 잘 이해하고 있었다. 아르키메데스는 "긴 지레를 주면 지구를 들어 보이겠다."라는 말로 도구의 중요성을 요약했다. 도구는 그 자체가 인위적 디자인의 결과물이다. 지레에 사용된 돌 받침대와 나무줄기는 자연의 산물이지만, 지레는 인간의 위대한 창조물이다.

과학과 기술의 발전은 도구의 개발에 커다란 신세를 지고 있다. 도구는 무엇보다 인간의 본원적 한계를 넘어서게 한 관찰의 수단이었다. 갈릴레오는 자신이 개발한 망원경을 목숨과 같이 아꼈다. 망원경 덕분에 그는 다른 사람들이 보지 못하는 천체의 운행을 관찰할 수 있었고, 지구의 자전에 대해 확신을 가질 수 있었다. 천체 망원경은 점성학을 천문학으로 바꾸게 해 주었고, 새와 동물의 행동을 관찰할 수 있게 하여 생물학의 문을 열게 해 주었다. 현미경의 발견은 질병이 악마의 저주가 아니라 투명한 맑은 물에 살고 있는 세균의 작용임을 알게 해 주었다. 현미경을 이용해 스페인의 산티아고 라몬 이 카할은 뉴런을 관찰하여 노벨 생리의학상을 받았다[그림 5-6]. 죽은 사람이나 병든 뇌에 대한 연구밖에 하지 못하던 한계를 극복하게 해 준 것은 기능성 자기공명영상(fMRI)이라는 도구의 개발이었다. 도구는 뇌과학의 새 지평을 열 수 있게 해 주었고, 생물과 무생물의 경계에 있는 바이러스에도 대응할 방법을 찾게 해 주었다.

과학적 탐구에서는 관찰과 측정이 매우 밀접하게 연관되어 있어서 관찰의 도구는 동시에 측정의 도구로 기능한다. 그러다 보니 디자인 심리학자 도날드 노먼이 "과학에서는 측정할 수 있는 것만 측정하고, 측정되는 것만 과학의 대상이 되었다."라고 비판하기도 했다(도날드 노먼, 《생각 있는 디자인》 p35). 이 비판은 심리학과 같은 사회과학에도 그대로 적용될 수 있다. 계량화된 측정에 집착하면 관찰이 생생한 생명력을 잃는다. 노먼은 "인지과학은 잘 통제된 실험을 통해서 연구하고 측정할 수 있는 대상에만 초점을 맞춘다."라고 비판한다. 그는 그래서 사회적 상호작용, 유머, 감정, 창의성과 같은 인간의 정말로 중요한 이슈의 대부분이 학문적으로 다루어지지 않고 있다고 불평한다(ibid, p162). 과학이 측정 능력의 확대를 위해 매진한다면, 디자인 씽킹은 이런 측정의 대상 밖에 놓인 느낌과 공감을 관찰과 체험을 통해 다루기 위해 노력한다. 그러나 디자인 씽킹에 관찰 과제를 한 방에 해결해 줄 마법의 도구 같은 것은 없다.

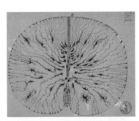
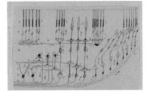

[그림 5-6] 산티아고 라몬 이 카할과 그가 그린 뉴런들 (마드리드 박물관 소장)

디자인 씽킹을 위한 관찰의 도구들

디자인 씽킹을 위해 흔히 사용되는 관찰의 도구를 꼽자면 페르소나와 고객 여정 지도, 섀도잉, 서비스 사파리와 롤플레잉, 어피너티 다이어그램, 인터뷰 등이 있다.

페르소나

우리는 어떤 행동을 흉내 내기만 해도 그 행동을 하는 사람의 마음에 다소간 동조되는 경험을 한다. 똑같은 만화를 본 피실험자들 중에서 입술이 웃는 모습이 되도록 펜을 입술 사이에 물고 보라고 지시받은 사람들은 그렇지 않은 집단보다 더 재미있었다고 평가했다(마이클 미칼코, 《생각을 바꾸는 생각》 p71). 관찰자의 행동이 관찰 결과에 영향을 준 것이다. 유년 시절에 성격이 내성적이었다는 천재적인 예술가 살바토르 달리는 삼촌의 조언으로 외향적인 사람을 흉내 내보는 시도를 하면서 실제로 성격이 바뀌었고, 후에 매우 도발적인 표현을 많이 시도한 초현실주의 행위 예술가가 되었다.

　사용자를 추상적으로만 생각하면 구체성이 떨어져 그들의 입장에서 생각해 보는 것이 어렵다. 사용자의 입장에서 관찰을 실행하기 위해서는 그들의 일상에 관해 '적극적으로' 생각해야 하며, 적극적으로 자신의 마음을 대상에게 투영하기 위해서는 그 대상을 구체적으로 상정할 수 있어야 한다(《우아한 관찰주의자》 p190). 마치 연극배우가 특정한 역할에 자신을 투영해야 몰입이 가능한 것과 같다. 극 중 인물의 이미지, 즉 페르소나(persona)로 마음을 이동시키려면 페트리샤 무어가 마음속에 그린 자신의 할머니처럼 그 페르소나가 구체적일수록 좋다[그림 5-7].

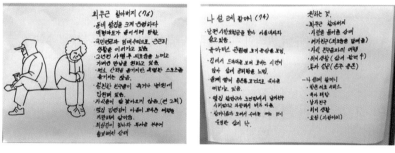

[그림 5-7] 고령자 제품 디자인 씽킹을 위한 페르소나 예시(학생 팀)

　특정한 세그먼트에서 사용자 그룹을 대표할 가상 인물의 이미지가 하나의 페르소나가 된다. 페르소나가 구체적인 서술을 가지고 있을수록 사용자에 대해 더욱 실감나게 감정 이입을 할 수 있다. 막연히 '여성'으로 정의하는 것보다는 '40대 여성'으로 정의하는 것이 구체적이고, 이보다는 '서울 강동구 00동에 살고 있는 42세의 주부 김보람'이 더 구체적이며, 이 보다는 '서울 강동구 00동의 HY아파트에 살면서 주말마다 근교의 산에 산행하는 것을 좋아하고, 8세와 6세 된 두 아이가 있으며, 버스와 지하철을 이용하여 50분 정도 걸려 직장에 통근하는 42세의 꽃꽂이가 취미인 중산층 여성으로서 부모님이 계신 고향은 충청남도 청주인 김보람'으로 상정하는 것이 더 구체적이어서 그 삶의 모습을 더 쉽게 떠올릴 수 있다. 대체로 페르소나를 구성하는 데 다음과 같은 항목을 사용한다.

신상 특성: 사진이나 이미지, 성별, 나이, 버릇, 성격

역할 특성: 직업, 목표나 야망, 꿈, 습관이나 취미

관계 특성: 식구, 스토리에 관련되는 직장 상사 등의 주변 인물

상황 특성: 필요 상황, 선호하는 제품이나 서비스의 특성, 기타 요구 사항

페르소나가 설정되면 그들의 입장과 특성을 반영한 관찰 결과를 역할 연극을 하듯이 발표하고 다듬어 보는 것이 도움이 될 수도 있다[그림 5-8]. 서울교통공사와 현대자동차 구성원들이 디자인 씽킹을 위해 사용했던 페르소나 설정의 예를 들어 보면 아래와 같다.

- **서울 지하철 사용자 1:** 영월에 사시는 72세의 김갑순 할머니는 결혼한 둘째 딸이 상계동에 산다. 서울에는 10년 전에 올라와 보았다. 출산한 둘째 딸과 사위에게 부담이 되지 않도록 알리지 않고 딸을 보기 위해 서울에 가기로 마음먹었다. 밭에서 직접 기른 유기농 채소를 한 보따리 싸서 딸의 집에 가려고 고속버스를 탔다. 오랜만에 낯선 서울에 가다 보니 고속터미널에서 상계동에 사는 딸의 아파트를 잘 찾아갈 수 있을지 걱정이 된다. 버스는 벌써 서울 고속터미널 승차장에 진입하고 있다.
- **서울 지하철 사용자 2:** 세네갈 학생 무스티는 한국의 H 대학교에서 합격 통지를 받고 한국에 왔다. 한국에 온 지 나흘이 되었지만 아직 모든 것이 낯설다. 한국어는 아직 한마디도 못한다. 지하철에 대해 알고는 있지만 아직 사용해 본 경험은 없다. 프랑스어는 익숙하지만 영어는 서툴다. 오늘은 왕십리에 있는 숙소에서 지하철을 갈아타며 남산 아래편의 세네갈 대사관에 찾아가려 한다. 물어물어 지하철역을 찾아 내려가고 있다.
- **대전 자동차 사용자:** 차를 새로 구매할까 고민하고 있는 42세의 김현대 씨는

주말에 가족과 함께 캠핑을 가는 것이 인생의 즐거움 중 하나다. 대전 대덕에 위치한 집에서 두 시간만 운전하면 즐길 수 있는 캠핑 장소가 많다. 5세와 7세 된 두 아이들도 캠핑을 좋아한다. 김현대 씨는 캠핑이 교육적 가치도 있다고 생각한다. 한편 그는 평일에는 고객들을 방문하기 위해 이동을 많이 해야 하는 영업 업무를 담당하고 있다. 그래서 새로 구매하는 차가 업무와 캠핑에 모두 잘 활용될 수 있으면 좋겠다고 생각한다.

[그림 5-8] 페르소나 입장에서 본 관찰 결과 발표(현대자동차)

고객 여정 지도

현장에서 사용자의 행동을 관찰하는 목적은 그들의 필요와 애로 사항을 파악하여 미래를 위한 가치 있는 산출물을 디자인하기 위한 것이다.

냉장고의 등장은 가정과 산업의 양태를 획기적으로 바꾼 기술적 혁신이었다. 그러나 냉장고는 이제 안정화된 기술이어서 근본 원리에 큰 변화는 없고, 에너지 효율과 크기, 내외부의 모양이나 비교적 작은 변화가 신제품의 주제다. 냉장고를 구매하면 냉장고의 설치와 기술적 오용 방지를 위한 설명이 있는 〈제품 사용 설명서〉가 제공된다. 그러나 냉장고를 주로 사용하는 사람들은 사용법을 작성한 기술자가 아니라 주부들이다. 그래서 새로운 냉장고를 디자인하려면 기술자가 아니라 주부의 냉장고 사용법을 관찰하는 것이 필요하다. 어떤 채소는 어떤 방식으로 포장해서 어느 위치에 두는지, 어떤 반찬은 어떤 통에 넣어 어느 위치에 두는지, 어떤 재료와 어떤 재료는 같이 두고, 어떤 재료는 서로 다른 곳에 위치시키는지 등이 바로 현장의 냉장고 사용법이다. 때로는 사용자가 제품 설계자의 의도대로만 제품을 사용하는 것은 아니다. 나름대로 응용하거나 또는 변형하여 사용하기도 한다. 선글라스의 제품 의도는 방사선으로부터 눈을 보호하는 것이지만, 사용자가 타인으로부터 자신의 시선을 가리는 용도로 **전용**(appropriation)해 사용하는 것과 같다. 전용의 사례들은 새로운 필요와 아이디어를 발견하는 중요한 원천이 된다. 이런 세심한 현장 관찰이 김치 냉장고를 탄생하게 했다.

 사용 과정의 한 순간을 포착하는 것보다는 사용의 전체 과정에서 발생하는 다양한 측면을 세심하게 관찰하는 것이 중요하다. 사용 상황의 전개와 그에 따른 사용자의 반응을 포착하여 시간의 흐름에 따른 다이어그램의 형식으로 요약하는 도구를 고객 여정 지도(customer journey map)라고 부른다. [그림 5-9]와 같이 고객 여정 지도는 고객이 경험하는 이벤트를 도식화하는 것인데, 이벤트란 고객이 제품을 사용하거나 서비스 담당자를 접해 서비스를 제공받는 터치 포인트(touch point)에서 일어나는 상호작용을 의미한다. 상호작용에는 시설이나 인테리어, 풍광 등을 감상하는 행위, 소음이나 음악에 대한 반응, 컴퓨터나 웹사이트를 접속하여 사용하는 행위, 문을 열거나 트레이를 들거나 하는 등의 행동, 서비스 제공자와의 대화, 결제 프로세스 등이 모두 포함된다.

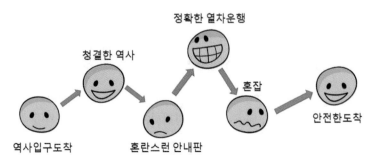

[그림 5-9] 고객 여정과 고객의 감정반응 예시

[그림 5-10]은 온라인 쇼핑을 주제로 한 전형적인 고객 여정 지도의 예다. 고객 여정 지도의 세로축에는 이벤트를 통해 고객이 느끼는 감정, 즉 매우 만족하는 수준에서 불만족한 수준까지를 표현하며, 가로축에는 시간의 흐름에 따른 이벤트의 전개를 표현한다. 고객 여정 지도를 통해 전체 서비스 과정에서 어느 부분에 불만의 소지가 있는지, 개선이 필요한지 등을 가시화하여 표현할 수 있다. 고객 여정 지도는 관찰의 결과를 요약하여 표현하는 도구이기도 하지만, 전체 서비스 과정을 빠뜨리지 않고 체계적으로 관찰하는 것을 돕는 도구이기도 하다.

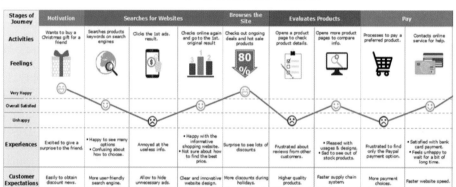

[그림 5-10] 온라인 쇼핑 고객 여정 지도

서비스의 경우 고객 여정 지도가 포함하는 범위는 서비스의 전 과정이다. 고객 여정은 분절된 이벤트와 경험들로 구성된 사건들의 집합체다. 이때 '전 과정'의 시작과 끝을 어디로 할 것인가는 디자인 의도와 목적에 따라 달라질 수 있다. 레스토랑 서비스에 대한 고객 여정 지도는 식당에 들어서는 순간부터 주문하고, 기다리고, 제공된 음식을 즐기고, 계산하고, 나가는 모든 과정이 포착하고자 하는 이벤트가 될 수도 있지만, 필요에 따라 주문에서 계산까지만을 대상으로 할 수도 있고, 반대로 예약하는 시점부터 귀가하는 시점까지, 또는 식사 계획을 잡는 시점부터 식사 경험을 다른 사람과 나누는 시점까지 넓은 범위로 확대될 수도 있다.

교육 서비스에 있어서도 등록과 수강 신청을 디자인의 대상으로 할 수도 있고, 교육 프로그램에 대한 정보를 접하는 시점부터 교육 프로그램을 모두 이수하고 졸업하는 과정 전체를 디자인의 대상으로 할 수도 있다. 하나의 과목만을 대상으로 할 수도 있고, 전체 교과 과정을 대상으로 할 수도 있을 것이다. 놀이공원이라면 공원 입장부터 출구로 나가는 순간까지를 대상으로 할 수도 있고, 고객이 집에서 출발한 시점부터 시설을 즐기고 다시 집에 돌아오기까지를 고객 여정 다이어그램에 포함할 수도 있다. 지하철을 사용하는 사용자의 여정이 표를 구매하고 개찰하는 것으로 시작하고 출구로 나오는 것으로 끝난다고 볼 수도 있지만, 지하철 역사를 찾아가는 시점에서부터 목적지에 도착하는 시점까지를 포함하면 확대된 서비스 필요를 발견하는 기반이 될 수도 있다. [그림 5-11]은 고령자의 하루 일상을 여정의 범위로 삼아 고객 여정 지도를 작성한 예이다. 여정의 범위를 결정하는 기준은 무엇보다도 경영 목적 그리고 디자인의 목적이다.

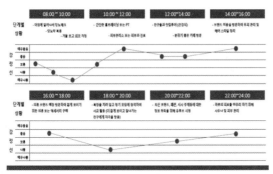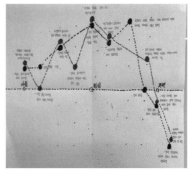

[그림 5-11] 고령자의 일상을 대상으로 한 고객 여정 지도(학생작품)

섀도잉, 서비스 사파리, 롤플레잉, 어피너티 다이어그램

섀도잉(shadowing)이란 사용자들이 보이는 행동을 사용자가 인식하지 못하게 관찰하는 것을 의미한다. 사용자들이 관찰자의 존재를 인식하면 행동이 부자연스러워지거나 바뀔 수도 있기 때문에 몰래 관찰하는 것이다. 관찰한다는 것이 드러나지 않게 지하철 사용자나 카페 사용자, 쇼핑몰 사용자 등을 관찰하는 것이 그 예이다. 사용자에게 근접 관찰을 하려면 상세히 기록하기가 힘들다는 것이 어려움이다.

섀도잉의 수단으로 CCTV를 이용하기도 한다. 대체로 설치된 CCTV에 이미 녹화된 영상을 이용한다. 문제는 CCTV의 영상은 확인을 위한 확대는 가능하지만 관찰의 시각은 고정되어 있다는 것이다. 관찰자 입장에서 CCTV와 같은 도구는 관찰자의 눈을 대신하는 기술이지만 자연스럽지는 않은 것이다. 미래에는 더 유연성 있는 카메라 기술이 사용되어 관찰자가 직접 관찰하는 것과 같은 효과를 만들어 낼 수 있게 될 수 있다. **원격현전**(remote presence) 기술이 빠르게 발전하고 있기 때문이다.

서터블 테크놀러지사는 카메라와 화면이 달린 움직이는 로봇 도구를 상품화했다. 이 원격현전의 도구를 사용하면 뉴욕의 사무실에 앉아 노트북과 조이스틱으로 조정하여 멀리 떨어진 라스베이거스의 전시장이나 쇼핑몰을 돌아다니며 관찰을 수행하고 대화도 나눌 수 있다[그림 5-12]. 필코의 엔지니어인 스티브 몰턴은 카메라를 빌딩 위에 설치하고, 자신은 사무실에서 이에 연결된 헬멧을 쓰고 머리를 움직일 때마다 그에 상응하여 카메라가 움직여 영상이 헬멧에 장착된 화면에 비치도록 한 장치로 실험을 수행했다. 실험 참가자들은 이 헬멧을 잠시 쓰는 것만으로도 빌딩 위에서 도시를 둘러보는 것과 같은 존재 확장의 느낌을 받았다(앤디 클락, 《내추럴-본 사이보그》 p148~149). 심지어 머리를 30도 돌릴 때 카메라가 60도를 돌게 만들자 관찰을 수행한 실험 참가자들은 부엉이처럼 머리를 한 바퀴 돌릴 수 있는 경험을 체험했다. 이렇게 사람과 기술의 상호작용이 밀착되면 기술의 존재가 투명해져 더욱 현실적인 원격 관찰을 수행할 수 있게 될 것이다.

[그림 5-12] 셔터블 테크놀로지의 원격현전 기술

사파리는 동물원보다 넓고 자연스러운 환경을 갖추고 있어서 동물들이 자연 상태와 같은 행동을 할 수 있도록 한 곳이다. 반경 수 킬로미터 이내의 작은 사파리에서는 사자 같은 포식동물을 사슴과 같이 먹이가 될 수 있는 동물과 격리해야 하고 동물의 다양성도 제한되지만, 수십 또는 수백 킬로미터가 넘는 아프리카의 큰 사파리들처럼 넓은 사파리에서는 다양한 종의 동물들이 자연 상태에서 생활한다. 그러나 용인 자연농원의 사파리와 같은 초소형 사파리에서도 동물들은 동물원의 우리보다는 자연스러운 행동을 보인다.

임시로 서비스가 제공되는 공간을 만들어 가상의 고객이 사용하게 하면서 관찰을 수행하는 방법이 **서비스 사파리**(service safari)다. 주로 새로운 아이디어를 반영해 만든 작은 카페, 서비스 창구 등의 공간에 소수의 패널을 초대해 사용해 보도록 안내하여 그들의 행동을 관찰하기도 하고 소감을 경청하는 방식으로 진행한다. 자연스러운 관찰과 적절한 통제가 균형을 이루도록 하여 관찰하는 기법이다.

서비스 사파리와 일견 비슷해 보이지만 디자인팀 구성원들이 고객, 점원 등으로 역할을 나누어 제품이나 공간, 서비스를 경험하고 소감과 개선점을 토론하는 방법이 **롤플레잉**(role playing)이다. 롤플레잉을 하려면 각자 맡은 역할을 잘 이해하여 충실히 수행하는 것이 중요하다.

어피너티 다이어그램(affinity diagram)은 관찰 데이터를 수집하는 방법이라기보다는 수집된 결과를 정리하고 분석하는 도구다. 관찰의 결과를 브레인스토밍을 하듯 모두 포스트잇에 적어 벽에 붙인 후, 이들을 검토하며 유사한 관찰 결과들을 그룹으로 묶는다. 이렇게 묶인 그룹들의 대표적 특성을 요약해 적어 관찰의 결과를 요약해 나간다. 필요에 따라 그룹에 명칭을 부여함으로써 종합적인 패턴을 파악하고 전체의 맥락도 점검한 후, 토론을 통해 관찰 결과의 시사점을 도출한다.

[그림 5-13] 어피너티 다이어그램을 이용한 관찰 결과 분석

인터뷰

인터뷰와 언어 소통

현장 관찰과 병행하여 인터뷰를 수행하면 깊이 있는 사용 의도를 이해하는 데 도움이 된다. 예를 들어 재래시장이나 슈퍼마켓을 찾은 고객들을 대상으로 물건을 찾기 위해 두리번거리거나 세심히 상품을 살펴보는 등의 행동을 관찰함과 동시에 그들에게 인터뷰를 진행함으로써 그들이 왜 특정한 시간대에 특정한 쇼핑 공간을 찾고, 특정한 물건을 선택하는지 등에 대한 이해를 높일 수 있다. 질문을 통해 시각적 관찰로는 파악할 수 없는 중요한 행위 동기나 연관된 스토리 등을 파악할 수 있다.

현장 인터뷰는 관찰 대상의 시간과 관심을 요하는 침습적(obtrusive) 방법이므로 유의해야 한다. 관찰자가 인터뷰를 위해 존재를 드러내야 하며, 관찰 대상은 행동을 방해받고, 원래의 목적인 쇼핑이 아닌 인터뷰에 마음을 써야 한다. 관찰자의 접근 자체에 대해 심리적 부담을 느낄 수도 있다. 또한, 인터뷰 결과의 품질이 연구자의 말투, 성별, 복장, 연령, 소개를 위한 인사말 등에 영향을 받을 수 있으므로 세심하게 준비해서 어색함이 극복될 수 있도록 하는 것이 중요하다. 인터뷰 받는 사람이 자신의 생각을 충분히 개진할 수 있도록 개방형 질문을 활용해야 하며, 관찰자가 이야기를 주도하지 않도록 유의해야 한다. 대화 내용을 메모하되, 세부 사항을 기억에 의존하기보다 양해가 되면 녹음하여 추후 녹취 결과를 체계적으로 분석하는 데 활용하면 도움이 된다.

인터뷰는 관찰자와 대상 간의 소통이다. 말하는 사람은 자신의 생각을 언어로 표현하며, 듣는 사람은 그 말을 해석하여 자신의 생각에 반영한다. 그런데 한 사람이 사용하는 단어들의 의미는 그 사람의 내면세계에 있는 다른 단어들과의 관계와 그의 지식 체계에 의해서 결정된다. 그래서 오래 시간을 같이 보낸 사람들이나 부부들도 단어의 의미에 사소한 오해가 생겨 다투기도 한다. 배경이 다르거나 (엔지니어와 마케터), 역할이 다르거나(디자이너와 사용자), 지위가 다르거나(상사와 하위 개발자), 입장이 다르거나(판매자와 구매자), 전공이나 종교, 소득, 교육, 취미 등 사회문화적 배경이 다르면 그 차이가 소통의 걸림돌이 될 가능성을 배제할 수 없다. 금속공예를 전공한 내 아내와의 첫 데이트에서 공학과 경영학을 공부한 나는 그녀의 석사 논문이 3D, 멀티미디어, 모바일이라는 세 가지 주제어를 가지고 있다고 하여 소통할 공통의 주제가 있어 다행이라고 생각했다. 그러나 한동안 대화가 진행된 뒤에야 그녀가 말하는 3D란 장식물의 형태가 평면 부조가 아니고 입체물이라는 뜻이며, 멀티미디어란 소재가 하나의 금속이 아니고 은, 금, 동, 유리, 돌 등 여러 가지가 혼합된 것을 의미하며, 모바일이란 작품의 각 부위가 접합되어 있지 않고 고리로 연결되어 있거나 조립식이어서 움직여 모양을 바꿀 수 있다는 뜻이라는 것을 알았다. 경험과 배경, 교육, 직업, 전문성 등이 서로 다른 관찰자와 관찰 대상이 같은 단어나 문장에 다른 의미를 부여할 가능성은 얼마든지 열려 있음에 유의해야 한다.

면담 대상자들을 특정 장소로 초청하여 집단 인터뷰를 수행하기도 하는데 이를 포커스 그룹 인터뷰(FGI)라고 한다. 이 방법은 깊이 있는 통찰을 제공하는 데 한계가 있다는 비판을 받기도 하지만 필요에 따라 유용하게 사용할 수 있다. 진행 시에는 참여자들 간에 자유로운 의견 교환이 이루어지도록 하고, 내용이 엉뚱한 방향으로 흐르지 않도록 안내해야 하며, 상투적 대화로 끝나지 않도록 조심하는 것도 필요하다.

언어 표현의 한계에도 불구하고 인터뷰는 아주 강력한 소통과 관찰의 도구임에 틀림없다. 효과적으로 활용하는 법을 익혀 디자인 씽킹의 관찰 품질을 높이는 역량으로 만들도록 하자. 중요한 것은 연구자가 마음을 비우고 이야기에 공감하고 내용을 흡수하는 것이다.

MBA 프로그램 디자인을 위한 인터뷰 사례

2015년 봄 경영대학원 정기 교수회의에서 나는 외국인 학생들을 대상으로 하는 영어 전용 MBA 프로그램을 개발하자는 의견을 제기했다. 이런 의견을 제시하는 것은 대체로 위험한데, 그 뒷감당을 위한 힘든 작업을 의견을 낸 사람이 떠맡게 되기 십상이기 때문이다. 나는 분야별로 주로 젊은 교수들로 태스크포스팀을 구성해서 국내 대학은 물론 외국의 명성 있는 프로그램에 대한 분석도 수행했다.

외국 학생들이 한국으로 비싼 등록금과 생활비를 감당하고 유학을 오게 만들 요인이 무엇일지에 대한 토론 결과 두 가지 핵심 요인들이 떠올랐다. 하나는 미국 대학과의 교류였다. MBA 교육의 원조인 미국 대학들과의 교류가 프로그램의 매력을 높여줄 것이라고 보았기 때문이다. 다른 하나의 요인은 한류였다. 매스컴마다 한국의 음악과 영화, 음식, 스포츠 등에 세계의 관심이 쏠려 있다는 것을 강조하고 있다. 그래서 한류와 관련된 내용을 교육에 포함하면 프로그램의 매력을 높일 수 있을 것이라고 보았다. 이런 분석 결과를 바탕으로 외국인 학생들을 대상으로 하는 교육 과정의 초안이 마련되었다. 현장 잠재 고객의 목소리를 확인하고 싶었지만, 그렇다고 해외의 미래 학생들을 만나러 갈 수 있는 여건은 되지 않았으므로 경영대학에 교환학생으로 방문하고 있는 외국 학생들을 대상으로 인터뷰를 진행해 보기로 했다. 분위기가 무거워지지 않도록 샌드위치 점심을 준비하고 학부 고학년 및 대학원 수업을 듣고 있는 10여 명의 학생들을 회의실로 초대해서 편안한 분위기 속에 대화를 가지는 포커스 그룹 인터뷰를 진행했다.

주로 유럽과 아시아 각지에서 온 이 학생들과의 대화가 시작되었다.

"여러분 한국에 방문하고 있는 시간을 잘 보내고 있나요? 우리가 해외에서 한국으로 공부하러 올 학생들을 위한 MBA 프로그램을 디자인하고 있는데 여러분 의견이 필요해요."

나는 먼저 한류에 대해 물었다. 한류가 한국으로 MBA 공부를 위해 유학 오는데 얼마나 영향을 미칠지 알고 싶었다. 조금 머뭇거리다가 먼저 한 독일 학생이 뜻밖의 대답을 했다.

"사실 저는 한국에 와서야 한류 이야기를 들었어요. 싸이가 재미있다고는 생각했지만 한국인이라는 것도 나중에 알았어요. 제가 유행에 관심이 좀 적어서…"

그제서야 다른 학생들도 한국에 경영학 교환학생으로 온 이유가 한류 때문만은 아니라고 동조했는데, 공교롭게도 회의에 참석한 학생들 중 한두 명을 제외하고 모두 같은 생각을 가지고 있었다. 나는 의외의 대답에 매우 놀랄 수밖에 없었다. (지금은 좀 반응이 다를까 궁금하다.)

이런 상황이 발생하면 매우 주의해야 한다. 관찰자가 자신이 굳게 믿고 있는 생각을 강조하거나 부연 설명하거나 애착을 보이면 대화의 의미가 퇴색하기 때문이다. 나는 학생들의 이야기를 더 들으며 생각해 보았다.

(이 학생들은 경영대학에 교환학생으로 온 것이다. 이들이 방문을 결정하는데 한류에 대한 호기심이 큰 영향을 미치지 않았다면 비싼 등록금을 내고 2년을 공부해야 하는 MBA 유학에 한류가 과연 영향을 미칠까? 그리고 영향이 있다고 해도 그 효과가 얼마나 지속될까?)

그래서 다시 질문을 했다.

"여러분은 이번 방문을 통해 한국의 문화에 대해 좀 알게 되었고 매력도 느꼈을 것이라고 생각합니다. 여러분이 후에 정규 MBA 프로그램에 등록금을 내고 유학을 가고자 한다고 가정을 해 보세요. 한류 문화에 대한 호감이 여러분의 유학 결정에 얼마나 영향을 미칠까요?"

대답은 대부분 영향을 미치지 않을 것이라는 부정적인 의견이었다.

"인생 살면서 석사를 여러 번 하는 것도 아니고 한 번뿐인데 비틀즈가 좋다고 영국으로 경영학 공부를 하러 가는 것은 아니잖아요."

생각해 볼수록 학생들의 의견이 타당해 보였다. 한류가 한국에 대한 인지도를 높인 것은 분명하지만, 그것이 한국으로 경영학 공부를 하러 긴 시간을 들여 유학을 가는 이유가 되기에는 충분하지 않았다. 그동안 팀이 작업했던 내용 중 상당 부분을 버려야 할지도 모른다는 생각을 했다. 초안은 검증되라고 있는 것이 아니고 버려지고 문제와 함께 진화하라고 있다는 것이 바로 디자인 씽킹의 사상이 아닌가. 샌드위치를 먹으며 대화는 다음 화두로 넘어갔다.

"미국의 경영학 교육은 유명하지요. 우리 학교에는 미국에서 박사학위를 받은 교수님들도 많아요. 그래서 우리는 미국 대학과 학생이나 교수 교환을 포함한 교류 프로그램에 공을 들이고 있습니다. 이것은 우리가 월드 클래스 교육을 제공하고자 하는 노력의 일환입니다. 미국 대학과의 교류가 여러분의 유학 결정에 얼마나 영향을 미칠까요?"

대화 분위기가 많이 부드러워져 있어서 학생들은 자신의 의견을 서슴지 않고 표현했다. 이번에는 프랑스 학생이 먼저 입을 열었다.

"교류 프로그램이 없는 것보다는 도움이 되겠지만 그것이 한국으로 유학 올 이유가 되지는 않을 것 같습니다."

프랑스 학생 이후로 공손하지만 시니컬한 반응들이 이어졌다.

"유럽에도 좋은 대학 많이 있습니다."

"독일에는 여기 수업 시간에 다루는 세계적인 회사들도 많이 있어요."

그리고 내게 충격을 준 결정적인 반응이 나왔다.

"미국에 가서 공부하고 싶으면 유럽에서 바로 미국으로 가지 왜 더 먼 한국으로 유학을 가야 하나요? 한국으로 가서 미국에 교환학생으로 간다는 생각은 뭔가 앞뒤가 맞지 않는 것 같아요."

내 질문이 하나 더 이어졌다.

"미국 교수님을 초청해서 여는 과목을 제공해 주는 것에 대해서는 어떻게 생각하나요?"

대답은 간단했다.

"마찬가지죠 뭐."

"미국으로 바로 가면 이 학교와 교류하는 학교 말고도 수많은 학교 중에서 선택해서 갈 수 있잖아요."

"경영학 공부하러 미국보다 훨씬 먼 한국으로 가서 미국 프로그램의 유사 프로그램을 듣는 데 시간과 돈을 들여야 할까요?"

이것으로 태스크포스팀이 준비한 초안의 수명은 모두 끝났다. 태스크포스팀이 견지하고 있던 믿음의 기둥 두 가지가 모두 산산조각이 났다. 준비하는 과정에서 참여한 교수들에게 다른 각도에서 생각해 봐야 할 부분은 없는지 물은 바가 있지만 별다른 의견이 나오진 않았었다. 그러나 외국 학생들과의 실제 인터뷰로 초안의 토대가 되었던 두 개의 가정이 모두 깨졌다. 외국 학생들에 대한 인터뷰보다 교수들의 의견을 더 중시할 것이었으면 애초에 인터뷰를 할 의미가 없었다. 나는 초안에 대한 애착을 버리고 새로운 디자인 해법을 향해 가기로 결정했다. 초안은 버려졌다. 이후의 이야기는 아이디에이션과 프로토타이핑 단계에서 이어가기로 하자.

백 투 더 베이직, 관찰의 의지

이 장을 마치며 거듭 강조할 포인트가 있다면 그것은 관찰 성공에 가장 큰 영향을 미치는 것은 역시 관찰자의 관찰 의지라는 점이다. 주변에 흔히 볼 수 있는 대상이라도 관찰자의 의지가 작동하여 관심의 무대로 오르지 않는다면 아무런 의미가 없다. 우리는 이미지, 소리, 터치, 냄새 등 다양한 감각 정보의 홍수에 둘러싸여 있다. 여기에 더해 우리의 마음은 내부로부터 끊임없이 떠오르는 여러 가지 생각과 감정, 기억들의 폭포 세례를 받고 있다. 그래서 우리는 크리스토퍼 차브리스와 대니얼 사이먼스의 '보이지 않는 고릴라' 실험에서 입증한 것처럼 마음의 거울에 비쳐진 정보를 모두 처리하지 못하고 일부에만 주의를 기울인다(에이미 허먼, 《우아한 관찰주의자》 p55).

사람들은 본능적으로 새롭고, 어딘가 다르고, 흥미진진한 것에 끌린다. 평범한 장면에 감추어진 것을 알아보려면 세부적인 부분을 관찰하고자 하는 관찰자의 의지와 훈련이 필요하다. 성공적인 디자이너는 보이지 않는 것, 존재하지 않는 것, 당연히 있어야 함에도 불구하고 없는 것을 보기 위해 각고의 노력을 기울인다 (ibid p219). 때로는 존재하지 않는 것에 대한 관찰이 새로운 디자인의 뿌리가 된다. 그래서 관찰의 기법에 대학 학습 이전에 관찰을 위한 의지와 관심을 가다듬고 세심히 관리하는 것이 중요하다.

사랑하는 사람을 대하는 연인이나 아기를 대하는 어머니는 다른 사람들이 보지 못하는 연인이나 아기의 미세한 변화를 본다. 이런 세심한 관찰은 대상에 대한 애정을 필요로 한다. 그래서 알랭 드 보통은 예술가의 관찰력에서 이런 애정을 본다. "예술의 임무 중 하나는 우리에게 좋은 연인이 되는 법을 가르치는 것이라 할 수 있다. 우리는 강의 연인이자 하늘의 연인, 고속도로의 연인이자 돌의 연인이 된다. 그리고 더욱 중요하게는 인생의 어느 지점에서 사람의 연인이 된다."(알랭 드 보통, 《영혼의 미술관 Art as Therapy》 p97). 우리가 애정을 가지고 대상을 바라보는 시각을 바꾸면 그 대상이 우리에게 보내는 메시지가 바뀐다.

Business
Design Thinking

06

문제의 정의와 표상

문제의 발견

문제와 답이라는 문제

아시아에서 최초로 노벨 물리학상을 받은 유카와 히데키 교수가 창조성에 대한 연구에 몰두했던 이치카와 기쿠야 교수와의 대화를 정리해 《창조공학》이라는 책으로 발간했는데, 이 통찰력 넘치는 작은 책에서 그들은 문제 발견의 어려움을 이렇게 언급한다. "창조적인 일을 수행하는 데 있어 제일 먼저 접하는 문제는 문제 자체를 모른다는 것입니다. 따라서 문제를 발견하고 그것을 규정짓는 것이 최초의 관문입니다."(유카와 히데키, 이치카와 기쿠야, 《창조공학》 p113). 창조 과정에서는 풀어야 할 문제가 보이지 않는다는 것이 문제를 풀 수 없다는 사실보다 사람들을 더 당황스럽게 만든다.

대체로 디자인 씽킹이 도전해야 할 문제의 범위는 조직의 목적이나 전략 등에 의해 결정된다. 그러나 구체적인 문제의 발견이나 아이디에이션의 기반이 되는 문제의 구체화는 디자인 씽킹의 중요한 숙제다. 이런 맥락에서 원로 디자이너 빅터 파파넥 교수는 문제의 포착이 학교 교육에 결핍된 부분이라고 강조한다. "문제를 찾아내고 구분해서 명확히 하는 것이야말로 학교에서 결핍된 영역이며, 학생들에게 어떠한 실습도 제공하지 않는 영역이기도 하다."(빅터 파파넥, 《인간을 위한 디자인》 p372). 공감을 토대로 한 좋은 관찰은 관찰 대상에 대한 이해를 풍부하게 만든다. 그리고 사용자나 고객들이 가지고 있는 애로 사항에 대한 깊은 이해를 바탕으로 한 문제의 포착은 창조적 해법을 찾아가는 토대가 된다.

2001년 여름에 나는 남아프리카공화국의 크와줄루나탈에 있는 나탈국립대학교를 방문했다. 새로 개소한 창업보육센터의 소장을 맡게 된 바차타리아 교수가 개소식에 맞추어 한국의 사례와 경험을 주제로 강연을 해 달라고 요청했기 때문이었다. 나탈은 인도의 성인 간디가 영국에서 변호사 자격증을 받고 처음 발령받아 사무실을 연 곳이다. 인도의 니르마대학교에서 처음 만났던 그가 한국을 방문했을 때 한국의 벤처와 대학교 창업센터에 대한 이야기를 들려주었는데, 그것을 기억하고 있다가 연락을 해 온 것이다. 대학 방문 후 케이프타운으로 이동해서 시내 빈민가에 있는 유치원을 방문했다. 아이들을 안아 주기도 하고 이야기도 나누는 시간을 가진 끝에 그 유치원에서 놀고 있는 아이들의 약 50%가 선천적인 에이즈 보균자라는 사실을 알게 되었다. 출산과 함께 어머니의 피가 섞이면서 에이즈를 가지게 된 것이었다. 아무런 잘못도 없이 벌을 뒤집어쓰고 태어난 아이들인 것이다.

UN 국제원조기구는 아프리카의 에이즈 문제 해결을 지원하기 위해 방문조사를 수행한 결과 이 문제가 에이즈에 대한 인식의 부족과 밀접하게 관련되어 있다는 것을 알게 되었다. 에이즈와 위생 대책에 대한 이해 부족을 개선할 주요 방도는 교육과 언론인데, 교육 시스템이 열악하고 공부할 여건이 되는 인구가 적어 미디어를 통한 홍보와 교육이 답이라고 결론지었다. 에이즈 문제에 관련된 호소력 있는 홍보 내용물을 만드는 것은 문제가 아니었지만 그 내용을 라디오를 통해 많은 사람이 듣게 하는 것이 관건이었다. 라디오를 대량으로 공급할 필요성을 호소한 결과 UN 본부로부터 배터리로 작동하는 라디오를 제공하는 원조 프로젝트가 채택되었다. 전기 공급이 원활하기 않았기 때문이다. 그러나 이 프로젝트를 담당한 팀은 상황을 점검하기 위한 이듬해 답사에서 라디오가 무용지물이 되었음을 알게 되었다. 라디오에 사용할 배터리의 공급이 원활하지 않았기 때문이었다. 원조를 하는 선진국 도시에서는 언제라도 점포에서 쉽게 배터리를 구할 수 있었기 때문에 이런 상황을 예단하지 못하고 성급하게 답을 결정지은 것이 문제였다.

디자인 씽킹 수업에 참여했던 학생 한 명이 관찰 연습의 주제로 학생들의 사물함을 선택했다. 관찰 결과를 발표하는 자리에서 그는 "학교의 사물함이 작으니 더 크게 만들면 좋겠다. 또한, 사물함 안에 전화기를 보관하면서 충전할 수 있도록 하면 좋겠다."라고 발표했다. 이런 발표가 흔히 범하는 오류는 관찰과 해법을 성급히 묶어 놓았다는 것이다. 성급한 발상은 여러 고려 사항을 간과한 아이디어나 근본적인 해결책이 되지 않는 결과를 만든다. 또한, 즉흥적이고 반사적인 아이디어가 추가적인 창의적 발상을 방해할 수도 있다. 그래서 '**관찰하되 성급하게 답을 떠올리지 않도록 연습하고, 문제를 포착하는 데 집중하라**'고 강조한다. 평생 정형화된 답을 빨리 찾는 데 방점을 둔 학교 교육을 받은 우리의 관행을 떨쳐 버리는 연습이 필요하다는 주문이다. 디자인 씽킹은 관찰과 문제의 정의를 구분하여 성급한 해법의 문제점을 피하고, "문제와 해법이 동시에 진화해 나가는" 길을 모색하는 방법을 찾는다.

문제 발견의 출발

문제의 발견이란 사람들이 간과하거나 관심을 보이지 않는 숨어 있는 문제, 잠재된 문제, 실현되지 않은 필요를 찾아내는 것이다. 문제를 찾아내는 것이 힘든 이유는 우리가 어리석어서가 아니라 오히려 우리가 학습 능력이 뛰어나기 때문이다.

인간은 다른 동물에 비해 움직임이 빠르지도 않고, 날카롭고 강력한 이빨이나 발톱을 가지고 있지도 않으며 피부는 연약하다. 밤눈은 부엉이나 고양잇과 동물과는 비교도 되지 않을 만큼 어둡고, 후각 능력은 개의 100분의 1밖에 되지 않는다. 100만 방울의 물에 한 방울의 피만 섞여도 400미터 밖에서 냄새를 알아채지 못한다면 상어와는 상대도 되지 않는다(브라이언 와클러, 《지각지능》 p32, 2019). 이런 인간이 지구의 지배종이 될 수 있었던 비결은 우리 뇌의 우수한 학습 능력이다. 오늘날의 인간은 모두 학습 능력이 각별히 높아 살아남은 조상의 후손이다. 그런데 이 학습 능력이 문제점을 발견하는 데에는 오히려 걸림돌이 되는 것이다. 너무 빠르게 적응하여 불편함을 덜 느끼기 때문이다. 불편함을 느끼지 못하면 문제를 인식할 수 없다. 그러니 역설적이게도 어리석어서가 아니고 지나치게 똑똑해서 문제를 발견하지 못하는 것이다.

심지어 처음에는 문제로 보였던 것이 시간이 지나면서 문제로 인식되는 범위에서 빠져나가기도 한다. 그래서 창의 컨설팅 스매시랩(SmashLAB) 창업자인 에릭 카르잘루오토는 "디자인 프로젝트에서 문제에 적응해 버려서 더 이상 문제를 문제로 보지 못하게 되는 경향은 매우 위험하다."라고 강조한다(에릭 카르잘루오토, 《디자인 방법론》 p304).

그러나 다행히도 익숙함과 결별하는 것이 필요하다는 깨달음만으로도 우리는 문제를 찾아내기 위한 마음의 준비를 갖출 수 있고 문제를 찾아내는 것을 학습할 수도 있다. 이 세상에 인간이 만든 제도와 기술과 산출물과 디자인에 더 이상 개선할 여지가 없는 것이 있을 수 있겠는가. 복잡도가 높은 기술일수록 사실 개선의 여지는 더 많다. 일단 이런 사실을 인식하고 대상에 대한 관찰을 정리해 나가면 개선해야 할 문제점들을 포착할 수 있다. 오히려 풀어야 할 문제점들이 너무 많아 범위를 제한하는 것이 필요한 상황에 이를 수도 있다.

수업 시간에 내가 학생들에게 내는 과제의 하나는 고령화 시대에 맞는 노인들을 위한 제품이나 서비스를 개발하는 것이다. 우리나라는 2000년에 65세 이상 인구가 전체 인구의 7%를 넘으며 고령화 사회에 진입했고, 불과 17년 만인 2017년 8월에 이 비율이 14%가 되어 고령 사회에 진입했다. 이웃 일본은 이미 2006년에 이 비율이 20%를 넘어 초고령 사회에 진입했다. 1자녀 운동을 전개한 이웃 중국은 2030년이면 60세 이상 인구가 전체 인구의 25%가 되고, 2060년이면 65세 이상 인구가 4억 명이 될 것이라고 한다. 유럽의 많은 나라도 이미 고령 사회 또는 초고령 사회에 진입해 있다. 고령화는 우리 사회가 당면한 시대적 과제일 뿐 아니라, 동시에 비즈니스의 기회이기도 하다. 일본의 시니어 비즈니스 규모는 2025년에 1,013조 원이 될 것이며, 미국의 시니어 비즈니스는 이미 7,810조 원의 규모이고, 2032년에 이르면 1경 4,850조 원의 시장이 될 것이라고 전망된다(최상태, 한주형 《시니어 시프트》

p13~17, 2018).

내 수업을 듣는 대학생이나 대학원생들은 대체로 20대 중후반이다. 처음에는 할머니 할아버지들에 대해 다 알고 있는 듯이 자신들의 선입관으로 노인들의 문제에 대해 이야기한다. 나는 학생들에게 일주일의 시간을 주고 슈퍼마켓, 길거리, 지하철, 동네 주변 등에서 기회가 되는대로 노인들의 행동 특성과 그들이 맞닥뜨릴 수 있는 문제들을 찾아보라고 요구한다. 교실에 모여서는 나오지 않던 여러 가지 이슈들이 포착된다. 다시 시간을 주고 할머니 할아버지들과 이야기를 나누고 발견한 결과를 발표하도록 한다. 이들이 보고서에 제출한 문제점들을 열거하면 쉽게 수십 가지가 넘는다.

이런 것이 바로 《관찰의 힘》을 쓴 얀 칩체이스가 강조한 인류학적 관찰이다. 《비장소》를 저술한 프랑스의 인류학자 마르크 오제는 현대 정보통신 기술의 총아인 모바일 기술이 사람들의 '장소'에 대한 오래된 관념과 행위를 어떻게 바꾸어 나가는지를 연구했다. 그는 인류학적 방법이 '오늘날을 살고 있는 우리'를 연구하는 데 효과적으로 적용될 수 있다고 주장했다. 인류학적 관찰 방법을 통해 우리 주변의 타자, 즉 내부의 타자를 대상으로 그들의 행동에 녹아 있는 문화와 사회적 연결고리를 세심히 관찰하면 보지 못하던 현상과 변화를 볼 수 있게 된다고 강조한다(Marc Augé, 《Non-places An Introduction to Supermodernity》, 2008). 인류학자와 같은 세심한 눈을 통해 파악한 문제점들 중에서 디자인 씽킹 프로젝트의 구체적 목표를 찾아낼 수 있다.

나는 도자기 꽃병을 가지고 교실에서 관찰 연습을 실행하곤 한다. 학생들의 관찰 토론이 끝나면 다음과 같은 질문을 한다. "할머니가 되면 화려한 색상을 가진 꽃이 더 예뻐 보이시나 봐요. 그런데 문제가 있어요. 나이가 드시니 손가락에 힘이 떨어져서 무거운 물건을 들기 힘들어하시고, 가끔 떨어뜨리기도 하시지요. 그런데 여러분들이 관찰한 내용의 일부에 있는 것처럼 이 도자기 꽃병은 무겁습니다. 물을 채우면 더 무거워지지요. 속이 보이지 않아 물이 있는 줄 모르고 들면 무겁고 미끄러워 떨어뜨릴 수도 있어요. 더구나 이 도자기 꽃병은 깨질 수도 있어서 더 위험합니다.

그리고 꽃을 꽂아 놓지 않은 동안에는 어디엔가 넣어 보관해야 하는데 부피가 커서 부담스럽죠. 할머니들은 추억이 많아서 벽장 속이 항상 가득하니 보관하는 것도 문제입니다. 문제가 무엇인지 아시겠지요? 자 이제 무겁고, 깨지기 쉽고, 불투명하고, 덩치는 큰 이 꽃병의 문제를 창조적으로 해결할 대안을 구상해 볼까요?"

일단 문제가 적절히 포착되고 정의되자 얼마 지나지 않아 학생들은 소재를 바꾸고 디자인을 바꾼 다용도 꽃병이나 접이식 꽃병 등 다양한 해법을 제시하기 시작했다. 문제의 발견이 해법의 발견보다 더 어렵다는 것을 보여 주는 경험이 된다. 우리 일상의 주변이나 직장, 사회적 공간, 공원, 전문 영역에는 수많은 문제가 이렇게 찾아지고 도전받기를 기다리고 있다.

문제를 정의하고 표현하는 것에 대하여

▪ 문제를 찾아내는 능력

대학을 졸업하기까지 우리는 오랜 교육 과정을 거친다. 초등학교 6년, 중학교 3년, 고등학교 3년 등 대학을 입학하기까지 12년의 교육을 받는다. 그리고 대학교에서의 교육 기간이 4년이다. 대학원을 다니는 학생들은 여기에 2년이 더해진다. 무려 16년에서 18년을 학교에서 공부하는 것이다. 이 오랜 과정에 학생이 문제를 만들어 볼 기회는 없다. 그러나 학문의 세계에서나 경영의 현장에서나 문제를 포착하고 표현하는 능력은 매우 중요하다. 올바른 문제가 포착되면 80점짜리 답이 만들어져도 성공이지만, 문제의 포착에 실패하면 그 문제에 대한 100점짜리 답이 만들어져도 의미가 없다.

나는 대학원 전공 수업에서 학생들이 문제를 내는 역량을 한 번 테스트해 보기로 했다. 한 문제당 20점을 할당해 5문제를 시험에 냈다. 그러나 실제로 처음의 3문제만 내가 직접 출제해서 학생들이 중요한 이슈를 제대로 이해하고 있는지 의견을 서술하도록 요청했다. 나머지 2문제는 학생들이 스스로 출제해서 출제한 문제에 대한 해답을 제시하라고 했다. 물론 학생들은 자신이 공부한 내용으로 풀 수 있는 문제를 내고 정답을 쓸 것이었다. 그러나 이유는 이 마지막 두 문제의 채점 조건이었다. 20점 중에서 10점은 출제한 문제가 얼마나 의미 있는 좋은 문제인지를 평가하고, 나머지 10점은 그 문제에 대한 답안을 얼마나 조리 있게 제시했는지를 평가할 것이라고 했다. 학생들은 자신이 출제한 문제에 대해 정답을 제시했어도, 의미 있고 도전적인 생각을 많이 하게 만드는 좋은 문제를 출제하지 못한다면 점수를 절반밖에 얻지 못할 것이었다.

시험을 마치고 나는 학생들에게 이번 시험에서 가장 어려운 부분이 무엇이었는지 물어보았다. 학생들이 어렵다고 대답한 것은 내가 출제한 문제들이 아니었고, 단연코 '문제를 출제하는 것'이 가장 어려웠다고 대답했다. 좋은 문제를 생각해 내고 또 잘 표현하는 것이 매우 어려웠던 것이다. 사회학자 다니엘 핑크가 말하듯이 전 세계를 통틀어 긴 학교 교육 과정에서 대부분의 교육은 좌뇌형 사고방식을 훈련하는데 할애한다. 논리적인 문제 풀이를 연습하는 데 많은 시간을 쓰는 것이다. 문제를 만드는 것은 선생님의 일이고, 선생님이 낸 정답이 있는 문제들을 풀어 정답을 찾아내는 것은 학생의 역할이다.

학생들은 문제를 정의하고 설계하는 것을 연습할 기회는 가지지 못한 채 공식 교육을 마치는 것이다. 그러나 유능한 과학자나 발명가들은 대체로 남들이 찾아내지 못한 문제를 본 사람들이었고, 남들보다 문제를 잘 정의하고 표현해 낸 사람들이었다. 경영 현장에서도 올바로 문제를 찾아내고 표현한 경영자가 높은 성과를 낸다.

인류학자 클로드 레비스트로스는 "과학자란 올바른 답을 제시하는 사람이 아니라 올바르게 질문하는 사람이다."라는 말로 문제 구성의 중요성을 강조했다(아구스틴 푸엔테스, 《크리에이티브: 돌에서 칼날을 떠올린 순간》 p374). 이 점은 사실 반복적으로 강조되었다. 위대한 생물학자 찰스 다윈은 "문제를 해결하는 것보다 문제가 무엇인지 파악하는 게 더 어려운 작업이 아닌가 싶다."라고 했고, 앨버트 아인슈타인은 "문제의 정의는 문제의 해결보다 훨씬 본질적이다."라고 했다

(데이비드 코드 머레이, 《바로잉》 p55).

　고령자가 많이 사는 시니어 아파트의 엘리베이터 안에서 쓰러져 연결 버튼이
나 엘리베이터 버튼을 누르지 못해 위험한 상황에 놓이는 경우가 많다는 관찰 결
과가 포착되었다. 양손에 물건들 들고 있는 엘리베이터 사용자들도 엘리베이터
버튼을 사용하는 데 유사한 어려움을 가지고 있었다. 이는 문제의식을 자극하여
엘리베이터 바닥에 쓰러진 노인이나 짐을 가진 사용자들을 어떻게 도울 수 있을
지를 해결하기 위한 디자인 문제로 포착되었다. 그 결과로 [그림 6-1]처럼 발
목 높이에 엘리베이터 버튼을 장착한 고령자용 엘리베이터가 탄생할 수 있게 되
었다. 적절한 문제가 포착되고 제시되지 않았다면 아무도 이런 아이디어를 내지
못했을 것이다.

[그림 6-1] 엘리베이터 바닥에 설치된 버튼 해법들

　위스콘신의 고등학생 자이크 지엔은 책상 모서리에서 튀어나와 걸리적거리고,
발에 밟히고, 걸려 넘어지게 하는 길다란 멀티탭이 문제라고 인식했다. 멀티탭은
하나의 콘센트를 확장하고 길게 연결해 여러 용도로 사용하게 해주는 편리한 도구
지만 그에게는 문제를 일으키는 원인으로 포착된 것이다. 그는 책상이나 벽 모서
리를 따라 구부리거나 기둥을 따라 둥글게 말아서 쓸 수 있는 멀티탭이 왜 없는가
라는 문제를 제기했고, 그 의견을 아이디어 사이트인 쿼키닷컴(Quirky.com) 사
이트에 올렸다.
　창의성 사이트인 쿼키닷컴에서는 누군가 흥미로운 아이디어를 올리면 커뮤니티

에 속한 사람들이 처음의 해결책을 더 개선하기 위한 의견을 내고 공유한다. 관심이 확대되면 쿼키의 전문 디자이너들이 참여해 디자인을 완성한다. 반응이 좋으면 쿼키는 외주 제조업체를 찾아 제품을 대량생산하고, 시장에 판매한다. 자이크의 멀티탭 아이디어도 이와 같은 과정을 거쳐 제품으로 완성되었다[그림 6-2]. 회사의 규정에 따라 판매 수익의 커다란 부분이 처음으로 문제를 포착하고 아이디어를 올린 자이크 지엔에게 지급되었다. 그는 이 수익으로 부모님에게 수영장이 딸린 훌륭한 저택을 선물할 수 있었다고 한다. 자이크에게 이런 행운을 가져다준 원천은 문제를 포착하게 만들어 준 그의 관찰이었다. 많은 사람은 멀티탭이 가진 문제를 해결하는 나름대로의 현명한 처방을 찾아냈고, 그 해결책에 익숙해졌다. 그래서 그들은 혁신의 출발이 될 수도 있는 문제를 포착하는 데 실패했던 것이다. 자이크는 특별히 똑똑해서라기보다는 이 문제를 만족스럽게 해결할 수 없었고, 그래서 이 문제를 포착할 수 있었던 것이다.

[그림 6-2] 쿼키닷컴의 꺾거나 둥글게 말아서 쓰는 멀티탭

▪️ 문제의 표상

디자인에 있어서는 문제를 찾아내는 능력뿐 아니라 적절하게 표현하는 능력도 중요하다. 포착된 문제에 대한 적절한 표상(representation)은 문제의 본질을 빠르게 파악하는 데 도움이 될 뿐 아니라 문제를 해결하는 능력도 높여준다. 노벨 경제학상을 받은 인지과학의 창시자 허버트 사이먼은 《인공의 과학》에서 "어떤 문제를 해결한다는 것은 해답이 명백해지도록 문제를 다시 표상하는 것을 의미한다. 문제를 어

떻게 표상하는 것이 좋은가 그리고 표상이 해결책의 발견에 어떻게 공헌하는가는 미래 디자인 이론의 핵심 의제가 될 것이다(Simon, 《Sciences of the Artificia》, 1981, p153)."라고 말했다. 문제를 표현하는 능력이 문제를 해결하는 능력과 긴밀하게 연결되어 있다는 말이다.

문제를 새로운 방식으로 표현하면 기존에 막혀 있던 생각의 흐름이 트여 새로운 방향으로 전개될 수 있고, 우리가 가진 잠재적 사고 역량이 발휘될 수도 있다. 초고속 성장의 신화를 만든 잡지사 Inc.를 위시해 여러 회사를 창립했고 창조적 사고에 대해 관심이 높았던 사업가 데이비드 코드 머레이는 모방과 창조의 관계에 대한 그의 탐구 결과를 정리한 책《바로잉》에서 "아이디어의 진화에는 풀고자 하는 문제의 진화도 포함되어 있다. 문제를 다시 정의하라. 이것이 창의적 정신의 특징이다."라고 설파한다(데이비드 코드 머레이, 《바로잉》 p332).

선생님이 만든 문제를 받아 훈련을 통해 다듬어진 풀이 기법대로 풀어나가는 것은 이미 해법도 있고 문제도 정형화되어 있는 경우에나 적용할 수 있는 방식이다. 그러나 해답이 명백하지 않은 새로운 현상, 문제가 올바른 것인지도 확실치 않은 현상, 해결책이 안개에 싸인 것처럼 막막한 상황에서 새로운 지식과 해법을 만들어 가야 하는 창조 과정에는 정형화된 방법을 적용할 수 없다. 그래서 사이먼 교수는 문제 표현을 개선해 나가는 능력이 바로 문제를 해결하는 능력이라고 설명한 것이다.

우리는 문제를 해결하는 과정에서 현실 그 자체를 상대하기보다는 어떤 방식으로든 현상을 기호로 표현한 문제, 즉 표상된 문제를 상대한다. 디자인 심리학자 도널드 노먼은 "인지의 힘은 추상하고 표상하는 데서 나온다."라는 말로 표상의 중요성을 대변한다. 현상을 단순화하고 기호화하여 표현하는 능력이 바로 생각하는 능력이라는 뜻이다. 우리가 문제를 표상할 때는 복잡하고 다양하고 혼란스러운 지각, 경험, 사고 등에서 불필요한 세부 사항을 추려 버리고 핵심적 요소를 포착해 추상화한다. 이렇게 추상화된 문제를 여러 가지 방식으로 표상하는 능력이 바로 지능의 핵심이라고 그는 설명한다(노먼, 《생각 있는 디자인》 p78).

표상을 통해 디자이너들은 부적절한 자극에 방해받지 않고 핵심에 주의를 기울일 수 있다. 바로 여기에 표상의 힘이 있다. 우리는 표현된 문제 표상을 대상으로 사고하고 해결책을 모색한다. 표상을 표상할 수 있는 능력이 바로 고차적 사고의 핵심이다. 말이 꼬여서 어려워지는 것 같지만 이는 매우 중요한 점이다. 우리는 생각할 수 있을 뿐 아니라 생각에 대해서도 생각할 수 있다. 노벨 경제학상을 받은 인지심리학자 대니얼 카너먼이 일생의 연구 결과를 정리해서 쓴 책의 제목《생각에 관한 생각》(원제는 Thinking Fast and Slow다)을 떠올리게 만든다.

노벨 의학상을 받은 제럴드 에델만은 사람의 의식이 동물의 의식과 핵심적으로 다른 점은 바로 이 고차적 의식, 즉 의식에 대한 의식을 가지고 있다는 점이라고 말한다. 그에 의하면 의식은 뇌의 작용이기 때문에 '나'란 자아는 다름 아닌 나의 뇌이자 나의 몸이다(에델만,《세컨드 네이처》p44, 2009). 이런 점에서 뇌과학은 데카르트의 몸-마음 이원론을 넘어서려 한다. 의식은 그 자체가 생각의 과정이며, 의식과 뇌의 관계를 기반으로 생각해 본다면 고차적 의식이란 바로 의식에 대한 의식, 생각에 대한 생각이다.

사자나 고양이 같은 동물들도 정교한 의식을 가지고 있고 생각을 할 수도 있다. 정확하고 빠른 계산 능력을 가지고 있기 때문에 이를 총동원하여 사슴이나 쥐를 사냥할 수 있다. 그러나 사자는 고차적 의식, 즉 생각에 대한 생각을 하지는 못한다. 즉 "왜 나는 사자로 태어나서 저 불쌍한 아기 사슴을 사냥하겠다는 '생각'이나 하고 있는가?" 하는 생각을 하지는 못한다는 것이다. 자신에게 떠오른 생각을 다시 생각의 대상으로 표상화하는 고차적 표상이 바로 인간의 창작물인 제2의 자연이며, 이 제2의 자연을 만들어 내는 능력이 바로 인간의 창조성이라고 에델만은 설명한다(ibid, p57, 2009).

고차적 표상을 통해 우리는 새로운 지식과 창조물을 생성한다. 표상을 통해 우리는 실제 세상을 직접적으로 상대해서는 알아차리기 힘든 높은 수준의 고차적 관련성, 이론, 디자인 등을 창조해 낸다. 도널드 노먼은 이렇게 고차적 패턴과 구조를 발견할 수 있는 능력이 바로 추리의 정수이며, 나아가 문학, 예술, 수학, 과학을 창출하는 결정적 요건이라고 말한다(노먼,《생각 있는 디자인》p83).

▚ 사례를 통해 보는 문제 표상의 중요성

숫자놀이 문제

도날드 노먼의 《생각 있는 디자인》에서 발췌하여 수정한 간단한 퀴즈를 통해 문제의 표상이 얼마나 중요한지 경험해 보자.

> A, B 두 사람이 번갈아 숫자를 집어가는 숫자놀이를 하고 있다.
> 1, 2, 3, 4, 5, 6, 7, 8, 9 아홉 개의 숫자를 한 번에 하나씩 가져갈 수 있다. 이미 가져간 숫자를 또 가져갈 수는 없다. 가져간 숫자들 중 세 숫자를 합해 정확히 15를 먼저 만드는 사람이 승자가 된다. 게임은 진행 중이고 현재 상황은 다음과 같다.
> 1) 먼저 A가 8을 가져갔다.
> 2) 다음에는 B가 2를 가져갔다.
> 3) 다음 차례에 A가 4를 가져갔다.
> 4) 그다음에 B가 3을 가져갔다.
> 5) 그리고 다시 A가 5를 가져갔다.
>
> 이제 B의 차례다. 당신이 B라면 어느 숫자를 가져가야 할까?

정답을 먼저 맞히는 학생에게 선물을 준다. 강의를 하다 보면 이 문제를 넌센스 퀴즈라고 생각해서 2와 3을 더한 5의 앞에 1을 놓아서 15를 만들겠다고 답하는 '창의적인' 사람들이 나타나기도 하지만 이 문제는 넌센스 퀴즈는 아니다.

이제 이 문제를 차근차근 풀어보자. B의 입장에서 보면 현재 2와 3을 가지고 있다. 빨리 15를 만들고 싶지만 대안이 만만치 않다. 10이 필요한데 10은 없다. 10이 되는 1과 9, 2와 8, 3과 7, 4와 6을 대안으로 떠올려 볼 수 있다. 이 중 가져갈 수 있는 남은 조합은 1과 9뿐이다. 1이나 9 중에서 하나를 집으면 어떨까? 15에 가장 근접한 9를 가져갈까?

하지만 이들 대안은 모두 의미가 없다. 상대방이 먼저 15를 만들어 버리면 게임이 끝나버리기 때문이다. 그래서 입장을 바꾸어 상대방의 사정을 살펴보아야 한다. A는 8과 4와 5를 가지고 있다. 8과 4의 조합이 15가 되기 위해서는 3을 필요로 하는데 3은 B가 가지고 있다. 8과 5의 조합은 2를 필요로 하는데 2도 B가 가지고 있다. 마지막으로 4와 5의 합은 9이니 6이 있으면 15를 만들 수 있다. 만일 A가 6을 가져간다면 A가 승리하고 게임은 끝난다. 그러니 그런 상황이 되지 않게 하려면 B가 6을 가져가야 한다. 그러면 무승부가 되어 아마도 게임을 처음부터 다시 시작해야 할 것이다. 그래서 B의 최선의 선택은 6이다. 여러분도 이렇게 문제를 풀어 나갔는가?

집착이 강한 사람들일수록 A로 입장을 바꾸어 생각하기까지 시간이 더 걸리고, 어떤 경우에는 답이 없다는 결론에 낙담하기도 한다. 주입식 교육의 영향을 더 강하게 받은 사람일수록 이 문제의 답을 찾는 것을 어려워하는 것 같다. 놀랍게도 숫자 계산에 매우 능하다고 알려져 있는 인도의 대학생들에게 이 문제를 냈을 때 더 어려워했다. 초등학교에서부터 곱셈표를 구구단이 아닌 19단까지 달달 외워 웬만한 숫자 계산이라면 번개처럼 계산해 내는 인도의 많은 학생이 입장을 바꾸어 보는 사고의 유연성에 있어서는 한계를 보여 준 것이다.

3목 게임 문제

문제를 하나 더 풀어보자. 나는 이 게임을 '3목'이라고 부르겠다. 여러분은 아마도 오목게임이 무엇인지 모두 알고 있을 것이다. 흑과 백 바둑돌을 각기 가진 두 사람이 바둑판 위에 번갈아 돌을 놓아 먼저 다섯 개의 돌을 일렬로 서게 하는 사람이 이기는 게임 말이다. 가로이든, 세로이든, 대각선 방향이든 상관없다. 아마 단순하고 재미있어서 유년 시절에 즐겨 해 보았을 것이다. 3목 게임은 오목보다 더 단순하다. 다섯 개가 아니라 세 개의 돌만 일렬로 서게 하면 승자가 되기 때문이다.

역시 빨리 답을 말하는 학생이 승자가 된다. A는 검은 돌(●)을, B는 하얀 돌

(○)을 사용한다. 당신은 하얀 돌을 사용하는 B다. 현재의 상황은 아래와 같다. 이제 당신 차례이다. 당신은 하얀 돌을 어디에 놓아야 할까?

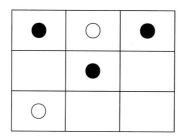

아마 여러분은 내가 설명을 마치기도 전에 전광석화같이 문제의 답을 알아버렸을 것이다. 여러분은 빨리 대답해야 한다는 생각에 긴장감을 느끼며 대번에 오른쪽 아래 칸으로 시선을 보냈을 것이다. 거기에 검은 돌이 놓인다는 것은 참을 수 없는 비극이다.

계산과 이성, 깊은 생각과 판단을 관장하는 뇌 부위는 앞이마 쪽에 놓여 있는 전두엽이다. 여러분은 전두엽이 이 문제를 생각의 대상으로 놓고 논리적으로 취급하기도 전에 거의 동물적 감각으로 이미 답을 알아내 버렸을 것이다. 동물적 감각을 처리하는 편도체는 직관과 감정도 관장하기 때문에 이 문제를 빨리 풀고자 할 때는 긴장감이 스쳐 지나갈 수도 있다.

직관이 얼마나 빨리 이 문제의 답을 알게 만들었는지 생각해 보라. 직관이 논리보다 훨씬 빨리 작동한다는 것은 노벨 경제학상을 수상한 심리학자인 대니얼 카너먼 교수가 일관되게 강조하는 점이다. 물론 빠른 직관에는 한계도 있어서 오류를 피하려면 침착하게 절제하는 노력이 필요한 경우도 있다. 그러나 엄청난 속도로 일을 처리해 버리는 직관은 우리 사고의 핵심적 강점이고 생각하는 뇌의 주인이라고 그는 설명한다.

비교

나는 이 두 문제를 여러 나라의 여러 대학 및 기업, 연구소 등에서 풀어보라고 제시해 보았다. 첫 번째 문제의 경우 머리 회전이 빠르고 분석적인 사람들은 평균보다 매우 빠른 속도로 정답을 맞혔다. 그런데 이러 사람들 중 누구도 두 번째 문제에서 보통 사람이 답을 찾아내는 속도보다 빠르게 답을 알아낸 사람은 없었다. 두 번째 문제를 푸는 속도는 너무도 빨라서 실제로 우열을 가리는 것이 불가능했다.

그런데 놀라운 것은 이 두 문제가 사실은 같은 문제의 다른 표상이라는 것이다. 아래의 그림처럼 숫자를 배열한 테이블을 생각해 보자. 이 표에서 가로, 세로, 대각선에 일렬로 놓인 숫자의 합은 모두 15가 된다. 따라서 이 표에서 한 줄에 놓인 숫자들을 고른다면 그 합은 15다. 두 문제를 아래의 숫자표 및 바둑돌 표와 나란히 놓고 비교해 보면 두 문제가 같은 목적을 가진 문제라는 것을 알 수 있다.

4	3	8
9	5	1
2	7	6

1) A가 8을 집었다.
2) B가 2를 집었다.
3) A가 4를 집었다.
4) B가 3을 집었다.
5) A가 5를 집었다.

●	○	●
	●	
○		

4	*3*	8
	5	
2		

본질적으로 같은 문제임에도 불구하고 표현 방식에 따라 우리가 문제를 푸는 속도나 문제를 푸는 과정, 문제를 푸는 데 사용하는 뇌의 작용이 완전히 다르다는 것

은 매우 의미심장하다. 문제의 표상이 얼마나 중요한지를 단적으로 보여 주는 것이다.

이미지로 정보가 제시되었을 때와 텍스트로 정보가 제시되었을 때는 서로 다른 방식의 뇌 프로세스가 작동한다(토머스 웨스트, 《글자로만 생각하는 사람, 이미지로 창조하는 사람》, 2009). 이미지는 직관적이고 종합적인 이해를 촉진시켜 문제를 다른 각도에서 접근하게 한다. 두 가지 표상으로 제시된 이 퀴즈를 통해 적절한 표상 디자인을 선택함으로써 문제 해결의 성과를 얼마나 획기적으로 높일 수 있는지를 알 수 있다. 뇌의 잠재력을 이용함으로써 문제 해결의 성능이 수백 퍼센트 높아질 수 있다.

예시로 보는 문제 표상의 효과

문제의 표상은 문제를 해결하는 과정에서 맞닥뜨리는 난이도에도 현저한 영향을 미친다. 노먼에 의하면 나쁜 표상은 같은 문제를 더 어렵고 고민스러운 대상으로 만드는 반면, 좋은 표상은 같은 문제라도 직관적이고 체험적인 사고의 대상으로 만들어 난이도를 낮추어 준다. 노먼이 인용한 심리학자 루스 데이의 실험을 살펴보자(ibid, p97).

사회의 고령화가 빠르게 진행되고 있다. 고령이 되면 기억력과 계산 능력이 약해짐에도 챙겨 먹어야 하는 약은 점점 많아진다. 더구나 약의 이름들은 전문적이어서 기억하고 관리하기가 더 어렵다. 한 노인에게 의사가 처방한 약은 다음과 같다.

인드랄(Inderal): 식후 한 정씩 하루에 세 번 복용

라녹신(Lanoxin): 한 정씩 매일 아침에 복용

카라페이트(Carafate): 매 식전에 한 정 그리고 취침 시 한 정 복용

잔탁(Zantac): 12시간마다(점심과 취침 전) 한 정씩 복용

퀴나루트(Quinaglute): 하루에 네 번, 매 식사 때와 취침 전에 한 정씩 복용

쿠마딘(Coumadin): 취침 전 하루에 한 정 복용

쉬운 연습문제부터 해 보자. 점심시간이다. 어떤 약을 먹어야 할까? 인드랄은 하루 세 번이니 점심에도 하나 먹어야 할 것이다. 라녹신은 아침에만 먹으니 필요 없다. 카라페이트도 매 식전에 먹어야 하니 필요하다. 잔탁은 12시간마다 먹는데, 점심 때 필요하다. 퀴나루트는 하루 네 번이니 역시 점심시간에도 한 정이 필요할 것이다. 쿠마딘은 하루 한 정이니 점심에 먹지 않을 것이다. 처리하지 못할 것은 없지만 챙겨 먹는 데 여간 신경 쓰이는 것이 아니다.

그럼 이제 본 문제로 들어가 보자. 당신은 점심 때 먹을 약을 다 복용한 후 집을 떠나 딸의 집을 방문하여 하루를 보내고 다음 날 아침이 지난 후 점심 전에 돌아올 생각이다. 꼭 필요한 약을 필요한 만큼만 챙겨가고자 한다. 어떤 약을 몇 알씩 가져가야 할까? 생각하려면 머리가 복잡해서 뒤엉키고 말 것 같다. 나이가 좀 있는 디자인 씽킹 수강생들 중에는 "그냥 약통을 모두 들고 가고 말겠다."라고 대답하는 학생도 있었다. 만일 이 문제에 봉착한 환자가 80이 넘은 고령이고, 정상적인 일상생활을 하고는 있지만 뇌졸중을 겪었던 사람이라면 이 상황에서 올바르게 필요한 약을 준비한다는 것이 얼마나 어려운 일이 될까? 많은 고뇌와 인지적 위험이 따를 수밖에 없을 것이다. 그러나 만일 처방에 대한 정보를 아래와 같은 표상으로 제시했다면 이 문제가 얼마나 쉽게 해결될 수 있을까?

	아침	점심	저녁	취침 시
라녹신(Lanoxin)	○			
인드랄(Inderal)	○	○	○	
퀴나루트(Quinaglute)	○	○	○	○
카라페이트(Carafate)	○	○	○	○
잔탁(Zantac)		○		○
쿠마딘(Coumadin)				○

이 예들을 통해 문제를 효과적으로 표현하는 것이 얼마나 중요한지 거듭 확인해볼 수 있다. 문제의 구성과 표상은 해결책에 대한 접근 방식은 물론이고 문제와 해법을 바라보는 근본적인 시각의 재조정에도 영향을 미칠 수 있다. 그래서 유명 디자이너들의 사고 과정을 연구한 나이절 크로스가 문제와 해결책이 함께 진화한다고 말한 것이다(나이절 크로스, 《디자이너는 어떻게 생각 하는가》 p25).

▪ 문제를 근본적으로 재조명한다

디자인 심리학자인 나이절 크로스에 의하면 문제를 근본적으로 재조명하는 것이 성공적 디자이너의 생각 특성이다. 그가 분석한 유명 디자이너 중 하나는 주시 살리프(Juicy Salif)라는 레몬 스퀴저와 이음매 없이 하나의 플라스틱으로 된 우아하고 편안한 마스터 체어 의자와 투명한 아크릴로 단순하게 찍어낼 수 있는 라마리(La Marie)라는 고스트체어 등 여러 흥미로운 작품들을 디자인한 프랑스의 디자이너 필립 스탁(Philippe Starck)이다.

획기적인 디자인의 소품과 주방용품을 생산하는 회사로 세계적인 명성을 가진 이탈리아의 제조업체 알레시(Alessi)가 그에게 레몬 즙을 짜는 착즙기의 개발을 요청했다. 그가 고민 끝에 디자인한 '주시살리프' 레몬 스퀴저는 화제의 작품이 되어 그를 세계적인 명성을 가진 디자인 스타가 되게 만들었다.

[그림 6-3] 필립 스탁과 그의 작품들: 주시살리프, 마스터 암체어, 고스트 체어

알레시가 필립 스탁에게 레몬 즙을 짜는 스퀴저를 디자인해 달라고 했을 때, 그는 "시장에 이미 ([그림 6-4]와 같은) 레몬 스퀴저들이 있는데 내게 새로운 스퀴저를 개발해 달라는 것은 무슨 뜻일까?"라는 고민을 했다. 그는 자신에게 주어진 미션을 재구성하기로 한다. 즉 제품의 목적, 기능, 용도에 대해 근본적으로 다시 생각해 보기로 했다. 디자이너가 미션을 근본적으로 다시 생각하고자 할 때 택하는 방법의 하나는 제품의 사용 현장으로 가 보는 것이다.

[그림 6-4] 기존의 레몬 짜는 착즙기들

필립 스탁은 스퀴저가 사용되는 현장인 부엌을 유심히 관찰했다. 부엌 공간은 우아하게 정돈되기 어려운 운명을 가지고 있다. 수없이 많은 물건들이 쌓여 있기 때문이다. 가급적이면 사용된 도구들은 눈에 보이지 않게 벽장에 넣기도 하지만, 한계가 있다. 토스터, 커피메이커, 전자레인지, 오븐 등 하루에 한 번씩 사용하거나 크기가 커서 장 안에 넣어두기에 적합하지 않은 물건들이 가득하다. 지인과 친구들의 부엌을 한동안 관찰한 끝에 그는 부엌에 있는 대부분의 장비나 도구들이 아주 적은 시간밖에 사용되지 않는다는 것을 깨닫는다. 그래서 그는 부엌이라는 공간이 마치 창고와 같다는 깨달음을 얻었다. 토스터가 하루에 5분만 사용된다면, 23시간 55분 동안 부엌은 토스터를 보관하는 창고다.

이런 관찰을 토대로 그는 토스터가 사용되지 않는 시간의 일부라도 새로운 기능을 가질 수 있으면 좋겠다는 생각을 연장하여, 토스터보다 더 적게 사용되는 레몬 스퀴저가 사용 후 서랍으로 들어가지 않고 새로운 기능을 가지게 하는 것으로 자신의 문제를 재구성했다. 그는 새로운 의미를 부여한 레몬 스퀴저를 디자인해 부엌 용품에 대해 자신이 깨달은 메시지를 세상에 내놓기로 한다. 훌륭한 디자이너는 디자인 산출물을 통해 그렇게 메시지를 세상에 던진다.

바라보면 예술품처럼 즐거움을 주는 것, 흥미로운 대화거리가 될 수 있는 것, 그러면서 레몬 스퀴저임을 알면 찾아온 손님에게는 신선한 놀라움이 되고 자신에게는 실용적인 도구가 되는 디자인을 만드는 것이 그의 새로운 미션이 되었다. 이렇게 새로 표상된 문제를 토대로 구상과 수정을 반복해 최종적으로 외계인이나 우주선같이 생기기도 한, 우뚝 선 쭈구미를 닮은 그의 명작 주시살리프가 탄생하게 되었다. 주시살리프는 알루미늄 덩어리로 만들어 묵직하고 크기도 꽤 크다. '뒤집힌 눈물 모양'으로 묘사되는 스퀴저의 헤드에 자른 레몬을 돌려 짜면 주스가 홈을 따라 흘러내리며 컵에 고인다.

이 제품은 마치 예술 작품처럼 당당하게 진열대를 장식할 수 있었다. 혼자 바라보기에도 흐뭇하지만 거실을 찾은 손님과 대화의 물꼬를 트는 주제의 역할을 수행하기도 했다. 나는 주시살리프를 내 연구실의 책장 중간에 올려놓았는데, 내 연구실을 찾은 사람 중에 "교수님, 왜 레몬 짜개를 책장 중간에 떡하니 전시해 놓으셨나요?" 하고 질문한 학생은 아직 만나지 못했다. 그래서 그 주시살리프를 보면 웃음이 난다.

필립 스탁의 경우처럼 창의적인 디자이너는 초기의 미션을 탐구의 출발점으로 삼아 지속적으로 문제 자체를 근본적으로 재정의하고 다시 정의해 나가는 작업을 수행한다(나이절 크로스, 《디자이너는 어떻게 생각하는가》 p.20).

🔖 최종 욕구

성공적인 디자이너는 고객이 진정으로 필요로 하는 것이 무엇인지를 근본적으로 다시 생각해 보려 노력한다. 고객이 궁극적으로 필요로 하는 것을 최종 욕구(final desire)라고 부른다.

기업이 수행하는 부가가치 활동에 대한 분석은 대체로 원자재의 확보에서 시작해서 여러 단계를 거쳐 최종 사용자가 매장에서 돈을 지급하고 물건을 건네받는 구매 완료 시점에서 끝이 난다. 공급자의 관점에서 바라보기 때문에 소비자의 구매 이후에 일어나는 일은 관심의 범위에서 벗어나기 마련이다. 그러나 소비자의 입장에서 보면 구매는 그 자체가 목적이 아니라 더 궁극적인 목적을 달성하기 위해 수행하는 과정일 뿐이다. 마트에서 달걀을 사는 사람의 목적은 달걀을 사는 경험을 하는 것이 아니다. 마켓에서 구매하는 행위, 물건을 받고 돈을 지급해 보는 행위 자체는 그의 목적이 아니고 그에게 성취감을 주는 것도 아니다. 그의 최종 욕구를 알기 위해서는 그를 더 따라가 보아야 한다. 그가 달걀을 구매한 이후에 일어나는 일들을 살펴보자.

그는 우선 구매한 물건들을 조심스럽게 운반해야 한다. 깨지거나 상하지 않도록 주의해서 냉장고에 넣어 보관한다. 다음 날 아침 그는 달걀 두 알을 조심스럽게 꺼내서 달구어진 프라이팬에 깨뜨려 넣고 달걀 프라이를 만든다. 식탁에 놓인 이 군침 도는 달걀 프라이가 바로 그에게 행복감을 안겨주는 것, 즉 그의 최종 욕구다. 그렇다면 그에게 행복감을 주는 최종 욕구 이전에 발생하는 운반, 냉장 보관, 요리 등의 일은 모두 새로운 해법이나 도움을 제공할 수 있는 대상이 된다. 그 대상 공간에 햇반, 반찬 배달, RTS(Ready To Serve) 냉동식품 등이 등장해 들어갔다.

한 기계식 드릴 회사를 방문한 디자인 씽킹 교수가 회사에 오래 근무한 임원들과 기술자들이 모인 자리에서 질문한다.

"귀사의 고객들이 진정으로 필요로 하는 것은 무엇인가요?"

참여자들은 다양한 디자인의 전동 드릴들을 떠올리며 여러 가지 대답을 제시한다. "강력한 드릴이죠."

"선이 없는 무선 드릴입니다."

"가벼운 드릴을 원하는 것 같습니다."

교수가 말을 이어간다.

"작고 잡기 쉬운 드릴은 어떤가요? 가격이 저렴한 드릴은요? 예쁜 디자인의 드릴도 좋겠죠?"

잠시 후 그는 [그림 6-5]처럼 묘하게 생긴 화면을 보여 주며 말한다. "귀사의 고객들이 진정으로 필요로 하는 것은 바로 이겁니다."

[그림 6-5] 드릴 고객의 최종 욕구

"귀사의 고객들이 진정으로 필요로 하는 것은 원하는 위치에 원하는 크기로 깨끗하게 뚫린 구멍입니다. 지금부터 이것을 어떻게 제공하는 것이 가장 좋은 방법인지 토론해 볼까요?"

유사한 사례가 바닥 청소를 위한 클리너 세제 회사에서도 반복된다. "무엇이 귀사의 고객들이 진정으로 원하는 것일까요?"라는 질문에 강력한 세제, 향기로운 세제, 가격이 저렴한 세제, 작은 용량으로 나누어진 세제 등 다양한 응답이 나온다. 아마도 여러분은 이제 그 답을 미루어 짐작할 수 있을 것이다. 고객의 최종 욕구는 세제가 아니고 세제를 사보는 것도 아니며, 강력한 세제나 향기로운 세제를 사용해 보는 경험도 아니다. 그들이 진정으로 원하는 것은 깨끗한 바닥이다[그림 6-6].

[그림 6-6] 플로어 클리너와 고객의 최종 욕구

　고객이 진정으로 원하는 것이 깨끗한 바닥이라는 것을 알게 되면 새로이 정의된 그 문제에 대해 답이 될 수 있는 새로운 방법이 모색될 수 있다. 이런 논의를 바탕으로 플로어클리닝 서비스를 제공하는 새로운 서비스 사업을 출범시킬 수도 있을 것이다. 물론 이 서비스에서 사용되는 세제는 현장의 특성에 가장 적절한 이 회사의 제품이 되지 않을까?

　적절한 문제를 찾아내고 올바로 정의하는 것은 해법의 창출과 생각의 폭에 매우 큰 영향을 미친다. 효과적인 문제의 정의를 위해서는 1. 사용자의 마음에 대한 공감에 바탕을 둔 세심한 관찰을 기반으로 하여야 하며, 2. 당장에는 눈에 보이지 않지만 고객의 최종적 욕구가 무엇인가에 대한 고민을 할 필요가 있으며, 3. 정의된 문제의 표상이 매우 중요한 영향을 미친다는 점을 감안하여 문제의 표현과 그 표상의 진화에 대해 열린 자세를 취해야 한다.

07

창조 본능과 디자인 융합

창의적 해법을 창출한다는 것은 누구에게나 부담스러운 미션이다. 그러나 우리 모두는 창의적 사고를 할 수 있는 원초적 잠재력을 가지고 있으며, 창의적 사고의 뿌리는 깊고 길다. 인간이 창의적 해법을 창출하기 시작한 것은 문자를 발명하거나 문제를 기호로 표현하는 능력을 확보하기 오래전부터다. 인류의 조상이 달성한 창조적 혁신의 역사는 수백만 년 전 아프리카의 사바나에 살던 시대로 거슬러 올라간다. 창조적 사고를 시작할 때 그들의 뇌 안에서 일어난 일은 오늘날 우리가 창조적 사고를 할 때 뇌 안에서 일어나는 일과 별반 다르지 않았다. 다른 동물과 확연히 구별되는 인간의 창조 능력은 장구한 세월에 걸쳐 유전적 본능에 각인된 원초적 능력이 되었다. 그래서 창조적 사고 능력은 천재만의 특성이 아니다. 우리의 과제는 그 원초적 능력을 어떻게 끄집어내고, 단련하고, 발현시킬 것인가 일뿐이다.

창조 본능의 기원

■ 생물학적 변화

인류의 등장

우리 조상의 DNA에 특별한 변화가 일어난 것은 약 500여만 년 전의 일이다. 정수리를 넘어 팔을 뻗을 수 있는 긴팔원숭이과에서 출발한 인류의 영장류 조상은 이 시기에 이르자 침팬지나 고릴라와 같은 유인원과 구별되는 진화의 경로를 밟기 시작했다. 초기의 변화는 주로 신체에 가해진 생물학적 변화들이었다.

남쪽 유인원이라는 뜻의 초기 조상인 오스트랄로피데쿠스는 두 발로 서서 걷기 시작했고, 손을 사용하기 시작했다. 시간이 지나며 나무에 매달려 있던 생활 공간은 지상의 초원으로 확장되었고, 몸에 난 털은 조금씩 줄어들어 갔다. 털의 숫자가 줄었다기보다는 아주 작게 퇴화되었고, 머리 위의 털만 더 길게 자랐다. 고고학자들은 땀을 통해 사바나의 더위로부터 몸을 식히는 한편 뜨거운 태양으로부터 머리를 보호하기 위해서 생긴 변화였을 것으로 추정한다(데즈먼드 모리스, 《털 없는 원숭이》 p63~64).

식성은 잡식성이었지만 단백질 섭취는 벌레나 죽은 작은 동물 등에 만족해야 했으며, 뇌와 골격의 발달도 제한적이었다. 이 기간 동안에 그들이 사용한 도구들은 자연에서 얻어진 돌조각, 나뭇조각, 뼛조각 같은 것들에 국한되었다. 나뭇조각을 가지고 개미를 잡는 곰이나, 높은 곳의 열매를 나뭇가지로 건드려 떨어뜨리는 원숭이, 높은 곳에서 돌 위로 조개를 떨어뜨려 껍데기를 깨는 까마귀 같이 동물의 세계에서도 목격되는 도구의 사용 수준에서 크게 벗어나지 않았다. 서아프리카의 일부 침팬지는 평평하고 커다란 모루 돌을 골라 견과류를 올려놓고 적당한 공이 돌로 내리쳐 껍데기를 깬다. 그리고 그 방법을 새끼 침팬지들 앞에서 시연하여 전수하는 모습을 보이기도 한다(스티븐 미슨, 《마음의 역사》 p108, p131). 인류의 조상들도 자연에서 얻어진 도구를 사용하며 이와 같은 작업을 했을 것이며, 큰 기술적 변화 없이 장구한 세월을 숲과 사바나의 경계에서 살아갔다. 그 장구한 세월이란 오늘날의 기준으로는 상상하기 힘든 긴 시간이다. 무려 300만 년이 넘는 시간이니까. 그 긴 세월의 끝자락 즈음에 중요한 변화가 일어나기 시작했다.

도구의 탄생:

동물들의 도구 사용과 극적인 결별을 이루어낸 주인공은 손재주가 있는 인간이라는 뜻의 호모 하빌리스였다. 지금으로부터 약 200만 년 전에 등장한 그들은 최초로 인공물로서의 도구를 만들기 시작했다. 자연에서 발견되는 돌조각은 사용하기 불편해서 불만이 있었던 것 같다. 그들의 변형은 자갈의 한쪽 편만 부분적으로 뜯어낸 매우 사소한 것이어서 고고학 전문가가 아니면 자연적인 돌조각과 구분하기 힘들 정도다(조지 바살라, 《기술의 진화》 p82).

케냐의 수도 나이로비에서 자동차로 3시간 정도를 달리면 언덕 아래로 그랜드 캐니언만큼 크지만 부드럽고 완만한 곡선을 가진 계곡이 보인다. 이 계곡은 남북으로 뻗은 동아프리카 그레이트 리프트 밸리다. 내가 케냐타대학교를 방문하고 들렀던 이곳 6월 말의 날씨는 섭씨 25도 정도로서 당시도 이와 유사했다면 아주 쾌적한 생존 환경이었을 것이다. 이 계곡에서 오스트랄로피데쿠스 '루시'의 뼛조각도 발견되었고, 호모 하빌리스가 남긴 올두바이 석기도 출토되었다. 도구를 사용하는 수십만 년의 생활이 지속되는 동안 그들의 손도 돌로 만든 주먹도끼를 능숙하게 사용하도록 조금씩 변화했다. 석기의 출발은 어느 날 갑자기 아르키메데스처럼 "유레카"를 외치며 물속에서 뛰어 나오거나 구름에서 뛰어 내리신 조상이 만든 것이 아니었다. 매우 서서히 등장했으며 아주 천천히 진전되었다. 조상님이 자연에서 배우고, 그가 자연에서 배운 것을 보고 또 배우고, 자연에서 보고 배운 것을 보고 배운 것을 보고 또 배우고 하면서 조금씩 다듬어져 갔던 것이다. 그리고 그런 변화는 생물학적 변화도 수반했다.

신체와 기술의 공진화(coevolution):

호모 하빌리스와 약 20만 년 전에 등장한 우리의 직접적 조상이신 크로마뇽 사이를 이어 주는 다양한 호미닌 변종을 대표하는 존재가 호모 에렉투스다. 단절적이면서도 누적적으로 진행된 오랜 진화 과정을 통해 호모 에렉투스는 도구를 이용해 사냥하고, 고기를 자르고, 부드럽게 두드리고, 뼈를 부숴 골을 빼내기를 할 수 있게 되었다. 도구의 개선으로 뇌를 사용할 필요성이 높아졌고, 역으로 도구 덕분에 늘어난 단백질의 섭취는 허기진 뇌의 단백질 수요를 채워 주어 뇌를 더 커지게 했다. 더 커진 뇌는 더 많은 생각을 할 수 있었고, 다시 더 많은 단백질을 필요로 했다. 이즈음 일어난 획기적인 기술 혁신이 이런 변화를 더욱 가속시켰다. 바로 불의 사용이다.

스테이크나 불고기, 양꼬치, 구운 바나나 같은 음식 혁명의 뿌리는 자연 발화된 불의 씨를 살려 익힌 요리를 만들어 먹던 호모 에렉투스까지 거슬러 올라가는 것이다. 그들은 질긴 단백질을 익혀 부드럽고 소화하기 좋게 만들어 섭취함으로써 섭식 문화를 통째로 바꾸었다. 약 45%인 단백질의 소화율은 불로 익히면 78%까지 높아졌으며, 불은 식물의 독성과 고기의 박테리아를 제거하는 역할도 했다(아구스틴 푸엔테스, 《크리에이티브: 돌에서 칼날을 떠올린 순간》 p129). 불에 그슬린 고기는 소화기관에 부담을 줄여 장의 길이가 줄어들게 됐고, 이는 이동성과 역동성을 높여 주었다. 부담이 적어진 턱 근육과 치아가 줄어들며 생긴 공간은 풍부한 영양이 공급된 뇌가 급격히 커지는 해부학적 변화의 길을 열어 주었다.

두상에도 변화가 생겼다. 턱에서 이마에 이르는 선이 점차 수직으로 일으켜 세워진 것이다. 이런 변화는 두개골을 위한 더 큰 공간을 만들었고, 무엇보다 성대의 위치를 목구멍 쪽으로 밀어 내렸다. 사실 이것은 매우 위험한 방향의 진화였다. 무게 중심이 위로 올라가기 때문에 물에 빠지면 콧구멍이 물 밖에 나오지 않는다. 턱에서 이마까지가 가로로 누운 개나 고양이는 물에 빠져도 콧구멍이 물 위에 있기 때문에 질식사할 이유가 없지만 사람은 수영을 배우지 못하면 숨을 쉬지 못해 죽는다. 종 전체의 목숨을 담보로 한 위험한 진화였다.

그러나 이런 진화는 희생보다 더 큰 혜택이 있었기 때문에 진행되었다. 목구멍 안쪽까지 밀려 내려간 성대는 들숨과 날숨, 입술과 혀의 모양을 조정하여 여러 가지 소리를 만들어 내는 데 효과적으로 사용되었다. 우리는 "개는 멍멍, 고양이는 야옹, 염소는 음메에, 새는 짹짹"이라고 동물의 소리를 단순화해 의성어로 쓴다. 개가 고양이 소리를 내거나 고양이가 염소 소리나 새 우는 소리를 흉내 내지는 못 하기 때문에 안착된 표현이다. 그에 비해 인간이 낼 수 있는 소리는 워낙 다양해서 가끔 동물들도 속아 넘어간다. 다양한 소리를 낼 수 있는 인간의 성대는 복잡한 정 보를 소통하기 위한 음성 언어가 발달하는 기반이 되었다.

조상님의 뇌: 현생 인류의 등장

음성 언어의 발달은 모닥불 가에 모여 잡담을 나누고, 사냥 무용담을 들려주며, 할머니가 아이들에게 이야기를 들려주는 학습 도구가 되었다. 인류 생활에서 중 심을 차지하는 '이야기 능력'이 발달하게 된 것이다. 모닥불 가는 인류학자나 사 회학자들이 "물리적 위치로서의 **공간**(space)에서 의미가 부여된 **장소**(place)로의 변천"이라고 부르는 문화와 역사와 상징성의 기원이 되었다. 이야기는 점차 초월 적 존재에 대한 인정과 신화와 종교 탄생의 토대로 발전했다(아구스틴 푸엔테스, p310, 344). 공동체의 신화를 포함한 다양한 정보를 표현할 수 있는 능력은 복잡 한 생각을 해 낼 수 있는 커진 두뇌, 정교한 도구를 사용할 수 있게 된 두 손과 함 께 고도의 협동과 사회적 학습의 기반이 되었다. 협동과 학습은 사냥과 전쟁, 공 동체 생활, 그리고 독보적 생존력의 기반이 되었으며, 동시에 창의적 활동의 토대 가 되어 인류의 역사를 호기심과 창조와 도전으로 채워 나가게 만들었다.

이런 변화를 토대로 등장한 크로마뇽(호모 사피엔스 사피엔스)의 뇌는 드디어 현대인의 뇌와 같은 크기에 도달했다. 인간의 뇌가 고래나 코끼리의 뇌만큼 큰 것 은 아니지만 몸무게 대비 상대적인 크기로 결정되는 지능의 기준에서 보면 인간의 뇌/몸무게 비율은 어떤 동물과 비교해도 이상하리만치 크다. 10만 년 전 크로마뇽 의 두개골을 세심하게 분석한 하버드대학의 고고학 연구팀은 "이 정도의 뇌라면 무난히 대학교를 졸업할 수 있다."라고 익살스럽게 발표했다. 어떻게 알았을까?

우리는 뇌의 모양을 설명할 때 흔히 호두알에 비유한다. 호두알이 어떻게 생겼는지는 호두알이 없더라도 호두껍데기만 있으면 알 수 있다. 호두껍데기의 안쪽 홈들은 호두알의 모양과 맞아떨어지기 때문이다. 그래서 뼈만 앙상히 남은 두개골이라도 온전하기만 하다면 그 안에 담겼을 뇌의 크기와 모양을 유추할 수 있고, 그 뼈 주인의 사유 능력을 계산해 볼 수 있다[그림 7-1].

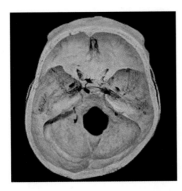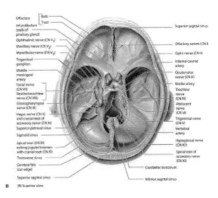

[그림 7-1] 두개골의 내부 구조

이로써 눈에 보이는 생물학적 변화는 드디어 현생 인류의 모습에 이르게 되었다. 오늘날을 살고 있는 모든 인류는 피부색과 인종, 크기, 외모의 차이에도 불구하고 개미나 붕어, 거미, 사과 등 다른 어떤 종과 비교해도 종 내부의 유전적 다양성이 현저하게 낮다. 모두가 생물학적으로 한 집단이라는 것이다. 우리의 세포핵에 들어 있는 유전자는 어머니와 아버지로부터 반씩 받아 만들어지지만 어떤 반을 누구에게서 받게 될지는 완전히 확률에 달려 있기 때문에 개개인은 상대적으로 변화무쌍하다. 그러나 아버지로부터 날아온 염색체 50%를 제외한 세포의 나머지 모두는 어머니로부터 온 것이다. 그래서 세포핵 밖 세포체에 위치한 미토콘드리아는 모계 유전만 된다. 미토콘드리아는 내부에 작은 미토콘드리아 DNA를 독립적으로 가지고 있다. 어머니로부터만 받는 이 미토콘드리아 DNA를 따라 시간을 거슬러 올라가면 인류 전체가 아주 적은 수의 조상 어머니에 이르게 된다(존 릴리스포스, 《유전자 인류학》 p56~59).

10만 년 이후의 변화는 깊숙이 감추어진 뇌 안에서 보이지 않게 일어났다. 뇌 안의 연결성과 생각 내용의 변화가 혁신의 역사를 이어나가기 시작한 것이다. 지금은 뇌골격의 구조에 대한 분석을 넘어 죽은 뇌에 포함된 1,000억 개의 뉴런들 간에 어떤 연결이 있는지 그 구조를 파헤쳐 그 뇌가 살아 있을 때 어떤 생각을 했는지를 알고자 하는 연구도 진행되고 있다. 뉴런들 간에 깊이 새겨진 연결 구조, 그러니까 생각의 흔적을 커넥톰(connectome)이라고 부른다([그림 7-2], 승현준 〈커넥톰〉). 미래에는 과거의 삶을 더 잘 이해하는 과학이 만들어지게 될 것이다. 또 다른 변화는 삶과 인간관계의 양식, 세상을 보는 관점, 추상적인 관념의 세계, 그리고 기술과 같은 문화적 변화였다. 문화의 변화는 뇌의 변화와 공진화하기 시작했다.

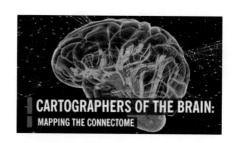

[그림 7-2] 두개골의 내부 구조

조상들이 남긴 흔적들로부터 우리는 그들의 창조하는 마음이 어떻게 싹트고 어떻게 작동했는지 알 수 있다. 그리고 그 작동의 원리는 오늘날 우리의 뇌가 문제에 대해 새로운 해법을 찾고, 창조적 디자인을 만들어 낼 때 작동하는 원리가 무엇인지를 생생하게 알려 준다.

■ 마음의 진화: 창조 혁신의 여명기

인지고고학이 밝히는 창조적 상상력의 탄생

남겨진 두개골의 구조를 기반으로 그 주인들의 인지 능력이 얼마나 되었는지를 계산해 볼 수 있다. 그러나 그 능력을 가지고 그들이 어떤 생각을 했었는지까지 알 수 있는 것은 아니다. 똑같이 생긴 그릇에 물을 담을 수도 있지만 밥이나 국수를 담을 수도 있는 것 아니겠는가? 그래서 조상들의 생각을 알아내려면 두개골뿐 아니라 다른 다양한 증거물들에 대한 해석과의 통합이 필요하다. 오랜 삶의 흔적으로부터 옛 사람들의 마음을 해석해 내는 학문이 인지고고학(Cognitive Archaeology)이다. 인지고고학은 '창조하는 마음'의 원리에 대한 중요한 통찰을 제공한다.

자연적으로 부서진 돌 쪼가리 같던 최초의 올두바이 주먹도끼들은 약 60만 년 정도의 시간이 지나면서 점차로 더욱 사용하기 편한 물방울 모양의 손도끼(르발루아 석기)로 발전해 간다(스티븐 미슨, 《마음의 역사》 p38). 손도끼를 제작하려면 망치처럼 사용할 돌과 재료로 적합한 돌을 골라 서로 부딪쳐 박편 쪼가리를 떼어내 원하는 모양으로 만들어야 한다. 이 작업은 생각보다 어려운 일이다. 고고학을 전공하는 대학원 학생들도 많은 연습 후에야 겨우 그 흉내를 내 볼 수 있다고 한다. 아마 오래전의 조상들도 이런 작품을 만들려면 엄청난 연습이 필요했을 것이다. 더구나 그 당시에는 만드는 방법을 설명하고 가르치는 데 사용할 언어나 설명서도 없었기 때문에 더 큰 인내심이 필요했을 것이다.

손도끼를 만드는 작업이 능숙한 손놀림만으로 가능한 것은 아니다. 창조와 개선은 필연적으로 인지 능력의 진화를 수반한다. 손도끼를 만들려면 먼저 완성품의 이미지를 떠올릴 수 있어야 했다. 미켈란젤로는 대작 〈피에타〉를 만들기 전에 바윗덩어리 속에서 예수의 육신을 보았다고 했다. 만드는 대상이 주먹도끼이건 아름다운 비너스이건 완성된 작품의 이미지를 떠올리는 것은 고도의 사고 능력이다. 그것은 과거에 본 것을 기억하는 것과 다르며, "눈에 보이는 것 이상을 구상하고 새로운 형태와 기능을 창조해 내어 놓는 작업이다(아구스틴 푸엔테스, 《크리에이티브: 돌에서 칼날을 떠올린 순간》 p94)." 미래에 **완성될 산출물에 대해 구체적이고 생생하게 상상하는 능력**이 필요하기 때문이다. 제러미 리프킨이 2차 산업혁명 이후 삶의 모습을 바꾼 수많은 발명품이 미국에서 나온 연유라고 설명한

"미래를 생생하고 명확하게 그려내는 능력"과 같은 능력이다(제러미 리프킨, 《3차 산업혁명》 P14).

디자인의 성과를 연구한 헨리 페트로스키는 같은 맥락에서 "어떤 인공물을 창조하기 위해서는 머릿속에 무엇인가 상상하고 구상하는 과정을 거쳐야 한다."고 설명한다(페트로스키, 《디자인이 만든 세상》 p159). 최초의 인공물인 주먹도끼를 만들기 위해서 옛 조상들이 수행한 창조적 사고의 특성은 오늘날의 디자인 창출 과정, 그리고 우리가 필요로 하는 미래 디자인 혁명을 위한 사고 과정과 같은 흐름에 있는 것이다. 머릿속에 완성품이 자리 잡으면 그 이미지를 향해 재료의 현재 모습을 조금씩 바꾸어 나가야 한다. **목표를 설정하고, 계획을 수립하고, 그 실행 과정을 관리하는 일련의 인지 프로세스가 진행된다.** 고고학자 헤르만 파르칭거는 최초의 도구가 탄생하던 이 순간을 가리켜 "이 순간이야말로 인간 진화에 있어서 전환점이 되는 결정적 순간이었다. 인간이 동물로부터 그리고 유인원으로부터 완전히 구분되는 시점이 바로 이때였기 때문이다."라며 감동에 젖는다(헤르만 파르칭거, 《인류는 어떻게 역사가 되었나》 p33).

디자인의 탄생: 재료와 도구

인류 최초의 위대한 창작물인 손도끼를 구체적으로 구상하는 일은 쉽지 않은 일이었을 것이다. 손도끼를 만들기 위해서는 먼저 세심한 관찰력을 가지고 들이나 산을 돌아다니며 재료로 쓸 돌과 재료를 다듬을 도구로 쓸 돌을 구해야 했다. 적절한 재료와 도구를 구하려면 돌의 성질과 세기, 부서지는 형태, 잘려나가는 각도 등에 대한 지식이 있어야 했다. 단단하기만 한 돌은 다듬기 힘들었고, 너무 연하거나 부스러지는 돌은 재료로 부적합했다.

구한 돌의 크기와 모양, 특성에 따라 머리에 떠올리는 완성품의 모습도 조금씩 달라져야 했다. 그래서 유연한 마음의 시뮬레이션 능력이 창조적 구상에 동원되어야 했다. [그림 7-3]처럼 다양한 디자인의 손도끼가 등장했지만, 하나의 디자인이 수만 년에서 수십만 년씩 사용된 것을 보면 최적의 새로운 디자인을 찾는 것이 그리 쉬운 일은 아니었던 것 같다. 한 지역에서 특정한 디자인이 안착되면 오랜 시간 동안 싫증 내지 않고 비슷한 것을 만들어 썼다. 손도끼의 디자인은 제작자들이 살던 지역의 지질학적 특성과 주먹도끼를 만드는 기술의 변화에 영향을 받았다.

[그림 7-3] 다양한 형태의 손도끼

생산 기술은 망치로 쓸 돌의 특성에 영향을 받았다. 단단해야 했지만 두드리는 기법에 따라 무조건 강해야 하는 것도 아니었다. 재료로 쓸 돌이 부서지지 않도록 적절한 모습으로 박편이 잘려 나가게 비껴 내리쳐야 했다. 돌의 성질을 감안해 공법을 익히는 것은 어려운 일이었을 것이다. 예를 들어 화산 근처의 유리질이 많이 섞인 흑요석은 깨뜨린 면이 날카로워 완성되면 칼로 쓰기 좋았지만 다듬는 방법은 화강암과 다를 수밖에 없었다. 재료와 손도끼의 디자인에 대한 최첨단 지식은 주변 사람들에게 공유되었을 것이다. 언어가 없었으므로 시범과 눈썰미에 의존해 배워야 했기 때문에 더 어려웠을 것이다. 많은 시행착오를 통해 조금씩 노하우를 다듬어 가야 했다. 도구의 제작과 활용은 역으로 뇌의 기능을 더 정교하게 발전시키는 역할을 했다(푸엔테스, 《크리에이티브: 돌에서 칼날을 떠올린 순간》 p100).

고대의 디자인 씽킹

손도끼를 만든 조상들은 완성품의 이미지뿐 아니라 **산출물을 어떻게 사용하는가에 대한 관찰 결과와 어떻게 사용할 것인가에 대한 사용 의도도 감안**해야 했을 것이다. 그래서 타자의 생각을 읽는 사회적 지능이 없이는 제품에 대한 기술적 지능만으로는 산출물을 만드는 데 한계가 있다(스티븐 미슨, 《마음의 역사》 p132). 완성품의 사용에 관심을 가지고 관찰하고, 포착된 문제를 해결해 나간 그들의 사고 과정은 디자인 씽킹의 창조 과정과 정확히 일맥상통한다.

손도끼는 동물의 살코기나 가죽, 뼈, 나무줄기나 뿌리, 식물의 열매나 씨앗, 견과류 등을 두드리고, 깨뜨리고, 써는 도구였다. 사냥을 한다고 동물을 향해 홱 하고 냅다 던지는 일은 흔하지 않았을 것이다. 던지는 손도끼를 정통으로 한 번 맞고 쓰러져 죽어줄 만큼 적당히 작고, 느려터지고, 연약한 동물이 많지 않았다는 것이 하나의 이유다. 하지만 더 중요한 이유는 손도끼의 가치였다. 죽도록 고생해서 만든 주먹도끼는 무협지 주인공의 보검이나 오늘날의 스마트폰만큼이나 소중한 것이었다. 함부로 던졌다가 절벽에 떨구거나 강물에 빠뜨려도 좋은 것이 아니었다.

손도끼들은 비슷비슷해 보이지만 재료와 디자인에 따라 잡는 법이나 사용하는 법도 달랐을 것이다. 주나라의 무왕을 도와 상나라를 멸한 강태공은 최초의 병서 《육도삼략(六韜三略)》을 남겼다(태공망, 황석공). 이 책에 나오는 무시무시한 칼이나 창은 이후 3,000년 동안 사용된 무기의 모습과 크게 다르지 않다. 그러나 미세한 디자인의 차이에 따라 그 사용법은 매우 달랐고, 새로운 검법은 새로운 디자인의 지침이 되었다. 같은 이유로 사용하는 방법이나 목적에 따라 손도끼의 모양도 영향을 받았을 것이다. 기술의 변형과 진화는 그런 것이다. 기술의 진화 과정에 관심이 많았던 카를 마르크스는 영국의 장인들이 무려 500종류나 되는 망치를 사용했다는 사실을 알고 깜짝 놀랐다고 한다(조지 바살라, 《기술의 진화》 p10).

문명의 폭발: 창조의 탄생

창조하는 마음의 구조

약 3만 년 전에 중부 및 동부 유럽에서 시베리아에 이르는 광활한 지역에 새로운 문화가 등장했다. 고고학자들은 이를 그라베티안 문화라고 부른다. 약 4만 년 전에 탄생한 오리냐크 문화에서 시작된 비너스상을 더 멋지게 확대시켰고, 다양한 도구와 예술 작품을 산출한 문화다.

사람의 마음에는 특정한 관념의 처리에 특화된 모듈이 존재한다는 것이 마음의 모듈 이론이다. 뇌신경학은 뇌 안에 모듈이 나뉘어 있다는 증거가 없다고 반발하기도 하지만, 심리학자나 인지고고학자들의 모듈 이론이 연결된 뉴런 뭉치들이 물리적 영역을 구성한다는 의미라고 해석할 이유는 없다. 마음의 관념적 구조에 대한 설명이라고 보는 것이 타당하겠다. 마음의 모듈 이론에 의하면 영장류 진화의 초기에 일반 지능이 먼저 형성되었고, 이은 진화 과정에서 사회적 지능, 자연사 지능, 기술 지능, 언어 지능 등의 영역별 지능이 만들어졌다. 이들 중에서는 집단생활을 위한 사회적 지능이 가장 먼저 발달했고, 이어 생물과 사물의 운동 특성을 이해하는 데 필요한 자연사 지능이 등장했다. 이어 도구의 등장과 함께 사물을 조작하는 기술 지능, 사회적 관계나 추상화된 생각을 표현하는 언어 지능이 등장했다. 초기에는 이들 지능 영역들은 상호 연결성을 갖지 못했다(스티븐 미슨, 《마음의 역사》 p94~106).

인지고고학자 스티븐 미슨은 **"창조적 사고를 위해서는 반드시 모듈성에 빈틈이 있어야한다."**라고 주장한다(스티븐 미슨, p86). 한 지능 영역 안의 개념이 일반 지능을 거치거나 직접적으로 다른 영역 안으로 흘러들어가 연결과 조합이 가능해야 창조 활동이 이루어진다는 것이다[그림 7-4]. 별개로 존재하던 관념이 서로 연결되는 것을 심리학자 쾨슬러는 이연현상(bisociation)이라고 불렀다(마거릿 보든, 《창조의 순간》 p38). 타자의 마음을 이해하기 위한 사회적 지능과 도구 제작을 위한 기술적 지능 간의 이연현상이 새로운 도구 창조의 기반이 되는 것이다.

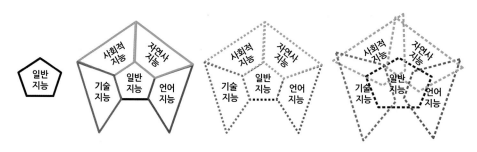

[그림 7-4] 마음 모듈의 진화와 상호 투영의 확대

그라베티안 문화에 나타나는 인물상의 탄생과 진전은 중요한 인지고고학적 의미를 가진다. 어린아이는 쉽게 고양이 인형과 고양이를 구분하고, 엄마의 사진과 실제 엄마를 구분한다. 바보 같은 인공지능과 달리 다리가 셋밖에 없고 짖지 못하는 장애를 가진 개를 보아도 즉시에 개라고 알아보는 '직관적 생물학 마음'도 가지고 있다(스티븐 미슨, p75). 동물적 직관이 생각의 대부분을 차지하던 오래전 조상들도 생물과 무생물을 자연스럽게 구분할 수 있었다. 사람과 사람 모양의 돌이 다름을 아는 것은 직관이다. 사람은 돌로 만든 것이 아니다. 사람과 돌을 연관 짓는 것은 자연스러운 직관이 아니다. 돌로 만든 비너스의 탄생은 생물과 무생물에 대한 관념의 벽에 다리를 놓아 상징 형식을 탄생시킨 위대한 창조다.

무생물인 돌을 깎아 비너스 같은 사회적 상징물을 만들어 내었다는 것은 돌과 재료에 대한 자연사 지능과 기술 지능, 사회적 지능이 고도로 융합되기 시작했음을 의미한다. 모든 상징적 조형이나 장신구의 등장은 상이한 인지 모듈 간의 연결이 만들어 낸 창조물이다. 침팬지에서 네안데르탈인에 이르기까지는 사회적 신분을 상징하는 산출물을 만들었다는 증거가 없다(스티븐 미슨, p203). 복수의 관념 모듈들이 유연성을 기반으로 연결된 이 위대한 변화는 현생 인류의 마음이 창조적 추상의 세계로 옮겨간 것을 의미하는 것이다.

디자인 창조의 폭발

약 1만 년 동안 지속된 그라베티안 문화는 창조성의 화려한 폭발이었다. 무엇보다 다양한 소재를 서로 엮어 복합 도구라는 위대한 창조물을 꽃피웠다. 소형 돌날을 나무나 뿔, 뼈 등으로 만든 창 자루에 역청 또는 동물 뼈를 녹여 만든 접착제로 단단히 고정함으로써 자루도끼와 창 같은 도구를 완성시켰고, 이어 세 개 이상의 부품을 접착한 도구들도 탄생시켰다(푸엔테스, 《크리에이티브: 돌에서 칼날을 떠올린 순간》 p388~389). 접착제는 물질의 혼합과 가열을 통해 탄생하는 새로운 화학적 성질을 이용하는 통찰력과 탐구의 결과물이었으며, 이 전통은 연금술과 현대적 과학으로 이어진다(ibid, p391). 단단히 고정된 자루가 달린 도끼와 창의 위력은 엄청났다. 휘두르고, 던지고, 줄을 달아 투창처럼 쏘아대자 사냥의 효율성은 배가되었고, 아무리 크고 사나운 짐승도 이제는 그들의 사냥감이 되었다.

두 가지 이상의 요소를 조합하는 것은 창조적 혁신의 본질이다. 경제학자 조지프 슘페터는 혁신이란 새로운 조합을 만들어 내는 과정이라고 했다. 2007년에 스티브 잡스는 화려한 행사를 열고 비밀리에 개발한 아이폰을 세상에 처음 소개했다. 그는 아이폰이 세 가지 요소를 하나로 조합한 것이라고 설명했다. 그가 지칭한 세 가지 요소란 화면이 넓은 아이팟, 혁신적인 이동 전화기, 그리고 새로운 인터넷 접속 방식이었다. 아이폰은 이미 존재하는 요소들의 조합이 창조적 혁신을 탄생시킨 대표적 사례가 되었다. 융합적 상상력의 중요성을 강조한 MIT의 브린욜프슨과 맥아피에 의하면 웹은 TCP/IP 데이터 통신, HTML, 그리고 브라우저를 조합한 것에 불과하다. "이 요소들 중에 새롭다고 할 만한 것은 전혀 없었다. 하지만 그것들의 조합은 혁신적이었다(에릭 브린욜프슨, 앤드루 맥아피《제2의 기계시대》 p106)."

고대인들은 사냥한 사슴의 머리 가죽을 뒤집어쓰고 사냥감에 다가갔다. 위장한 채 세심히 관찰한 사냥감의 행동을 흉내 내면 그들의 마음을 더 잘 이해할 수 있었다. 사냥감의 마음을 더 잘 이해하면 사냥이 더 효과적이었다. 젊은 디자이너 페트리샤 무어가 할머니로 분장하고 다니며 노인의 마음을 이해하려고 노력한 것과 같지 않은가? 사냥을 위한 위장과 관찰은 인간의 마음을 동물의 마음에 투영하게 했다. 이를 통해 사람 간의 관계에 대한 사회적 지능과 동물에 대한 자연사 지능이 서로 융합해 '의인화' 능력이 탄생했다. 동물과 사람의 이미지가 뒤섞인 상상은 3만 5,000년 전의 쇼베 동굴이나 그 이후의 알타미라, 라스코 등의 동굴 벽화에 예술적 흔적을 남겨 놓았다. 관념의 융합은 사람과 곰이 대화하고, 호랑이가 사람이 되고, 사람이 날짐승으로 변신하는 사람-동물 이형 변이 우화 탄생의 바탕이 되었다. 이 이연 현상은 동물 숭배와 토테미즘의 기반이 되었으며, 종교적 상징의 세계를 탄생시키는 디딤돌이 되었다(스티븐 미슨, 《마음의 역사》 p68~70, p238~242, p261).

그라베티안 문화의 가장 놀라운 발명품 중 하나는 바늘이다. 돌 바늘은 창촉을 가늘게 다듬어 만들었다. 이 섬세한 구조물의 머리 부분에 구멍을 내어 실을 꿰어 사용한다는 발상은 획기적인 것이었다. 바늘은 재료를 자르고 나누는 도구가 아니고 두 재료를 연결하기 위한 도구다. 바늘의 존재는 다양한 연결성과 상상력, 창조적 구상의 기술적 상징이다. 바늘의 발명이라는 생산 수단의 혁신은 의복과 주거의 모습을 획기적으로 바꾸었다. 바늘은 두 개 이상의 가죽과 털을 깔끔하게 이어 새로운 형태의 의복과 주거용 천막을 탄생시켰다(헤르만 파르칭거, 《인류는 어떻게 역사가 되었나》 p96~97). 바늘의 등장에 힘입은 다양한 창조적 패션 산출물은 사회적 상징성을 더욱 강화했다. 의복은 몸을 따뜻하게 해 주는 것을 넘어 입은 사람의 정체성과 소속 집단, 지위를 반영하는 상징물이 되었다(스티븐 미슨, p70). 디자인이 제공하는 상징성이 사회적 메시지가 된 것이다.

흥미롭게도 바늘이라는 생산 기술이 새로운 혁신을 맞이하며 재탄생하게 된 것은 이로부터 무려 3만 년이 지난 후다. 발명가 일라이어스 호에(Elias Howe)는 1846년 새로운 기계를 만들어 특허를 내었는데, 그 기계는 바로 재봉틀이었다. 재봉틀을 가능하게 만든 가장 획기적인 발상은 구멍을 바늘의 머리에 내지 않고 뾰족한 바늘 끝 쪽에 내어 실을 끼워 넣는 것이었다(도로시 레너드, 월터 스왑, 《스파크》, p143). 재봉틀은 수많은 사람을 패션 디자인의 창조자로 탈바꿈시켰고, 의복 문화와 의류 산업에 놀라운 혁신을 불러일으킨 마법의 생산 수단이 되었다.

아이디에이션을 위한 창조 능력과 융합적 사고

▪ 창조 능력에 대한 오해

디자인 해법을 만들어 내는 아이디에이션의 기반은 창조 능력이다. 새로운 생각을 떠올리고 새로운 해법을 만들어 내는 창조 능력은 많은 사람에게 선망과 동경의 대상이다. 창의성은 인간의 수많은 능력 중에서 아직도 상당 부분이 베일에 싸여 있는 능력이다. 그러나 심장이 혈액을 순화시키는 펌프일 뿐임이 밝혀진지 오래된 지금까지도 많은 사람이 사랑과 미움, 열정과 분노가 심장에 위치하고 있다고 생각하는 것처럼, 이미 밝혀진 창의성의 특성에 대해서도 많은 오해가 공존하고 있다.

선천성: 창조 능력은 타고나는 것이다?

사람들은 흔히 창조하는 능력은 아이슈타인 같은 소문난 천재들의 전유물이라고 생각하고, 창조 역량은 타고나는 것이라고 믿는다. 모차르트처럼 어려서부터 엄청난 재능을 인정받은 천재들의 이야기는 언제나 많은 사람에게 놀라움과 감동을 준다. 씨가 다르다거나 떡잎부터 다르다거나 하는 이야기들은 모두 후천적 양육보다 선천적 본성을 강조할 때 등장하는 표현들이다. 물론 신체적 조건이나 재능 중에 유전적 특성이 반영되는 것들이 있다. 그러나 지금까지 연구된 바로는 창의성은 그런 유전의 대상이 아니다. 아마 그랬다면 세상에는 모차르트나 바하, 피카소, 아인슈타인, 플라톤의 2세, 3세, 4세, 40세들의 눈부신 활약이 차고 넘쳤을 것이다.

창의성에 대한 연구는 이런 선입관이 사실이 아니며, 창조 능력은 현생 인류의 조상이 우리 모두에게 물려준 역량이라고 말해 준다. 창의성은 어떤 면에서 우리의 일상이다. 스티븐 핑커는 《마음은 어떻게 작동하는가》에서 "우리는 누구나 창의적이다. 기울어진 탁자 밑에 적당한 물건을 받치거나 아이를 구슬려 잠옷을 입게 만들 새로운 방법을 생각해 낼 때마다 우리는 마음의 창의적 기능을 이용한다."라고 말한다(스티븐 핑커, p555). 사소해 보이는 일상의 창의성은 역사적으로 인정받는 위대한 창의성과 근본적으로 유사하다.

창조적 사고에 대한 초창기 연구자이자 허버트 사이먼과 여러 공동 연구를 수행한 앨런 뉴웰은 모든 사람이 동일한 창조 능력을 가지고 있는 것은 아니지만 누구나 창조 능력을 가지고 있다고 처음으로 인정한 과학자다. 〈창의적 사고의 과정(The Process of Creative Thinking)〉이라는 제목의 논문에서 그는 창조할 수 있는 사람과 창조할 수 없는 사람 사이에 뛰어넘을 수 없는 벽 같은 것은 존재하지 않는다고 했다. 창의성은 타고나는 것이 아니다. 누구나 창의적이 될 수 있다.

수월성: 머리가 좋으면 더 창의적이고, 창의적이면 더 사랑받는다?

창의성이 선천적으로 타고 나는 것은 아닐지라도 남들보다 더 창의적인 사람이 있다는 점은 부인할 수 없다. 그렇다면 창의성이 더 높은 사람들은 어떤 사람들일까? 학습 능력이 뛰어나거나, 무엇보다 IQ가 높은 사람, 그러니까 머리가 좋은 사람이 아무래도 더 창의적이지 않을까?

토렌스 창의력 검사(Torrance Tests of Creative Thinking)를 만들어 창의력 연구에 큰 공헌을 한 엘리스 폴 토렌스가 수행한 연구는 창의력 점수와 IQ 사이에 아무런 상관관계가 없다고 밝혔다(케빈 애슈턴, 《창조의 탄생》 p49~50). 심지어 심리학자 제이콥 겟젤스가 고등학생들을 대상으로 한 연구에서는 가장 창조적인 성과를 낸 학생들이 그들보다 덜 창조적인 학생들보다 IQ 점수가 낮았다고 보고 했다(ibid. p141). 실제로 IQ 테스트는 대부분 논리적 사고력과 정답이 있는 문제를 신속하게 해결하는 능력을 측정하는데, 이런 좌뇌형 분석력의 발달이 우뇌형 상상력도 촉진한다는 보장은 없다.

학교 선생님들은 창의력이 중요하다고 말하는 경향이 있지만, 실제로는 창의적인 학생들보다 IQ가 더 높은 학생들을 선호하는 경향이 있다. 창의력이 높은 학생들은 IQ가 높은 학생들에 비해 대체로 더 장난기가 많고, 재미를 추구하며, 행동이 덜 예측 가능하고, 관행을 덜 중시하고, 산만한 경향이 있다. 선생님들이 별로 좋아하지 않는 특성들이다. 실제 조사에 의하면 교사들은 IQ가 높고 성실하고 착한 학생들을 창의적인 학생들보다 더 좋아했다(ibid. p142~143). 학창 시절을 돌아보면 선생님들의 평가에는 "머리는 좋으나 산만하다.", "똑똑하지만 말썽이 잦다.", "머리 회전이 빠른데 규율을 소홀히 한다." 같은 문장이 등장하기 일쑤다. 이렇게 창의적 특성은 "그러나"의 뒤에 따라오는 부정적 평가로 묘사되곤 한다. 교육은 어떤 면에서 사회적 동질화의 과정이다. 그래서 독창성은 외면당하고, 상상력은 비웃음을 사며, 괴짜들은 표적이 된다(케빈 애슈턴, 《창조의 탄생》 p49~50).

학교에서뿐 아니라 많은 부모들과 직장의 상사들도 같은 반응을 보인다. 그들은 창의력이 중요하다고 말하지만 실제로는 착하고 통제 가능한 아이로 만드는 행동을 하며, 창조하라고 말하면서 규율에 따르는 부하 직원을 선호한다. 규율을 어긴 창조자는 퇴출되고, 창조하지 않더라도 규율을 지킨 자는 승진한다(ibid. p347~348). 나이와 서열에 따른 위계에 더 익숙한 문화를 가진 우리나라에서 더 흔히 일어나는 일이다. 그래서 창의적이 되려면 선생님과 부모와 상사의 말과 행동, 사회적 니즈와 사회적 규범 사이의 괴리를 어떻게 헤집고 나아갈지도 알아야 한다. 창의적이 되려면 필요한 것은 IQ가 아니고 인내심인 셈이다.

케빈 애슈턴은 "우리가 창조할 수 없도록 가로막는 대상은 창조할 수 없다는 수많은 핑계를 만들어 내는 우리 자신"이라고 말한다(ibid. p52). 우리는 시간이 없다거나, 바쁘다거나, "나는 그렇게 잘나지 않아." 또는 "나는 특별한 재주가 없어."라는 핑계를 만들어 낸다. 우리 하나하나는 모두 특별한 존재다. 그러나 그보다 더 중요한 사실은 창조 본능을 발휘하기 위해 우리는 특별할 필요조차 없다는 것이다. 창조 본능은 말하기 본능처럼 우리 모두의 내부에 잠재해 있는 능력이다. 다만 어떻게 그 잠재된 능력을 발휘하도록 만들 것인가는 우리 각자에게 주어진 숙제다.

쇠퇴: 아이들은 어른보다 창의적이다?

우리는 아이들이 어른보다 더 창의적 사고를 많이 해낸다는 것을 거의 기정사실로 받아들인다. 모든 엄마는 아이의 작품이나 말, 표현 등의 창의적 결과에 놀라워한다. 유치원 교사들은 많은 부모가 "혹시 내 아이가 천재가 아닐까?"라는 생각을 한 번쯤 한다고 말한다. 그러나 청소년기를 지나고 어른이 되면 그 천재적 역량은 안개처럼 사라져 간다. 디자인 씽킹 수업에 참여한 기업 임원들처럼-특히 공공기관이나 안정된 조직일수록-50대가 넘어간 사람들에게 창의적 사고 이야기를 하면 "이제는 머리가 굳어서."라고 말하는 사람을 어렵지 않게 본다.

영국의 낭만주의 시인 워즈워드는 〈무지개〉라는 시에서 "무지개를 보면 내 마음은 뛰노라. (중략) 어린이는 어른의 아버지"라는 멋진 표현으로 어린이의 마음을 찬양했다. 맑고 순수하며, 그래서 자연의 놀라움에 쉽게 감동하고, 호기심이 넘쳐나는 아이의 마음을 간직하고픈 심정을 그린 시다. 아이들이 어른들보다 창의적으로 보이는 이유는 바로 이런 이유 때문이다. 새로운 것을 쉽게 받아들이고, 감동하고, 무엇보다 커다란 호기심을 가지는 것은 창의력과 밀접한 관계가 있다. 그렇다고 해서 나이가 창의력에 영향을 미치는 본질적 영향 변수는 아니다.

아이들이 어른들보다 창의적으로 보이는 다른 이유는 창의성을 평가하는 기준이 다르기 때문이기도 하다. 아이들은 자신이 전에 하지 않던 새로운 시도를 하면 창의적이라고 인정받는다. 배운 것과 조금만 다른 것을 해도 창의적이라고 인정받고, 생소하거나 엉뚱해 보이는 그림이나 발상을 만들어 내면 어김없이 창의적이라고 칭찬받는다. 인공지능과 창의성을 연구하는 인지과학자 마거릿 보든은 이런 내적 창의성을 **심리적 창의성**(P-창의성)이라고 부른다(마거릿 보든, 《창조의 순간》 p12). 고양이가 자전거를 타고 하늘을 나는 꼬마의 그림은 엄마에게 피카소의 그림을 본 듯한 놀라움의 대상이 된다. 어린아이가 그런 발상을 할 수 있는 것은 고정관념이 적기 때문이다. 그러나 한편 그런 '유연성'은 현실에 대한 지식이 아직 충분치 않은 결과이기도 하다. 어른들도 이런 시도를 해 볼 수 있다. 그러나 그 결과는 다르다. 아마도 의사의 상담을 받아 보라는 충고를 들을 가능성이 높지 않을까?

심리적 창의성과 구별되는 다른 창의성은 **역사적 창의성**(H-창의성)이다. 이 경우에는 새로움을 자신의 과거와 비교하는 것이 아니고 기존에 이미 존재하는 것들과 비교한다. 역사적 창의성을 인정받아야 참신한 아이디어로, 작품으로, 특허로 인정받는다. 창의적이 되기 위한 기준이 훨씬 까다로워지는 것이다. 물론 역사적 창의성이 적용되는 범위는 다양해서 한 소집단이 될 수도 있고, 하나의 기업이나 조직, 시장이나 산업, 하나의 국가, 나아가 전 세계가 될 수도 있다. 그러나 인정을 받으려면 참신함을 인정해 주는 타자들의 평가를 거쳐야 한다. 창의적으로 인정받는 산출물을 내려면 해당 영역에 과거에 어떤 일이 있었는지 알아야 한다. 그래서 몰입과 창의성에 대해 연구한 미하이 칙센트미하이는 《창의성의 즐거움》에서 창의성이란 문화적이고 사회적인 것이라고 규정한다(미하이 칙센트미하이, p30~56).

새로운 제품이나 서비스를 개발하는 것을 목적으로 하는 디자인 창의성은 어떤 면에서 더 까다로운 점검을 통과해야 한다. 먼저 산출물이 기존의 것과 다르다는 점을 인정받아야 한다. 독창성(uniqueness)과 참신함(novelty)은 창의성의 토대이기 때문이다. 그러나 이것만으로는 부족하다. 왜냐하면 무엇보다 현실적으로 유용성(usability)을 인정받아야 한다. 또한, 기술적으로 구현 가능해야(technical feasibility) 한다. 구현 가능성은 그 디자인을 실현할 기술이 해당 기업 또는 조직에 존재하거나, 적어도 외부로부터 조달 가능해야 함을 의미한다. 여기에 한 가지 조건이 더해진다. 그것은 경제성(economic viability)이다. 구현된 산출물의 가치가 비용보다 커야 함은 물론이고, 사용자가 구매 가능한 범위에서 가격을 책정할 수 있어야 한다. 결코 쉽지만은 않은 장애물이 있는 달리기와 같다.

학습: 창의성은 훈련으로 높아지는 것이 아니다?

창의성이 선천적이라는 시각과 밀접하게 관련된 오해가 개선 가능성이다. 테니스나 육상 같은 운동이나 수학 등의 문제 풀이는 연습하면 조금씩 좋아진다. 물론 소질이 있으면 빨리 배우고, 그렇지 않으면 실력 향상에 한계가 있겠지만 태어나면서부터 테니스나 수학을 잘하는 사람이란 없고, 연습이 한계를 극복하게 만들 수 있다는 생각은 많은 사람이 쉽게 받아들인다. 그러나 지능이나 특히 창의성과 같은 인지 능력은 연습한다고 늘어나는 것이 아니라고 생각하는 사람이 많다.

사람의 심리적 특성 중에는 단기간에 변화하지 않고 상대적으로 안정적인 특성이 있다. 잘 변하지 않는 대표적인 특성 중의 하나가 성격, 즉 퍼스낼리티다. 퍼스낼리티는 한 개인이 가진 독특하고 안정적인 심리 패턴이라고 정의된다. 한 사람의 성격 특성을 진단하기 위해 개방성(Openness), 성실성(Conscientiousness), 외향성(Extraversion), 수용성(Agreeableness), 불안정성(Neuroticism) 등의 다섯 요인으로 측정하는 OCEAN이라는 방법도 쓰이고, 외향/내향(E-I), 감각/직관(S-N), 사고/감정(T-F), 판단/인식(P-J)이라는 4개 차원을 이용해 성격을 16가지 유형으로 진단하는 MBTI(Myers-Briggs Type Indicator) 방식도 널리 쓰인다. 성격은 긴 시간이 지나면서 변하기도 하지만, 단기간에 휙휙 변화하지는 않는다. 만일 어떤 사람의 성격 유형이 불안정하게 단기적으로 변화한다면 심리적 문제가 있는 것이다.

한편 창의성 점수는 훈련에 의해 비교적 단기간에 좋아지기도 한다. 나와 연구팀의 하주현 박사는 창의성 훈련이 효과가 있는지를 연구해 보기로 했다. 우리는 고등학생들을 대상으로 컴퓨터를 이용한 단기간의 창의성 연습이 어떤 효과를 가져 오는지 분석하기로 했다. 성동구에 위치한 한 고등학교 2학년에서 세 반을 선정하여 하루 1시간, 1주일에 3번, 2주간 창의성 연습을 시켰다. 같은 시간 동안 자유로운 자습시간을 준 통제 집단(A)과 서로 다른 방식의 창의성 훈련을 적용한 두 반(B, C)을 비교하고, 전후의 차이도 비교했다. 그 결과 A반보다는 B반과 C반의 창의성 점수가 통계적으로 의미 있게 증가했다. 반면 B반과 C반 사이에는 별 차이가 없었다. 어떤 기법으로 훈련하는가는 상대적으로 큰 영향이 없지만, 창의성 훈련을 하는가 안 하는가 사이에는 커다란 차이가 있었던 것이다(하주연, 조남재, 〈교육심리연구〉, 2002).

데이비드 코드 머레이의 말대로 "창의적인 사고는 육체 및 정신적 훈련과 마찬가지로 많이 하면 숙달된다. 아이디어를 많이 생산하면 할수록 아이디어를 내는 일은 점점 더 쉬워진다(데이비드 코드 머레이, 《바로잉》 p390)." 그렇다면 창의성을 높이는 훈련의 본질은 무엇일까? 창의성 훈련은 일과 삶을 대하는 태도에 대한 훈련과 생각의 기법에 대한 훈련으로 크게 나누어진다. 무엇보다 창의성 훈련의 시작은 창의성에 대한 오해를 바로잡고 창의성 그 자체를 보는 태도를 바꾸는 것이다. 창의성은 천재만의 전유물도 아니며, 타고 나는 것도 아니고, 나이가 든다고 쇠퇴하는 것도 아니며, 훈련을 통해 높아질 수 있는 것이라는 점을 받아들이는 것이다. 이 절의 내용을 받아들였다면 여러분은 창의성 훈련을 이미 시작한 셈이다.

융합적 사고와 창조성

창조와 모방

우리는 평생 사용할 1,000억 개 정도의 뉴런을 가지고 태어난다. 뉴런의 수가 동일하게 유지됨에도 불구하고 성인이 되면 뉴런 간의 연결이 복잡하게 성장하여 뇌의 크기는 4배로 커진다(수전 그린필드, 《브레인 스토리》 p84). 뉴런들 간의 복잡한 연결이 학습과 창조의 비밀이다. 지식과 아이디어 발상, 창의성은 뇌세포의 개수가 아니라 그들 간의 연결이 어떻게 구성되어 있는가에 의해 결정된다.

인간은 작은 생각 덩어리들을 조합해 더 크고 더 복잡한 덩어리를 만들어 내는 방식으로 생각을 펼쳐나갈 수 있기 때문에 무한히 상상력을 전개해 나갈 잠재력을 가지게 되었다(스티븐 핑커, 《마음은 어떻게 작동하는가》 p555). 생각들이 서로 연결되려면 생각들 사이에 가로 놓인 장벽이 견고하지 않아야 한다. 애초에 조상들의 마음의 모듈 간의 경계가 열려 사회적 지능의 개념이 기술 지능과 서로 엮이지 않았다면 인류의 초기 창조물은 탄생하지도 않았을 것이다. 새로운 관념의 세계로 나아가려면 기존 관념의 경계가 허물어지고, 연결이 만들어져야 한다. 그것이 창조와 융합의 원리다.

창조적 산출물이 만들어지는 방식을 다각도로 탐구해 보았던 Inc.사의 창립자 데이비드 코드 머레이는 창조성의 핵심은 "하늘 아래 새 것은 없다."라는 사실을 이해하는 것이라고 강조한다. 세상의 모든 창조적 아이디어는 같은 분야의 기존 산출물에서 힌트를 얻고, 다른 분야의 산출물에서 영감을 얻어 만들어지는 것이다(데이비드 코드 머레이, 《바로잉》 p31). 그는 새 아이디어는 기존의 아이디어들 중에서 태어나기 때문에 독창성과 모방은 종이 한 장 차이라고 강조한다. 창조의 원천은 모방과 연결이라는 것이다. 다만 아이디어를 너무 가까운 곳에서 가져오면 독창성을 인정받지 못한다. 표절이 되기도 한다. 빌려 오는 아이디어의 원천으로부터 거리가 멀면 멀수록 창조적 생각으로 인정받을 가능성은 높아진다. 찰스 다윈은 다양한 생물종에 대한 자료를 수집하고 이를 정리하여 진화론을 구체화해 나갔다. 그는 다른 분야의 두 가지 아이디어가 진화론을 구상하는 영감의 원천이 되었다고 술회했다. 하나는 오랜 시간이 경과하면 지각이 이동한다는 것을 주장한 찰스 라이엘의 〈지질학의 원리〉였고, 다른 하나는 자원의 제약이 생존을 건 경쟁과 변화를 가져온다는 경제학자 토머스 맬서스의 〈인구론〉이었다(Ibid, p134, p141). 다윈에게는 영감을 빌려온 것에 대한 비난이 아니라 폭넓은 관심과 지식에 기반을 둔 통찰에 대한 찬사가 쏟아졌다.

이와 유사한 사례는 과학이나 신기술, 신제품 개발에 있어서 반복적으로 발견된다. 그래서 "아이디어의 창의성은 그 원천이 어디이며 또 그것들이 어떻게 결합되어 있느냐에 달려 있다."라고 데이비드 코드 머레이는 강조한다. 너무 가까운 곳이나 경쟁 상대에게서 아이디어를 가져오면 비난을 받지만, 직접적 관련이 적은 곳에서 가져오면 창의적이라고 칭찬을 받는다. 그대로 복제하면 비난을 받지만, 알맞게 변형하거나 다른 아이디어와 재조합하면 창의적이라고 칭찬을 받는다.

서로 다른 것을 연결하고 융합하는 것이 창조적 산출물을 만들어 내는 비결임을 이해했더라도 융합적으로 사고하고 연결한다는 것이 그리 쉽지만은 않아 보인다. 그것이 쉬운 일이었다면 창조성이 신비에 쌓여 있을 리가 없지 않은가? 그것이 왜 그렇게 어려운 일인지 이해한다면 어려움을 극복하는 데 도움이 될 수 있다. 먼저 인류의 영원한 스승인 자연에서 모방하는 창조의 이야기부터 살펴보자.

자연으로부터의 모방과 변형

최초의 바퀴는 짐승의 다리가 아니고 산 위에서 굴러 내리는 돌덩어리나 나무토막을 보고 흉내 내어 만들었을 것으로 추정된다. 초기의 바퀴는 만화 〈플린트 스톤〉에서 보는 것처럼 돌덩어리나 나무 둥지를 잘라 둥글게 다듬어 사용했다[그림 7-3]. 이는 문명사에 실로 엄청난 창조였다. 오늘날의 바퀴는 모두 이 조상 바퀴의 후손들이다. 바퀴는 구체적 형태와 소재를 달리하며 무수히 재발명되었다. 초기 바퀴의 소재인 돌은 단단하지만 무거웠고, 나무는 가벼웠지만 돌처럼 단단하지 않았다. 첫 번째 변화는 나무 둥지를 통으로 사용하지 않고 두세 조각의 판을 이어 만들게 된 것이었다. 이 디자인을 택하면 재료를 구하기도 쉬웠고, 변형도 덜 되었다. 그러나 이 변화는 쉬운 일이 아니어서 실현에 긴 세월이 걸렸다. 둥그런 원판 모양으로 조합하기 위한 디자인 능력과 서로 연결하기 위해 끼워 맞추거나 접합하는 기술이 필요했기 때문이다. 이런 바퀴를 이용한 수레는 인기가 좋았다. 고대 이집트와 오리엔트 세계의 여러 유적에서 그 흔적이 발견된다.

[그림 7-3] 문명 초기의 바퀴

원판 모양의 바퀴가 바퀴살을 가진 바퀴로 진화하는 데에는 다시 수천 년의 세월이 걸렸다. 바퀴살을 가진 바퀴를 처음으로 사용한 주인공은 철기 문명을 점화시킨 히타이트(Hittite)로 알려져 있다. 오늘날의 터키 땅인 아나톨리아 지역에 기원전 1,500년경 등장하여 수백 년간 지속된 나라다. 바퀴살을 가진 바퀴는 매우 정교한 구상 능력을 필요로 했다. 바퀴의 외륜을 만드는 작업도 고도의 기술이었고, 바퀴살과 축을 만들고 서로 연결하는 것은 더 고난도의 기술이었다. 이를 위해서는 철로 만든 못과 다양한 연결 장치와 도구가 발명되어 사용되었다. 어려운 디자인 산출물이지만 그 이점은 확실했다. 고대의 전쟁터에서 흔히 맞닥뜨리는 험한 길이나 개천이 나오면 병사들은 이 가벼운 바퀴를 빼서 메고 이동해 다시 조립할 수 있었다. 뛰어난 기동력에 힘입어 히타이트는 오랜 역사의 강대국인 이집트와 성공적으로 전면전을 벌였다. 두 나라가 돌에 새겨 나누어 가진 인류 최초의 종전 선언문은 앙카라 국립박물관에 보관되어 있다. 종전 이후 바퀴살을 가진 바퀴 기술은 빠른 속도로 이집트와 인도 그리고 아시아로 전파되었다[그림 7-5]. 문명의 역사를 바꾼 바퀴살 바퀴의 상징적 중요성은 인도의 수많은 유적과 국기에 새겨진 윤회를 상징하는 바퀴(차크라) 문양에서도 볼 수 있다.

[그림 7-5] 바퀴살 바퀴의 탄생: 히타이트 전차와 인도 유적의 차크라

　자연을 모방해 창의적 산출물을 만들어 내는 작업은 오늘날에도 계속된다. 스위스의 발명가 조르주 메스트랄은 알프스 산자락을 산책한 후 옷에 잔뜩 달라붙은 작은 가시들을 보고 벨크로(velcro)를 발명했다. '찍찍이'라고 불리는 이 발명품은 옷, 신발, 운동용품, 컴퓨터 전선 말이, 등산 기구, 야외용 텐트 등 어느 곳에나 쓰이는 편리한 부속품이 되었다. 가시나무를 모방해 개발한 철조망은 전 세계로 확산되어 농경지를 보호하고 가축을 보호하는 필수품이 되었다.

　생체모방학(Biomimetics)이라 불리는 오늘날의 첨단 과학은 자연을 세심히 탐구하여 그 모양, 구조, 원리 등으로부터 배워 창의적 발명품을 만들어 내기 위해 심혈을 기울이고 있다. 생체모방학을 연구하는 학자들은 해양 생물을 연구하여 로봇 연구에 활용하기도 하며, 개미나 벌의 떼(swam)를 연구하여 드론과 3차원 프린팅 기술에 활용하기도 한다(로버트 앨런 외,《바이오미메틱스》). 나비에 대한 연구는 주위의 빛에 따라 색상이 변하는 색소 크로마플레어(ChromaFlair)를 찾아내 자동차 도장에 사용한다. 연잎의 미세 구조를 연구하여 진흙이나 먼지가 묻지 않는 소재를 개발해 세척할 필요가 없는 자동차나 거친 작업을 하는 특수 의복을 만들려는 시도도 진행되고 있다[그림 7-6]. 나뭇잎의 미세 구조를 모방해 고효율 태양광 전지판을 만들어 천연 에너지의 활용 범위를 넓히기 위한 노력도 진행되고 있으며, 바위에 달라붙은 홍합의 족사(足絲)를 연구해 물속에서도 접착력이 강한 단백질 친환경 접착물을 만들어 대형 수중 건축물의 건설에 활용하려는 시도도 진행되고 있다. 공기 중의 이산화탄소를 섭취해 칼슘화하여 돌처럼 군어지는 산호를 연구해 환경 친화적이면서도 공기 중 이산화탄소도 제거하는 획기적인 벽돌을 만드는 연구도 진행 중이다(제이 하먼, 《새로운 황금시대》 p230, p261, p265, p305).

[그림 7-6] 생체모방 연구(biomimetics)
(도룡뇽의 발과 접착성 소재, 나비와 크로마플레어, 드론과 곤충, 연잎과 청결 소재)

의자와 융합의 장애물

인류의 역사에서 바퀴 못지않게 오랜 시간 동안 인류와 함께해 온 발명품이 의자다. 기원전 3000년경의 초기 수메르 문명에 등장하는 아눈나키 신화나 고대 이집트의 오시리스 신화와 파라오, 디오니소스 같은 그리스 신화의 신들에 대한 조형물이나 그림에는 신이나 왕들이 의자에 자연스럽게 앉아 있는 모습을 볼 수 있다[그림 7-7]. 이것이 의미하는 바는 잘 만들어진 의자의 역사가 적어도 5,000년은 된다는 것이다. 의자는 상고시대의 조상이 나무 그루터기나 편편한 돌에 걸터앉는 것이 편하다는 것을 깨닫고 이를 모방하여 만들었을 것으로 추정된다. 연원이야 어찌 되었든 바퀴나 의자나 모두 최소한 5,000년을 인류의 삶과 함께 한 발명품이라는 것은 분명하다. 그러나 이보다 놀라운 것은 수천 년에 걸쳐 수많은 다양한 디자인의 멋진 바퀴와 멋진 의자가 만들어졌음에도 불구하고 의자 달린 바퀴나 바퀴 달린 의자 같은 융합 제품이 등장한 역사가 매우 짧다는 것이다.

[그림 7-7] 여러 신화에 등장하는 초기의 의자들

　최초로 휠체어가 시도된 기록은 18세기에 이르러서이며, 오늘날 우리에게 익숙한 모양의 휠체어가 등장한 역사는 이제 100년밖에 되지 않는다. 오늘날 거의 모든 사무실에서 사용하는 바퀴 달린 사무용 의자가 등장한 역사는 그보다도 짧다 [그림 7-8a, b]. 의자와 바퀴를 모두 솜씨 좋게 만든 역사를 5,000년이라고 하면, 그 둘을 조합해서 편리한 바퀴 달린 의자를 탄생시키는 데 무려 4,900년이 걸린 셈이다. 르네상스 말기의 화려한 베르사이유 궁전의 유적에도, 청나라 말기의 자금성 가구에도, 조선 말기의 경복궁 유물에도 바퀴 달린 의자가 보이지 않는다. 똑똑하고 현명하신 우리 조상님들에게 도대체 무슨 문제가 있었던 것일까?

[그림 7-8a] 놀랍도록 오래 걸린 바퀴와 의자의 융합(바퀴가 없는 의자)

[그림 7-8b] 놀랍도록 오래 걸린 바퀴와 의자의 융합(바퀴 달린 의자)

기술이 부족해서였을까? 로마 시대에 말이 끄는 전차에 튼튼하고 멋진 바퀴를 달아 질주하며 경주를 한 것을 보면 튼튼한 바퀴를 만들어 전차나 마차에 부착해 사용하는 기술이 있었음은 분명하다. 아시아 각국에도 소나 말이 끄는 수레가 무거운 짐을 나른 역사가 시작된 지 오래다. 그러니 마음만 먹으면 멋진 의자와 멋진 바퀴를 만들어 연결해 사용할 기술은 충분히 가지고 있었다고 봐야 할 것이다.

필요하지 않아서였을까? 그렇지도 않은 것 같다. 일단 바퀴에 의자를 달자 그 편리함에 매료되어 수많은 다양한 디자인의 바퀴 달린 의자가 봇물처럼 쏟아져 나온 것만 봐도 알 수 있다. 공부방이나 사무실에 바퀴 달린 의자가 없다면 얼마나 불편할지는 잠시만 상상해 보아도 알 수 있다. 옛날에도 아프거나 다리가 불편하거나 나이가 많이 들어 걷기가 불편한 사람들이 많았을 것이다. 병원이나 환자의 집에 휠체어가 없다면 얼마나 불편하겠는가? 오늘날 모든 공공기관에 휠체어를 타고 들어갈 수 있는 램프나 엘리베이터 설치가 의무화되어 있는 것만 보아도 그 필요성과 유용성을 짐작하고도 남는다.

융합적 상상력의 부재가 가장 큰 걸림돌이었던 것은 아닐까? 의자와 바퀴는 흙을 파는 곡괭이와 음식을 먹은 숟가락처럼 조상들의 마음속에 그 역할이 너무도 확연하게 구분되어 있어서 서로 다른 세상에 존재하고 있었다. 바퀴를 만드는 장인과 의자를 만드는 장인은 서로 소통할 필요를 느끼지 못한 채 멀리 떨어져 살았다. 구체적 원인이 무엇이었든 두 제품 간에는 넘어설 수 없는 두터운 인식의 벽이 가로막혀 있었다. 기술적, 사회적으로 생각의 고착이 지속되었고 발상의 전환도 일어나지 않았다. 융합적 상상력의 가장 큰 장벽은 무엇보다 마음의 한계였다.

오늘날 발명가나 디자이너들은 마음의 장벽을 뛰어넘은 창조적 상상을 위해 각고의 노력을 기울이고 있다. 그러나 사소한 발상에서부터 신상품이나 서비스의 개발, 그리고 과학 연구에 이르기까지 그 장벽을 넘는 것이 쉽지만은 않다. 그래서 다니엘 핑크는 "세계가 융합적 창조력을 가진 수많은 인재를 필요로 하고 있다."라고 거듭 강조하는 것이다. 나는 디자인 씽킹을 수강하는 학생들에게 미션을 주고 융합적 상상을 시도해 보도록 여러 가지 방식으로 안내하곤 한다. 고령화 사회에 부응하여 신기술을 접목한 새로운 쇼핑 카트를 구상해 보는 미션을 받아 학생들이 생성한 디자인 융합 아이디어의 예가 [그림 7-9]이다.

[그림 7-9] 고령자를 위한 첨단 쇼핑 카트 프로토타입

(좌: 정은정, 은지현; 우: 한선영, 벨기에 Niels Vanthillo, 러시아 Anna Kim, 칠레 Nicole Vergara)

창조 융합과 경계의 사회학

▪ 공간, 장소, 경계

경계의 탄생: 융합적 상상력에 놓인 장벽의 기원

수렵 채집 생활에서 사회적 의미를 가지는 중요한 장소는 모닥불 터다. 사냥을 하거나 열매를 따고 해질녘이 되면 모닥불 가로 돌아와 모였다. 하루의 경험과 무용담이 이곳에서 공유되었다. 듣는 사람들은 타인의 경험을 통해 학습할 수 있었다. 모닥불 터에서 할머니가 아이들을 돌보며 들려주는 이야기는 경험과 신화와 동화였고, 그 모든 것이 교육이었다. 고고학자들에 의하면 이 '할머니 효과(grandmother effect)'는 문명의 축적과 지식 전수의 씨앗이 되었다.

이 시기에 모닥불 가를 포함한 모든 공간은 이동하고, 유동하는 대상이었다. 조상들은 먹잇감을 따라 이동했고, 추위를 피해 이동했으며, 우기와 계절을 따라 끊임없이 이동했다. 이동 생활에서는 취사와 보호, 저장을 위한 모든 것이 들고, 메고, 차고 다닐 수 있는 것들뿐이었다. 어떤 행위도 하나의 공간에 붙박이처럼 고정되어 있지 않았다. 그러나 기원전 1만 년경 농업혁명이 시작되자 사람들은 엄청난 시간과 정성을 투자해 고정된 장소에 작물을 심고 가꾸었다. 돌을 골라 밭을 만들고, 씨앗을 심고, 물을 주어 가꾸고, 수확을 하는 것은 수렵이나 채집 이상으로 힘든 일이었다. 그래서 유발 하라리는 인류가 식물을 길들인 것이 아니고 밀과 쌀과 감자가 인류를 길들인 것이라고 까지 표현했다(유발 하라리, 《사피엔스》 p124).

수천 년에 걸쳐 수많은 식물이 경작 실험의 대상이 되었고, 많은 동물이 길들이기 실험의 대상이 되었다. 세상에는 약 20만 종의 야생 식물이 있지만 밀, 보리, 벼, 옥수수, 콩, 감자, 고구마, 바나나, 사탕수수 등을 포함 겨우 12종의 경작물이 오늘날 농작물 연간 총생산량의 80%를 차지한다. 이들 12종이 모두 이 기간에 작물화된 것들이다. 조상들은 탄수화물이 풍부하고 노력 대비 수확의 효과가 좋은 곡물들을 골랐으며, 끈질긴 관찰과 실험과 육종을 통해 문명화의 역사를 만들어 냈다(제러드 다이아몬드, 《총, 균, 쇠》 p199). 또한, 인류 역사에 등장한 14종의 가축화된 대형 포유류도 모두 이 기간에 길들여졌다. 가축화는 엄청난 노력과 인내심을 필요로 했다. 올바른 선택이 중요했고 운도 따랐다. 유전적으로 야생성이 강한 얼룩말이나 코뿔소 같은 동물은 가축화가 되지 않는다. 불행히도 아프리카에는 가축화에 적합한 대형 동물이 없었다. 단백질 섭취와 노동력의 기반이 된 소, 말, 개, 양, 돼지, 낙타 등 대형 포유류의 가축화는 주로 유럽과 아시아 대륙에서 이루어졌다(ibid, p234~259).

일단 심은 작물을 옮기기란 불가능했다. 그래서 농사를 짓기 시작하면 그 장소를 떠나기도 불가능했다. 초기에는 수렵과 채집, 농경이 섞인 삶을 살았지만 결국 조상들은 마을을 건설하고 작물을 저장할 장소를 지어 정주생활을 시작했다. 농경은 섭취하는 동물성 단백질과 식물 다양성의 감소를 가져와 초기에는 전반적으로 건강이 나빠졌지만, 아이들을 포함한 늘어난 인구를 이끌고 작물을 버리고 이동하는 것은 더욱 위험한 선택이었다. (아구스틴 푸엔테스, 《크리에이티브: 돌에서 칼날을 떠올린 순간》 p185~189).

작물이나 가축의 종류마다 발원지에 차이가 나지만 농경과 가축화가 가장 먼저 시작된 곳은 서남아시아였다. 오늘날 알려진 최초의 신석기 유적지는 기원전 8000년경에 만들어진 터키 중남부의 차탈회익이다. 그곳 사람들은 지금은 말라 없어진 강이 내려다보이는 전망 좋은 언덕을 주거지로 선택했다. (물론 이들은 1453년 동로마의 수도 콘스탄티노플을 함락시키고 터키를 설립한 투르크족과는 다른 사람들이다.) 발굴 담당자가 내게 들려준 설명에 의하면 차탈회익을 만든 조상들은 부드러운 흙을 다져 튼튼한 구조물을 만드는 방법을 잘 알고 있었다.

차탈회익 유적지에는 도구 저장실, 건조화한 곡물 저장고, 지하 저장고, 주거용 공간, 공동생활 공간 등이 만들어져 있다. 발굴 현장에는 20세기 초까지도 우리의 농촌에서 사용된 도구들과 유사한 모양의, 단단하게 말린 나무로 만든 농기구들이 있었다. 커다란 소가 그려진 벽화도 나왔다[그림 7-10]. 소와 돼지는 야생에서 가축화되는 과정에서 크기가 작아졌다(제러드 다이아몬드, 《총, 균, 쇠》 p199). 그러나 이를 감안한다고 해도 매우 과장되게 크게 그려진 소는 당시 가축에서 소가 얼마나 커다란 중요성을 가지고 있었는지를 보여 준다. 농경과 조직화된 협력은 서로 상승작용을 일으키며 공진화했다. 자연히 모여 사는 장소가 발달했다. 아직도 고고학자들의 발굴이 진행 중인 차탈회익은 놀랍게도 3~4층으로 된 계단형 집단 거주 구조물이다.

[그림 7-10] 차탈회익 신석기 유적지와 발굴된 벽화 및 농기구

위치와 방향만 존재하던 유동하고 흐르던 공간은 정주 생활을 통해 '의미를 가지는 장소'로 변화하기 시작했다. 사람들이 오가는 교차의 중심은 메인스트리트가 되었고, 회합이나 제례를 위한 교회나 성당이 되었으며, 거래를 위한 장터가 되었다. 이렇게 공간은 사회적, 문화적 위상을 가진 장소로 변모해 갔다(마르쿠스 슈뢰르, 《공간, 장소, 경계》). 저장된 물건과 저장 장소 및 구조물은 거주민들에게 소유권의 개념을 낳았다. 땅과 공동체 간에는 긴밀한 관계가 형성되어, 경계를 정하고 보호해야 하는 대상이 된 것이다(아구스틴 푸엔테스, 《크리에이티브: 돌에서 칼날을 떠올린 순간》 p244). 위협의 대상은 사나운 짐승들 그리고 무엇보다 다른 사피엔스 공동체들이었다. 서로 다른 공동체는 공간적으로 충분히 떨어진 곳에 자리를 잡았다. 타지인과 그들의 삶은 두려움과 동시에 호기심의 대상이 되었다.

주거지들 사이에는 함부로 넘으면 안 되는 **경계**가 생겼다. 경계는 가느다란 선으로 되어 있지 않았다. 경계는 폭이 넓고, 두려운 공간이었다. 위험한 짐승이나 귀신이 사는 산과 강, 요정과 마귀가 사는 골짜기, 들어갈 수 없는 신성한 금단의 숲이 마을 사이에 놓인 경계였다. 서로 다른 공동체는 물리적으로 멀리 떨어져 있기도 했지만 관습과 문화의 차이도 있었고, 때로 말씨와 언어도 달랐다.

물리적, 사회적, 문화적 경계는 한 공동체의 내부와 외부를 가르는 분리의 상징이다. 경계는 경외의 대상이자 도전의 대상이 되었으며, '우리'와 '그들'을 가르는 마음의 장벽이 되었다. 이렇게 형성된 경계로 구성된 마음은 삶과 생각의 반경을 지배했다. 사회적 복잡성이 증대하면서 경계의 마음은 신분과 역할의 세분화에도 작용했다. 공동체들이 차별화된 전문성을 키워나가면서 도자기공의 마을, 대장장이의 마을, 바퀴의 마을, 가구와 관과 의자를 만드는 목공의 마을로 분화해 갔고, 전문성 간의 거리도 그와 함께 유지되었다. 그 두터운 경계를 넘어 지역 간의 교류, 문화 간의 소통, 마음들 간의 융합을 탄생시키기 위해서는 도로와 이동 수단 그리고 정보와 통신의 발달이 필요했다.

전문화와 경계의 진화

위대한 인류의 조상은 기술 지능, 사회적 지능, 자연사 지능, 언어 지능 그리고 일반 지능 간의 상호 조합과 융합을 통해 문명의 불씨를 피워 올렸다. 그리고 기원전 3만 년을 전후하여 방대한 양의 디자인 산출물과 도구의 폭발적 창조를 통해 고도로 발달된 석기 문명의 기반을 만들어 냈다. 기원전 1만 년경 시작된 농경혁명과 정주 생활을 통해 곡물화와 가축화라는 유전 혁명을 달성했다. 급기야 문자라는 위대한 문명화 도구의 발명을 토대로 기원전 3000년경에는 고도로 집적된 문명의 탄생을 성취했다. 공동체와 국가, 관습과 문화가 더욱 분화되고 분리되었다.

추상적 지식과 지혜의 세계는 아직 용암처럼 하나로 녹아 있었다. 기술에서 아직 과학이 분리되지 않았던 시대, 신과 인간이 함께 생활하고 갈등하던 시대, 말로 구전되던 지혜가 글로 표현된 지식으로 분화되고자 용트림하던 시대가 그리스 사회였다. 구술 문화기 사람들의 마음을 문자 문화에 길들여진 우리가 정확히 이해하는 것은 쉽지 않다(월터 옹, 《구술 문화와 문자 문화》 p17, p95). 그럼에도 시간을 떠다니다 사라지던 말이 문자를 통해 제한된 공간에 서서히 고정되기 시작했다. 철학과 종교, 기술과 과학, 점성과 천문, 연금술과 화학은 아직 전문적으로 분화되지 않았다. 이성과 오성과 감성은 시와 서사와 수사학에 포괄되어 있었다. 본격적인 지식의 전문화는 중세를 넘어 인간의 의미를 다시 발견한 르네상스, 휴머니즘, 그리고 과학 혁명과 함께 인류사에 등장했다. 역사의 새로운 장이 열리기 시작한 것이다.

지식의 추상화, 창조적 호기심, 그리고 수학적 기호의 체계화를 토대로 폭발한 과학 혁명은 19세기 이후의 기술 진보를 받쳐주는 든든한 기반이 되었다(에드워드 윌슨, 《통섭》 p105). 하나의 마을이 다른 마을과의 사이에 넓은 경계를 가졌던 것처럼 르네상스 이후의 전문화, 특히 과학 영역에서의 전문화는 분야들 간에 두터운 경계 영역을 형성했다. 물리학과 화학과 생물학 간에, 그리고 인문학과 사회과학 간에는 넓은 불가침의 영역이 존재했다. 칼리지와 유니버시티 같은 고등교육기관이 만들어졌고, 시간이 지남에 따라 수많은 전문 분야가 분화되어 가지를 쳐 나갔다. 전문 지식의 양은 폭발적으로 확대되었지만, 분야 간의 소통은 도외시되었다.

과학은 기각되는 귀무가설(null hypothesis)의 무덤을 딛고 앞으로 나아간다고 한다. 기존의 지식은 새로 입증된 이론에 의해 대체되었고, 과학은 기성의 지식과 권위를 무너뜨리면서 한계를 넓혀 갔다. 힌두 신화에 등장하는 파괴의 신 시바는 무시무시한 공포와 동시에 경배의 대상이다. 인간이 공들여 세운 모든 것들이 시바의 노여움을 사면 일순간에 재가 되어 사라져 버릴 수 있다. 그러나 최고의 신 브라마의 창조 작업을 위한 전제 조건은 시바의 파괴다. 파괴가 창조의 어머니라는 것을 인류의 조상들은 일찍부터 알고 있었다. 신화는 굳건한 확신이 무너지는 것은 새로운 세상을 받아들이는 전제 조건임을 상징한다(Swami Nityanand,

《Symbolism in Hinduism》). 오류에 대한 각성에서 오는 파괴에 이어지는 재편이 바로 창조다. 인도 철학에 감명을 받은 소설가 헤르만 헤세는 《데미안》에서 "새는 알에서 나오려고 투쟁한다. 알은 새의 세계다. 새로이 태어나려 하는 자는 하나의 세계를 깨뜨려야 한다. 새는 신에게로 날아간다. 그 신의 이름은 아프락사스라고 한다."라고 서술했다. 아프락사스는 초월이다. 과학은 정확히 이런 과정을 통해 오늘에 이르렀다.

이어 생물학과 화학 사이에 놓인 생화학이나 물리학과 생물학 사이에 놓인 분자생물학 같은 '융합형' 신규 학문 분야들도 탄생했다. 그러나 《통섭》을 저작한 하버드대학의 사회생물학자 에드워드 윌슨은 "분야들 사이에는 소수의 융합 주제만으로는 채울 수 없는 매우 넓은 영역이 존재한다."라고 강조한다. 융합적 접근이 필요한 무수한 지식의 영역들이 아직도 인류에게 숙제로 남아 있다는 것이다. 한편 융합의 토대는 공통점을 인식함으로써 확대되어 간다. 윌슨은 "과학은 느낌을 설명하고 예술은 느낌을 전달한다. (중략) 과학과 예술의 공통 속성은 정보의 전달이다."라고 정보 전달 양식이라는 관점에서 멀리 떨어진 과학과 예술 간에 공통분모가 존재한다는 점을 강조했다(에드워드 윌슨, 《통섭》 p216~217). 지식의 융합은 미지의 영역이지만 도전 불가능하지 않다고 강조한 것이다.

오늘날 우리는 분야들 간의 융합, 그리고 기술 및 산업들 간의 융합이 새로운 창조의 기회를 열어줄 것이라는 점을 깨닫기 시작했다. 동시에 개별 전문 분야가 독자적으로는 해결할 수 없는 많은 문제가 앞에 놓여 있다는 것도 깨닫게 되었다. 우리 앞의 문제들 중에는 기후와 공해의 문제, 물 부족 문제, 빈곤과 양극화의 문제, 에너지 문제, 식량 문제, 고령화 문제 등과 같이 규모와 복잡성이 방대한 주제들이 놓여 있다. 이런 문제들에 도전하기 위해서는 분야 간의 소통과 융합이 절실하다. NASA의 과학자들을 중심으로 제시된 NBIC(나노과학, 생명공학, 정보기술, 인지과학) 융합이 시대의 과제가 되었으며, 그들은 이를 통해 인류의 역량을 높이는 것이 거대 문제에 대해 우리가 취할 수 있는 해법이라고 상정한다(Roco & Bainbridge, 2003).

융합적 사고의 중요성은 과학보다 오랜 역사를 가진 기술 진보의 역사에 이미 투영되어 있다. 기술과 인공물과 디자인의 진화는 끊임없는 융합과 시행착오, 시도와 좌절, 도전과 재도전을 통해 진행되어 왔다. 1차 산업혁명 이후 산업의 분화와 세분화가 급속히 진행되었다. 오늘날 새로운 제품과 새로운 디자인은 주로 이렇게 분화된 산업 영역들이 교차되는 공간에서 탄생하고 있다(조남재, 2009).

융합적 사고의 원리

▪ 해체와 융합

19세기 말과 20세기 초는 역동적인 변화와 혼돈이 공존하던 시기였다. 과학은 1,000년을 지탱하던 우주관과 고정관념에 도전했고, 인간의 이성이 가진 엄청난 잠재력을 찬양하며 기술 진보와 인본주의를 향해 행진했다. 그러나 이러한 변화는 종교적 가치관이 흔들리며 '신의 죽음'이라는 니체의 고백과 함께 망망대해 앞에 선 인간의 방황을 예고했다. 세상은 더 평온해지기보다는 위험한 투쟁과 전쟁과 몰락의 암운에 휩싸인 듯 보였다.

유리는 주거 양식의 혁신을 가져왔고, 공장과 철제 도구의 폭발적 확산은 더 많은 건축물과 철과 유리의 생산을 필요로 했다. 철과 유리의 생산을 위한 용융과 난방에는 석탄이 목재를 대신하는 에너지원으로 사용되었다. 노천 광산이 소진되자 탄광은 점점 더 깊어졌고, 깊은 갱도에 고인 물을 퍼내기 위해서 증기기관이 사용되었다. 대형 증기기관의 작동을 위해서는 다시 더 많은 석탄이 필요했다. 범용화된 증기기관은 교통수단에 획기적인 변화를 가져왔다. 증기를 이용한 기차와 증기선은 연안과 내륙을 이었고, 대륙과 대륙 간의 이동에 변혁을 가져왔으며, 다시 더 많은 유리와 철을 필요로 하게 만들었다.

수차와 풍차, 동물의 힘을 최대한 이용하기 위해 발명되었던 기어, 도르래, 동력

축과 벨트 등은 증기기관과 연동하여 근대식 공장과 기계 설비로 재탄생했다. 증기기관은 곡식을 가공하는 방앗간에서부터 가죽의 무두질과 가공, 옷감의 직조에 이르기까지 기존의 수동 연장과 도구로 수행하던 장인 중심의 생산 양식을 획기적으로 바꾸었다. 그러나 무엇보다 세탁이나 청소와 같이 과거에는 기계의 영역이 아니던 곳에 기계가 들어가는 변화가 시작되었다. 'wash', 'clean' 같은 동사로 표현되는 **사람의 행위를 세심히 관찰하여 단위 행동으로 해체**하고 이를 수행할 수 있는 기계 장치를 고안했다. 동사에 'er'을 붙이면 행위를 하는 사람을 뜻하는 것이었지만, 이제는 행위를 하는 기계(washer, cleaner)가 그 이름을 부여받았다.

기체와 화학, 물리, 생물에 대한 이해를 바탕으로 삶의 양태를 바꾸기 위한 수많은 도전과 발명이 시도되었다. 기체의 특성에 대한 이해는 압축된 가스가 팽창하면서 주위의 열을 빼앗아 온도를 내린다는 것을 알게 해 주었다. 물을 끓여 증기기관을 움직여 기체를 압축하고 팽창시켜 얼음을 만드는 공장도 탄생했다.

난방으로만 부분적으로 사용되던 석유의 잠재력을 발견함으로써 에너지 활용의 양상은 획기적으로 바뀌었다. 초기에는 버려지던 휘발성이 강한 디젤과 휘발유는 전기 스파크를 이용한 점화 플러그가 발명되자 강력한 내연기관의 에너지원이 되었다. 디젤 기차, 선박, 그리고 4기통 내연기관 자동차가 탄생해 세상을 바꾸기 시작했다. 내연기관은 금속으로 만든 무거운 기계 덩어리가 하늘을 날아가도록 만들었다. 교통의 혁신은 거리와 시간, 문명과 야만에 대한 기존의 관념을 해체시키는 기폭제가 되었다. 얼마 되지 않아 증기기관의 대부분은 전기 모터로 교체되었고, 소형화되었다. 증기기관을 위해 많은 양의 물을 공급해야 하는 지리적, 물리적 제약에서 풀려나 원하는 곳이면 어디나 동력원을 설치할 수 있게 되었다. 산속에도 공장을 만들 수 있었고, 조그만 실내 공간에도 모터를 이용해 얼음을 만드는 기계를 설치할 수 있었다.

세기말의 엄청난 변화에 수반된 기존 관념과 질서의 파괴와 해체, 새로운 양상을 띤 전쟁의 경험은 엄청난 허무감과 회의를 가져왔다. 그러나 한편 파괴와 해체는 창조의 원동력이 되었다. 그래서 이 시기는 각성과 창조와 발명과 천재의 시대이기도 했다. 해체가 창조로 연결되는 근저에 작동하던 원리 중의 하나는 다름 아닌 융합적 사고였다.

◼ 해체와 융합을 통한 상상력의 해방: 다다와 초현실주의

사진기의 등장은 인물화를 그리며 생활을 꾸려가던 화가들의 삶도 해체해 버렸다. 화가들은 인물을 사진기처럼 그리는 실사로부터 벗어나 새로운 정체성을 모색해야 했다. 선구적 화가들은 자신이 그리고자 하는 대상의 본질이 무엇인지 고민하기 시작했고, 대상의 본질을 보는 자신만의 관점을 정립하기 위해서는 기존의 관점을 해체해야 했다. 문학과 음악에서도 기존의 방식에 대한 회의가 팽배했다. 해체의 시대였다. 그 해체의 시대를 주도한 운동의 하나가 다다이즘(Dadaism)이다.

세기말의 각성을 토대로 예술가들은 그림에서 이미지를 해체해 버렸고, 언어에서 의미를 해체해 버렸으며, 음악에서 하모니를 해체해 버렸다. 소는 더 이상 소의 모습을 하지 않았고, '장미'는 더 이상 장미를 의미하지 않았다. 그들은 "시를 음성학의 경지로 격하시키고, 음악을 소리로 끌어내렸으며, 미술을 평면, 각, 선, 색체로 해체해 끌어 내렸다"(빅스비, 《다다와 초현실주의》 p17). 해체는 그 차제로 의미를 가지는 것으로 받아들여졌다.

다양한 방식의 해체가 시도되었다. 큐비즘은 이미지의 본질을 빛과 면으로 환원시켰으며, 칸딘스키는 모든 대상을 기하학적 도형으로 환원시켰으며, 색상만 남기고 모두 소멸시켜 버리거나 점과 선만 남기도 했다(칸딘스키, 《점, 선, 면》). 다다 예술가인 마르셀 뒤샹은 기성품인 소변기를 '샘(La Fontaine)'이라고 명명하여 갤러리에 출시했다. 그가 한 것이라고는 변기에 'R. MUTT'라는 사람 이름 같은 아리송한 글을 써 넣고 전시대에 뉘어 놓은 것뿐이었다. 이렇게 예술에 대한 고정관념을 해체하고 기성과 예술의 경계를 무너뜨리는 도발이 시도되었다[그림 7-11].

[그림 7-11] 이미지 해체, 큐비즘, 뒤샹의 샘

다다의 사상가인 트리스탄 짜라나 앙드레 부르통 같은 사람들은 다다 선언, 초현실주의 선언 등을 통해 해체의 의미를 이성, 논리, 언어의 편협성에 대한 도전으로 자리매김시키고자 했다. 언어는 논리의 출발이고, 이성의 토대다. 모든 단어는 의미를 가진다. 그 의미는 사회적으로 부여되어 의사소통에 사용되는 것이다. 그런데 그들은 단어에 부여된 다양하고 유동적인 의미가 시간이 지남에 따라 과도하게 고착되어 박제화되었다고 주장한다. 그래서 단어를 해체하고 의미를 해방시키고자 시도한 것이다. 이것이 무슨 말일까?

우리는 동물과 사물, 사건 등에 이름을 부여한다. 이름을 붙임으로써 우리는 사물을 서로 구분하고 질서를 창조한다. 구조언어학의 창시자 페르디낭드 소쉬르 (Ferdinand de Saussure)가 말한 것처럼 '개'가 개인 이유는 개가 '고양이'가 아니기 때문이다. 이름은 범주로 묶이고 범주들은 다시 상위 범주로 묶인다. 개와 고양이는 모두 가축이고, 나아가 네발 달린 포유류이며, 더 크게는 동물이다. 이런 체계를 기반으로 우리는 관념을 만들고 소통한다. 언어는 인간의 본능이고, 언어를 표현한 문자는 관념의 세계를 떠받치는 인류의 위대한 발명품이다(스티븐 핑커, 《언어본능 Language Instinct》).

우리는 성장하면서 사물의 이미지와 이름, 이름과 이름, 개념과 개념 간의 관계를 학습한다. 그 이름은 자신이 임의로 붙인 것이 아니라 부모와 주변 사람들 그리고 사회와 책으로부터 배운 것이다. 이름의 사회화 과정이 누적되면 단어에는 '우세 개념'이라는 것이 형성된다. 예를 들어 '장미'라는 단어를 통해 여러분은 어떤 이미지를 머리에 떠올리는가? 아마도 꽃이 없는 장미나무를 떠올리거나 꽃이 늙어 시들어 버린 장미를 떠올릴 가능성은 별로 없다. 대부분은 아름답게 피어오른 장미꽃을 떠올린다. 색깔은 아마도 붉은색일 것이고, 꽃 아래에는 몇 개의 싱싱한 잎사귀가 달려 있을 것이다. 이 모습이 장미의 우세 개념이다.

그런데 모든 단어에 주인처럼 들어앉은 그 우세 개념은 사회적 산물일 뿐이다. 즉 사회가 단어에 부여한 고정관념이다. 진실은 어린 싹에서부터 커다란 덩굴나무가 되어 자란 모든 모습이 장미이며, 붉은색뿐 아니라 분홍색, 노란색, 검은색, 흰색의 꽃도 다 장미이며, 아직 피지 않은 봉오리나 시들어 버린 모습도 다 장미다. 그것이 장미의 온전한 모습이다. 그러나 이런 모습들은 모두 우세 개념에 억눌려 우리의 심상에 자리를 잡지 못한다. 다다는 이 우세한 개념의 지배가 지나쳐 원래의 단어에 담긴 온전하고 생동감 있고 변화무쌍한 '진짜' 의미들이 한순간 찍은 스틸 사진처럼 박제가 되어 버렸다고 보았다. 도교의 창시자 노자가 《도덕경》제1절에서 "우리가 부르는 이름은 진정한 이름이 아니다."라고 선언한 것을 연상시키는 관점이다. 그래서 다다는 고정관념을 해체하여 박제가 된 의미들을 해방시키고 싶어 했다. 이것은 중세 1,000년의 질서에 의한 속박으로부터 벗어나고픈 무의식의 발로와 같은 것이었다. 그런데 의미를 어떻게 단어로부터 해방시킬 수 있단 말인가?

우세 개념이 형성되는 과정은 우리의 마음에 개념과 관념과 지식이 자리 잡는 과정과 유사하다. 뇌 안의 1,000억 개나 되는 뉴런이 가진 가장 중요한 기능의 하나는 기억이다. 사물과 사물의 명칭과 그들의 관계는 여러 층으로 형성된 기억의 구조를 따른다. 생일 파티가 어떤 것인지를 설명하려면 친구들, 식구들, 케이크, 선물, 촛불 같은 개념들이 등장한다. 이 개념들이 적절히 연결된 관계가 생일 파티다. 그러나 이 개념들은 생일 파티를 위해 준비된 개념이 아니고 각각 별도의 의미로 우리의 마음에 자리 잡은 개념들이다. 그러나 생일 파티라는 틀 안에서는 서로 관계를 가진다. 일단 이렇게 관계가 형성되면 두 개념을 보유하고 있는 뉴런 덩어리들이 서로 연결된다. 관계가 있는 두 뉴런 뭉치가 함께 점화되는 상황이 반복되면 둘 사이의 연결이 강화된다. 다음에 생일 파티를 다시 떠올릴 때는 이미 연결되어 있는 길을 따라 관계를 떠올리는 것이 효율적이다. 누군가 밟고 지나간 길이 새로 숲길을 헤쳐 나가는 것보다 효율적인 것과 같다. 이렇게 개념들이 연결되는 것은 스토리 수준, 문장 수준, 단어 수준, 철자 수준 등으로 순차적으로 구조를 형성한다.

자주 붙어 다니는 두 개의 단어는 자연스럽게 동시에 발화되면서 우세 개념을 강화한다. 그래서 '붉은 장미', '향기로운 장미', '아름다운 장미' 등은 우세 개념의 가족이 되어 상투적인 표현으로 자리 잡는다. 그러나 누군가가 '짭짤한 장미'라고 한다면 "응? 그게 뭐야?"와 같은 반응이 일어나고 쉽사리 받아들이기 힘들어진다. 다다가 단어로부터 우세 개념을 벗어버리고 원초적 개념을 해방시키고자 시도했던 작업이 바로 이런 것이다. 단어와 단어, 형용사와 명사, 명사와 동사를 무작위로 짝짓기 하는 실험을 하는 것이다. 다른 사람이 쓴 앞 단어를 보지 않고 다음 단어를 써 내려가거나, 주머니에서 무작위로 추출하거나, 자유 연상 또는 자동 기술 같은 방식으로 작성해 나가는 것이다. 이렇게 해서 만들어진 표현들은 마치 서로 무관한 개념들이 묶여서 떠돌아다니는 것 같은 모양이 된다. 마치 프로이드가 이성적인 작업을 거쳐 이야기로 작화되기 전 무의식의 세계에서 개념이 단절된 형태로 떠다닌다고 설명한 것과 유사하다. 작가는 이런 조합들 중에서 미적 감흥이 있는 표현을 추출해 낸다.

다다이즘의 해체 실험은 이내 새로운 미의 탄생을 위한 몸부림으로 이어졌다. 해체는 융합의 전주곡이 되었다. 다다이즘을 토대로 탄생한 초현실주의는 미술, 음악, 시, 소설, 연극, 영화 등 모든 예술 분야에 널리 퍼져나갔다. 초현실주의는 해체를 넘어선 융합의 시도였다. 융합적 사고는 새로운 이미지와 새로운 의미의 창조로 이어졌다. 시인 조향은 초현실주의 시론에서 "시인의 두뇌가 말을 새롭게 창조해 낸다는 것은 말과 말을 갖다 붙이는 방식을 새롭게 한다는 것"이며 이는 합리주의적 문장 구성법에 대한 반란이라고 설명한다(조향, 《조향전집 2권, 현대시론》 p138~139). 즉 언어 표현의 상투성을 거부하고 새로운 이미지를 찾아내고자 한 시도라는 것이다.

해체와 융합의 시도를 통해 "초현실주의는 상상력을 해방시키고 현실에 대한 정의를 팽창시키는 일에 관심을 가진다(빅스비, 《다다와 초현실주의》 p105)." 해체와 연결의 시도는 피카소나 살바도르 달리(Salvador Dali)의 작품에도 나타난다. 달리는 부드럽고 느리게 움직이는 달팽이를 단단한 금속으로 만들고 여기에 빠른 속도를 상징하는 날개를 달았다. 그들은 해체와 융합이 인류의 오랜 창조 역사의 전통을 잇는 것임을 알고 있었다[그림 7-12]. 고대 이집트의 가상 상징물인 그리핀(griffin)은 사자와 독수리의 혼합 이미지이며, 고대 인도 신화와 동남아시아의 상징물인 가루다(garuda)는 새와 물고기의 혼합 이미지다.

[그림 7-12] 융합 이미지의 창조
(달리의 달팽이와 천사, 고대 페르시아 그리핀, 인도네시아 박물관의 고대 가루다 형상)

그러나 상투적이지 않은 연결이라고 해서 모두 아름다움과 감동을 가져다주는 것은 아니다. 그래서 시인이나 예술가들은 마음에 드는 창의적 표현을 찾아내기 위해 고군분투한다. 이런 노력은 디자인 산출물의 창조자나 디자이너에게 그대로 계승된다. 다다와 초현실주의의 해체와 융합 시도가 창의성 추구의 원리이기 때문이다. 별개로 존재하던 관념을 서로 연결하는 이연현상(bisociation)을 창조성의 기반이라고 설명한 아더 쾨슬러를 연상시킨다(마거릿 보든, 《창조의 순간》 p38).

인지심리학자 대니얼 레비틴도 창의력은 별개의 것들을 연계하는 능력과 깊이 관련되어 있다고 본다. 그에 의하면 "비유나 은유를 통해 새로운 아이디어를 탐험하거나 서로 이어져 있음을 미처 깨닫지 못하고 있던 것들을 하나로 엮으려고 노력할 때 우리는 그것을 창의적 발견이라고 한다(대니얼 레비틴, 《정리하는 뇌》 p258)." 미처 깨닫지 못했던 관계를 찾아내기 위해서는 각 개념들에 달라붙은 고정관념은 물론 개념들 간의 끈끈한 관계에 대한 고정관념을 떨쳐버릴 수 있어야 한다. 그런데 레비틴은 왜 서로 다른 아이디어를 연결하기 위한 생각의 도구로서 비유나 은유, 즉 메타포(metaphor)의 중요성을 강조하고 있는 것일까?

▪ 창조적 사고를 위한 도구로서의 메타포

시인들은 비유 또는 그보다 강렬한 은유를 잘 활용하여 상투적 표현으로는 묘사하기 힘든 섬세한 의미를 포착한다. '보고 싶다'는 말 대신 '그리움의 끈을 놓고 싶지 않다'고 표현한다(서재순 시 〈당신은 나에게 언제나 그리움만 줍니다〉에서). 그리움은 나의 마음과 타인의 마음을 연결한다. 두 가지 대상을 연결하는 수단은 끈이다. 그래서 나의 마음과 그의 마음을 잇는 그리움을 끈에 빗댄 것이다. 시 뿐 아니다. 일상의 은유를 보자. 나훈아의 고전적 히트곡 '사랑은 눈물의 씨앗'에서부터 해바라기의 '내 마음의 보석상자', 조성모의 '가시나무', 넬의 '기억을 걷는 시간' 그리고 트와이스의 'Oxygen' 등 깊은 동조를 일으킨 많은 유행가들의 제목과 가사에 한 가득 은유가 담겨 있다.

우리가 상상의 세계를 넓혀가는 데 필수적인 언어 작업 중의 하나가 은유다. 우리는 은유를 이용해 전에는 생각할 수 없던 것을 생각해 내기도 하고, 포착하기 어려웠던 것을 포착하기도 한다. 은유는 창조 작업의 밑거름이다. 그렇다면 은유는 어떻게 만들어지는 것일까?

범주화

은유의 기본 원리는 사물들 간에 연결의 끈이 되는 유사성을 찾아내는 것이다. 그렇다면 유사성이란 무엇일까? 아이러니컬하게도 사물이나 사건들 간의 유사성을 파악하는 능력은 그들 간의 차이를 구별하는 능력을 토대로 한다. 엄마와 타자, 가족과 타인, 먹을 것과 먹지 못하는 것, 강아지와 고양이를 구분하는 분별력은 우리가 세상을 파악하고 지식을 축적해 나가는 기반이다. 이 분별력을 바탕으로 우리는 세상을 범주화(categorize)하여 지식으로 내면화시킨다. 이렇게 형성된 범주에는 가족, 새, 가구, 의자, 책상, 동물 등과 같은 이름이 부여된다. 우리가 알고 있는 명사들은 모두 범주라고 보면 된다. 우리는 사과가 하나의 범주임을 알고 있고, 사과들 간의 차이에는 비교적 무관심하기 때문에 처음 보는 사과를 보고도 그것을 모르는 물건으로 보지 않고 그저 하나의 사과라고 인식하는 것이다. 범주들은 나름의 구조를 가진다. 새라는 범주는 동물이라는 더 큰 범주의 일부이고, 의자라는 범주는 책상이라는 범주와 가까운 사이다.

범주에 대한 연구에 몰두한 인지심리학자 엘리노어 로쉬에 의하면 우리가 대상이 어떤 범주에 속하는지를 결정하는 방식은 두 가지다(Rosch, 1981). 하나는 어떤 원칙을 토대로 대상이 그 범주에 속할 자격을 갖추고 있는지를 평가하는 것이다. 새라는 범주에 들어가려면 날개와 부리와 깃털이 있을 것이라는 평가 기준을 통과해야 한다. 이런 방식을 원칙(principle)에 입각한 분류 방식이라고 한다. 이 방식은 매우 효율적이지만 그 원칙에 대한 지식이 습득된 다음에만 작동한다. 두 번째 방식은 유사한 특성을 가진 사례를 통해 학습하는 것이다. 어린아이가 참새나 비둘기 등을 볼 때마다 엄마에게 "저거 뭐야?"라는 질문을 반복한다. 서로 다르게 생긴 새들에 대해 엄마가 같은 명칭인 '새'라는 대답을 반복하면 꼬마는 이내 그와 비슷한 동물들의 범주 명칭이 '새'라는 것을 학습한다. 일단 범주의 개념을 알고 나면 까마귀처럼 처음 보는 새를 보아도 그것이 새라는 것을 알게 되는데, 이는 이미 알고 있는 범주의 대표 사례들과 유사하다는 것을 알아채기 때문이다.

그래서 까치나 종다리처럼 대표 사례와 유사성이 높은 대상은 빠르게 새임이 파악하지만 펭귄이나 타조, 벌새를 평가하는 데에는 시간이 더 걸린다. 이 방식은 **대표 표본(exemplar)에 입각한 분류 방식**이라고 한다.

한 범주에 속한 사례가 늘어나면 범주에 대한 지식이 깊어진다. 그러면 특정한 사례나 원칙의 구체적 내용은 의식의 무대에서 점차 사라지고 추상화된 패턴, 즉 원형(prototype)이 자리 잡는다. 이제 범주의 구성원들은 이 원형과의 가족 유사성(family similarity)을 기준으로 판단된다(조지 레이코프, 마크 존슨, 《삶으로서의 은유》 p219). 교실의 의자, 이발소의 의자, 식당의 의자, 치과 병원의 의자, 나무로 만든 의자, 쇠로 만든 의자, 플라스틱으로 만든 의자, 다리가 세 개인 의자, 다리가 없는 의자, 팔걸이가 있거나 없는 의자가 모두 거의 무의식적으로 그리고 자동적으로 의자로 파악되는 것은 원형과 가족 유사성이 있기 때문이다[그림 7-13 a, b, c].

[그림 7-13a] 팔걸이가 없는 의자들의 전형과 변형(인테리어박물관, 파리)

[그림 7-13b] 팔걸이가 있는 의자들의 전형과 변형(인테리어박물관, 파리)

[그림 7-13c] 속성에 변형이 가해진 디자인의 의자들

은유와 이연

두 개의 사물이 같은 범주에 속한다면 그들 간에 유사성이 있는 것은 당연하다. 그러나 두 사물이 서로 다른 범주에 속한다면 유사성은 보장될 수 없다. 창조성이 뛰어난 사람들은 서로 다른 범주에 속한 구성원들이 가진 유사성을 찾아낸다. 이런 유사성을 찾아내는 능력이 레비틴이 이야기하는 "별개의 것들을 연계하는 창조력"이며, 아더 쾨슬러가 말하는 이연(bisociation)이다(대리얼 레비틴, 《정리하는 뇌》 p258; 마거릿 보든, 《창조의 순간》 p38). 범주 간의 거리가 멀어지면 유사성도 점차 희박해진다. 참새와 고양이 간의 유사성은 참새와 오징어 사이의 유사성보다 크다. 유사성의 근거는 쉽게 눈에 보이는 형태(form)에 있을 수도 있지만, 눈에 보이지 않는 행동(behavior)이나 기능(function)에 있을 수도 있고, 소재(material), 존재론적 특성(existential substance), 구조(structure), 그리고 체험에도 있다.

나침반의 소재는 자석이다. 나침반은 대항해 시대를 여는 길잡이였다. 오늘날 우리 주변에서 가장 흔하게 볼 수 있는 자석의 용도는 정보 공유를 위한 도구다. 냉장고에 사진과 노트와 영수증을 붙여 놓는 데 필수적인 소재이기 때문이다. 지구상의 어느 문구점이나 관광지를 가도 무수한 디자인의 냉장고용 자석 소품을 만나 볼 수 있다. 그래서 "냉장고 마그넷은 추억이자 꿈"이 되는 것이며, "마그넷은 거울이요, 수정 구슬이다."와 같은 은유가 성립하는 것이다. 연결고리의 포착이

바로 창조성의 비밀이다. 아래 열거한 사랑에 대한 은유의 예들이 여러분의 마음
에 어떤 물결을 일으키고, 어떤 상상을 촉발시키는지 느껴 보기 바란다.

사랑은 그리움이다.

사랑은 그(그녀)의 미소다.

사랑은 함께하는 여행이다.

사랑은 마법이다.

사랑은 기적이다.

사랑은 장미다.

사랑은 불꽃이다.

사랑은 정복이다.

사랑은 책임이다.

사랑은 돈이다.

사랑은 뜬구름이다.

사랑은 도박이다.

사랑은 전쟁이다.

사랑은 레고다.

사랑은 죽음이다.

사랑은 팝콘이다.

사랑은 오징어다.

유사성은 합리적 이성에 바탕을 두는 것만은 아니다. 그래서 은유를 위한 유사
성은 기존에 이미 존재하지만 감추어진 '객관적' 유사성을 찾아내는 작업일 뿐 아
니라 주관적인 '체험적' 유사성을 정의하고 창조해 내는 작업이기도 하다(조지 레
이코프, 마크 존슨, 《삶으로서의 은유》 p263). 바로 이런 이유 때문에 레이코프
와 존슨은 은유적 사고는 과학의 기반인 이성과 예술의 기반인 상상력을 융합하

는 작업이라고 설명한다. "은유는 후설(E. Husserl)로 계승된 서양철학의 객관주의적 전통과 촘스키(N. Chomsky)로 계승된 언어의 합리적 해석에 도전하는 것이며, 동시에 체험의 비밀을 드러냄으로써 주관주의 신화도 거부하는 창조 행위다. 은유는 삶에서 새로운 의미를 창조하는 도구다." (조지 레이코프, 마크 존슨, 《삶으로서의 은유》 p319, p55)

▪ 디자인 융합과 창조

아이들은 하늘에 뜬 구름을 보며 강아지나 기린의 모습을 찾아낸다. 훌륭한 예술가나 디자이너들 중에서는 사물에서 유사한 모습을 찾아내는 능력이 뛰어난 사람이 많다. 알렉산드로 멘디니(Alexandro Mendini)는 일상의 소품에서 은유가 되는 이미지를 찾아낸다. 스커트를 입은 소녀의 모습을 하고 있는 그의 와인 코르크 따개인 안나지(Anna G)는 이탈리아의 디자인 회사 알레시(Alessi)에 의해 전 세계에 퍼져나갔다. 그의 앵무새를 닮은 코르크 따개도 알레시에서 생산되었다[그림 7-14].

은유의 원리는 창조의 원리와 같다. 연결(association)은 은유와 아이디어 융합의 공통적 도구다. 새로운 이론을 만들어 내는 과학자, 신제품의 창조자, 신기술의 창조자, 디자이너, 예술가, 시인의 공통점이 있다면 다른 사람이 포착하지 못하는 숨겨진 은유적 공통점을 찾아내거나 만들어 내고, 그 공통점을 토대로 창조물을 산출한다는 것이다.

[그림 7-14] 알렉산드로 멘디니의 와인 오프너

찰스 다윈은 지질학자 찰스 라이엘의 지각변동 이론과 생물 진화의 관계를, 그리고 경제학자 토머스 맬서스의 인구론과 생물 진화의 관계를 포착해 자신의 진화론을 완성시켰다. 조셉 프리스틀리는 전기 스파크로 가스의 발열성을 분석했다. 알렉산드로 볼타는 이 아이디어와 자신의 미션 간의 관계를 파악해 권총 모양의 유리관으로 된 가스 측정기를 만들어 레버를 당기면 스파크가 일어나도록 했다. 여러분이 짐작하듯이 이 디자인은 소형화되고 유리가 세라믹 절연체와 금속으로 대체되면서 자동차 산업의 점화 플러그와 내연기관의 발명으로 연결되었다(제임스 버크, 《커넥션: 생각의 연결이 혁신을 만든다》 p271~275).

　양서류 이후 진화된 파충류, 조류, 포유류에게는 다리가 있다. '다리'를 인공물의 한 부분을 지칭하는 데 사용하는 것은 이제 일상이 된 은유다. 그래서 의자에 다리가 있다는 것은 은유적 사고다. 날개가 있는 의자도 있다. 얼굴 높이에서 의자 등받이의 끝이 앞으로 조금 나와 있는 의자를 날개 의자(wing chair)라고 한다. 원래는 벽난로의 열기를 의자에 조금이라도 더 잡아 두려는 의도로 도입된 것이지만, 지금은 책을 읽거나 생각에 잠기기를 원할 때 주위의 방해를 차단하는 역할을 한다. 팔을 걸칠 수 있는 팔걸이 의자(arm chair)가 있지만 팔걸이를 의자의 팔이라고 하지는 않는다.

[그림 7-15] 팔걸이와 날개(wing)가 있는 의자

내 디자인 씽킹 수업을 듣던 싱가포르와 캐나다의 학생들로 구성된 한 팀은 의자에 팔을 주자는 의견을 내었다. 의자 뒤판을 탄력이 있는 부드러운 소재, 탄소 섬유 스킨처럼 확장 가능한 구조로 만들어 앉으면 앞으로 전개되어 나와 가벼운 허그를 하듯이 몸을 감싸주는 것이다. 이 의자의 팔은 올바른 자세로 공부를 하거나 근무하도록 지원하는 역할을 한다. 동시에 팔에 내장된 여러 개의 센서들이 자세와 신체 조건에 대한 자료를 수집하고 분석해 의자 사용자에게 필요한 건강 관련 조언을 해 주는 인공지능 기능을 가지게 하는 것이다.

융합과 은유를 통해 창조의 원리를 이해했다고 해도 창조 작업이 생각처럼 쉬운 것만은 아니다. 그래서 우리는 새로운 생각과 해법을 만들어 낼 아이디에이션을 위한 훈련과 도구를 필요로 한다. 창의적인 사람, 창의적인 아이디에이션, 창의적인 팀, 창의적인 환경을 만들어 가기 위한 노력이 모두 창의적 산출물의 탄생에 공헌하는 주요 요소들이다. 이제 디자인 씽킹을 위한 아이디에이션 현장의 주제를 다루어야 할 때가 되었다.

08

아이디에이션, 창조의 실행

아이디에이션과 아이디어 메이커

아이디에이션 단계는 문제를 해결하기 위해 창의적 대안을 산출하는 단계다. 창의적 해법을 만드는 출발은 공감과 관찰을 기반으로 해결해야 할 문제를 올바로 정의하는 것이다. 그러나 문제가 파악되었다고 해서 원하는 아이디어가 자판기에서 상품이 나오듯 튀어나오는 것은 아니다. 우리 대부분은 창의성을 뿜어내는 천재가 아니다. 그러나 다행히도 창의성은 천재들의 전유물이 아니다. 누구나 창의적으로 생각하고 행동할 수 있다. 그러나 창의적이 되기 위해서는 창의성의 발산을 방해하는 장애물들을 넘어서기 위한 노력을 기울여야 한다. 우리의 여건은 창의성에 대해 그다지 호의적이지 않기 때문이다. 빅터 파파넥은 "우리는 창의적인 사람들의 독창성에 대해 형벌을 내리는 사회에 살고 있다."라고 매섭게 꼬집었다 (빅터 파파넥, 《인간을 위한 디자인》 p205).

창의성에 대한 연구들은 창의성을 높이기 위한 노력은 창의성을 방해하는 장애물들을 극복하는 노력과 분리하여 생각할 수 없다고 본다. 디자인 구루인 빅터 파파넥은 다음과 같이 일곱 가지 창의성에 대한 장애물들이 있다고 지적한다(ibid, p207~223).

1. 우리의 지각 체계가 가지고 있는 지각적 장애물

2. 집단 내에서 '튀고 싶지 않다는' 두려움과 같은 감정적 장애물

3. 이질적인 사물을 구분하고 고착화시킨 결과인 연상적 장애물

4. 동질의 문화 환경에 길들여져 다른 관점을 소화하지 못하는 문화적 장애물

5. 전문적 교육과 경험, 훈련에 의해 만들어진 직업적 장애물

6. 과도한 이성적, 합리적 사고 또는 그에 대한 반감으로 생긴 지성적 장애물

7. 공간의 특성이나 소음 등과 같은 환경적 장애물

위에 열거한 항목들을 보면 창의성에 대한 장애물은 크게 우리 마음속의 장애물과 바깥세상에 놓인 장애물로 나누어진다고 볼 수 있다.

마음속의 장애물에도 두 가지 측면이 있다. 뇌의 인지적 한계나 지각의 한계와 같은 태생적 한계가 있고, 세상에 나서 배우고 적응하며 쌓인 지식, 고정관념, 관습처럼 후천적으로 획득된 한계가 있다. 이런 마음의 장애물은 아이디어가 상투적 해법을 벗어나지 못하게 만든다. 이를 극복하기 위해 기둥에 머리를 받는 방법도 사용되지만 별 도움이 되는 것 같지 않다. 알코올이 좀 들어가면 창의적이 된다는 연구도 있지만 추천할 수는 없다(Jarosz, colflesh&wiley, 2012). 마음속의 장애물을 극복하기 위해서는 마음을 챙기는 연습과 도구를 사용해 생각하는 훈련이 우리가 사용할 수 있는 방법이다.

때로는 참신한 아이디어가 떠오르더라도 "아니야. 그건 안 돼. 오, 노! 말도 꺼내지 마." 하고 마음속에서 브레이크가 걸린다. 브레이크의 원인은 체면, 자존심, 중요하게 생각하는 가치, 타인과의 관계가 상하는 것에 대한 두려움, 상사나 동료, 친구들이 나를 어떻게 볼까 하는 걱정 같은 것들이다(K. Rajah, 《Complex Creativity》 p40~44). 이들은 마음이 만들어 낸 허상이거나 고정관념일 수도 있고, 바깥세상에 놓인 장애물이 내 마음에 투영된 것일 수도 있다.

창의성을 제약하는 외부 요인들에는 과도한 업무 부담, 효율성과 속도를 강조하는 업무 특성("바쁘다. 바빠."), 동료들의 시선으로부터 느끼는 압력, 상사의 강압적 리더십, 규율과 규칙을 강조하는 조직 문화, 새로운 것을 터부시하는 사회적 관습과 고정관념, 새로운 사람과 사건, 정보를 접할 수 있는 기회의 부재 등이 포함된다. 바깥세상에 놓인 장애물은 주로 사회적, 문화적 장애물들이다. 그런 장애물들은 한 꼬마의 이런 푸념에 잘 담겨 있다. "나는 창의적인데 선생님은 이해해주지 못하고 매일 끔찍한 숙제만 낸다. 엄마는 숙제 마치기 전에는 딴짓할 생각 마라고 윽박지르고 내 창의적 시도는 받아주지 않는다. 내가 기발한 아이디어를 내면 친구들은 박수를 쳐 주기는커녕 이상한 아이 취급하거나 깔깔거리고 웃거나 하니. 어려운 세상이다. 긴 인생 어찌 살꼬."

때로는 사무실의 구조나 배치, 부서 간의 거리 등과 같이 교류를 방해하는 물리적 여건도 외부적 장애물이 된다. 창의적 아이디어가 꽃 피던 근대에 많은 사람이 북적거리던 '커피하우스'를 중심으로 창조의 꽃이 피었던 것처럼 서로 다른 전문성을 가진 사람들이 조우할 수 있는 기회를 가지는 것은 중요하다. 미국 사람들에게 창조성과 관련하여 가장 우선적으로 떠오르는 회사로 선정된 디즈니사는 서로 다른 기법, 영화, 애니메이션, 기술에 종사하는 사람들이 오가며 만날 수 있는 중앙 홀을 가진 건물 구조를 만들어 사용했다.

창의성의 장애물들이 무엇인지 인식하는 것도 중요하지만 이들을 어떻게 극복할 것인가도 중요하다. 한 가지 방법은 바람직한 전형, 즉 모범이 되는 창의적 인물들의 특성을 파악해 그들을 따라 하도록 노력해 보는 것이다.

▪ 창의적인 사람들의 비밀

많은 사람에게 창의적이라고 인정받는 사람들에게 감추어진 비밀은 무엇일까? 이는 수많은 사람들이 궁금해 하는 주제이자 창의성을 연구하는 학자들의 탐구 주제이기도 하다.

열정과 기질

창의적인 사람 하면 대개 아인슈타인 같은 천재를 떠올리게 마련이다. 하버드대학 교육학과의 하워드 가드너 교수는 그런 천재들의 일생을 교육심리학적 관점에서 분석해 보기로 했다. 가드너 교수는 '다중 지능 이론'을 제시해 널리 알린 사람이다. 다중 지능 이론에 의하면 두루두루 머리가 잘 돌아가는 사람을 특징 짓는 일반 지능(g) 대신 수학을 잘하는 지능과 언어 지능, 음악적 지능, 체육 지능, 명상과 각성을 위한 지능 등 일곱에서 아홉 가지 정도의 분야별 지능이 있는데, 이들은 서로 독립적이어서 하나를 잘한다고 해서 다른 것을 잘한다고 볼 수 없다. 환영도 많이 받고 비판도 많이 받는 이론이지만, 성적이 나쁘더라도 격려해 줄 근거를 제공해 주기 때문에 선생님들에게 인기가 좋은 이론이다. 그는 천재들의 창의성에 대한 연구를 위해 비교적 자료가 풍부한 시기이면서도 천재들이 집중적으로 많이 탄생한 19세기 말로 시점을 고정해 자타가 공인하는 일곱 명의 창의적 천재들을 분석했다.

그가 선정한 일곱 명의 천재란 의사 지그문트 프로이드, 물리학자 앨버트 아인슈타인, 화가 파블로 피카소, 음악가 이고르 스트라빈스키, 시인 T. S. 엘리엇, 무용가 마사 그레이엄 그리고 정치 지도자 마하트마 간디다. 가드너는 선정된 인물들을 탄생에서 죽음에 이르기까지 꼼꼼히 분석해 그 결과를 《열정과 기질(Creating Minds)》이라는 책으로 출간했다. 그의 연구에 의하면 창의적 천재들은 대체로 자신감과 기민함, 관습에 얽매이지 않는 태도, 근면함, 일에 집중하는 능력 등을 가지고 있다. 그들은 아이 같은 단순함과 동시에 열정과 원숙함을 나이가 들어서까지 유지하는 경향이 있었다(가드너, p628~629). 창의적 성과를 내기 위해 한 가지 주제에 최소 10년 동안 매달리는 경향이 있는데, 가드너는 이를 '10년의 법칙'이라고 불렀다(ibid. p639~641). 또한, 창의적 천재들은 서로 다른 분야나 문화, 직업, 사는 장소 등을 경험하는 경계인일 가능성이 높았다(ibid. p656, p635). 창의적 천재들은 고독한 길을 고집스럽게 가는 뚝심을 가지지만, 그에 따른 중압감을 견디기 위해 자신을 정서적으로 지지해 주는 사람과 자신의 공헌을 인정하며 조언을 해주는 사람을 필요로 했다(ibid. p97~98, p661).

우리 주변의 천재, 우리 옆의 창조성

천재들의 이야기가 흥미롭기는 하지만 평범한 우리들하고는 거리가 멀게 느껴진다. 그 이유는 첫째, 그들의 성과가 너무 높게 그리고 널리 인정받아 평범한 사람들과 거리감이 있기 때문이고, 둘째 그들의 창조 일화와 굴곡진 인생은 극적인 감동을 주는 이야기로 각색이 되어 있을 가능성이 높기 때문이다. 그렇다면 눈높이를 조금 낮추어 보자. 왜냐하면 우리 누구나 주변에 창의적인 사람 하면 떠오르는 친구나 지인, 한 다리 건너 아는 사람, 연예인 등이 있게 마련이니까. 평범해 보이는 주위의 창의적인 사람들에게서 우리가 배울 수 있는 점은 어떤 것일까?

내게 평범한 듯 창의적인 인물로 떠오르는 사람의 하나는 카네스 라자(Kanes Rajah)라는 나이가 지긋한 영국 교수다. 교수라는 점에서 좀 거리가 느껴지는 사람도 있겠지만, 평범한 동네 아저씨 같은 그의 삶에는 우리 주변에서 또는 우리의 내부에서 볼 수 있는 창의적인 사람의 특징이 잘 담겨 있다.

내가 그를 알게 된 것은 어느 날 그가 내게 이메일을 보내왔기 때문이다. 그는 자신을 영국의 한 왕립대학 경영학 교수라고 소개하고 한국에 방문하여 스마트 팜(smart farm) 등 몇 가지 사례를 보고 싶으니 도와달라고 했다. 그가 한국을 방문하는 동안 이내 친해졌고, 그가 창의성과 리더십 교육 전문가임을 알게 되었다. 나는 우리 학교 MBA 수업을 하나 해 달라고 요청했고, 그는 이듬해 경영대학장 임기를 마치고 다시 한국에 와서 학생들을 가르치며 한 학기를 보냈다. 이후 그는 내가 의장을 맡고 있는 ITAM(Information Technology Applications and Management) 국제학회에도 열성을 가지고 참석하게 되었다. 그는 창의성에 대한 연구 논문과 책을 집필하기도 했다. 물론 창의성 연구를 했다고 창의적이 되는 것은 아니다. 그러나 무엇보다 그는 늘 쾌활하며, 창의적인 분위기를 몰고 다니는 사람이다. 함께 버스를 타고 가든, 식사를 하든 끊임없이 이야깃거리를 만들어 대화를 이어가고, 기회가 되는 대로 농담을 늘어 놓는다.

그의 부모는 원래 인도 남부와 실론에서 살다가 이후 말레이시아로 이주해 살면서 그를 낳았다. 인도 남부의 타밀 지역 사람들은 북부 지역 사람들보다 피부색이 좀 더 검은 드라비다족이다. 드라비다는 고대 모헨조다로-하라파 문명을 만든 주인공들인데, 후에 인도로 들어온 아리아계 인도인들에게 밀려 내려가 인도 남쪽으로 이주하여 정착하게 되었다. 옅은 피부색으로 보아 그는 드라비다족의 혼혈인 것으로 보이는데, 자신이 속한 드라비다 문화에 대해 상당한 자부심을 간직하고 있다. 그의 부모는 카네스가 초등학교 때 영국으로 이주했다. 그래서 그는 영국식 액센트의 영어를 사용하지만, 남인도의 타밀어와 말레이시아의 바하사어도 구사한다.

호기심

카네스는 일흔이라는 나이에 비해 믿기지 않을 만큼 사고가 개방적이고, 심지어 주의가 산만해 보일 정도로 호기심이 많다. 어린아이처럼 끊임없이 질문하고, 자신의 해석을 던져 본다. 호기심은 창의적인 사람들에 대한 연구에서 대표적으로 등장하는 심리적 특성이다. 호기심이라면 여러분들 중 상당수도 빠지지 않을 것이다. 우리는 모두 어린 시절에 호기심이 가득한 눈으로 세상을 바라보는 예술가이자 과학자였다. 그래서 질문도 많았다.

캘리포니아대학에서 수행한 한 연구에 의하면 다섯 살 난 아이는 하루에 평균 65개의 질문을 한다. 그러나 그 질문들은 많은 경우에 엄마, 아빠, 선생님들에 의해 묵살당하거나 억압된다. "아유, 그만 좀 해!" 이런 환경에 의해 호기심은 빠르게 위축된다. 같은 연구에 의하면 44세 된 어른은 하루에 평균 6개의 질문을 하는 데 그친다(Walsh, 2007). 《호모 쿠아에렌스》를 쓴 생물학자 찰스 파스테르나크는 인류의 조상을 아프리카 밖으로 끌어내고, 나아가 신대륙으로, 미생물의 세계로, 사이버와 우주 세계로 이끈 것은 바로 호기심이라고 설명한다.

호기심이 사람에게만 있는 것은 아니다. 기린은 호기심이 유난히 많아서 늘 보던 것이 아닌 대상이 보이면 가까이 다가오는데 목이 길어서 사파리의 지프 안에까지 머리를 들이미는 경우가 있다고 한다. 고양이는 호기심이 유달리 많아 "호기심이 고양이를 죽인다."라는 영어 속담도 있다. 새로운 것과 낯선 것은 모든 동물들에게 흥미와 호기심을 일으킨다. 그러나 인간의 독특한 점은 호기심으로 탐구한 내용의 이유와 원리를 알고 싶어 한다는 것이다. 그래서 이미 알고 있는 정보를 기반으로 더 많은 질문을 던지고, 더 효과적인 답을 만들기 위해 끊임없이 노력한다. 그런 노력이 바로 인간 창의성의 핵심이다(아구스틴 푸엔테스, 《크리에이티브》 p377).

문제는 어떻게 우리의 호기심 본능을 불러일으킬 것인가. 관찰은 호기심을 부풀리고, 호기심은 관찰 탐구를 강화한다. 호기심을 자극하는 것은 어린아이들이 입에 달고 사는 "왜?"라는 질문이다. "왜 이렇게 해야만 하지? 왜 그렇게 되는 거지? 왜 안 된다고 하는 거지?" 같은 질문을 스스로에게 던지는 연습은 마음속의 호기심을 자극하는 최선의 방법이다. 창의성 컨설턴트인 샤론 왈시는 바쁜 일정, 과도한 업무나 스트레스, 주위의 비평에 대한 두려움 등 호기심을 억제하는 요인을 줄여나가는 노력도 중요하지만, 작고 사소해 보이는 것들에 관심을 가지고, 새로운 눈으로 예술 작품을 감상하는 것도 큰 도움이 된다고 설명한다(Walsh, 2007).

사회적 관계

카네스가 내게 처음 연락을 취했을 때 내가 바쁜 일상으로 그의 요청을 무시해 관계가 만들어지지 않았을 수도 있다. 그러나 그는 스페인의 세비야대학 우엘바캠퍼스의 알폰소 바르가스-산체스 교수의 친구라고 자신을 소개했다. 그가 "동아시아를 방문하고 싶은데 소개해 줄 사람이 없느냐?"라고 알폰소에게 물어보았을 때 알폰소가 내 연락처를 준 것이다. 나는 알폰소를 대만의 학회에서 만났다. 대만 가톨릭대의 수쩌런(올리버) 교수가 알폰소와 나를 학술 행사의 기조 강연자로 초청했던 것이다. 알폰소와 나를 타이페이로 초청한 올리버를 나는 인도의 니르마대학에서 처음 만났다. 우리는 한국과 대만을 오가며 서로 친분이 두터워진 사이였다. 나와 올리버가 니르마대학에 가게 된 것은 이 학교를 방문하고 있던 미국 퍼듀-인디애나 대학의 옴프라카시 굽타 교수가 학술대회에 우리를 초청했기 때문이었다. 굽타 교수는 생산관리, 수쩌런 교수는 마케팅, 알폰소는 관광경영, 나는 경영정보, 그리고 카네스는 조직경영으로 세부 전공은 모두 다르다.

창의적인 사람들은 고집이 세고, 자기중심적이며, 괴짜이고, 인간관계에 관심이 없거나 고독을 즐기는 사람들이라는 통념이 있다. 외딴 산성에서 홀로 무시무시한 실험을 하는 프랑켄슈타인 박사는 아니더라도, 사람을 많이 만나지 않고 실험실에 틀어박혀 있는 흰 가운의 과학자나, 고독한 방에서 홀로 시를 쓰고, 작곡을 하고, 그림을 그리는 천재의 모습을 쉽사리 떠올릴 수 있다. 이해하지 못할 말을 우기고 자주 왕따처럼 굴고, 혼자 있기 좋아하지만 가끔씩 기발한 발상을 내지르는 주변의 괴짜 같은 누군가가 떠오를 수도 있다. 나는 디자인 씽킹 수업 시간에 창의적인 사람의 특성에 대한 질문들을 던지곤 한다. 그중 하나다.

다음 중 가장 창의적으로 보이는 사람은 누구인가?
1) 성실한 사람, 2) 의심이 많은 사람, 3) 인간관계가 좋은 사람, 4) 믿음직한 사람

여러분은 어떻게 생각하시는가? 대체로 학생들은 2번 '의심이 많은 사람'에 표를 던진다. 창의성과 호기심, 호기심과 질문 간의 관계가 연상되기 때문이다. 그러나 의심이 많다는 것은 이야기의 신빙성에 확신이 가지 않는다거나, 이야기를 제공한 사람을 신뢰할 수 없다거나, 이야기한 사람이 다른 저의가 있지 않은지 생각한다는 뜻을 포함한다. 따라서 의심이 많다는 것의 일부는 호기심과 관련이 있을 수 있지만, 이보다는 부정적인 의미를 더 많이 내포한다. 2번을 제외한 나머지

성실한 사람, 믿음직한 사람, 인간관계가 좋은 사람은 모두 우리 사회가 지향하는 인간성을 갖춘 사람의 전형이다. 인성이 좋은 사람을 지칭하는 세 가지 선택이 모두 표를 많이 받지 못한다는 것은 슬픈 일이다. 창의성에 대한 부정적인 오해가 많음을 보여 주는 것이기도 하다.

논문, 특허, 제안 등 창의적 성과물에 대한 실증 연구들에 의하면 3번 '인간관계가 좋은 사람'이 창의적인 사람의 특징에 가깝다. 인간관계가 좋은 사람은 타인의 마음을 잘 이해하고, 소통을 잘하며, 교분이 넓은 사람이다. 분자생물학 분야의 주요 아이디어들은 혼자서 종일 현미경을 들여다보고 있는 연구자가 아니라 10여 명이 정기적으로 모여 허심탄회하고 깊이 있게 대화하는 모임에서 주로 탄생했다 (스티븐 존슨, 《탁월한 아이디어는 어디서 오는가》 p74). 다양한 사람들과 많은 연결점을 가진 사람은 서로 다른 집단의 사람들이 소통하는 창구 역할을 한다. 이들은 친분이 높은 소수의 가족 같은 사람들, 즉 **강한 연결**도 가지고 있지만, 오랜만에 연락할 수 있는 지인이나 친구들, 즉 **약한 연결**(weak tie)도 많다.

늘 만나는 사람들은 정보나 의견, 아이디어의 동질성이 높아서 새로운 발상의 원천이 될 가능성이 떨어진다. 다른 관점, 다른 의견, 다른 아이디어는 약한 연결에 속한 사람들과의 소통에서 등장할 가능성이 높다. 창의적 발상에 불을 점화시킬 확률이 높아지는 것이다. "제품에 소음 문제가 있구나. 우리 제품은 소음과는 관계가 없어. 그런데 소음 하니까 전에 우리 공장에 소음 문제가 있었던 생각이 나네. 한 공정의 소음이 다른 공정에 영향을 주는 문제가 있었는데 우리는 이렇게 해결한 일이 있었지." 이렇게 직접적 연관성은 없지만 창의적 해법의 단초가 되는 소식을 접하게 된다. 하버드대학의 사회학자인 그레노베터 교수가 밝힌 '약한 연결의 힘'이라는 현상이다(Granovetter, 1973).

인간관계가 좋은 사람은 새로운 생각을 가져오는 커넥터 역할을 한다(앨버트 바라바시, 《링크》 p96). 서로 다른 분야가 융합된 아이디어나 해법을 위한 연결고리의 역할을 하는 것이다. 지난 세기의 기술 혁명의 주인공이었던 전자 및 실리콘 칩 기술은 물리학과 화학의 협업을 통해 달성된 것이다. 지금은 나노과학과 디지털, 뇌과학과 생명공학이 섞인 주제에서 흥미로운 연구 결과들이 출현하고 있다. 네트워크 연결의 효과는 학술 연구, 신사업 개발, 신제품 개발 등에서 두루 나타나는 현상이다(ibid. p.213, Ruef, 2002, 데이비드 버커스, 《친구의 친구》 p39).

창의적인 사람이 되려면 친구가 많아야 한다. 그것도 서로 다른 집단에 속한 친구들이 많으면 도움이 된다. 친구의 범위는 카네스의 경우처럼 눈덩이가 구르듯이 커져갈 수 있다. 지역이 다르고, 배경이 다르고, 전공이 다르고, 문화가 다르고, 관심이 다른 사람들과 소통하는 연습이 바로 창의성 연습이다.

열린 마음과 경험의 다양성

카네스는 유년 시절을 말레이시아에서 보내고 학창 시절을 영국에서 보냈다. 그는 미국과 인도에서 일한 경험도 있다. 한국을 방문하였고, 나이가 들어서도 여건이 되는 대로 새로운 곳을 방문하여 자극을 받고자 노력한다. 창의적인 사람들의 대표적인 특성의 하나는 생각이 개방적이며, 삶의 궤적에 다양성이 내재되어 있다는 것이다. 개방성은 저절로 확보되거나 타고나는 것이 아니고 삶의 경험을 통해 얻어지는 것이다. 그래서 다양성과 개방성은 흔히 함께한다. 경험의 폭이 넓으면 이해하고 받아들일 수 있는 대상의 폭도 넓어지게 마련이다.

경험의 다양성을 만들어 주는 요인 중의 하나는 지역의 변화다. 새로운 장소를 방문하는 것도 발상에 도움이 된다. 그러나 여행자의 경험과 거주자의 경험은 다르다. 펜실베이니아대학 와튼스쿨의 애덤 그랜트 교수는 한 발 더 나아가 "해외에서 거주한 시간보다 해외에서 일한 시간이 중요하다."라고 강조한다(애덤 그랜트, 《오리지널스》 p95). 패션 업계의 유명 크리에이티브 디렉터들을 대상으로 한 연구를 토대로 한 말이다. 새로운 지역에서의 경험이 새로운 문화, 새로운 관계, 학습과 일에 연관되어 삶의 경험을 풍족하게 만들면, 창의적인 사고를 위한 재료가 풍부해지고 이해의 개방성과 도전의식이 높아진다.

창의적인 천재들 중에는 사는 지역에 변화가 생긴 사람들이 많다. T.S. 엘리엇은 미국에서 영국으로 건너가 활동했다. 마하트마 간디는 인도에서 성장하고, 영국에서 고등교육을 받았으며, 남아프리카공화국에서 변호사 활동을 하다가, 다시 고국 인도로 돌아가 여러 주를 다니며 비폭력 운동을 이끌었다(가드너, p416, p547~566). 파블로 피카소와 살바토르 달리는 스페인의 감각적 배경을 가지고 프랑스로 이주해 자기만의 세계를 만들어 냈다. 퀴리 부인은 인내와 끈기의 사람이지만 노벨상을 두 번이나 받은 창의적인 사람이기도 하다. 그녀는 폴란드에서 태어나 스위스에서 공부했고, 파리 소르본대학에서 활동했다. 내 유년시절의 우상이던 그녀는 지금은 자신이 근무하던 소르본대학 바로 앞에 위치한 팡테옹의 지하에서 잠자고 있다. 니콜라 테슬라는 오스트리아–헝가리 제국에서 성장해 뉴욕으로 이주해 활동했다. 물론 새로운 지역의 삶을 경험하고 창의적 잠재력이 충전된 상태에서 다시 고향으로 돌아가 활동한 사람들도 많다.

[그림 8-1] 연구실의 마리 퀴리와 팡테옹 지하실에 안치된 그녀의 관

경험의 다양성에는 전공, 직업 또는 커리어의 이동도 중요한 역할을 한다. 많은 창의적 인물이나 발명가들에게서 전공의 변화나 커리어의 변화를 볼 수 있다. 창의적 역동성이 확대되기 위해서는 전공을 바꾼 사람들을 수용하는 문화적 포용성을 넓히는 것이 도움이 된다. 과학에서 사회, 공학에서 인문, 인문에서 사회 등으로 전공을 바꾼 사람들, 한 직업에서 다른 직업으로 인생 행로를 바꾼 사람들이 창의적 공헌을 하는 사례는 다반사다.

녹색 혁명의 아버지라 불리는 노먼 볼로그는 생명공학 연구자가 되기 전에 레슬링 선수였다(빌리 우드워드, p320~330). 창의적 발상이 넘치는 돈키호테를 쓴 세르반테스는 직업 군인이었다. 50권이 넘는 소설을 쓴 스티븐 킹은 세탁 공장의 직원이었고, 아인슈타인은 특허 사무소 직원을 지냈다(케빈 애슈턴, 《창조의 탄생》 p53). 창의성이 튀는 사람들 중에는 커리어에 변화가 있었던 사람들을 적지 않게 볼 수 있다. 운동선수에서 MC로, 무용수에서 가수로, 교사에서 연예인으로, 의사에서 문인으로, 디자이너에서 경영자로 변신한 사람들을 떠올려 보시라. 한 분야에서 전문성과 경험이 깊어지면 세상을 보는 특정한 방식에 매몰되는 경향을 보인다(애덤 그랜트, 《오리지널스》 p84). 커리어의 변화는 경직된 마음의 틀에 변화를 가져다주는 기폭제가 될 수 있다. 뜨내기처럼 가볍게 이리저리 이동하는 것을 의미하는 것이 아니고, 하나의 커리어에 몰입해 그 경험과 문화와 지식에 흠뻑 빠졌다가 이동을 경험할 때 창조적 잠재력의 물꼬가 트인다는 것이다.

서로 다른 경험을 가진 사람들, 서로 다른 분야의 사람들이 교차점에서 만나 새로운 발상의 씨앗이 싹트는 현상을 혁신 컨설턴트인 프란츠 요한슨은 '메디치 효과'라고 부른다. 다양한 분야의 예술가와 과학자들을 후원해 근대의 문을 여는데 공헌한 메디치 가문의 이름을 딴 것이다. 요한슨은 다양성에 기반을 둔 창조 역량은 미래의 덕목이라고 강조한다. "미래에는 거의 모든 분야에서 다양한 분야를 접목해야 할 필요성이 더욱 높아질 것이다. (중략) 우리의 미래는 교차점에 있다." (프란츠 요한슨, 《메디치 효과》 p242).

도전과 끈기

새로운 작품이나 제품, 서비스를 구상하고 만들어 내는 작업은 잘 닦인 길을 따라가는 것이 아니다. 그 길은 불확실성으로 가득하고 구불구불한 길이다. 그 길은 안개가 짙어 가시거리가 짧은 길을 진행하는 것과 같아서, 앞으로 나아가야 비로소 감추어졌던 길이 보인다. 증기기관이 발명되자 기압에 대한 관심이 높아졌고,

기압을 이해하기 위해 기체 연구를 하면서 기체역학과 화학에 대한 이해가 높아졌다. 기체역학과 화학에 대한 이해는 자동차 연료로 석유를 사용하도록 유도했으며, 다시 내연기관의 발명으로 이어졌다. 내연기관이 없었다면 동력 비행기를 발명하는 것은 불가능했을 것이다(제임스 버크, 《커넥션》 p428).

스티븐 존슨은 창조의 과정은 마치 일단 방 안으로 들어가야 다음 방으로 가는 문들이 보이는 미로와 같다고 설명한다(스티븐 존슨, 《탁월한 아이디어는 어디서 오는가》 p41). 이때 새로이 등장하는 문들을 **인접 가능성**(Adjacent Possibility)이라고 한다. 탐험을 더 많이 한 사람에게 더 많은 가능성이 열리는 것이다. 그래서 창의적인 사람들이 도전하는 것이라기보다 도전하는 사람들이 창의적이 되는 것이다. 하워드 가드너는 창의적인 사람들은 도전적 기질을 가지고 있기 때문에 창의적 공헌이 일생에 걸쳐 반복적으로 나타난다고 설명한다(하워드 가드너, 《열정과 기질》 p84). 창의적인 사람들의 제안에 대한 주위의 첫 반응은 대체로 "그게 될까? 말도 안 돼, 상상일 뿐이지." 등과 같은 부정적 반응이다. 이와 같은 부정적 반응을 헤쳐 나가야 목표에 다다른다. 그들이 안개를 헤쳐 나가 인정받기 위한 도구는 인내와 전문성이다.

날개 없는 선풍기와 집진 봉투가 없는 진공청소기의 개발로 유명한 발명가 제임스 다이슨은 새로운 진공청소기 개발을 위해 무려 5,000번이 넘는 시도를 했다. 그는 "매일 포기하고 싶었습니다. 그러나 포기하고 싶을 때야말로 조금 더 밀고 나가야 할 시점입니다. 나는 실수를 5,126번 저질렀습니다."라고 끈기 있는 도전의 중요성을 강조했다(케빈 애슈턴, 《창조의 탄생》 p121). 그의 삶을 연구한 레인 캐러더스는 "다이슨은 다른 사람들이라면 적당히 타협했을 상황에서 오히려 에너지를 얻는 성격이다."라고 그를 평가했다(캐러더스, 《다이슨 스토리》 p88). 토머스 에디슨이 실용성 있는 백열전구를 찾아내기 위해 6,000번 이상의 실험을 끈질기게 수행한 것은 유명한 이야기다(제임스 버크, 《커넥션》 p419). 그는 수많은 실패에 대해 묻는 기자의 질문에 "실패한 것이 아니라 원하는 대로 작동하지 않는 경우들에 대한 지식을 얻게 된 것일 뿐이다."라고 응대했다.

[그림 8-2] 제임스 다이슨과 그가 발명한 집진 봉투 없는 청소기, 날개 없는 선풍기

기술의 미래에 대한 활발한 주장으로 '기술사상가'라고 불리는 〈와이어드〉지의 창간자 케빈 켈리(Kevin Kelly)는 누가 끝까지 버티고 밀어 붙이느냐가 창의적 발명의 승패를 결정한다고 말한다. 다음은 그가 인터뷰한 발명가 대니 힐리스의 말이다.

"같은 발명 가능성을 동시에 생각하는 사람은 수십만 명쯤 될 겁니다. 하지만 그것을 어떻게 구현할지 상상해 보는 사람은 열 명에 한 명도 안 됩니다. 그것을 어떻게 구현할지 알아차린 사람 중에 실제로 세부 사항과 구체적인 해결책까지 생각하는 사람은 다시 열에 하나밖에 안 됩니다. 그리고 실제로 작동하도록 설계할 사람은 그중에 열에 하나에 불과할 것이고요. 마지막으로 발명을 사회에 내놓을 사람은 그 착상을 떠올린 수많은 사람 중에 단 한 명에 불과합니다." (케빈 켈리, 2010 《기술의 충격》 p173)

재능은 뛰어나지만 온실 안에서 자란 화초처럼 역경 앞에 쉽게 무너지는 사람이 있다. 유년 시절 신동이라 불리다가 역경에 부딪히자 자신에 대한 실망, 찬사에 대한 갈증, 편법을 이용하려는 유혹을 극복하지 못하고 무너져 결국 이렇다 할 업적을 남기지 못하는 경우가 대표적인 예다. 창업 직후의 열광적인 반응으로 희망에 넘쳐 있다가 성장 초기의 슬럼프라 할 수 있는 '죽음의 계곡(chasm)'을 넘지 못하고 무너지는 많은 벤처 사업가나 발명가들도 그런 예들이다(Moore, 1995, p18~25). 반면에 에디슨이나 다이슨과 같이 실패를 목표를 향해 가는 과정의 일부라 생각하고 훌훌 털고 일어나 다시 도전하는 사람들이 있다. 창의적 업적을 남기는 사람들은 바로 이런 사람들이다. 세계적인 혁신 네트워크인 팝테크의 관리자인 앤드루 졸리와 작가 앤 마리 힐리는 이를 '회복하는 힘(resilience)'이라고 부른다. 회복하는 힘은 하나의 개인에서부터 팀, 조직, 시스템의 궁극적 성공을 결정하는 핵심 요소다. 자신감, 긍정적 사고, 삶의 의미에 대한 믿음, 그리고 역경에 흔들릴 때 옆에서 지원해 줄 수 있는 사회 연결망(친구, 가족, 종교단체, 지역사회 등)은 회복하는 힘의 원천이다(앤드루 졸리, 앤 마리 힐리,《회복하는 힘》p195~198).

지식 학습

창의성 심리학자 칙센트미하이는 창의적인 산출물이란 사람들이 창의적이라고 인정해 주는 산출물이라고 말한다. 많은 창의적 산출물은 대중에게 평가받기 전에 먼저 그 분야의 전문가들에게 평가를 받는다. 그래서 칙센트미하이는 "자신이 접해 보지 않은 영역에서 창의적이 될 수는 없다."라고 잘라 말한다(칙센트미하이,《창의성의 즐거움》p33). 학자들은 어떤 산출물이 창의적이라고 인정되는지 알기 위해 노력하며, 화가들은 시각 효과에 대한 자신만의 지식과 기술을 인정받기 위해 혼신의 힘을 다한다. 아인슈타인이 아무리 천재여도 물리학에 대한 이해가 없이 상대성 이론을 정립할 수는 없었을 것이다.

분야에 대한 지식(domain knowledge)의 중요성 때문에 창의성은 분야에 한정된다고 하워드 가드너는 말한다(가드너,《열정과 기질》p83). 분야마다 작동하는 지능이 다르다는 그의 다중 지능 이론과 일맥상통하는 시각이다. 다방면에서 천재성을 발휘한 것으로 알려진 레오나르도 다빈치나 아이작 뉴턴 같은 세기의 천재들도 관찰을 토대로 서로 연결된 분야에서 꽃을 피운 것이다. 뉴튼은 당대 수학의 최고봉에 있었지만 투자에서는 엄청난 실패를 맛보았다. 도예가는 도자기와 그 제작 방법에 대한 지식이 있어야 하고, 금속공예가는 금속 다루는 방법에 대한 지식과 장신구에 대한 지식이 있어야 한다.

살아 있는 동안 평생 인정받지 못한 고흐의 미술 작품이나 멘델의 유전 법칙 같은 창의적 산물을 보면 전문가의 평가가 항상 정확하거나 일관적인 것은 아니다. 전문가들에게는 혹평을 받았지만 시장에서는 인정받는 창작물도 많다. 예술 분야에는 만들어진지 500년 후 뒤늦게 인정받은 산드로 보티첼리의 〈비너스의 탄생〉 같은 작품도 있다(최인수, 《창의성의 발견》 p59). 그러나 전문성을 인정받는 시점이 문화와 사조, 운에 영향을 받을 수는 있지만, 전문성이 없이 창의성이 꽃 피지는 않는다.

때로는 연관 분야를 아우르는 지식의 폭도 중요하다. "혁신가들은 폭넓은 학습 경험을 갖고 자신의 분야에 탁월한 능력을 지니고 있으면서도 다른 분야를 끊임없이 배우는 사람들이지요." 창의적 혁신에 대해 탐구한 프란츠 요한슨의 인터뷰에서 나온 말이다(프란츠 요한슨, 《메디치 효과》 p76).

힌두 삼신 중에 창조를 담당한 신이 브라마(Brama)다. 창조의 신 브라마의 짝은 사라스와티(Saraswati)다. 사라스와티는 지식의 신이다. 사라스와티에 대한 존경은 지식에 대한 경배로 통한다. 인도에서는 어느 대학교를 가던 로비나 교실, 또는 총장실에 사라스와티 동상이 놓여 있다. 사라스와티의 손에는 진리를 상징하는 책과 비파가 들려 있다. 지식의 근원은 기호와 소리임을 상징한다. 브라마와 사라스와티의 파트너 관계는 창조와 지식이 서로 뗄 수 없는 관계임을 나타낸다.

그 밖의 특성들?

창의성이 워낙에 복잡한 현상이다 보니, 창의성의 뿌리에 대한 설명도 다양하고 복잡하다. 모험심, 높은 자존감, 열정, 높은 내적 동기, 복합적 성향, 천진난만함, 장난기, 놀이하는 마음, 공상, 상반된 심적 성향, 반항성 등이 언급되기도 한다(미하이 칙센트미하이, 《창의성의 즐거움》 p63~91, 하주현 p40~47).

그러나 이해가 갈 듯도 하지만 의심스러운 주장도 있다. 창의성의 중심지는 다양한 문화가 교차하는 곳일 가능성이 높다는 설명 같은 것이다(ibid. p18). 가능성이 있는 논리다. 그러나 인류는 오랜 역사를 가지고 있고, 문화 간 교류의 역사도 길고 광범위하다. 대륙 끝의 반도와 대륙의 중심 중에 문화가 교차할 가능성이 더 큰 곳은 어디일까? 아나톨리아는 헬레니즘과 아시아 문화가 만나는 곳이다. 반도는 대륙문화와 해양 문화가 만나는 곳이다. 한편 〈타임〉지는 1999년을 보내며 지난 1,000년간 문명사에 가장 큰 영향을 미친 사람으로 칭기즈칸을 꼽았다. 동양과 서양의 문화를 마구 섞는 역할을 했다는 것이 그 이유다. 문화의 만남은 지정학만이 결정하는 것이 아니다. 두 문화가 한 장소에 공존하기도 하고 화학적으로 혼합하여 새로운 정체성을 가진 문화로 안착되기도 한다. 창의성과 지정학의 관계는 문화적 편견과 주관이 침투할 가능성이 높은 주제다.

창의적 개인이 되기 위한 인성적 특성 중 가장 근본적인 특성은 생각이 열려야 한다는 것이다. 세상 밖으로도 생각이 열려야 하고, 마음 안에서도 열려야 한다. 인류의 조상들의 마음속에 형성된 사회, 기술, 언어, 자연사를 이해하는 모듈들 간에 소통의 장이 열리면서 문명의 창조를 이룬 것과 같다. 우리의 마음속에는 쉽게 고립될 수 있는 많은 개념의 덩어리들이 만들어진다. 호기심과 접하는 문화, 사회적 관계의 다양성과 지식 탐구에 대한 도전 정신은 사람의 마음속에 만들어지는 고정관념과 고착된 생각 덩어리들 간의 경계를 허무는 역할을 한다.

▪ 집단은 어떻게 창의적이 되는가

모든 사람은 타고난 기질과 성장 배경 및 경험에 의해 제한된 성향을 가진다. 창조 과정의 발산적 사고와 수렴적 사고가 요구하는 상반된 능력을 한 사람이 보유한다는 것은 쉽지 않은 일이다. 발산적 사고를 즐기는 사람은 꼼꼼히 따져 보고 가지치기를 하는 것이 적성에 맞지 않을 수 있고, 그 반대도 마찬가지다. 사람들의 성향이 다르다는 것은 소통의 어려움을 만들기도 하지만, 서로의 약점을 보완하는 기반이 되기도 한다. 그래서 많은 창의적 산출물은 여러 사람의 협동에 의해 성취된다. 대개의 디자인 씽킹 작업도 팀 단위로 진행된다. 그러나 창의적 개인들이 모인다고 창의적 팀이 되는 것은 아니다. 그렇다면 여럿이 함께하면서 긍정적 시너지가 생성되는 원리를 알아야 창의적인 팀도 만들어 낼 수 있는 것 아닐까?

둘의 힘

한 사람을 팀이라고 부르지는 않는다. 몇 사람이 모여야 하나의 팀이 될까? 적절한 팀의 규모에 대한 의견은 학자와 상황에 따라 다르지만, 한 가지 확실한 것은 모든 사회적 관계와 팀의 가장 기본적인 단위는 두 사람으로 구성된다는 것이다. 두 사람의 관계를 한 쌍(dyad)이라고 한다. 창조의 장(field)에서 벌어지는 한 쌍의 사람들 간의 관계에 대한 이해는 그래서 팀의 창조 원리에 대한 이해의 기반이다.

인간사에는 두 사람이 한 짝이 되어 엄청난 창의적 산출물을 생산해 낸 사례가 풍부하다. 경영학 분야에서 찰즈 스노우 교수와 레이몬드 마일즈 교수는 많은 협동 작업을 함께 수행해 업적을 쌓은 것으로 유명하다(Miles and Snow, 1978). 심리학 분야에서도 대니얼 카너먼 교수와 아모스 트버스키 교수가 많은 연구를 함께 수행했다. 자신보다 어린 트버스키 교수가 노벨상을 받기 전에 명을 달리해 카너먼 교수가 혼자 노벨상을 받게 되자, 카너먼 교수는 평생의 연구들을 정리해 해설한 책《생각에 관한 생각》을 펴내며 속표지 전면에 '아모스 트버스키를 기리며'라는 한 줄을 써서 유명을 달리한 연구 파트너에게 그 책을 바쳤다.

조슈아 울프 생크는 이렇게 두 사람이 한 짝이 되어 창조적 역사를 만들어 낸 사례들을 집중적으로 탐구했다. 그는 '둘의 힘(power of two)'이라고 명명한 이 관계를 탐구하기 위해 여러 유명한 쌍들을 조사했다. 그의 연구 대상에는 애플의 공동 창업자 스티브 잡스와 스티브 워즈니악, 빈센트 반 고흐와 그의 동생 테오, 타이거 우즈와 그의 캐디 스티브 윌리엄스, 비틀즈의 두 리더 존 레논과 폴 매카트니, 신고전파 무용의 새 역사를 쓴 안무가 게오르그 발란친과 무용가 수전 패럴, DNA의 구조를 밝혀 생물학의 역사를 새로 슨 왓슨과 크리크, 피카소와 마티스, 《반지의 제왕》을 쓴 톨킨과 그의 편집인이었던 루이스 등이 포함되었다(조슈아 울프 섕크, 《둘의 힘》, 2018).

[그림 8-3] 젊은 시절의 고흐 형제, 존 레논과 폴 매카트니, 발란친과 패럴

그의 탐구에 의하면 창조적 쌍들은 우연이든 필연이든 서로의 매력에 운명적이라 할 만큼 빠져들어 간다. 그리고 대부분 산출물의 생산 과정에서 누가 더 공헌했는지 구분하기 힘들 만큼 두 사람의 노력이 함께 들어갔다. 두 사람은 많은 시간을 함께하고 서로를 깊이 이해하지만 성향이 판이하게 달라 갈등도 겪는다. 한 사람이 상상의 나래를 도발적으로 펼친다면 다른 사람은 이를 다듬고 가라앉힌다. 한 사람이 화려한 은막 위에서 각광을 받는 것을 갈구하는 반면 다른 사람은 조용히 부족한 점을 채우거나 이지적으로 실속과 완성을 추구하는 성향을 가진다. 이렇게 성향이 극단적으로 다름에도 불구하고 서로 상대방의 가치를 인정한다. 그래서 상대로부터 인정받는 것을 중시하며, 갈등의 불꽃이 튈 때는 엄청난 방황과 고뇌의 시간을 가지기도 한다. 둘은 서로 독립적이면서 동시에 상호 의존적이라고 할 수 있다(ibid. p97, p105). 섕크는 이 관계를 "서로 매우 다른 동시에 서로 매우 비슷하다. 이런 극단은 깊은 친밀감과 활기찬 마찰을 빚어내는데, 이것이 바로 창조적인 한 쌍을 규정하는 요소다."라고 해석한다(ibid. p37). 그는 이를 '긍정적 와해(positive disintegration)' 또는 '역동적 안정성(dynamic stability)'이라는 패러독스로 표현한다(ibid. p181, p310).

창조적 한 쌍이 상반된 성격과 역할을 보유한다는 것은 매우 아이러니하다. 그러나 창조의 과정에는 반짝이는 통찰과 아이디어의 정교화가 모두 필요하다. 이 두 가지 작업은 수렴과 발산처럼 동시에 수행될 수 없는 작업들이다. 생크가 선정한 창조적 쌍들은 이런 역할이 단지 두 사람으로 극명하게 나누어져 있는 경우들이다(ibid. p232). 그래서 창조 과정에서 두 사람의 역할이 더욱 뚜렷이 드러나 보였던 것이다. 차이가 부딪치며 새로움과 변화를 만들어 내고, 유사성이 균형과 수렴을 가져온다. 그래서 이들 간의 관계도 패러독스 같은 모습을 띠게 되는 것이다.

매사추세츠대학의 대니얼 불런은 사회적으로 화제가 되었던 창조적 예술가 쌍들을 선택해 분석했다. 그의 분석에는 문인인 루 살로메와 라이너 마리아 릴케, 철학자인 장 폴 사르트르와 시몬 드 보부아르, 사진작가인 알프레드 스티글리츠와 화가 조지아 오키프, 화가인 디에고 리베라와 프리다 칼로 등 세기말을 수놓은 창조적 예술가 쌍들이 포함되었다. 모두 파트너이자 실험적인 사랑의 상대, 부부로서 사회적 논란이 되었던 경우들이며, 동시에 역사에 남는 창작품을 만들어 낸 사람들이기도 하다. 불런은 이들의 작품과 편지, 애증 관계, 서로에 대한 자극과 격려 등을 상세히 분석했다. 주인공들은 모두 상이한 문화적 배경으로 고민했고, 추구하는 정체성의 차이로 갈등했다. 동시에 창조적 열정, 자유, 그리고 상대로부터의 인정에 대한 갈망이라는 공통점을 가지고 있었다. 불런은 평범하지 않은 인생을 산 이 예술가 쌍들의 삶에는 품위와 저항, 교양과 자유, 정체성에 대한 거부와 동경 등 상반된 측면이 공존했다고 설명한다(불런, 《사랑은 어떻게 예술이 되는가》 p533).

[그림 8-4] 살로메와 릴케, 보부아르와 사르트르, 칼로와 리베라

우리는 타인에 둘러싸여 삶을 살아간다. 나를 제외한 모든 사람은 타인이다. 그러나 나의 정체성이란 바로 타인과의 관계들의 집합이기 때문에 타인을 배제한 나란 있을 수 없다. 그래서 '나'를 조금 넓게 비추면 촛불이 방의 어둠을 밀어내듯이 타인의 범위가 물러난다. 그것이 우리라는 개념이다. '우리'가 특별한 것은 그것이 나의 연장이기 때문이다. 파트너는 타인이자 동시에 나의 연장인 우리에 속하기 때문에 비슷한 점과 다른 점을 함께 가지고 있다. 차이점이 없으면 창조를 위한 다양성이 만들어지지 않으며, 유사성이 없으면 함께할 수 없다. 유사성과 차이점을 창조를 위한 원동력으로 만들어 주는 것이 팀워크다.

창조적 팀의 구성과 팀워크

디자인 씽킹 작업은 팀을 이루어 수행한다. 디자인팀은 함께 아이디에이션을 위한 창조적 발산 작업도 수행하고 아이디어를 선별하고 다듬어 현실성 있게 만드는 수렴 작업도 수행한다. 그러나 팀의 창조 역량과 그 구성원들의 창조 역량의 관계는 단순하지 않다. 팀의 창조 역량은 가장 창의적인 구성원의 수준보다 더 높아질 수도 있고, 구성원의 평균 수준이 될 수도 있으며, 창조 역량이 낮은 구성원보다 팀의 창조력이 더 낮아질 수도 있다.

무엇보다 팀의 구성은 팀의 창조적 역량을 결정하는 초기 조건이 된다. 그래서 팀의 구성이 중요하다. 어떤 사람은 아이디어를 상상하고 창출하는 발산 과정을 더 즐기고, 어떤 사람은 나온 아이디어를 평가하고 선별하는 수렴 작업을 더 편안해할 수도 있다. 그렇다면 발산 팀과 수렴 팀을 나누는 것은 어떨까? 이 경우 두 팀 간의 갈등이 문제를 일으킬 수 있다. "좀 더 현실성 있는 아이디어를 낼 수는 없나?" 하는 것이 평가 팀의 관점이고, "생각이 고루해서 새로운 것을 받아들이질 못하네." 하는 것이 발산 팀의 관점이 된다. 갈등이 격화되면 상대 팀이 무능해 보이고, 적이 되며, 나아가 악이 되어 디자인 프로세스는 와해되어 버린다. 몰입은 없고 책임만 남으면 최악의 조직이 된다. 대부분의 디자인팀에서는 모든 구성원들이 발산과 수렴의 과정을 함께 수행한다. 과제를 맡은 팀이 관찰에서부터 프로토타입의 생성과 테스트까지 함께하는 것이다.

팀 구성의 다양성은 창조성에 관련된 문헌들이 공통적으로 강조하는 사항의 하나다. 다양한 배경을 가진 사람들이 참여하는 것이 아이디어의 창출에 유리하다고 보기 때문이다. 구성원들이 창의적이라 하여도 동질성이 높다면 다양한 아이디어가 나오는 데 한계가 있다. 간단히 계산해 보아도, 다섯 명의 구성원이 모두 창의적이어서 각각 다섯 가지 아이디어를 내더라도 그 아이디어들이 모두 같다면 팀이 산출한 아이디어는 다섯 가지다. 그러나 한 사람이 두 가지 아이디어밖에 내지 못하는 팀이라 하더라도 다섯 사람이 모두 서로 다른 아이디어들을 내었다면 팀은 열 개의 아이디어를 산출한다.

다양성

그렇다면 다양성이란 무엇이며 그 효과는 무엇일까? 다양성을 보유한 생태계가 가진 한 가지 장점은 분명하다. 활기찬 생명력이다. 18세기 말 프로이센에서는 과학적 조림을 통해 국가 수입을 높인다는 명목으로 기존의 숲을 개간해 노르웨이 느릅나무 단일 수종으로 교체했다. 단기적으로 높은 수입을 올렸지만 곤충, 새, 버섯 등이 만들어 내는 다양성이 사라지자 나무들은 왜소해지고 숲은 황폐화되었다. 다양성의 결여는 쇠약함과 회복력의 상실을 가져왔다(토머스 휴즈, 《테크놀로지, 창조와 욕망의 역사》 p224). 다양성은 창조적 성과의 창출에도 같은 공헌을 할까?

　팀의 구성원이 모두 동질적이면 소통과 화합에는 도움이 되겠지만 생각도 비슷해 만들어지는 아이디어도 '거기서 거기'가 될 수 있다. 반면에 구성원이 이질적이면 다양한 의견이 뿜어져 나오겠지만 중구난방이 되어 함께 협력하는 데 어려움이 생길 것이다. 음악, 뮤지컬, 게임 산업을 대상으로 한 바라바시의 연구에 의하면 끈끈한 유대관계로 맺어진 사람들은 그들만의 '작은 세계'에 매몰되어 비평가들의 혹평을 받고 관중이 외면하는 작품을 만들어 내기 쉽다. 반대로 팀 구성원들의 생각이 너무 중구난방이면 관중을 흥분시킬 작품을 만들어 내기가 어렵다(바라바시, 《성공의 공식》 p236).

　다양성은 그야말로 다양한 방식으로 구현될 수 있다. 다양한 다양성이 존재하는 것이다. 그렇다면 창조적 작업을 위한 다양성은 어떤 것일까? 창조적 팀이 원하는 소위 '필수적 다양성'이란 '적어도 하나 이상의 기발하면서도 유용한 아이디어를 낼 수 있을 만큼 충분히 다양한 대안들을 만들어 내는 것'을 의미한다. 필수적 다양성을 확보하려면 지적 다양성이 필요하다. 그러나 지적 다양성은 필연적으로 **'창조적 마찰**(creative abraision)'을 일으킨다(도로시 레너드, 월터 스왑, 《스파크》 p38~39).

　디자인 씽킹 수업에서는 대개의 경우 팀이 동질적인 집단이 된다. 같은 나이 또래, 같은 학교 또는 같은 직장, 같은 전공이 되기 십상이다. 그래서 나는 팀을 구성할 때 "각 팀에 다른 성별을 가진 구성원, 다른 학년의 구성원, 다른 전공의 구성원이 포함되도록" 하라는 가이드라인을 주기도 한다. 외국 학생들이 섞인 영어 수업일 경우에는 각 팀에 "적어도 한 명의 외국인, 적어도 한 명의 한국인, 적어도 한 명의 여성, 적어도 한 명의 남성"이 포함되도록 하라고 주문하기도 한다. 이런 주문이 팀에 어떤 다양성을 부여하지 않을까 하는 희망에서다. 연령이 다양한 집단, 남녀 혼성 집단, 인종이 혼합된 집단이 동질의 구성원으로 된 집단보다 창의성 점수가 높게 나왔다는 연구도 있으니 근거 없는 희망은 아니다(레너드, 스왑, 《스파크》 p50)

그러나 성별, 나이, 전공, 국적 등이 다르면 팀의 아이디어는 다양해지지만 소통은 힘들어진다는 것은 진실일까? 할아버지와 아이가 친구처럼 마음이 통하기도 하고, 다른 문화, 다른 나라의 사람이 만나 마음이 맞는 '절친'이 되기도 하는 것이 사실 아닌가? 한편 같은 남성끼리 또는 여성끼리, 같은 지역 사람들끼리도 제대로 소통이 안 되어 오해와 갈등으로 갈라지는 것이 인생의 다반사가 아닌가?

[그림 8-5] 다국적 남녀 혼성팀은 더 창의적이 될까?

반대로 동질성이 높으면 집단의 창의력이 제한된다는 것은 진실일까? 엄청난 창의적 업적을 남긴 라이트 형제, 빈센트 반 고흐와 테오 형제는 같은 집안에서 성장한 형제로서 성별도 같고 나이 또래도 비슷하다. 천재적 음악가 존 레논과 폴 매카트니는 같은 동네에서 살던 같은 또래이다. 심지어 노벨상을 공동 수상한 피에르 퀴리와 마리 퀴리는 일심동체라는 부부 사이다. 동질성과 다양성, 창의성을 둘러싼 비밀은 아직도 베일 속에 있는 것 아닐까?

집단의 창의력을 탐구한 하버드 경영대학의 도로시 레너드와 터프츠대학 심리학과의 월터 스왑 교수 팀은 **사고 스타일**(thinking style)의 중요성을 강조한다. 나이, 성별, 국적 등과 같은 표면적 특성보다는 사고 스타일의 다양성이 창의성에 필요한 지적 다양성을 제공할 가능성이 높다는 것이다.

유전자 인류학은 현대의 인류가 얼마나 복잡하게 서로 얽혀 있는지 보여 준다. 개체 수가 수십만 정도로 조금만 많아져도 그 안에는 다양한 유전자 패턴이 존재한다(존 릴리스포드, 《유전자 인류학》 p376). 인구 5,000만인 지역에서 나온 최고의 IQ가 인구 50만인 지역에서 나온 최고의 IQ보다 높다거나, 인구 5,000만인 지역에서 나온 최저의 IQ가 인구 50만인 지역에서 나온 최저의 IQ보다 낮을 것이라고 기대할 수는 없다는 것이 연구 결과다. 사고 스타일도 마찬가지다. 그래서 한국에 살고 나이와 성별이 같은 사람 중에도 전혀 다른 사고 스타일의 사람이 넘치고, 일본, 중국, 인도, 영국에 살며 나이와 성별도 다른 사람이 서로 사고 스타일이 유사할 가능성도 얼마든지 있다.

사고 스타일이 다른 사람이 한 팀이 되면 같은 것을 관찰해도 해석이 달라져 지적 다양성이 충족될 수 있고, 창의적 마찰과 필수적 다양성이 확보될 가능성도 높아진다. 사고 스타일은 MBTI(마이어-브릭스 유형 검사) 같은 척도로 측정하는 성격 유형과도 밀접한 관계를 가진다. 어떤 사람은 감각적인 특성이 강하고, 어떤 사람은 감각보다 추상적인 직관을 신뢰한다. 어떤 사람은 이성적으로 사고하는 것을 중시하고 어떤 사람은 느낌을 중시한다. 내성적인 사람이 있고 외향적인 사람이 있다. 이런 성향들이 서로 얽히고설켜 한 사람의 성격을 만든다. 한편 성격이 마찰을 만들어 내는 것은 분명하다. 이혼하는 연예인 부부들의 이혼 사유에 가장 흔히 등장하는 것이 성격 차이이니 말이다.

성격 차이는 사고 스타일의 차이, 문제 해결 방식의 차이, 창의적 발상 스타일의 차이를 만든다. 사고 스타일이 다른 사람들이 한 팀이 되면 팀에 이득이 될 수 있다. 그러나 다른 것은 다 무시하고 성격 테스트에만 팀의 구성을 의존할 수도 없다. 사고 스타일을 염두에 두고 관심사와 사물을 보는 관점, 사건에 대한 해석, 선호하는 문제 해결 방식, 전공에 대한 관점, 동료들과의 대화 방식과 화제 등을 살펴본다면 도움이 될 것이다. 결국 디자인팀의 구성은 구성원들의 과거 프로젝트 경험이나 전문 분야, 전공, 참여했던 업무, 그리고 일하는 스타일 등을 적절히 고려해 구성하는 것이 최선이다. 이렇게 구성된 팀이 어려움을 해결하며 성공적으로 창조 작업을 완수해 가도록 해 주는 것이 팀워크다. 팀에서 다섯 가지 아이디어만 나와도 그중 셋이 팀의 산출물로 발전될 수도 있고, 열 가지 아이디어가 나오더라도 모두 무시되거나 사장되어 버릴 수도 있다. 팀 리더의 역할은 구성원들이 잠재력을 발휘할 수 있도록 팀워크를 만들어 내는 것이다(Amabile&khaire, 2008).

주류와 비주류

한 영역의 주류 집단에 속한 사람들은 지식과 믿음을 공유하며, 따라서 주류의 관행과 문화에 익숙해진다는 것을 의미한다. 그들은 무엇이 의미 있는 것인지, 정상적인 것인지, 받아들여질 수 있는 것인지에 등에 대한 관점과 가치관을 공유한다. 주류 집단에 속한다는 것은 사회적, 제도적으로 그 분야에서 인정받는다는 것을 의미한다. 그러나 그와 동시에 기성의 관행을 파괴하는 아이디어에 대한 거부 반응도 만들어져 파격이나 도전을 수용하기 어려워진다. 그래서 주류가 모인 집단은 보수적이 되고 방어적이 되며, 혁신에 취약하다는 것이 정설이다.

영역이나 산업, 문화의 경계에 위치한 경계인은 많은 경우 비주류가 된다. 이들은 제도나 커뮤니티의 보호를 받지 못하기 쉽다. 그러나 이들은 주류 그룹에 끼지는 못하지만 신선한 아이디어를 가지고 오는 주인공이 될 수 있다. 많은 창의적 제안과 도전이 경계인에 의해 만들어진다. 한편 이들은 워낙에 안정성이나 보수성을 받아들이지 못하는 기질이고, 호기심과 도전에 끌리는 성향이어서 특정 영역에 안주하지 못하는 것일 수도 있다. 그런데 과학, 예술, 산업의 현실 세계에서 비주류 참여자들의 창의적 공헌은 대체로 미미하다. 그들의 아이디어는 영역에서 소외되거나 낮게 평가되고, 무시되는 경우가 많기 때문이다.

그렇다면 비주류 경계인들이 모여 나름의 집단을 형성하면 어떻게 될까? 튀는 아이디어와 다양한 도전, 도발이 꽃 피는 창조적 커뮤니티가 될까 아니면 유사한 성향의 비주류 경계인들의 집단은 다시 동질적이고 경직된 집단이 되고 마는 것일까? 불행히도 이에 대한 연구는 찾아보기는 어렵다. 비주류가 모인 집단의 표본이 연구에 적합할 만큼 크지 않아서일 수도 있다. 경계인들의 모임은 체계화 수준이나 조직화 수준이 낮은 집단이 될 가능성이 크고, 그래서 사회적으로 수용되기 어렵거나 제한적으로 활동하는 소집단으로 그칠 가능성이 높다고 예측해 볼 수 있다. 만일 패러다임 자체가 바뀌어 비주류가 새로운 주류가 된다면 이 집단은 더 이상 경계인들의 집단이 아니고, 전형적인 주류 집단으로 정착하게 될 것이다.

만일 주류와 비주류가 섞여 팀이 되면 창조적 성과는 최저 수준과 최고 수준 간의 사이에 놓이게 될까 아니면 다양성 효과가 점화되어 높은 성과를 내게 될까? 열린 네트워크 효과에 대한 연구로 명성을 얻은 앨버트 바라바시는 창의적 시도에 대한 사회적 반응에 관련된 데이터를 모아 성공의 비밀을 분석해 보았다(앨버트 바라바시, 《성공의 공식》 2019). 그의 발견은 다음과 같다.

"뮤지컬이 히트를 치려면 관행적 요소와 혁신적 요소를 겸비해야 한다. 주류 정서에서 너무 벗어나면 표가 안 팔린다. 반대로 공연이 너무 진부하면 비평가들의 혹평을 받고 청중이 근처에도 오지 않는다(ibid. p234)."

"비디오 게임을 제작할 때도 혁신과 관행에 대한 순응 사이에서 최적의 균형점을 찾아야 한다(p237)."

그렇다면 주류와 비주류 인물의 적절한 조합으로 된 팀이 좋은 구성이 될 가능성이 높다는 이야기가 된다. 뉴욕대학의 지노 카타니와 볼로냐대학의 시모느 페리아니는 경계인, 주류, 비주류의 창의적 성과에 대한 분석을 대표적 창작 산업인 영화 산업을 대상으로 정밀하게 수행해 보기로 했다(Cattani & Ferriani, 2008). 그들은 1992년에서 2003년 사이에 대표 영화사에서 발표된 2,137편의 영화와 영화의 제작에 참여한 11,974명의 참여 인력들에 대해 분석했다. 대표 영화사란 박스오피스에 오르는 미국 영화의 90%를 만들어 내는 유니버설, 파라마운트, 워너브러더스, 컬럼비아-트라이스타, 디즈니, 20세기 폭스, MGB, 그리고 드림웍스를 일컫는다. 영화가 달성한 창의적 성과는 이 바닥에서 벌어지는 치열한 경쟁과 여러 기준으로 매년 평가되고 수상되는 실적을 기준으로 비교적 공정하게 분석될 수 있다. 연구팀은 오스카는 물론이고 다양한 비평가 상과 감독협회 상들을 기준에 포함했다. 창의성 점수가 집단적인 편견으로 왜곡되는 것을 피하기 위해서였다.

먼저 오해를 불식하기 위해 주류, 비주류, 경계인이 현실에서 어떻게 자리매김하는지 볼 필요가 있다. 왜냐하면 이 용어들이 자칫 음성적으로 조직화된 '인싸' 조직이 존재한다는 음모론을 지지하는 것처럼 보일 수 있기 때문이다. 어떤 감독, 작가, 또는 영화인을 주류 또는 비주류로 구분하는 명확한 경계는 사실 존재하지 않는다. 그 바닥의 사람들이 얼마나 서로 긴밀하게 연결되어 있는지의 밀도가 구분의 기준이 될 뿐이다. [그림 8-6]은 사람들 간의 연결을 표시한 네트워크의 예시다. 여기서 연결되었다는 것은 같은 작품의 제작에 참여하는 등의 관계를 통해 서로 직접적으로 아는 사이가 된 것을 의미한다. 친밀도가 형성되었다고 볼 수 있는 관계다.

짙은 검은 점들끼리는 서로 긴밀하고 복잡하게 얽혀 있다. 이 점들에 해당하는 사람들은 확실히 이 분야에서 핵심(core)에 있는 인물들이다. 친밀한 관계가 형성된 이 점들이 주류를 형성한다. 물론 이 중에도 인맥이 더 많은 사람도 있고, 조금 더 적은 사람도 있지만 대부분의 주류 사람들은 서로를 알고 있고, 주류에 속하지 않은 사람들을 알고 있기도 하다. 반면에 옅은 점에 해당하는 사람들은 검은 점들만큼 핵심에 있는 사람들을 많이 알지 못한다. 심지어 일부는 연결된 점이 한둘밖에 없는데 이들은 확실히 주변부(periphery)에 있는 비주류다. 물론 비주류가 새로운 스타일의 신세대임을 의미하는 것만은 아니다. 연결 관계가 그 중간에 있는 사람들이 경계인이다. 그래서 경계인의 성격은 다소 애매하다. 일부 주류와 친밀도가 비교적 높은 경계인도 있고, 소수의 주류와 비주류를 아는 경계인도 있다. 특이한 사항은 유명한 배우나 감독이라고 해서 핵심의 가운데 위치하는 것은 아니었다는 점이다. 유명세와 주류 네트워크에서 인맥의 핵심에 있다는 것은 서로 상통하지만 그렇다고 일치하는 것은 아닌 것이다.

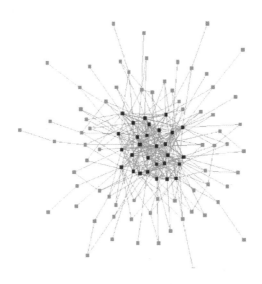

[그림 8-6] 네트워크에서의 주류와 비주류 (Cattani & Ferriani, 2008)

카타니와 페리아니는 먼저 개인의 창의적 실적을 분석했다. 결과는 주류의 핵심에 있는 사람이나 전형적인 비주류보다는 주류와도 관계가 좀 있고 비주류와도 관계가 있는 인물들의 창의적 실적이 가장 높았음을 보여 주었다. 어떤 사람들은 한 작품이 대박을 치면서 급속히 주류의 핵심에 들어가지만 주류에 매몰되어 있는 동안 더 이상 창조성이 발휘되지 않았다. 작품의 스타일이나 역할이 고착되면서 매너리즘에 빠져 창조성이 높은 다음 작품이 나오지 않은 것이다. 감독이나 배우들은 유명해질수록 돈보다 역사에 남는 상을 받고자 하는 동기가 더 높아지지만 주류 네트워크에 함몰되면 뜻대로 잘 안 된다.

창의적 시도를 통해 새로운 기술과 기법을 시험하고 새로운 장르를 만들어 내는 것을 평생의 꿈으로 추구했던 디즈니의 창업자 월트 디즈니는 영화계의 핵심 인사들이나 주류 그룹과 일정한 거리를 두려고 노력했다고 한다(빌 캐포더글리, 린 잭슨, 《디즈니: 꿈의 경영》 p193). 그는 이 창조적 네트워크 구조의 비밀을 본능적으로 파악하고 있는 사람이었던 것 같다.

팀을 단위로 한 분석에서는 팀 안에 주류와 비주류가 섞인 경우가 가장 창조적 성과가 좋았다. 네트워크의 핵심에 있는 유명인들을 모아 영화를 제작하는 시도들이 있었지만 성과는 높지 않았다. 가장 좋은 경우는 팀 안에 비주류 인물이 포함되어 이들의 새로운 스타일과 아이디어가 수용되면서, 팀 안에 있는 주류 멤버들이 이를 다듬고 업계의 다른 주류 인물들에게 새로운 시도를 소개하고 연결시켜 주는 경우였다. 창조성 수상을 여러 차례에 걸쳐 받는 유명 감독들의 경우 팀에 신선한 비주류를 받아들이고 이들의 아이디어를 존중하는 경향이 높았다.

결국 창조성이 높은 팀의 구성은 주류와 비주류의 혼합이 답이라는 것이다. 팀의 다양성이 중요하다. 개성과 관점과 생각 스타일, 전문성 등에 있어서의 다양성이 바탕이 되는 것이 가장 바람직하다. 다만 서로 소통하고 협력할 수 있어야 한다. 그러기 위해서는 구성원들이 자신의 장점과 역할이 무엇인지 잘 알아야 하고, 팀의 다양성 못지않게 공유된 가치도 중시되어야 한다. 다양성도 중요하지만 구성원들 간에 공통되는 끈이 있어야 성공을 향해 함께 나아갈 수 있다(바라바시, p238).

▪ 창의성을 높이는 환경

창의적 아이디에이션은 환경의 영향을 많이 받는다. 창의적인 사람이 만들어지는 과정에도 환경이 영향을 주며, 창의적인 생각이 표출되고 인정받는 과정에도 환경이 영향을 미친다. 주위 사람들이 연출하는 사회적 환경이 가장 중요한 요인이지만 개인이나 팀이 일하는 물리적 환경의 영향도 무시할 수 없다.

사회적 환경

성장 과정에 있는 학생이나 젊은 구성원에게는 부모나 상사가 연출하는 분위기나 언행이 창의성에 심대한 영향을 미칠 수 있다. 창의성과 호기심을 죽이는 환경적 장애물에는 확신을 강조하는 분위기, 엄격한 위계질서, 상황의 변화를 두려워하는 분위기, 업무 스트레스, 바쁜 일정, 실적에 대한 지나친 강조, 계량화된 평가, 외적 보상에 대한 강조 등이 포함된다(Walsh, p84~85). 부모의 칭찬과 스포라이트 같은 지속적인 외적 동기가 재능 있는 아이들의 내부에 있는 독창성을 시들어 버리게 만들기도 한다(애덤 그랜트, 《오리지널스》 p32).

창의성은 호기심과 자발적 탐구를 억누르지 않는 환경에서만 성장할 수 있는 연약한 싹과 같다. 일상의 삶과 업무에서의 창의성은 호기심과 탐구심을 억누르는 말을 들으면 쉽게 위축된다. 부모나 상사가 무심코 던지는 말들 중에 창의성의 싹을 죽이는 말들에는 다음과 같은 말들이 포함된다.

"지시한 일(또는 숙제)은 다하고 다른데 신경 쓰고 있나?"

"지금 바쁘니까 다음에 얘기해."

"전에 우리가 해 봤는데 안 되더군."

"상상은 자유지."

"이론이야 그렇지."

"위원회에서 다루도록 하지."

"좋은 생각이지만 너무 일러."

"너무 추상적이야. 구체적으로 얘기해 봐."

"방침(또는 내규, 규제)에 위배되는군."

나는 디자인 씽킹 수업 시간에 창의성을 죽이는 말들에 대해 적어 보라고 요청하곤 한다. 학생들이나 젊은 직장인들은 어린 시절의 기억이나 직장의 경험에 기반을 둔 표현들을 떠올리며 카타르시스라도 느끼듯 활발히 토론한다. 이런 토론 자체가 쾌활하고 창의적인 분위기를 만들어 낼 수도 있는 것 같다. 뤼크 드 브라방데르와 앨런 아이니의 《아이디어 메이커》에서 이런 표현을 더 많이 확인해 볼 수 있다(브라방데르, 아이니, 《아이디어 메이커》 p220).

실무 지능(practical intelligence)에 대한 연구로 명성을 날린 코넬대학 심리학과의 로버트 스턴버그 교수는 "나는 자신이 창의성을 억누르고 있다고 생각하는 부모, 선생, 상사를 본 적이 없다."라고 말한다(Sternberg, 2000, p200). 창의성에 대한 억압은 의식하지 못하는 사이 본의 아니게 내뱉는 말, 무심코 발산한 분위기 등으로 일어난다는 것이다. 그는 《성공지능: 어떻게 실무 지능과 창의 지능이 삶의 성공을 결정 하는가》에서 스스로 창의적이면서 주변 사람들도 창의적으로 만드는 행동 특성을 12가지로 요약했다(Sternberg, 2000, p200~219).

창의성의 본보기나 롤 모델을 지속적으로 탐색한다.

저변에 깔린 가정을 의심하고 다시 생각해 본다.

자신은 물론 다른 사람들의 실수를 허용한다.

합당한 수준의 위험을 수용하도록 한다.

자신이나 주변 사람들이 창의성을 발휘할 수 있는 일거리를 탐색한다.

자발적으로 문제를 정의하고 다시 정의해 보고자 한다.

자신과 주변 사람들의 창의적 성과에 대해 보상해 주고자 한다.

자신이나 주변 사람들이 창의적으로 생각할 시간적 여유를 준다.

모호성을 감내하고자 노력한다.

창의성의 발현을 위해 넘어야 할 장애물에 대해 이해한다.

지속적으로 성장하고자 노력한다.

사람과 환경(여건) 간의 궁합이 중요하다는 점을 인지한다.

서로 다른 분야의 구성원들이 함께 협동하여 수행할 미션을 주고 격려하는 것이 적극적인 창의성 촉진제가 되기도 한다. 제록스의 팔로알토연구센터(PARC)는 원조 객체 지향 언어 스몰톡(Smalltalk), 윈도우의 뿌리가 된 그래픽 인터페이스, 마우스, 지능형 문서 및 이미지 관리 기술 등 창의적 산출물을 무수히 산출한 조직이다. 이 연구센터의 PAIR(PARC Artist In Residence) 프로그램은 아티스트가 컴퓨터 과학자와 자유롭게 짝을 이루어 창의적 산출물을 시도해 보게 하여 여러 가지 멀티미디어 기술 혁신을 달성한 것으로 유명하다(도로시 레너드, 월터 스왑, 《스파크》 p45). 이런 점에서 보면 서로 다른 전문성과 관심사를 가진 사람들이 한 팀이 되어 디자인 씽킹 프로젝트를 수행하는 것은 그 자체가 창의성을 촉진하는 사회적 환경이 되는 셈이다.

결국 다양성과 도전, 실험, 실패를 허용하며, 실적 스트레스가 심하지 않고, 자신이 중요하고 흥미 있다고 생각하는 주제를 자유롭게 탐구하고 즐길 수 있는 관용적 문화가 혁신과 창의성을 꽃 피운다고 볼 수 있다. 이것은 개인 수준, 팀 수준, 조직 수준에 모두 적용되는 창의성의 비결이다. 사회와 국가 수준에서도 포용적 제도는 혁신을 촉진하여 장기적 번영을 가져온다는 것이 MIT의 경제학자 대런 애쓰모글로우와 하버드대학의 정치학자 제임스 로빈슨이 밝힌 주장이다. 포용적이고 개방적이며, 창조적 파괴가 허용되는 사회적 환경은 창조성, 혁신, 호기심, 발명, 도전이 자라는 생태계다(애쓰모글로우, 로빈슨, 《국가는 왜 실패하는가》 p75, p221, p302, p461).

물리적 환경

공간(space)의 특성에 따라 자연스럽게 그 안에서 생활하는 사람들의 행동도 바뀐다. 나름의 문화와 전통이 내재된 공간을 인류학자들은 특별히 장소(place)라고 부른다. 교실에서는 선생이거나 학생으로 행동하고, 식당에 가면 식사를 하러 온 사람으로 행동하며, 교회에 가면 신도로서 행동한다. 만일 이 행동 규범에 이상이 생기면 문제가 발생한다. 교회에서 시장에 물건을 사러 온 사람처럼 행동한다면 얼마나 해괴하고 우스꽝스러울까?

공간에 대해 탐구한 독일의 철학자 게오르그 짐멜의 전통을 이어받아 공간과 인간의 관계를 탐구하는 분야가 공간사회학이라는 분야다. 그들에 의하면 공간적 질서는 사회적 질서이며, 물리적 공간은 곧 사회적 공간이다. 사회적 상호작용이 공간의 특성을 결정하듯이 공간의 특성도 사회적 상호작용을 규정한다(마르쿠스 슈뢰르, 《공간, 장소, 경계》 p68, p73, p83).

창조적 세렌디피티, 즉 발상의 우연성에는 서로 다른 전공이나 프로젝트, 업무에 종사하는 사람들이 자연스럽게 조우하는 기회를 가지는 것이 중요한 영향을 미친다. 상이한 집단의 사람들이 공동으로 달성한 미션은 우연적 만남과 대화, 토론에서 만들어지는 경우가 많다. 그런 만남의 가능성에 영향을 미치는 것이 공간의 특성, 특히 물리적인 인접성(proximity)이다. 거리가 10미터 이내에 있는 사원들은 거리가 30미터인 사원들보다 5배 이상 소통을 하게 된다는 연구 결과도 있다 (Allen, 1977). 한때 미국 최대 규모의 연구소였던 AT&T의 벨연구소(Bell Lab.)에서 수행한 연구에 의하면 같은 층에 있는 연구자들이 서로 협업할 확률은 한 층 떨어져 있는 동료와 협업할 확률보다 2배나 높았다. 심지어 서로 다른 부서에 속하지만 가까이 위치한 연구원들이 협업할 가능성은 서로 다른 층에 있는 같은 부서의 연구원들이 협업할 가능성보다 무려 6배나 높았다(Kraut, Egido & Galegher, 1988; 죠수아 울프 셍크, 《둘의 힘》 p6).

미국 사람들에게 '창조성 이미지' 하면 떠오르는 기업으로 가장 많이 선정된 디즈니는 서로 상이한 프로젝트를 수행하는 팀들이 오다가다 스칠 수밖에 없는 중앙 라운지 공간을 만들었다(캐포더글리, 잭슨, 《디즈니: 꿈의 경영》 p145). 디즈니와 협력해 역사에 남는 〈토이 스토리〉, 〈벅스 라이프〉, 〈몬스터 주식회사〉, 〈니모를 찾아서〉 등 엄청난 창의적 히트작을 만든 신생 기업이 픽사(Pixar)다. 한때이 회사의 경영을 맡았던 스티브 잡스는 디즈니의 공간 구조와 개방적인 문화에 매료되었다. 그는 새로 건축한 픽사 건물 내에 안뜰을 만들어 모든 사무실이 안뜰로 통하도록 설계했다[그림 8-7]. "서로 만날 일이 없었을 사람들이 중앙 안뜰에서 섞이도록 설계했지요."라는 의도대로 픽사는 섞임과 창의적 분위기가 넘치는 회사가 되었다(월터 아이작슨, 《스티브 잡스》 p683).

[그림 8-7] 픽사 본사 내부의 안뜰 공간과 픽사의 주요 작품들

잡스는 애플이 새로운 본사를 만들 때에도 창의적 공간 설계에 노력을 기울여야 한다는 점을 강조했다. 창의성을 중시하는 구글, 아마존, 엔비디아 같은 테크놀로지 기업들은 한결같이 새로운 본사를 만들면서 교차 공간의 구성을 중시했다[그림 8-8]. 18세기 과학자, 시인, 의사, 철학자 등 많은 지성이 우연한 만남의 공간으로 사용하며 창조성을 잉태한 커피하우스의 전통이 첨단 물리적 공간으로 이어지고 있는 셈이다. 커피하우스는 단지 커피를 즐기는 곳이 아니었다. 커피 하우스는 만남을 통해 아이디어나 상품이 거래되기도 하며, 동향지나 소식지를 출판하여 관심 있는 사람들이 모여들어 교류하고 거래하는 공간이기도 했다(제임스 버크, 《커넥션》 p292).

[그림 8-8] 테크 기업의 공간 구조(시계 방향으로 애플, 구글, 엔비디아, 아마존)

만남의 공간은 이제 사이버 공간으로 확장되었다. 그동안 사이버 공간은 만남의 장소로서 매우 심각한 제약을 가지고 있었다. 기술이 매개가 된 소통은 그에 따른 제약을 가지게 마련이었다. 전화는 음성 소통에만 의존한다. 반면 이메일이나 메신저, SNS 등은 주로 문자로 소통하는 수단이다. 모두 표정이나 주변 여건, 제스처 등 만남의 물리적, 사회적 콘텍스트를 전달하지 않는다. 그러나 기술의 발전은 이런 제약을 조금씩 허물어가고 있다. 원격현전(tele-presence) 기술이나 홀로그램(hologram), 소셜 가상현실(social VR), 메타버스 등의 기술이 사이버 공간, 그리고 물리적 공간과 사이버 공간의 혼합을 새로운 만남의 장으로 등극시키고 있다 [그림 8-9].

[그림 8-9] 새로운 만남의 공간(원격현전, 소셜 VR, 홀로그램 미팅)

인터프리터

사물과 사건에 대한 깊이 있는 이해를 바탕으로 의미를 해석해 내는 능력은 창의적인 아이디어 산출의 중요한 토대가 된다. 사용자 설문을 통한 규격화되고 박제화된 응답은 해석이라는 통찰의 세계에 근접하지 못하고, 포커스그룹 인터뷰도 이미 사람들이 보유한 상식 범위의 결과만을 보여 준다(로베르토 베르간티, 《디자이노베이션》 p104). 베르간티가 강조하듯, "이들은 점진적 개선을 수행하는 데 도움을 주기는 하겠지만 통찰력 있는 해석을 통해 혁신적이고 창의적인 산출물을 만들어 내는 기반이 되기에는 턱없이 부족하다."

우리는 뭔가 통하는 사람을 가까이 한다. 통한다는 관념은 공통점과 유사점에 기인한다. 공통의 관심사, 같은 모국어를 쓰는 사람, 같은 종교, 같은 부서, 같은 회사, 같은 지역 사람, 심지어 같은 글자로 시작하는 이름을 가진 사람까지도 무의식적인 가산점을 받는다. 이를 유사 매력의 효과(similar attraction effect)라고 한다(프란츠 요한스, 《메디치 효과》 p116). 이런 저런 이유들로 디자인팀의 다양성은 한계를 가진다. 디자인팀이 가진 다양성과 통찰의 한계를 보완해 줄 외부 전문가 집단이 인터프리터다.

사람이나 사회를 움직이는 것은 '팩트'가 아니라 해석이다. 신기술의 등장, 고령화, 주식 가격의 상승 등 수많은 변화나 사건에 대해 얼마나 다양한 해석이 존재하는지 생각해 보라. 같은 수준의 주가 상승에 대해서도 "상승 기운의 시작에 불과하다."라는 해석과 "너무 올랐다."라는 해석이 동시에 등장한다. 두 해석에는 모두 나름대로 합당한 이유가 제시된다. 그러나 어떤 해석을 채택하는가에 따라 완전히 상반된 행동과 결과가 따를 것은 자명하다. 디자인 씽킹을 위한 인터프리터는 어떤 현상에 대해 다양한 해석을 제시해 줄 수 있는 전문가들을 일컫는다. 인터프리터의 해석으로부터 도움을 받기 위해서는 인터프리터 네트워크를 만들고, 관리하는 것도 중요하지만 무엇보다 올바른 질문을 던지는 것이 중요하다.

이탈리아의 조명기구 회사 아르테미데는 문화단체, 예술가, 교수, 사회학자, 디자이너 등 다양한 외부 전문가로 구성된 인터프리터 네트워크를 만들었다. 그러나 그들에게 "플로어 램프를 새로 개발하려 하는데 어떤 아이디어가 있을까요?"라는 질문을 던졌다면 그들의 통찰을 살리지 못했을 것이다. 대신 아르테미데는 "빛과 삶, 삶에서의 빛의 의미, 인간과 조명" 같은 더 깊은 통찰이 필요한 주제의 컨퍼런스를 진행했다. 결국 전문가들의 통찰을 토대로 아르테미데는 '예쁜 램프'가 아닌 '여러 가지 색상의 조합을 통해 무드와 감성을 제공하는 혁신적인 조명기구' 메타모르포시를 만들어 낼 수 있었다[그림 8-10].

[그림 8-10] 아르테미데의 메타모르포시

밀라노 폴리테크니코의 로베르토 베르간티는 적절한 의미 해석을 찾아내기 위해서는 "무엇을 필요로 하는지를 넘어 사람들이 왜 그것을 필요로 하는지에 대한 해석을 생각해야 한다."라고 강조한다(로베르토 베르간티, 《디자이노베이션》 p24, p55). 인터프리터는 개발하고자 하는 제품과 직접적으로 연관된 전문가들보다는 자신의 영역에서 나름대로 특성 있는 관점을 가지고 문화와 감성, 라이프, 미래 등에 대해 의견을 제시해 줄 수 있는 전문가들로 구성되는 것이 바람직하다. 아르테미데의 제품 디자인에는 조명기기 디자이너가 아니라 빛에 대한 의견을 가진 인류학자와 건축가가 참여했다. 닌텐도가 게임에 빠져 있는 십대들만 관찰하고 의견을 물었다면 '더 몰입시키는 게임기'나 '더 성능 좋은 게임기'를 만든다는 답을 넘지 못했을 것이고, Wii라는 혁신적 제품을 만들어 내지 못했을 것이다(ibid. p38).

스티브 잡스는 컴퓨터와는 전혀 상관이 없는 가정용 욕실 디자이너였던 조너선 아이브의 스타일을 좋아했다. 아이브를 초대하자 사내에서 반대가 많았지만 결국 아이브는 기존 컴퓨터와는 감성이 완전히 다른 명품 컴퓨터 아이맥을 만들어 냈다. 다른 산업의 디자이너가 통찰력 있는 인터프리터가 될 수도 있다는 것이다(ibid. 271). 아이브가 아이맥을 다섯 가지 색깔로 제안하자, 제조, 재고관리, 유통 등의 어려움과 비용 문제가 이슈로 올라왔지만, 스티브 잡스는 샘플을 보자마자 "이 색깔 전부 합시다!"라며 전폭적인 지지를 보냈다(월터 아이작슨, 《스티브 잡스》 p561). 제품이 발산하는 혁신적 감성에 대해 안목을 가진 경영자의 지원이 얼마나 중요한지를 보여 준 사건이었다.

통찰력 있는 해석을 기반으로 만들어지는 새로운 디자인 언어와 의미를 품은 제품은 사용자에게 세 가지 측면의 호감을 부여해 준다. 제품에 대한 애정이 넘치도록 만드는 감성적 호감, 멋진 선택의 주인공으로 주위에서 인정받게 되는 상징적 호감, 그리고 자신이 원하는 분위기를 연출하는 미적 호감이다(로베르토 베르간티, 《디자이노베이션》 p178). 이런 요건을 갖춘 제품은 기능적, 기술적 가치를 넘어서는 원형성(originality)과 진품성(authenticity)의 가치를 가진다. 저렴하고 비슷한 모방품이 등장한다고 해도 이런 제품들의 진품성과 원형성을 넘어서기 힘들다. 다이슨의 선풍기와 청소기, 아이맥, 아이폰, 아이패드, 메타모르포시, 주시살리프, 안나지와 비슷한 모방품을 가진다는 것이 무슨 의미가 있겠는가. 사람들은 이런 제품을 예술품처럼 생각한다. 피카소의 진품과 모작은 똑같지 않다.

아이디에이션을 위한 발상법

우리는 창조적 생각 방식의 핵심적 특성은 서로 다른 개념들 간의 연결과 유추 그리고 융합적 상상력이라는 점을 이해했다. 연결과 융합적 상상을 촉진하는 방법은 생각의 도구를 사용하고 훈련하는 것과 관련된다. 관찰에 도구가 사용되듯이 발상에도 도구가 사용될 수 있다. 발상을 위한 도구는 다양하다. 도구가 다양하다는 것은 만병통치약 같은 비밀의 열쇠가 없다는 뜻이기도 하다. 발상의 도구들은 서로 다른 것을 연결시켜 새로운 생각이 떠오르게 만드는 은유와 이연 현상을 돕고, 우리가 생각의 틀을 벗어나 유연한 마음을 가지도록 돕는 역할을 한다. 무엇보다 창의적 인성을 위한 훈련과 창의적 사고 기법의 활용이 병행되는 것이 가장 바람직할 것이다. 아이디에이션과 발상을 위한 대표적인 도구들을 검토해보자.

▪ 브레인스토밍

브레인스토밍은 팀 단위의 아이디에이션과 관련하여 가장 많이 언급되는 기법이다. 글자 그대로 마음에 떠오르는 생각을 폭풍처럼 쏟아내도록 유도하는 방법이다. 알렉스 오스본(Alex Osborn)이 브레인스토밍 방법을 제시한 이유는 발상이 떠오르더라도 대부분은 잊히고 소멸되기 때문에 떠오른 발상을 살리는 것이 중요하다는 각성이다. 그래서 생각이 떠오를 때 이를 거침없이 표현하도록 유도하는 것이다.

많은 경우 사람들은 떠오른 생각을 자유롭게 표현하지 못한다. 그 이유는 집단 역학(group dynamics)이나 집단 사고(group think)가 작동하기 때문이다. 즉 팀의 상사나 선배의 의견과 충돌하고 싶지 않거나, 의견이 비판받는 것을 두려워하기 때문이다. "팀장님 생각이 그렇다고 하니…", "내 말에 어이없어하면 어떻게 하지?", "다들 그렇게 생각한다면 나도…" 같은 우려가 발상을 지배하면 입을 다물게 된다. 언변이 좋은 사람이나 나서는 것을 좋아하는 사람이 분위기를 주도하여 다른 사람들이 입을 다물게 할 수도 있다. 의견이 자유롭게 소통이 되면 다른 사람의 의견이 새로운 생각의 단초가 될 수도 있다. 그래서 회의를 진행할 때 일정한 규칙을 따르도록 한 것이 브레인스토밍이다. 이때 팀은 대체로 12명 이하의 구성원으로 된 집단을 의미한다. 브레인스토밍의 규칙에는 다음과 같은 사항들이 포함된다.

1) 문제의 범위와 정의를 명확히 제시한다.
2) 다른 사람의 생각을 그 자리에서 비판하고 평가하지 않는다.
3) 아이디어가 비현실적이거나 터무니없어도 수용한다.
4) 아이디어의 양이 질보다 중요하다.
5) 제시된 아이디어를 변형하고 덧붙여 제시해도 된다.

브레인스토밍 기법은 제시된 후 가장 빈번히 시도되었고, 다양한 보조 도구와 변형도 제시되었다. 예를 들어 혼자 수행하는 마인드스토밍(mindstorming), 익명화하여 아이디어를 적어 내는 노미날그룹테크닉(norminal group technique), 구성원에게 서로 다른 역할을 부여하고 수행하게 하는 롤스토밍(role storming), 구성원들이 컴퓨터가 요구하는 절차를 따라 브레인스토밍을 수행하는 전자브레인스토밍(electronic brainstorming) 등이 그것이다.

대체로 브레인스토밍을 위한 연습은 다양한 발상의 수용이 가능한 흥미로운 주제를 대상으로 한다. "우스꽝스럽거나 어이없는 발상이어도 좋으니 최대한 많은 대안을 만들어 내는 것이 중요하다."라는 점을 강조한다. 다음과 같은 주제들이 브레인스토밍 연습의 예가 될 수 있다.

  1) 물이 없이 얼굴을 깨끗이 세안할 방법을 찾아보자.

  2) 전기가 들어오지 않는다. 어떻게 실내를 밝힐 수 있을까?

  3) 한 벽돌 회사의 매출이 급감했다. 벽돌의 새로운 용도를 개발해 회사를 회생시키기 위한 방안을 제시해 보자(프란스 요한슨, 《메디치 효과》 p146).

  브레인스토밍은 오랜 명성을 가지고 있지만 비판도 많이 받고 있다. 가장 대표적인 비판은 별로 의미도 없고 창의적이지도 않은 '아이디어 쓰레기'를 잔뜩 산출하는 방법에 불과하다는 비판이다. 창의성 훈련가이면서 성공한 창업가이기도 한 데이비드 코드 머레이는 "나는 새로운 아이디어들에 대해서는 일체 비판하지 않도록 아이디어 회의를 진행하는 (브레인스토밍) 방법은 순전히 시간 낭비임을 깨달았다. 회의가 재미있고 흥미롭긴 했지만, 실제로 유효한 결과는 아무것도 없었다. (중략) 유용하지 않은 새로운 아이디어는 기업 세계에선 아무런 가치가 없다."라고 차갑게 비판했다(데이비드 코드 머레이, 《바로잉》 p29).

  브레인스토밍의 효과에 대한 학술적 연구들도 이 기법의 문제점을 드러냈다. 예를 들어 같은 수의 피실험자들을 대상으로 연구했을 때, 브레인스토밍을 수행한 경우보다 각자 따로 아이디어를 고민하고 나서 이를 수집한 경우가 더 많은 아이디어를 산출하기도 하고, 새로운 아이디어도 더 많았다(프란츠 요한슨, 《메디치 효과》 p151). 문제 원인에 대한 한 가지 해석은 브레인스토밍을 할 경우 일부 인원이 생각을 게을리해도 괜찮다고 믿는 '공짜 편승 효과'가 작동한다는 것이고, 또 다른 해석은 다른 사람의 의견을 듣는 동안 자신의 마음에 반짝 떠올랐던 아이디어가 길을 잃고 사라져 버리는 '블로킹 현상'이 작동한다는 것이다(ibid. p152).

▪ 융합하고 결합하라

새로운 아이디어를 만들어 내는 가장 대표적인 발상법은 서로 상이한 개념들을 융합하고 결합하는 것이다. 아더 쾌슬러가 창조의 기반이라고 한 이연 현상을 의식적으로 유도하는 것이다. 융합하고 결합하는 과정은 마치 초현실주의 예술가들이 서로 어울리지 않는 개념들과 이미지들을 충돌시키는 과정과 유사하다.

강제 결합법

두 가지 사물이나 개념을 강제적으로 결합한 아이디어를 열거하도록 요구하여 생각에 자극을 주는 방법이 강제 결합법(forced association)이다. 개인별로 수행할 수도 있고 팀 단위로 수행할 수도 있다. 다음과 같이 간단한 예를 들어가며 설명하면 수강자들이 쉽게 이해한다.

"제시한 두 개념을 결합하여 새로운 제품 아이디어를 내어 보세요. 예를 들면 '장미'와 '신발'이 두 개념으로 주어진 경우 응답 아이디어는 '장미 무늬가 있는 신발', '장미 향기가 나는 신발', '장미꽃 같은 색상의 신발' 등이 될 수 있을 것입니다. 다른 예로 '고양이'와 '진공청소기'가 화두라면 '고양이처럼 조용조용한 청소기', '고양이처럼 냄새를 맡을 수 있는 청소기', '고양이처럼 부드러운 촉감을 가진 청소기', '고양이털 같이 가벼운 먼지를 흡수해 뭉쳐 주는 청소기' 등의 다양한 아이디어가 나올 수 있을 것입니다."

강제 결합법을 연습하거나 실행할 때 시간이 너무 촉박하면 상투적인 응답에 그치게 되고, 시간이 지연되면 주의가 산만해지는 경향을 보인다. 방법을 설명한 후 개인이라면 10~15분, 팀이라면 15~20분 정도의 시간을 주는 것이 적당한 타이밍이다. 결과물에 대한 평가 방식이 제시되면 창의적 발상에 영향을 줄 수 있다. 평가 방식의 제시 여부는 진행자가 훈련의 필요성에 따라 결정한다. 대표적인 평가

방식으로는 제시된 아이디어의 수(유창성 점수라고 함) 또는 발상의 기발함(독창성 점수라고 함)이다. 한 가지 기준을 적용할 수도 있고, 두 기준을 섞어 적용할 수도 있다. 또한, 평가 결과를 바탕으로 개인이나 팀에게 선물이나 가산점을 준다면 동기부여와 몰입 수준을 높일 수 있다.

가장 중요한 고려 요소는 제시하는 화두의 선택이다. 앞서의 예에서처럼 자연물과 인공물을 제시할 수도 있지만, '냉장고와 청소기'와 같이 인공물과 인공물을 제시할 수도 있다. 스마트폰이나 복합기는 기존에 존재하던 사진기, 캘린더, 복사기, 프린터, 스캐너 등을 융합시키고 결합시킨 사례들이다.

제시하는 화두가 서로 유사하면 쉽게 연결할 수 있지만, 매우 상이하다면 발상에 어려움이 생길 수 있다. 나는 냉장고와 에어컨, 공기청정기, 커피, 시계 등의 화두를 사용하여 강제 결합법 시도의 결과를 평가해 보았다(조남재, 오승희, 고대경, 2013). 두 화두의 유사성이 너무 높거나 너무 낮으면 적절한 거리를 가지고 있는 경우보다 창의적 발상의 수가 적어졌으며, 적절한 거리를 가지고 있을 때 유창성과 독창성 점수가 모두 높게 나왔다. 두 개념 간의 거리가 가까우면 쉽게 몇몇 아이디어를 떠올릴 수 있지만, 창의성을 자극하는 촉진 강도가 낮아 발상의 진전이 잘 되지 않는다. 반대로 두 개념 간의 거리가 너무 멀면 서로 연결시키는 것이 쉽지 않다. 물론 거리가 먼 두 개념을 연결하여 예상 외의 창의적 결과물을 만들 수도 있다. 그러나 이는 대체로 연구에서 허용한 시간보다 더 오랜 고민을 필요로 하는 것으로 짐작된다. 화두로 사용하는 두 개념 간의 거리에 대한 과학적 잣대는 아직 없지만, 적절한 거리가 있는 개념을 화두로 제시하는 것이 중요하다는 점은 확인한 셈이다.

결합을 위한 생각 도구

두 가지 사물이나 개념을 섞어 새로운 아이디어를 내라는 주문은 대부분의 사람들에게는 생소하다. 그렇다면 이들이 생각을 전개하는 과정을 도울 방법은 없을까? 사물의 속성(attribute) 개념을 이용하는 것이 한 가지 방법이다. 아이디어의 결합이란 결국 서로 다른 사물이나 개념을 속성을 기준으로 연결시키는 것이다. 모든 사물은 특정한 속성에 대해 속성값(attribute value)을 가진다. 속성이란 사물이나 사건이 가지는 특성을 의미한다. 색상은 하나의 속성이다. 장미꽃의 '붉은' 색은 색상이라는 속성에 대한 속성값이다. 따라서 먼저 사물의 속성과 속성값을 열거하고 이를 다른 사물에 투영하도록 한다면 발상 과정을 체계화시킬 수 있다. 예를 들어 장미꽃의 속성과 속성값을 열거해 보면 [표 8-1]과 같다.

속성	속성값
형태	꽃의 모양, 꽃잎의 모양, 입새의 모양 등
색상	붉은색, 분홍색, 진홍색 등
소재 특성	장미 향이 난다, 부드럽다, 물방울이 맺힌다 등
행동 특성	성장한다, 꽃이 피고 진다, 시간이 지나면 시든다 등
기타	기타 특성

[표 8-1] 결합 사고를 위한 장미의 속성과 속성값 분해

장미의 특성을 속성별로 열거하는 1단계 작업이 완료되면, 2단계로 장미의 속성별 특성과 다른 사물, 예를 들어 운동화와 연결시킴으로써 새로운 운동화 아이디어를 제시하는 것이다. 그러면 다음과 같은 아이디어들이 도출될 수 있을 것이다. 장미꽃 문양이 있는 운동화, 장미 꽃잎이 그려진 운동화, 장미나무 잎과 같이 생긴 운동화, 붉은 장미꽃 색의 운동화, 장미 향이 나는 운동화, 장미꽃 같은 부드러운 촉감을 가진 운동화, 물방울이 맺혀 방수가 되면서 공기는 통하는 운동화, 아이의 발이 커지면 같이 자라는 운동화, 일정한 수명이 되면 친환경적으로 소멸되는 운동화, 위의 특성들을 둘 이상 보유한 운동화 등. 인공물에 대해서는 소재, 기능, 성능 등의 속성도 추가될 수 있고, 더 세분화될 수도 있다.

이 방법을 사용할 경우에는 할 일이 두 단계로 나누어지므로 시간이 더 많이 걸리는 단점이 있을 수 있다. 그러나 무엇보다 이렇게 해서 더 좋은 아이디어가 많

이 나온다면 의미가 있을 것이다. 나는 **속성 기반 발상법**(attribute−based idea generation)이라고 이름 붙인 이 방법이 실제 효과가 있는지 점검해 보기로 했다. 비교 실험을 수행한 결과에 의하면, 속성 기반 발상법을 채택할 경우 유창성 점수는 다소 낮아진 반면 독창성 점수는 높아졌다(조남재, 오승희, 고대경, 2013). 즉 제시되는 아이디어의 수는 다소 줄어들지만, 아이디어의 독창성 품질은 높아지는 것이다. 연구 상황에서는 시간 제한으로 많은 시간을 요하는 속성 기반 발상법을 채택하는 경우 제시되는 아이디어의 수가 다소 줄어든 것일 수도 있으므로, 시간이 촉박하지 않다면 속성으로 분해하여 생각하는 것이 창의적 발상을 체계적으로 수행하는 데 도움을 줄 수 있을 것이다.

발명가와 디자이너의 결합 도구

바지에 달라붙은 갈고리 모양의 씨를 보고 벨크로를 발명한 조르주 드 메스트랄처럼 발명과 우연에 관한 에피소드가 많다. 그러나 창의적 아이디어가 부지불식간에 퍼뜩 떠오른다는 것은 대체로 사실이 아니다. 창조는 세심한 관찰과 탐구, 문제 해결을 위한 노력에 바탕을 둔다. 기존에 존재하는 것들을 결합하여 새로운 아이디어와 디자인을 만들어 내는 것은 많은 발명가와 디자이너가 새로운 제품과 디자인을 산출할 때 채택하는 주요 생각 방식의 하나다. 발명가와 디자이너들은 본능적으로 결합적 사고의 중요성을 인식하고 있었던 셈이다.

일부 디자이너들은 의식적으로 발상을 위한 생각 도구를 만들어 사용했다. 예를 들면 사전에서 무작위로 단어를 고른 후, 만들고자 하는 제품과 결합하는 아이디어를 탐색하는 것이다. 초현실주의 문인들이 사용한 자유연상법을 떠올리게 하는 강제 결합 방법이다. 만일 당신이 의자를 디자인하고자 하며, 당신이 무작위로 찾은 단어가 독수리, 난초, 자전거, 아이스크림 등이라면, 의자−독수리, 의자−난초, 의자−자전거, 의자−아이스크림 등의 연결을 통해 아이디어를 만들어내는 것이다(빅터 파파넥, 《인간을 위한 디자인》 p230~233). 제품을 구성하는 여러 가지 측면의 조합을 체계적으로 생각해 본다면 아이디어 결합을 효과적으로 수행할 수 있을 것이다. 이런 방식을 형태론적 분석이라고 한다. [그림 8-11]에 제시된 육면체는 존 아놀드 교수가 개인용 이동수단을 개발하기 위해 아이디어를 창출하고 검토하는 도구로 사용한 큐브다(Ibid, p225~226).

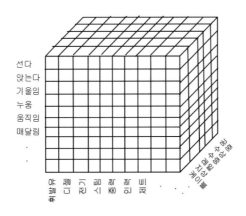

선다
앉는다
기울임
누움
움직임
매달림

약력
근력
전기
모터
제트
엔진
증기

빛이동
지상
물속 위에서

[그림 8-11] 개인 이동수단 개발을 위한 형태 분석 큐브 예

큐브를 자세히 살펴보면 한 축은 사용하는 사람의 운전 자세를 표현한다. 운전자의 자세는 세그웨이처럼 수평으로 서거나 킥보드처럼 모로 서서 사용할 수도 있지만 자전거처럼 의자에 앉을 수도 있고, 기울이거나 눕거나 할 수도 있다. 다른 축은 동력원이다. 자전거처럼 인력으로 페달을 밟아 움직일 수도 있지만 모터사이클처럼 엔진을 사용할 수도 있고, 전기 모터를 사용할 수도 있으며, 그 밖에 제트 엔진, 증기, 중력, 자기력 등을 사용하는 것도 가능할 것이다. 다른 한 축은 이동하는 공간의 특성이다. 물 위에서 이동하는 수단이 될 수도 있고 물속을 다니는 수단이 될 수도 있으며, 지상, 공중, 레일 위에서의 이동 등이 될 수도 있다. 아놀드는 각 축에 8개의 방안을 적용하여 총 8 x 8 x 8, 즉 512개의 대안을 만들어 검토했다. 물론 대안들 중의 일부는 이미 존재하는 제품일 것이고, 일부는 황당해 보이는 대안일 것이다. 이런 방법으로 다양한 창의적 대안을 제시하고, 제시된 대안을 사용의 편의성, 용도, 기능, 실현 가능성, 경제성 등의 관점에서 검토해 볼 수

있다.

사람의 무게보다 무려 20배나 무거운 오늘날의 자동차가 가진 에너지 비효율성과 공해 문제에 대한 우려로 개인 이동수단, 즉 퍼스널 모빌리티에 대한 관심이 급격히 높아지고 있다[그림 8-12]. 아놀드와 같은 발상의 체계화를 통해 미래의 교통수단을 상상하고 검토해 보는 것이 현실적으로 필요한 상황이 된 것이다.

[그림 8-12] 개인 이동수단의 다양한 실험적 디자인

원로 디자이너인 빅터 파파넥 교수는 3차원 큐브보다 더 많은 속성을 함께 고려해 다양한 대안을 떠올리고 검토해 보는 방법을 원했다. 그는 기다란 막대 띠를 12개 준비해서 각 막대 띠가 하나의 디자인 속성을 대표한다고 가정했다. 각 막대 띠에는 고려할 수 있는 속성값을 20가지 정도 적을 수 있게 했다. 속성은 소재, 기능, 용도, 사용법, 성능, 에너지 소모 등 다양한 측면이 될 수 있는데, 속성의 선택과 정의는 디자인하고자 하는 대상에 따라 다르게 조정한다. [그림 8-13]처럼 막대 띠를 위아래로 조금씩 움직이면 다양한 조합이 탄생한다. 독창적이고 의미가 있다고 생각하는 조합이 발견되면 그에 대해 더욱 상세히 디자인 구상을 생각해 본다. 그는 이 방법을 '슬라이딩 스케일(sliding scale)'이라고 불렀다.

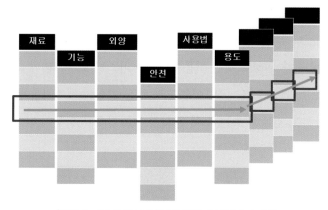

[그림 8-13] 아이디에이션을 위한 슬라이딩 스케일

　제품뿐 아니라 서비스 또는 제품과 서비스의 조합도 디자인의 대상으로서 조합과 결합을 통한 발명과 창조의 목표가 된다. 예를 들어 식사의 제공은 가장 대표적인 서비스와 제품의 조합이다. 세계 정상급 셰프들과 그들이 창조해내는 '맛'에 대한 심리학적 연구를 수행한 옥스퍼드대학의 찰스 스펜스는 맛을 디자인하는 것도 제품의 디자인과 다르지 않다는 것을 보여 준다.

　음식 맛을 느끼는 주인공은 맛을 지각하는 감각기관인 혀다. 단맛, 짠맛, 신맛, 쓴맛, 감칠맛을 느끼는 맛돌기가 혀에 분포되어 있다. 그리고 매운맛이나 떫은맛은 혀가 느끼는 촉감과 통증에 관련되어 있다. 혀에 분포된 수많은 센서들이 각각 담당한 맛을 감지하면 우리는 그 데이터를 종합하여 음식 맛을 음미한다. 그러나 코로 향기를 느낄 수 없다면 우리는 복잡한 음식 맛을 느낄 수 없다. 믿을 수 없겠지만, 후각이 작동하지 않으면 우리는 감자와 사과를 구별하지 못한다.

　스펜스의 연구에 의하면 맛은 혀와 코만의 일이 아니며, 통합 감각이자 다중 감각이다(찰스 스펜스, 《왜 맛있을까》 p26). 스펜스는 자신의 연구 분야를 미식(가스트로노미)과 물리학(피직스)의 합성어인 가스트로피직스라고 부른다. 씹히는 느낌 소위 '씹감'은 음식을 맛있다고 느끼게 만드는 데 핵심적인 역할을 하는데, 질기고, 쫄깃하고, 부드럽고, 바삭한 그 정보는 혀가 아니라 턱과 잇몸, 그리고 그에 연결된 근육이 감지한다. 음식의 색상도 그 음식이 얼마나 맛있다고 느끼는지에 영향을 미치며, 음식을 담은 접시의 색상, 음식과 접시의 색상 대비, 접시와 음식의 배치 등도 실제로 사용자들이 느끼는 음식 맛에 영향을 준다(ibid. p102~111). 눈과 시각 정보가 맛을 결정하는 데 중요한 공헌을 하는 것이다. 음식의 냄새 정보가 콧구멍을 통해서만 들어오는 것도 아니다. 음식을 씹을 때 음식이 으깨어지면서 나는 냄새는 입과 코를 연결하는 후비강이라는 구멍을 통해 코의 안쪽으로 직접 들어와 음식 맛을 결정한다(ibid. p70).

음식을 씹을 때 나는 소리의 종류와 크기, 나아가 배경 음악도 음식의 맛에 영향을 준다(ibid. p134, p193). 실험에 의하면 음식을 담은 그릇의 크기와 모양, 음료수를 담은 컵의 재질과 무게, 심지어 음식을 먹을 때 사용하는 식기 손잡이의 촉감과 무게도 맛에 영향을 주는 것으로 나타났다(ibid. p169). 둥근 접시는 각진 접시보다 디저트를 더 달게 느끼게 한다. 고급 식당이나 기내 비즈니스 클래스에서 플라스틱 스푼을 사용하지 않고 무거운 금속 스푼을 사용하는 것도 과학적 근거를 가지게 되었다. 당연하다고 생각되겠지만 어떤 분위기, 어떻게 꾸며진 테이블을 사용하는가, 그리고 누구와 함께 하는가도 맛에 영향을 준다. 혼밥을 맛있게 먹게 하기 위한 디자인은 맛난 단체식을 위한 디자인과 제품—서비스의 조합이 달라지는 것이다. 창의적인 맛의 디자인에도 조합을 통한 창조적 발상이 중요한 역할을 하는 것이다.

[그림 8-14] 미식은 음식과 재료, 접시를 포함한 통합적 디자인이다.

■ 빌려오고 바꾸고

만유인력의 법칙을 발명하고, 미분과 적분 방법을 만들어 집대성하고, 천체의 운행에 대한 규칙을 만들어 행성과 혜성, 일식을 예측한 천재 아이작 뉴튼은 어떻게 그렇게 많은 발명을 할 수 있었는지를 묻는 질문에 "나는 단지 거인의 어깨 위에 있었을 뿐이다."라는 유명한 말을 남겼다. 인류가 쌓아 놓은 엄청난 지적 유산이 있었기에 자신이 그런 생각을 할 수 있었다는 의미다. 창조와 발명과 관련하여 기억해야 할 무너지지 않는 진실의 하나는 "하늘 아래 새 것은 없다."는 전도서 1장의 성경 말씀이다.

다른 분야, 다른 산업에 이미 존재하는 사물, 아이디어, 이론을 빌려와 이를 응용하고, 변형시키면 찰스 다윈처럼 위대한 이론을 만들어 낼 수도 있고, 피카소처럼 새로운 예술을 만들어 낼 수도 있으며, 새로운 산출물이나 도구를 만들어 낼 수도 있다. 예술가들은 기존에 존재하던 작품을 가져와 자신의 스타일로 변형하여 새로운 작품으로 만드는 시도를 많이 했다. 그 대표적인 것이 마네의 〈풀밭 위의 점심 식사〉다. 에두아르드 마네(1832~1883)의 획기적인 이 작품은 라이몬디 (Raimondi, 1480~1534)가 만든 판화화 〈파리스의 심판〉 오른편 하단에 앉아 있는 3명의 바다의 신 부분을 변형하여 만든 것으로 알려져 있다. 이 작품은 다시 [그림 8-15]처럼 피카소(Pablo Picasso, 1881~1973)를 위시한 여러 화가들에 의해 다른 스타일로 시도되었다.

[그림 8-15] 〈풀밭 위의 점심 식사〉. 위는 라이몬디 〈파리스의 심판〉과 마네,
알랭 자케의 변형, 아래는 피카소의 변형들

1725년에 프랑스 리용의 부숑은 기존의 무언가로부터 힌트를 얻어 실크 직기를 자동화하기 위해 구멍 뚫린 종이를 사용했다. 그의 아이디어는 섬유 산업에 점점 널리 활용되었다. 1800년대 초에 조셉-마리 자카르는 옷감에 복잡한 무늬를 짜 넣을 수 있도록 이를 변형해 여러 세트로 된 천공카드를 개발했다(스티븐 존슨, 《탁월한 아이디어는 어디서 오는가》 p175). 섬유 산업에서 천공카드가 사용된 지 수십 년 후, 계산을 수행하는 해석 기관을 발명한 영국의 천재 발명가 찰스 배비지는 천공카드를 이용해 자신의 기계 작동을 통제하여 연산을 수행하는 프로그램을 만들 수 있었다. 천공카드로 프로그램을 만드는 방식은 그로부터 100년 후 전기로 작동하는 계산기의 프로그램을 만드는 방식으로 사용되었다. 프로그램을 만든다는 아이디어는 천공카드라는 몸체를 버리고 결국 오늘날의 소프트웨어로 그리고 인공지능을 위한 알고리즘으로 발전하게 되었다.

신제품 안에는 익숙한 기존의 이미지나 관념에서 빌려온 흔적이 담겨 있는 경우가 많다. 과거 기술의 영혼이 담긴 이 흔적을 스큐어모프(skeuomorph)라고 한다. 스큐어모프는 우리의 스마트폰 안에도 많이 남아 있다. 스마트폰의 전화 아이콘은 이제는 어디에서도 잘 볼 수 없는 100년 전의 전화기 형상을 하고 있다[그림 8-16]. 과거의 흔적인 스큐어모프는 여러분이 스마트폰을 열어 전화기 화면을 볼 때와 계산기 화면을 볼 때의 차이에도 존재한다. 의식하지 못하고 있었을 수도 있지만, 스마트폰의 전화 숫자판과 계산기 화면의 자판 배열은 거꾸로 되어 있다. 과거의 전화기와 계산기가 가지고 있던 디자인의 고스트인 것이다[그림 8-17].

[그림 8-16] 스마트폰 안에 아이콘으로 남아 있는 스큐어모프

과거의 것은 익숙함을 낳는다. 익숙한 이미지는 단순히 과거에 대한 향수가 될 수도 있지만, 무엇보다 변형의 토대가 되어 사랑받는 신제품으로 거듭나 만족스런 성능과 기능을 제공해 주기도 한다. 내가 즐겨 사용하는 질레트의 퓨전 면도기는 기존의 사각형 전기 면도기와는 매우 다르고, 그보다 오래전에 사용되던 수동 면도기와 유사하다. 그러나 면도기의 손잡이에 배터리와 모터가 들어 있어 전형적인 전기 면도기보다 저렴하며, 깔끔하게 면도가 되는 성능을 가지고 있어서 소비자들의 사랑을 받고 있다[그림 8-18].

[그림 8-18] 고전적 수동 면도기와 전기 면도기, 질레트 퓨전 면도기

　나는 2008년에 YES(Young Entrepreneur Spirit)라고 이름 붙인 MBA 교육 과정을 새로 만들었다. 오늘날 한국인의 평균 수명은 80이 넘지만 80년이 넘도록 생존하는 기업은 전체 300만 개의 기업 중 0.001%도 되지 않는다. 기업이 장수하려면 넘어야 하는 문제가 승계다. 올바르게 진행된 승계는 기업의 발전과 국가의 경쟁력에 중요한 공헌을 한다. 일본과 독일을 필두로 미국과 다른 문화권에도 장수 기업이 조금씩 늘어나고 있다. 전 세계적으로 승계가 성공적으로 이루어질 확률은 겨우 30%밖에 되지 않는다. 승계는 경험과 자원이 부족한 중소기업에게는 특히나 중요한 사건인데, 승계에 실패해 기업이 사라지면 그 기업의 기술과 경험, 일자리도 사라져 국가적인 손해도 크다. 비슷한 시기에 대부분의 기업이 탄생한 우리나라의 입장에서는 특히나 심각한 문제가 아닐 수 없다. YES MBA 과정은 사업을 이어나갈 미래 경영자를 훈련시키는 과정이다. 초기에 이 과정을 만들겠다고 제안했을 때는 생소하다고 반대가 심했지만 지금은 많은 사람에게 사랑받는 교육 과정이 되었다. 이 과정에 들어온 학생들은 대부분 "저 같은 사람을 위해 만들어 준 과정 같습니다. 감사합니다."라는 반응을 보인다. 이 교육 과정은 내가 인도의 니르마대학에서 본 프로그램의 아이디어를 빌려와 한국 상황에 맞게 변형한 것이다.

　빌려오고 변형시키는 것이 창조를 만들어 내는 기반이 된다. 새로운 제품은 기존의 제품과 기술을 개선하며 탄생한다. 개선과 창조는 동전의 양면과 같다. 방목하는 소 떼로부터 밭을 보호하기 위해 심었던 가시나무의 관리가 어려워지자, 인공 가시나무를 만든 것이 철사에 조그만 네모 철판을 끼워 넣은 초기의 울타리였다. 이 가시 울타리는 수십 번에 걸쳐 다른 사람들에 의해 채택되고 변형되고 개선된 결과 꼬인 두 줄의 철사 사이에 작은 철사 줄을 끼워 넣어 만든 글리든의 가시 울타리로 진화되었다(조지 바살라, 《기술의 진화》 p81~89). 뇌과학자 데이비드 이글먼과 음악학자 앤서니 브란트는 《창조하는 뇌》에서 "인간의 마음은 휘기와 쪼개기, 섞기를 적절히 사용해 자신의 경험을 비틀고 나누고 합쳐 새로운 형태를 만들어 낸다고 설명한다(이글먼, 브란트, 《창조하는 뇌》 p132)." 변형의 원리는 형태나 이미지, 아이디어, 스토리, 요소 기술, 구조를 변신시키거나 확대, 축소, 단순화시키고, 생략하는 것이다.

형태 변신

가장 놀라운 변신은 자연계에 존재한다. 나비 같은 곤충이 성장 과정에서 보이는 변태만큼 놀라운 변신이 있을까? 기어다니던 애벌레가 번데기가 되고, 고치가 되고, 급기야 날아다니는 나비가 된다. 기어다니는 유충에서 날아다니는 성체로 형태와 행동 양식이 변하는 것이 자연의 변태, 메타모포시스(metamorphosis)다. 유충에서 성체가 되는 변신의 마지막 단계에는 고치를 벗어나기 위한 고통스러운 몸부림이 있다. 그러나 고치를 열어 나오기 쉽게 만들어 주면 비행 능력이 없는 나비가 된다. 고통스런 몸부림을 통해 날개에 힘이 들어가고 날 수 있는 잠재력이 스며들어 간다. 변태 후의 모습에서 이전의 모습을 연상하기는 어렵다.

카프카는 수많은 논란을 남긴 소설 《변신》에서 어느 아침 자신이 곤충으로 변신해 버린 것을 알아차린 한 남자의 마음으로 들어가 세상을 바라본다. 끔찍하고 징그러운 《변신》을 상상해 낸 그의 상상력 자체가 사람들을 놀라게 한 생각의 변신이었다. 우리는 세상을 범주로 구분해 이해한다. 그 범주를 넘나들지 않는 것이 정상이며, 넘나들 수 없는 경계를 넘어서면 비정상이 된다. 그런 면에서 그의 상상은 사람과 곤충이라는 엄청나게 멀리 떨어진 범주를 건너뛰는 상상의 도발이었고, 충격적인 변신이었다. 그의 책은 그 제목처럼 다양하게 변신한 디자인으로 출간되었다[그림 8-19].

[그림 8-19] 카프카 소설 《변신(메타모포시스)》의 다양한 변형 디자인

디자인과 기술의 변형은 모양과 소재의 변화로부터 온다. 모양과 소재의 변화는 필요에 대한 관찰과 상상에 기반을 둔다. 유리와 금속으로만 존재하던 컵의 소재를 바꾸어 일회용 종이컵을 만드는 시도는 1900년대 초 전염된 물에 대한 위생 관념이 높아진 것을 계기로 시작되었다. 초기의 컵은 고속도로 휴게소의 납작 종이컵처럼 기존에 존재하던 종이봉투를 닮아 납작했다. 사용할 때 펴서 사용해야 하는 이 종이컵은 소재도 모양도 기존의 컵과 달랐다. 종이로 봉투를 만드는 기계가 이미 있었기 때문에 같은 원리를 이용해 소형 봉투를 만들 듯이 종이컵을 만든 것이다. 이 종이컵은 컵의 변형이기도 했지만 종이봉투의 유전자를 가지고 있었다. 대량생산은 가능했지만 하나씩 떼어내 조심스레 펴서 사용해야 했기 때문에 불편했다.

룰렌이라는 사람이 개선 아이디어를 내 원뿔을 뒤집어 놓은 것 같이 생긴 종이컵을 만들었다. 아직도 분리하려면 조심해야 했지만 차곡차곡 쌓아 놓을 수 있고 물을 마실 때 억지로 펴야 하는 수고를 덜어 주는 컵이었다. 기존의 유리컵 모양도 아니고 봉투 모양도 아닌 변형이었다. 1915년이 되자 하단을 납작하게 만든 컵이 등장했다. 원뿔 모양보다 꺼내기 쉽고 자판기에서 사용하기도 쉬운 디자인이었다. 1919년에는 테이블 위에 안전하게 올려놓을 수 있는 유명한 '딕시 컵'과 이를 대량생산할 수 있는 기계가 나왔다. 이후에도 변신은 계속되었다. 바닥을 안쪽으로 밀어 올려 하단을 튼튼하게 하는 동시에 테이블 위에 놓아도 달라붙거나 미끄러지지 않는 컵으로 개량되었다. 다시 시간이 지나자 방수 코팅이 추가되고, 입술이 닿는 부분을 바깥으로 말아 견고하면서 입술에 상처가 나지 않게 만든 오늘날의 종이컵이 완성되었다(헨리 페트로스키, 《디자인이 만든 세상》 p165~177).

플라스틱 소재의 등장은 인간의 삶에 더욱 극적인 변화를 낳았다. 거의 모든 산업에 플라스틱이 사용되었다. 광범위하게 사용되는 소재를 기준으로 역사를 구분한다면 석기, 청동기, 철기, 그리고 플라스틱기가 있다고 할 정도다. "플라스틱은 케이블과 도선에서 고무를 대신하고, 가구와 건축에서는 나무를 대신하고, 옷과 실내 장식품에서 모직을 대신하고, 바닥재로는 돌을 대신하고, 자동차와 비행기에서는 금속을 대신하며, 용기에서는 유리를 대신하고, 포장에서는 종이를 대신하고, 신발에서는 가죽을 대신한다.(제임스 버크, 《커넥션》 p323)." 오늘날에는 플라스틱을 넘어 그래핀 같은 탄소섬유나 나노바이오 소재처럼 강도, 탄력성, 무게, 기능, 성능 면에서 꿈과 같은 소재들이 등장하고 있어서 변화의 잠재력이 풍부해졌다.

디자인과 기술의 변신은 우연으로 이루어지는 것이 아니다. 끊임없는 시도와 실패와 개선과 고민과 고통이 변신을 만든다. 혁신이란 실패할 가능성이 높은 위험천만한 전략이다. 그러나 **복제를 통해 이루어지는 혁신**은 위험을 줄이고 새로운 변신을 달성하는 문화적 진화의 원동력이 된다(가이아 빈스, 《초월》 p431). 정보 커뮤니케이션 방식의 혁신과 에너지 형태의 혁신, 그리고 소재의 혁신이 중첩되면 문명사적 혁명이 이루어진다고 한다. 우리는 지금 그 혁명의 시기를 살고 있다.

단순화

많은 디자이너들과 예술가들, 발명가들은 단순화와 생략과 소멸을 통해 아름다운 변신을 만들어 낸다. 유사한 형상에서 출발해도 서로 상이한 단순화의 과정을 밟아 변신이 이루어질 수 있다. [그림 8-20]은 비슷하게 생긴 소의 형상이 단순화 과정을 거쳐 새로운 이미지로 탄생하는 과정을 보여 준다.

[그림 8-20] 소의 단순화 변형 (위는 피카소, 아래는 리히텐시타인)

피카소는 자신의 큐비즘 배경을 반영하듯 소의 형상을 빛과의 관계 속에서 나타나는 면의 집합으로 분해해 1차 단순화를 시도했다. 그러나 그의 관심은 이미지의 최종적 본질이라고 그가 생각한 곡선으로 향한다. 단순화를 위한 끈질긴 노력 끝에 그가 찾아낸 소의 이미지는 지극히 단순화된 곡선이다. 그러나 거기에는 소의 형상적 본질이 모두 담겨 있다. 리히텐시타인은 소의 이미지를 입체성을 소멸시킨 색상과 면으로 1차 환원시킨다. 그러나 그는 이미지의 본질이란 형상이 아니라는 각성에 도달하면서 직선과 면과 색상으로 모든 이미지를 환원시켜 버렸다. 두 작가의 환원의 결과는 서로 상이하지만 참신하고 모두단순화된 아름다움을 보여 준다. 단순화시킬 방법의 탐구가 창조적 아이디에이션의 기반이 된 것이다. 주변의 사물이나 서비스를 찾아 단순화시킬 방법에 대해 고민해 보자.

단순화를 통한 핵심의 포착, 그리고 단순화가 보여 주는 아름다움을 통한 지적, 감성적 카타르시스는 전통 문화에도 나타난다. 안동 하회탈은 주인공의 직업과 성격을 모두 함축한 단순화다. 피카소의 인물상에는 다양한 상상력이 가미된 단순화된 얼굴이 많이 등장한다. 그가 활동하던 당시 인류학이 관심의 대상이 되면서 유럽의 탐험가와 학자들이 남태평양 원주민들이 만든 조각과 가면들을 수집해와 전시하곤 했다. 단순화와 해학적 아름다움을 가진 가면들과 형상들을 본 피카소는 "내가 찾아내고자 하는 이미지들을 저들이 이미 다 찾아내었군."이라고 토로했다고 한다. 그 가면과 형상들은 후에 피카소에게 큰 영향을 준 것으로 알려졌다. 지금은 파리의 콰이브랭리박물관(Quai Branly Museum)에 남태평양 폴리네시아와 인도네시아에서 수집한 이 가면들이 전시되어 있다[그림 8-21].

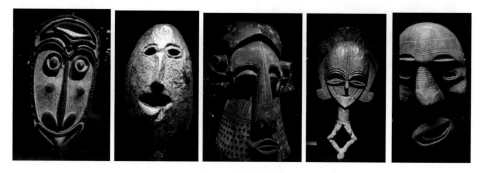

[그림 8-21] 폴리네시아 가면에서 보이는 형상의 단순화

기술의 진보에 따라 많은 제품이 점점 더 복잡한 버튼과 기능을 가지는 방향으로 진화되었다. 그러나 미래 기술에 대한 사상가이자 초기 MIT 미디어랩의 책임자였던 닐 거셴필드(Neil Gershenfild)는 컴퓨터에 대해 불만이 많았다. 버튼이 128개나 되며, 주위에서 무슨 일이 일어나는지 알아채지도 못하는 이 기계는 우리가 원하는 미래가 아니라고 그는 보았다(닐 거셴필드, 《생각하는 사물》 p87). 그는 기술이 투명해지게 만드는 것이 기술 개발의 목적이라고 보았다. 기술이 투명

해진다는 것은 기술이 의식의 대상이 되지 않는다는 의미다. 기술이 기술로 의식되지 않도록 진화하려면 단순화의 아름다움을 기술과 접목하여야 한다. 바이올린이나 구두가 한때는 기술이었지만 이제는 더 이상 기술로 보이지 않는 것처럼. 그는 꿈이 실현되려면 사람의 행동과 마음에 대한 이해가 기술에 대한 이해 이상으로 중요하다는 것을 깨달았다(ibid. p158, p188). 날씨에 따라 색상이 변하는 수정공, 신체의 제스처를 이해하는 웨어러블 컴퓨터, 웨어러블 컴퓨터를 위해 걷는 에너지를 전기로 바꾸어 주는 구두, 비가 올 것 같으면 알람이나 색상 변화를 통해 알려주는 우산같이 단순하지만 유용하고 똑똑한 기계를 그는 상상했다(ibid. p62, p77, p78). 우리는 이제 초연결된 스마트 기술을 이용해 그가 그리던 꿈을 현실에 구현할 시점의 문턱에 서 있다.

관점의 전환

질문이 같아도 대답이 다양하게 달라지는 생각 방식을 창의성 교육 전문가 에드워드 드 보노는 **수평적 사고**(lateral thinking)라고 불렀다. 그에 의하면 수평적 사고는 고정관념과 상식의 틀을 벗어나는 사고이자, 하나의 정답을 찾는 것이 아니라 다양한 열린 답을 만들어 내는 유연한 사고다(에드워드 드 보노, 《수평적 사고》 p47~56). 그가 던진 재미있는 질문 중의 하나다. 고층 빌딩에서 일하는 남자가 있다. 그는 매일 아침 1층에서 엘리베이터를 타고 10층에서 내려 15층까지 계단으로 걸어 올라간다. 저녁에는 15층에서 승강기를 타서 1층에서 내린다. 이 남자는 왜 그러는 것일까?(ibid. p111) 이런 문제는 여러 가지의 답을 만들어 내는 수평적 사고를 자극한다. 여러분은 어떻게 생각하시는가? 하나 이상의 답을 만들어 보시라. 드 보노와 내가 생각해 낸 답들의 예는 다음과 같다.

- 매일 아침 5층 걷기 운동을 하려고 한다.
- 10층에서 누군가와 만나 함께 15층으로 걸어 올라가며 이야기를 나누고자 한다.

- 10층과 15층 사이의 높이에서 보이는 아침 경치를 즐긴다.
- 다른 사람이 자신이 10층의 좋은 직장에서 일한다고 생각하기를 원한다.
- 그의 키가 매우 작아 손이 닿는 최고 높이의 버튼이 10층이다.

수평적 사고 연습은 관점을 다양하게 변화시켜 창의성을 높이는 데 도움이 된다. 수평적 사고의 대표적인 형태를 **귀납적 사고**라고 한다. 다음 두 문장의 빈 칸을 채워 보시라(뤼크 드 브라방데르, 앨런 아이니, 《아이디어 메이커》 p41).

새의 예로는 [   ] 가 있다.   새는 [   ] 의 예다.

첫 문장을 보면 여러분은 참새, 비둘기, 까치, 독수리 등 여러 가지 새가 생각날 것이다. 모든 생각이 새로 귀결된다. '새'라는 생각 상자 안에 상상력이 갇혀 상자 밖(out of the box)으로의 유연한 사고, 즉 새로운 카테고리로의 점프가 일어나지 않는다. 이런 질문과 그에 대답하는 방식의 사고를 연역적 사고라고 한다. 두 번째 문장의 대답은 더 어렵다. 그러나 잠시 고민해 보면 우리의 생각이 열려나가는 것을 경험할 수 있다. 새는 동물의 예이기도 하지만, 자유로움의 상징, 날아다니는 것, 애완동물, 상쾌한 아침 풍경, 먹을 것의 예가 될 수도 있다. 다양하고 창의적인 대답이 나올 수 있다. 이런 질문과 그에 대답하는 방식의 사고를 귀납적 사고라고 한다. 창의적 아이디에이션은 귀납적 사고를 통한 열린 상상을 필요로 한다.

소멸과 생략

마땅히 있어야 할 것이 없어지면 소멸과 생략이 된다. 부르고뉴는 보르도와 함께 프랑스 와인의 양대 산지 중 하나다. 부르고뉴대학 안네마리 교수의 초청을 받아 방문한 부르고뉴의 주도 디종(Dijon) 가까이에는 와인 지하 창고와 생산자들이 모여 있는 작은 마을 본(Beaune)이 있다. 쓸쓸한 겨울 풍경 속에 이 작은 마을을 돌아보다가 마을 중심에서 마주한 동상의 충격에 발걸음이 멈추었다. 잘 알려지지는 않았지만 흥미로운 이 작품의 작가는 브루노 카탈라노(Bruno Catalano)다. [그림 8-22]에서 보듯 그의 작품에는 미완성의 완성이 던져 주는 신선함과 아름다움이 있다. 미완성의 아름다움은 채워질 공간이 있다는 것이다. 채워질 공간은 사용자의 상상으로 채워질 수 있고, 미래의 필요에 의해 채워질 수도 있다.

[그림 8-22] 브루노 카탈라노

미완성의 완성이 가지는 아름다움을 잘 보여 주는 제품이 스마트폰이다. [그림 8-23]의 왼편에서 보듯이 노키아, 모토롤라, 팜 등의 전화기 제조 회사들은 기능을 추가하기 위해 경쟁적으로 회로와 버튼을 추가했다. 전화기의 하단은 수많은 버튼으로 빼곡하다. 스티브 잡스는 2007년 세계 최초의 스마트폰을 발표하면서 버튼을 계속 추가해 온 노력을 비웃었다. 다른 회사들이 어떤 기능의 버튼을 추가해야 하는지 고민하는 동안 애플은 버튼을 없애는 방법을 찾고 있었다. 그것도 모든 버튼을. 없어진 버튼은 반대로 무한한 가능성을 의미했다. 사용자가 선택한 다양한 앱으로 빈 곳이 채워질 스마트폰이 탄생한 것이다.

[그림 8-23] iPhone 이전과 이후의 스마트폰

화석 연료 엔진을 가진 자동차의 시대가 저물어가고 있다. 교류 모터를 발명한 희대의 천재 니콜라 테슬라의 이름을 딴 자동차가 전기 모터의 시대를 앞서가고 있으며, 수많은 새로운 전기 자동차 기업이 탄생하고 있고, 기존의 자동차 회사들도 전기 자동차 생산을 서두르고 있다. 내연기관 자동차에서는 분사된 연료가 엔진 내부에서 폭발하며 생긴 힘이 피스톤을 통해 크랭크에 전달되면 수직 운동이 회전 운동으로 전환된다. 이 힘은 강력한 트랜스미션을 통해 네 개의 바퀴로 전달되어 구동력을 발휘해 자동차가 힘차게 앞으로 나간다. 강철로 된 빔과 차축, 그리고 벨트들이 각자 제 역할을 하며 자동차가 기능하는 것이다. 수차, 풍차를 거쳐 정교해지고 증기 엔진, 내연기관으로 이어진 동력 전달 메커니즘이다. 강력한 힘이 전달되는 모습이 눈에 보이고 소리로 들린다.

그러나 전기 에너지는 물리적 힘을 통해 전달되지 않는다. 흐느적거리는 전깃줄을 타고 전달된 발전소의 전기 에너지는 가정의 선풍기에 도달할 때까지도 동력이 전달되고 있다는 아무런 낌새를 주지 않는다. 그러나 버튼을 누르면 발전기와 정확히 반대의 원리로 설계된 모터가 발전기로부터 전달받은 전기 에너지를 토대로 강력하게 회전하기 시작한다. 전기 자동차의 시대가 되면서 다양한 구조가 시도되고 있다. 그중에서도 가장 흥미를 끄는 것은 강철 빔과 트랜스미션 등 눈에 보이는 힘찬 회전력을 사라지게 만든다는 사실이다. 자동차 하단의 배터리 배열판 구조는 프레임의 역할을 한다. 엔진은 사라지고 네 개의 바퀴 옆 또는 안에 모터가 하나씩 장착된다. 소위 인휠모터(in-wheel motor)다[그림 8-24]. 모터들은 컴퓨터를 통해 서로 소통하며 조화를 이룬다. 지능형 센서와 자율운행 기능이 추가되면 운전석의 조정 기능 중 상당수가 단순화되거나 사라진다.

[그림 8-24] 전기차의 배터리 플랫폼과 바퀴 안에 들어가는 인휠(in-wheel)모터

지난 150년의 자동차 역사는 연이은 기술 혁신의 역사다. 자동차 혁명에 공헌한 최고의 혁신을 꼽는 명단의 상위에는 엔진의 발명과 개선 같은 공학적 혁신도 들어가지만 아스팔트의 발명, 차선의 발명, 교통 법규의 발명, 백미러와 사이드 미러의 장착 등과 같이 자동차 기술과 직접적인 상관성이 없는 혁신들이 늘 포함된다. 그중의 하나가 자동차의 바퀴다. 초기의 튜브 바퀴를 혁신적으로 개선하여 이제는 단단하게 탄화시킨 고무로 만든 껍데기 안에 공기를 가득 넣어 견고한 승차감을 제공하는 타이어가 사용된다. 그러나 이 견고한 타이어도 가끔 문제를 일으킨다. 예고 없는 펑크는 황당함과 당황함의 원인이 된다. 공기가 사라진다면 펑크도 사라진다. 이제 미쉐린이나 브리지스톤 같은 타이어 회사들은 승차감이 좋고 견고하며 영원히 펑크가 나지 않는 공기 없는 바퀴(airless tire)의 생산을 준비하고 있다[그림 8-25]. 없어진다는 것이 얼마나 아름다운가.

[그림 8-25] 영구히 펑크가 나지 않는 타이어

서비스는 눈에 보이지 않는다. 서비스는 언제나 소비자와 공급자가 함께 존재하는 '현장'에서 실행되며, 그들 간의 상호작용이 서비스의 내용과 품질에 결정적인 영향을 미친다. 이 상호작용, 즉 행위의 특성을 설계하는 것이 서비스 디자인의 핵심이다. 그래서 서비스 디자인은 서비스가 제공되는 공간에 대한 디자인과 밀착되어 있다. 디지털의 세계에서는 그 공간의 성격이 변형되고 일부 특성은 사라진다. 지금까지는 당연히 존재하던 사물, 관계, 공간들을 어떤 방법으로 사라지게 하는가에 따라 새로운 비즈니스 모델이 탄생한다.

◼ 생각 체크리스트

생각 체크리스트는 아이디어 창출을 위한 다양한 시도의 체크리스트를 만들어 발상의 가능성을 점검해 보기 위한 것이다. 대표적인 것은 브레인스토밍을 제안한 오스본이 제시한 SCAMPER다. SCAMPER는 서로 다른 생각 시도 방식의 약자들로서 다음과 같은 의미를 가지고 있다.

1) S, 대체하기(substitute): 기존의 재료, 구조, 방식, 부품 등을 대체할 방안을 찾는다. 예: 쇠나 유리, 도자기로 만든 컵을 대신한 종이컵, 플라스틱 컵
2) C, 결합하기(combine): 기존의 두 가지 제품, 기능, 소재를 서로 결합하여 새로운 제품을 만든다. 예: 지우개가 달린 연필, 냉풍온풍기, 바퀴달린 운동화

3) A, 순응하기(adapt): 이것으로 다른 무엇을 할 수 있을까, 유사한 방식은 없을까, 복제할 수는 없을까 등을 생각하는 것이다. 예: 물 걸레질하는 청소기

4) M, 수정하기(modify), 확대하기(magnify), 축소하기(minify): 기존의 제품을 변형하거나, 일부 또는 전부를 확대하거나 축소하는 방법을 생각한다. 예: 작게 축소해 반지로 끼는 시계, 스마트폰 화면 확대기

5) P, 다른 용도로 사용하기(Put to other Uses): 기존의 제품을 다른 용도로 사용하도록 용도를 개발한다. 예: 벽돌 책장, 우산 꽂이 휴지통, 항아리 화분

6) E, 제거하기(eliminate): 기존 구성 요소의 일부 또는 전부를 제거하거나 눈에 보이지 않게 만든다. 예: 줄 없는 스피커, 손가락 끝이 없는 장갑, 지방이 없는 우유, 메뉴판이 없는 식당, 설탕이 안 들어간 사탕

7) R, 재배열하기(rearrange), 뒤집기(reverse): 기존의 구조를 다시 배열하거나, 순서를 바꾸거나, 반대로 한다. 예: 식사 계산 먼저 하는 키오스크, 냉동칸이 아래 있는 냉장고

코버그와 바그날은 아이디어 발상의 규칙을 정리해 "조작을 위한 동사 체크리스트"를 제시했다(Koberg & Bagnall, 1973; Jones & Rajah, 2007, p134). 참고를 위해 그들의 리스트를 [표 8-2]에 정리해 놓는다.

여러 배로 늘린다. Multiply	납작하게 한다. Flatten	가볍게 만든다. Lighten
나눈다. Divide	찌그러뜨린다. Squeeze	반복한다. Repeat
제거한다. Eliminate	보완한다. Complement	두껍게 한다. Thicken
뺀다. Subtract	뒤집는다. Invert	연장시킨다. Stretch
추가한다. Add	고정시킨다. Freeze	튀어나오게 한다. Extrude
분리한다. Separate	유연하게 만든다. Soften	보풀린다. Fluff-up
돌려 눕힌다 Transpose	회전시킨다. Rotate	보호한다. Protect
하나로 통합한다. Unify	건너뛴다. By-pass	흐트려 나눈다. Segregate
변형시킨다. Distort	상징화한다. Symbolize	통합한다. Integrate

[표 8-2] 창의적 생각 시도를 위한 동사 리스트

Business
Design Thinking

09

프로토타이핑과 디자인 수렴

프로토타이핑과 프로토타입

세계 각 지역에서 디자인 씽킹 수업이나 훈련을 할 때 꼭 한 번은 수행하는 게임이 있다. 달달하고 가벼운 마시멜로를 높이 올리는 스파게티 국수 구조물을 만드는 작업으로써 이를 마시멜로 게임이라고 부른다[그림 9-1]. 팀 단위로 수행하는 마시멜로 게임은 다음과 같이 진행된다.

【마시멜로 게임】

1) 하나의 팀은 5명 내외로 한다. 각 팀에 다음의 준비물을 나누어 준다.

　① 표준 굵기의 스파게티 국수 20가닥

　② 마시멜로 1조각 (흰색 표준 크기)

　③ 적당한 굵기의 실 90cm (매우 가는 실이나 털실은 아님)

　④ 마스킹테이프 90cm (폭 2cm)

2) 목표: 작업의 목표는 마시멜로의 높이가 최대가 되도록 마시멜로를 지탱하는 구조물을 만들고 마시멜로를 위치시키는 것이다. 구조물은 손을 떼어도 한동안 유지되어야 한다.

3) 지켜야 할 규칙: 스파게티 국수나 실, 마스킹테이프는 잘라서 사용해도 된다. 그러나 마시멜로는 자르거나 먹으면 안 된다. 제한 시간은 18분이 원칙이다.

4) 평가: 바닥(테이블)에서 마시멜로까지의 높이를 센티미터 단위로 잰다. 마시

멜로의 높이가 가장 높은 팀이 우승이다.

[그림 9-1] 마시멜로 게임(학생팀)

▪ 프로토타이핑

디자인 씽킹 훈련생들은 마시멜로 게임을 할 때 즐거워하며 몰입한다. 그런데 이 마시멜로 게임은 어떤 의미를 가지는 것일까? 간략히 줄여 말하자면 프로토타이핑(prototyping)의 중요성을 배우는 것이다. 프로토타이핑을 통해 산출하는 프로토타입은 원형이라는 의미다. 원형은 진화와 변화, 발전의 기반이 되는 기본형이다. 원형은 최종 산출물이 아닌 미완성 제품 또는 시제품이라는 의미도 가진다. 기술 진보의 역사나 생명 진화의 역사에 있어서 또는 신제품 개발의 과정에 있어서 프로토타입은 다양한 변형의 출발이며 동시에 미완성 상태다.

프로토타입은 프랑스의 사상가 장 보드리야르가 '모델'이라고 부른 개념과도 일맥상통한다. 보드리야르는 "화려한 장식이 달린 황제의 테이블과 농부의 허름한 테이블은 완전히 다르지만, 그 이면에는 현실과 문화를 초월하는 절대성을 가진 테이블 모델이 있다."라고 설명한다(장 보드리야르, 《사물의 체계》 p214). 그 모델을 토대로 생산자들이 다양한 변종을 생산하는데, 고급품에서 저가품, 장식적 제품에서 미니멀리즘, 사회적 지위 등에 따라 수많은 변이가 생겨나는 것이다. 보드리야르는 그런 변이들은 프리즘을 통해 빛이 갈라져 나가듯이 '사회적 프리즘'을 통과하며 갈라져 나가는 것이라고 설명한다. 이런 변이가 일어나는 토대가 되는 모델, 변이가 이루어지기 이전의 모습, 그것이 프로토타입이다.

그러나 또 한편으로 생각해 보면 완성이라는 것이 있을까? 세상의 모든 것은 진화와 변화의 과정에 있을 뿐이다. 디자인 씽킹은 모든 프로토타입은 다 변화의 과정일 뿐이라는 점을 진지하게 받아들인다. 그것이 디자이너들이 새로운 아이디어를 만들어 낼 때 취하는 방식이기 때문이다. 어떤 문제도 답도 잠정적인 것이며, "문제와 답은 동시에 진화해" 나가는 것이기 때문이다(나이절 크로스, 《디자이너는 어떻게 생각하는가》 p24).

프로토타입과 진화

자연 세계에서 프로토타입은 진화의 효율성을 만들어 내는 비밀이다. 아이디에이션 단계에서 속성의 조합을 체계적으로 검토하기 위한 수단으로 형태 분석 큐브나 아이디어 슬라이딩 스케일을 사용하는 방법을 보았다(8장 참조). 모두 다양한 대안을 체계적이며 포괄적인 방법으로 검토하기 위한 도구다. 그러나 조합의 수가 너무 많아 그 수에 압도당하기 쉽다. 자연의 세계에서 진화는 모든 가능성을 전부 검토한 후 최고의 답을 찾아가는 방법을 취하지 않았다. 하나의 프로토타입이 선택되면 다른 프로토타입들은 배제하고, 선택된 프로토타입을 기반으로 한 변화를 따라 진화가 진행되었다. 예상치 못한 변화로 가득한 환경에 직면하여 진화는 그 방식이 가장 효율적이고 실행 가능한 생존 방법임을 시행착오를 통해 알아냈을 것이다.

특정한 환경에서 가장 생존 가능성이 높은 모델은 가장 잘 번식한다. 채택된 그 모델은 여러 변종의 기반이 된다. 이 변종들의 대부분은 오래 생존하지 못하고 멸종한다. 그러나 다양한 변종 중에서 바뀐 환경에서 번식하기 좋은 변종이 후손을 남긴다. 선택받지 못한 모델들은 도태된다. 선택된 변종은 후손을 위한 프로토타입이 된다. 시간이 지나면서 이 과정은 반복된다[그림 9-2]. 예를 들어 조개의 원형이 채택되면, 그 후손들은 원형의 핵심적 특성은 유지하면서 크기나 색, 모양 등에 변화가 생긴다. 변형된 변이 중 다수는 도태되고 일부는 살아남는다. 변이는 계속되지만 모두 원형을 토대로 하기 때문에 조개와는 진즉에 다른 방향으로 진화한 게의 특성이 조개에서 나타나지는 않는다. 즉 눈이나 다리가 달린 조개가 시도되는 법은 없다. 이렇게 해서 진화는 모든 가능성을 점검하지 않는다. 원형이라는 효율성의 범위 안에서 발생하는 변종만으로도 엄청난 다양성이 탄생할 수 있었다.

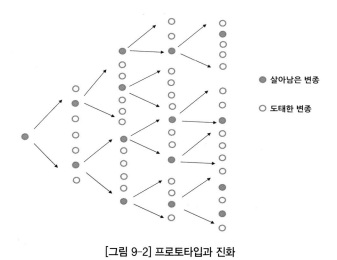

● 살아남은 변종

○ 도태한 변종

[그림 9-2] 프로토타입과 진화

  지구상에는 많은 종의 동물이 살고 있다. 세상에는 약 5,500종의 포유류와 약 1만여 종의 조류가 살고 있다. 그러나 압도적인 수는 200만에서 700만 종에 이르는 것으로 추정되는 곤충이다(엘리자베스 콜버트, 《여섯 번째 대멸종》 p240). 이런 엄청난 수에도 불구하고 이들은 그동안 지구상에 만들어진 모든 종의 1%에 불과하다. 99%의 종이 생겨났다가 사라진 것이다. 그래서 진화는 창조의 역사이기도 하지만 멸종의 역사이기도 하다. 지구상에는 최소 여섯 차례의 대량 멸종이 있었다. 주로 지표의 냉각, 대규모 연쇄 화산 폭발, 운석 충돌, 지구 온난화, 사막화 그리고 이들 간의 상호작용 등 외부 환경의 변화에 따른 것이었다. 사지동물의 대부분은 빙하기와 산소 결핍이 함께 발생한 3억 7천만 년 전 고생대 데본기 말의 멸종으로 사라졌다. 그 이전에는 손가락이 여덟 개, 여섯 개, 다섯 개인 사지동물, 민물 생활을 하는 사지동물과 바다에서 헤엄치는 사지동물이 다 있었으나, 손가락이 다섯 개이고 민물을 먹고 사는 사지동물만 살아남았다(피터 브래넌, 《대멸종 연대기》p144). 우리가 다섯 손가락을 사용하는 컴퓨터나 피아노를 개발해 사용하고 즐길 수 있는 것은 아주 오래전의 우연적 진화에 신세를 지고 있는 셈이다.

기술과 디자인과 기업의 발전 과정도 진화의 과정과 매우 유사하다. 다양한 변종 기술과 제품, 사업 모델이 시도되고 그중 일부가 살아남아 다음 시대를 위한 원형이 된다. 우리에게는 살아남은 기술과 제품과 기업의 화려한 성공만 기억되지만, 그 이면에는 실패한 시도, 버려진 디자인, 무너진 기업의 크고 큰 무덤이 있다. 경제학자 폴 오머로드는 5억 년간의 화석기록 통계를 대기업의 부침에 대한 통계와 비교해 보았다. 놀랍게도 그는 두 집단의 소멸의 규모와 빈도 사이에 매우 유사한 패턴이 존재한다는 것을 발견했다. 이어 그는 수백만 개의 중소기업 데이터와도 비교했는데 그 결과도 매우 유사하게 나왔다. 팀 하포드는 《어댑트》에서 "왜 그렇게 많은 기업이 파산하느냐?" 하는 질문은 "왜 그렇게 많은 선수들이 올림픽의 금메달을 받지 못하느냐?"라고 묻는 것과 다르지 않다고 설명한다(하포드, 《어댑트》p36). 각 부문마다 오직 소수의 승자들만이 살아남기 때문인 것이다. 마찬가지로 디자인 과정에서도 채택되는 아이디어보다 버려지는 아이디어가 훨씬 더 많다.

▰ 다시 마시멜로 게임으로

마시멜로 게임은 난해하지 않고 이해하기 쉬워서 유치원생팀에서부터 성인팀에 이르기까지 누구나 해 볼 수 있는 게임이다. 무엇이 바람직한 해법인지는 알지만 그렇다고 해서 유일한 정답 같은 것은 없다.

이 게임은 과제와 준비물이 명확하고 준비하기 쉬워 실제로 동서양을 막론하고 많은 곳에서 실행되었다. 그래서 비교가 가능한 통계가 존재한다는 것이 이 게임의 중요한 장점의 하나가 되었다[그림 9-3]. 통계에 의하면 흥미롭게도 분석적이고 전문가적 훈련을 받는 경영대학원(MBA) 학생들의 평균 점수가 매우 낮다. 전문직인 변호사의 평균은 이보다 약간 높지만 그래도 일반인 평균보다 낮다. 놀랍게도 유치원생의 평균은 60cm를 넘어 평균이 50cm인 일반인보다 높고, 30cm에 불과한 경영대학원생 평균의 2배에 달한다. 현장 경험이 많은 최고경영자들의 평균은 경영대학원 학생들보다 높지만 유치원생들보다는 낮다. 직업적으로 구조물 만들기 전문가인 건축가나 공학자팀의 평균은 80cm가 넘는다. 의문은 고도의 훈련도 받았고 머리 회전도 빠르다는 평판을 받고 있는 경영대학원 학생들, 최고경영자, 변호사들이 어찌해서 유치원생들의 성적만 못한 것인가이다. 무슨 일이 일어난 것일까?

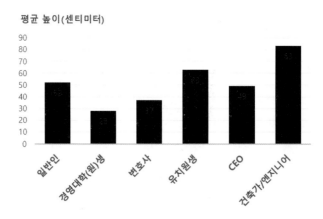

[그림 9-3] 마시멜로 게임의 결과

나는 5년이 넘도록 디자인 씽킹 수업의 초반에 이 게임을 준비하여 경영대학 및 경영대학원 학생들을 대상으로 실행해 보았다. 한국 학생, 외국 학생, 혼성 학생을 막론하고 대부분의 경우에 팀 간 기복이 매우 크게 나타났다. 드물게 60cm나 심지어 80cm를 넘겨 잘하는 팀도 있었다. 건축이나 공학의 소양을 가진 학생이 포함된 것일 수도 있다. 그럼에도 불구하고 전체 학급이나 종합 평균을 내면 통계에 나온 평균 점수와 크게 다르지 않다. 구조물이 무너져 점수가 0점인 팀들 또는 형편없이 점수가 낮은 팀들이 적지 않게 섞여 나오기 때문이었다. 그 이유가 궁금하다면 마시멜로 게임 후에 학생들이 술회한 소감을 보면 된다.

마시멜로 게임을 수행한 학생들과의 토론 결과다.

1) 과제는 별로 어려워 보이지 않았습니다.

2) 유일한 최고의 답은 없습니다.

3) 각 팀은 자신들만의 해법을 만들어야 합니다.

4) 파스타 국수는 보통 국수보다 단단해 보였는데 실제로 기대보다 약했습니다.

5) 마시멜로는 생각보다 무거웠습니다.

6) 뒤늦은 교정은 위험하고, 잘 먹혀들지 않았습니다.

7) 높게 만들어야 한다는 데에만 집중하다 망했습니다.

　마시멜로 게임의 성공과 실패를 결정하는 비밀은 손으로 들어보면 솜처럼 가벼운 마시멜로다. 사람에게는 가볍기 짝이 없는 마시멜로가 스파게티 국수의 입장에서 보면 그렇지 않다는 사실을 얼마나 빨리 알게 되는지가 성공의 관건이다. 대부분의 경우 훈련생들은 마시멜로를 무시하고 제공받은 재료를 이용해 충분히 높은 구조물을 만드는 작업에 집중한다. 탑의 모양을 구상하고 계획을 세워 체계적으로 구조물을 만들어 간다. 그리고 구조물이 거의 완성되어 가는 단계에 이르면 마시멜로를 올려놓는다. 그래서 마시멜로가 스파게티 국수와 실, 마스킹테이프를 이용해 만든 구조물 위에 놓이기에 의외로 무겁다는 것을 너무 늦게 알게 된다. 결국 마시멜로를 버티지 못하고 구조물이 휘어지고 무너지는 난감한 상황에 처한다 [그림 9-4]. 그러나 상황을 반전시킬 시간이 부족하다. 실과 테이프로 이런저런 보강 공사를 진행하지만 쉽지 않아 비상 상황에 놓인다. 땜질이 실패하면 0점이 되고, 성공해도 기대보다 점수가 형편없이 낮아지기 일쑤다.

[그림 9-4] 관심 밖에 놓인 빨간색 원 안의 마시멜로와 무너지는 탑

이 게임을 하다 보면 마감 시간 가까이에 여기저기서 탄식과 비명, 그리고 깔깔거리는 웃음소리가 터져 나오기 일쑤다. 반면에 유치원생들을 관찰한 보고에 의하면 게임 시작 후 3~4분이 지나면 국수 끝에 마시멜로를 꽂아 들어본다. 마시멜로가 생각보다 무거워 국수 가락이 휘청거린다. 이를 감안해 구조물을 만들어보고, 안 되면 연결 방식을 바꾸어 다시 시도해 마시멜로를 올려보기를 반복한다. 그래서 유치원생들은 네다섯 번 정도 실패를 반복할 수 있는 시간을 가지게된다[그림 9-5]. 거듭되는 실패가 어려움을 극복하고 높은 점수를 받는 비결인것이다.

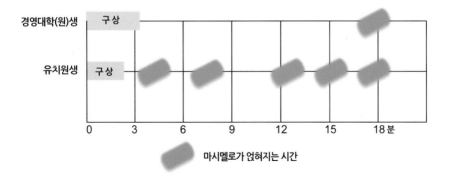

[그림 9-5] 경영대학(원)생과 유치원생의 마시멜로 게임 진행 과정 차이

▪ 아이디어의 진화

디자인 씽킹은 성공한 디자이너들의 생각 방식처럼 **"문제를 해결하는 과정은 불확실성으로 가득하다. 그래서 상황과의 지속적 대화가 필요하다."**라는 점을 배우는 것이 그 출발점이다(나이절 크로스, 《디자이너는 어떻게 생각하는가》 p36, p40). 그래서 마시멜로 게임을 통해 가급적 빨리 현장에 부딪치는 것이 불확실한 환경에서 얼마나 중요한가를 체험을 통해 배우도록 유도하는 것이다. 이 게임에서는 마시멜로가 바로 현장이다. 상황이 어떤지, 무엇을 해야 하는지 알고 있다고 자만하고 착각하는 것이 얼마나 위험한지도 배운다. 나의 관점과 사용자의 관점과 스파게티 국수의 관점이 얼마나 다를 수 있는지도 배운다. 국수의 입장에서 보면 마시멜로는 가볍지 않다. "당신의 팀은 언제 스파게티 국수의 입장에 공감해 볼 수 있게 될까?" 이것이 마시멜로 게임이 던지는 핵심적인 질문의 하나다.

그래서 실패가 중요하다. 새로운 아이디어를 내 신제품을 개발하는 상황처럼 현실이 불확실성으로 가득하다면 실패는 피할 수 없다. **만일 실패가 필연적이라면 늦은 실패보다는 빠른 실패가 최고의 전략이다.** 도전과 실패를 통해 정보를 수집하고, 새로운 관점과 새로운 해법을 찾아가는 발판으로 삼아야 하는 것이다. 유치원 아이들이 여러 번의 시도를 해 보는 동안 버려진 구조들은 멸종한 종, 파산한 기업, 버려진 제품 아이디어들과 같은 것이다. 디자인 창조의 역사도 버려진 디자인 아이디어와 버려진 프로토타입의 역사와 같다.

지나간 프로토타입에 집착하면 새로운 해법은 모습을 드러내지 않는다. 그래서 매 단계마다 만들어지는 해법을 언제라도 버려질 수도 있는 잠정적인 해법이라고 받아들이는 열린 마음으로 상대해야 한다. **다양한 접근법의 시도를 허용하지 못하는 병리적 실험 불능성은 체계적 실패를 보장하는 길일뿐이다**(하포드, 《어댑트》 p43). 자신이 제안해 만든 프로토타입이라도 흔쾌히 폐기해 버릴 수 있어야 한다. 그래야 디자인 심리학자 나이절 크로스가 말한 것처럼 "문제가 진화하고 아이디어도 진화하는" 상황을 만들어갈 수 있다. 이렇게 잠정적인 프로토타입을 반복해서 그리고 빠르게 만들어 현실의 문제에 대한 최적의 해답을 찾아나가는 전략을 애자일(agile) 전략이라고 부른다.

마시멜로 게임의 결과를 놓고 그 이유를 파악하고 설명도 들은 후 학생들은 다시 한번 토론을 한다. 이번에는 마시멜로 게임으로부터 배운 점을 정리해 본다. 다음과 같은 결론들이 만들어진다.

1) 가급적 빨리 현장으로 나가라.

2) 자신의 선입관을 믿지 마라.

3) 다른 사람의 입장에 서서 본다는 것이 중요하다.

4) 다른 사람의 입장에 서서 본다는 것은 생각보다 어렵다.

5) 공감하는 마음이 필요하다.

6) 불확실성이 높은 창의적 프로젝트에서 실패는 당연한 것이다.

7) 창의적 프로젝트에서는 최대한 빨리 실패를 경험하라.

8) 현실을 너무 늦게 깨달으면 죽음이다.

9) 성과에 눈이 멀어 과욕을 부리면 위험하다.

10) 초기의 생각에 대한 집착을 버리고 마음을 열어야 산다.

▚ 애착, 가슴 아픈 이별, 마음 챙김

디자이너들은 디자인 요구 사항이나 디자인 지침서를 토대로 탐구한 후 '해결책'을 만들어 내지만 이는 문제에 대한 최종적인 답을 의미하는 것이 아니다. '해결책'을 문제와 상황에 대한 탐구의 과정이라고 보기 때문이다. 디자이너의 대안은 상황이 전개되면서 예상치 못한 가능성에 늘 노출된다. 상황이란 아이디어가 가시화되는 것, 프로토타입을 만드는 것, 테스트, 고객이나 사용자에게 제시되는 것 등을 의미한다. 이 과정을 통해 디자이너는 "사용자에게는 아주 중요하지만 정작 지침서에는 없는 것"을 발견해 나가면서 문제를 다시 정의한다(크로스, 《디자이너는 어떻게 생각하는가》 p28). 초기 단계는 상황의 복잡성과 불확실성과 기대가 아직 충분히 반영되지 않은 단계다. 그래서 해결책의 제시와 수정이 반복되어야 한다.

　사람은 하나의 생각이 들면 자신도 모르게 그 생각에서 멀리 떠나지 못하고 근처를 맴도는 경향이 있다. 디자인 씽킹을 수행할 때도 많은 팀이 우연의 결과일 수도 있는 초기 프로토타입에서 크게 벗어나지 못한다. 노벨 경제학상을 받은 심리학자 대니얼 카너먼은 이를 '닻 내림 효과(anchor effect)'라고 부른다(대니얼 카너먼, 《생각에 관한 생각》 p180). 닻은 배가 바다 가운데 정지하고자 할 때 파도에 밀려 멀리 흘러가지 않도록 내리는 것이다. 마치 배가 일렁이며 닻의 주위에서 머무는 것처럼 초기의 생각으로부터 마음이 멀리 흘러가지 못하는 것을 의미한다. 초기 프로토타입은 애착과 확신의 도화선에 불을 붙여 닻 내림 효과를 만들어낸다.

　인간은 생존을 위해서 확신을 필요로 한다. 경쟁 상대에게 위협 전략을 펼치거나 또는 협력의 상대에게 설득력 있는 리더십을 보이기 위해서는 확신에 찬 모습이 효과적이다. 심지어 확실치 않은 사안에 대해서도 스스로 확신에 빠질 수 있도록 자신을 속이기도 한다(로버트 트리버스, 《우리는 왜 자신을 속이도록 진화했을까?》 p21, p38, p53). 속이고 있다는 것을 알면 속지 않는데, 어떻게 자신이 자신을 속일 수 있을까? 그러나 우리는 생존의 필요에 의해 뇌의 일부가 뇌의 다른 일부를 또는 무의식이 의식을 속이도록 진화했다. 죽음처럼 누구에게나 확실히 다가오는 사실에 대해서도 무의식은 이를 거부하고 자신을 속인다. 그래서 우리는 죽음을 잊고 매일을 살 수 있다. 심지어 자신이 죽음을 부정하고 있다는 사실도 부정한다(아지트 바르키, 대니 브라워, 《부정본능》 p155, p163).

　애착과 닻 내림 효과는 자신을 속일 수 있을 만큼 강한 힘을 가지고 있다. 초기 프로토타입을 만들 때는 나중에 버릴 수도 있다고 생각하지만 마음 깊은 곳에서는 무의식이 "잘했어, 훌륭한 아이디어야, 대단한데."라는 메아리를 뇌 안에서 반복시킨다. 결국 자신의 초기 아이디어에 대한 애착과 확신은 강화되고, 수정은 제한된 범위에서만 일어난다. 물론 초기의 아이디어로부터 멀어져야만 하는 것은 아니다. 그러나 초기 프로토타입에서 멀어질 수 있는 여유를 가지지 못하면 창의성의 문도 열리다 말고 멈춘다. 닻 내림 효과를 벗어나기 위한 마음 훈련을 하지 않으면 팀의 상상력이 틀에 갇혀 같은 소리만 반복하는 자폐증 증상에 걸릴 수 있다.

누구나 자신이 공들여 만든 해결책이나 아이디어가 거부되는 것을 부담스러워한다. 경영대학원생, 고위 임원, 교수, 변호사, 컨설턴트들처럼 늘 정답을 잘 맞추고 자존심이 강한 사람들일수록 더 민감하게 반응하기 쉽다. 자신의(또는 팀의) 아이디어에 대한 높은 애착은 생각의 유연성과 폭을 제한한다. 애착은 불가의 승려가 집착을 버리는 것처럼 어려운 일이다. 애착은 마음 깊은 곳에서 무의식적으로 솟아나오기 때문이다. 항공우주 분야의 전문가에서 금융 분야의 전문가로, 다시 창업가로 변신한 《바로잉》의 저자 데이비드 코드 머레이는 "애써 구축한 아이디어를 사랑하지 않기란 사랑하는 사람을 자유롭게 놓아 주는 것만큼이나 어렵다. 그러나 집착하고 놓아 주지 않으면 그 아이디어는 진화하지 못한다."라고 말한다(데이비드 코드 머레이, 《바로잉》 p385). 버릴 수 있다는 자세의 중요성을 모르면 성급하게 떠올린 초기의 답은 창의성의 족쇄가 될 수 있다. 자신의 아이디어를 버리는 고통은 더 나은 창의적 아이디어를 낳는 산통이 된다. 이것을 기억하는 것이 마음 챙김이다.

🔖 프로토타입의 형태

그렇다면 프로토타입은 어떤 형태를 취할까? 프로토타입의 형태에 대한 사람들의 관점은 분야마다 디자이너마다 개발자마다 조금씩 다르다. 그러나 프로토타입의 목적을 이해하면 그 차이는 큰 문제가 되지 않는다고 본다. 프로토타입의 목적은 최종적인 산출물을 위한 원형을 만드는 것이다. 만들어진 원형은 다음과 같은 용도로 사용될 것이다.

1. **개념의 전개를 위한 가시화**(visualization for concept evolution): 마음속에 있는 생각, 특히 기존에 없던 제품이나 서비스와 같이 생소한 대상에 대한 생각은 일견 손에 잡힐 것 같지만 잘 잡히지 않는다. 그래서 화가들은 자신의 구

상을 종이 위에 스케치로 옮겨 눈으로 보기 전에는 구상에 큰 의미를 부여하지 않는다. 자신의 생각이 가시화되면 비로소 그 생각이 어떤 특성을 가지고 있는지, 장단점은 무엇인지, 어떻게 더 개선하면 좋을지가 조금씩 더 선명해진다. 새로운 원고나 논문을 쓰는 작가나 연구자에게 있어서도 마찬가지다. 가시화는 종이 위의 스케치일 수도 있지만 그 밖의 다른 방법, 즉 사진 콜라쥬나 간단한 모형 등이 될 수도 있다.

나의 뇌 안의 생각은 나의 뇌가 볼 수 없다. 감각기관인 눈을 통해 정보가 들어와서 처리되어야 비로소 뇌는 그 대상을 볼 수 있다. 그래서 뇌 안의 생각을 최고의 감각기관인 눈을 통해 볼 수 있게 만들어야 한다. 그러면 뇌는 더 활발히 작동하기 시작한다. 눈으로 이미지를 보면 우뇌의 작용이 더욱 활발해진다. 그리고 그 우뇌적 사고는 창의적이고 유연한 생각의 기반이 된다. 가시화된 프로토타입이나 스케치는 지속적으로 개선되어 가면서 최종적인 모습으로 진화한다. 이 과정에서 무수히 많은 프로토타입들이 작가나 화가, 디자이너, 개발자, 발명가에 의해 버려질 것이다. 스페인 내전의 참상을 그린 피카소 명화 〈게르니카〉의 마지막 버전에 이르는 동안 채택하지 않은 많은 중간 스케치들이 있었다. 그는 그 중간 작품들을 버리지는 않고 모두 보관해 두었다[그림 9-6].

[그림 9-6] 게르니카를 위한 여러 가지 스케치: 프로토타입의 변천

2. **소통을 위한 가시화**(visualization for communication): 자신의 생각도 자신의 눈으로 보기 전까지는 그 모습이 선명하게 그려지지 않는다. 그렇다면 타인이야 말해서 무엇하랴. 혼자서 노래를 떠 올리며 손으로 탁자를 두드리는

사람은 머릿속에서 그 노래의 멜로디를 따라 한다. 그는 자신의 장단이 그 노래와 너무나 잘 어울린다고 믿는다. 자신이 두드리는 장단을 옆 사람이 듣는다면 그가 무슨 노래를 듣고 있는지 얼마든지 맞힐 수 있을 것이라고 생각하기 쉽다. 통계적으로 100명이 들으면 반은 맞힐 거라고 생각한다. 나는 디자인 씽킹 강의 과정에서 소통의 중요성을 설명하며 가끔 훈련생들에게 이를 실제로 시행해 본다. 한 사람을 교실 앞으로 초청하여 애국가나 송아지, 생일 축하 노래처럼 그 클래스의 모두가 다 알 것이 분명한 노래의 박자를 재주껏 두드려 보라고 하고, 남은 학생들에게 어떤 노래인지 맞추어 보라고 한다. 생각보다 곡을 맞출 확률은 매우 낮고, 앞에 나온 학생은 답답해한다. 통계에 의하면 곡을 맞출 확률은 2.5%에 불과하다고 한다(애덤 그랜트, 《오리지널스》 p138). 그러니 연수생이 40명 이하라면 맞추는 사람이 나올 확률은 1명도 안 되는 것이다.

소통의 대상이 되는 타인이란 우선적으로 같은 디자인 씽킹 팀의 구성원이다. 나아가 그 아이디어를 받아 제품을 개발할 엔지니어나 서비스 실행팀, 승인과 지원을 해 주어야 할 경영진도 있다. 그리고 무엇보다 그 제품을 사용할 사용자가 포함된다. 제품이나 서비스를 가시화하기 위해 간단한 소품이나 그림, 문구를 이용해 프로토타입을 만들 수 있다.

혁신적인 디자인 기업 IDEO의 대표이자 디자인 씽킹의 주창자 중 한 사람인 팀 브라운은 IDEO의 개발팀이 의료도구를 개발하던 과정에서 만들었던 프로토타입에 대해 설명한다. "의사를 포함한 한 디자인팀의 구성원들이 비염 치료를 위한 도구가 어떤 모습이면 좋을지에 대한 토론을 하는 중에 그 개념이 모호해서 잘 소통이 되지 않았습니다. 순간 한 팀원이 아이디어를 내어 주변에 있던 빨래집게와 마커, 필름 통을 테이프로 붙여 보여 주면서 말했어요. '이런 거 말인가요?' 그런 역할을 하는 게 프로토타입입니다. 근사하고 예뻐야 하는 게 아니에요." 그가 말한 비염 치료 도구의 프로토타입과 개발된 도구의 모습은 [그림 9-7]과 같다(Brown, 2008).

[그림 9-7] 제품 개발을 위한 퀵 프로토타입

정보 시스템 분야에서는 사용자가 어떤 정보와 어떤 기능을 원하는지가 불명확하고, 사용자 스스로도 자신이 원하는 것이 무엇인지 확신이 없는 상황에서 소프트웨어 제품을 개발할 때 프로토타이핑 방식을 사용한다. 소프트웨어는 개발이 완료되기까지는 사용자의 눈에 보여 줄 것이 없다. 그래서 가능한 한 빠른 속도로 사용자가 볼 수 있는 화면과 주요 기능의 시제품 화면을 만들어 눈에 보이게 만든다. 이 화면은 단순한 이미지나 사진일 수도 있고, 화면 디자인상의 변화에만 작동하고 실제 알고리즘이나 데이터와 연동되어 있지는 않은 스킨(skin) 시뮬레이션일 수도 있으며, 샘플 데이터를 기반으로 작동하는 것일 수도 있다. 그런 화면이 사용자와 소통을 하기 위한 프로토타입이다.

서비스 제품의 경우에는 서비스 제공 환경이나 서비스가 이루어지는 시나리오를 프로토타입으로 만들 수 있다. 초연결 시대로 들어가면서 서비스와 제품을 구분하는 것이 점차로 무의미해지고 있다. 우리나라나 일본은 물론이고 중국, 대만, 그리고 대부분의 유럽 국가들이 고령화 사회 또는 초고령 사회에 들어가 있다. 고령화는 사회적 문제이기도 하지만 사업을 위한 기회이기도 하다. 경영학의 구루인 피터 드러커는 "좋은 아이디어로 사회의 문제를 해결하면서 사업적 가치도 창출하는 것이 기업가적 혁신의 백미"라고 설명했다. 내 수업 시간에는 고령화에 관련된 과제를 주는 경우가 많다. [그림 9-8]은 학생들이 고령화 사회를 주제로 만든 여러 형태의 프로토타입들이다.

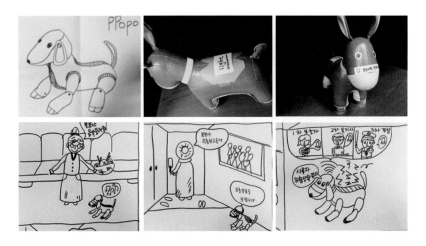

[그림 9-8a] 시니어 케어를 위한 스마트 강아지 프로토타입(학생 작품)

[그림 9-8b] 고령자 운동 및 활동 공유를 위한 앱 프로토타입(학생 작품)

[그림 9-8c] 치매 환자를 위한 게임 앱 아이디어 프로토타입(학생 작품)

[그림 9-8d] '은퇴한 고수'들을 연결하는 앱 아이디어 프로토타입(학생 작품)

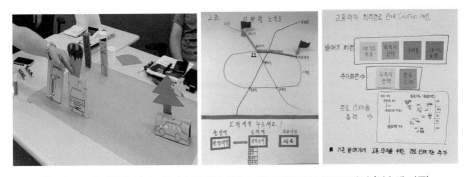

[그림 9-8e] 자동차 부가 기능 및 지하철 서비스 개선 아이디어 프로토타입 (연수생 작품)

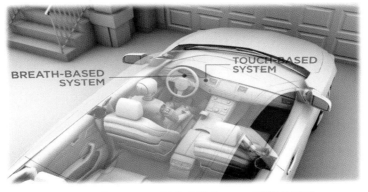

[그림 9-8f] 고령자를 위한 운전 환경 프로토타입(학생 작품)

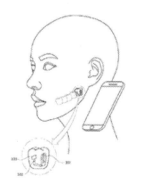

[그림 9-8g] 치매 고령자를 위한 건강 모니터 및 위치 추적 임플란트 제품 프로토타입(학생 작품)

3. **사업성 확인을 위한 프로토타입**: 사업성 확인을 위한 프로토타입은 개념 전개를 위한 프로토타입이나 소통을 위한 프로토타입과 크게 다르지 않다. 그러나 실제 제품을 구매하고 사용할 사람들의 반응을 보기 위한 목적을 가진다. 완성도는 문제가 되지 않는다. 가능한 가까운 곳에 있고, 쉽게 접할 수 있으며, 저렴하게 반응을 보여 줄 수 있는 사용자에게 확인하는 것이 주목적인 프로토타입이다. 실리콘밸리의 마이스터라 불리는 알베르토 사보이아는 《아이디어 불패의 법칙》에서 이런 목적의 프로토타입을 "**프리토타입**(pretotype)"이라는 신조어를 만들어 표현했다(사보이아, 《아이디어 불패의 법칙》 p137). 완성도에 집착하지 말고 **사용자의 진지한 반응에 집착**하라는 의미에서 지은 이름이다.

그가 말한 사용자의 진지한 반응이란 "좋아 보이네요.", "마음에 들어요." 또는 사이트에 올린 프리토타입에 대한 "좋아요" 클릭을 의미하는 것이 아니다. 그는 이런 반응은 모두 의미 없고 무책임한 반응에 불과하다고 강조한다. 그가 말한 사용자의 진지한 반응이란 사용자의 관여와 시간 투자, 선입금, 프리토타입 사용 소감문 등과 같이 노력이나 희생이 전제된 반응을 의미한다(ibid. p235). 이런 진지한 반응에서 높은 점수를 받는다면 비로소 그 아이디어를 '성공이 될 씨앗'이라고 평가할 수 있다는 것이다. 그는 희망과 과대 포장, 환상적인 5개년 재무 전망 같은 의미 없는 지표를 던져버리고 실질적 비용과 실제 매출, 실질적 이익을 가능한 빠르게 확인할 상황에 적합한 방법을 찾아 성패를 판단해야 한다고 강조한다(ibid, p328).

4. **완성을 위한 프로토타입**: 완성을 위한 프로토타입은 실제 제품과 크기, 기능, 터치, 외양, 성능 등에 있어서 여러 가지로 근접한 프로토타입을 의미한다. 앞의 두 경우와 달리 완성을 위한 프로토타입은 많은 시간과 투자를 들여 성숙도가 높아진 시제품이다. 따라서 소통이나 아이디어 가시화, 개념의 진화를 위해 사용하고 버려지는 앞의 프로토타입과 달리 버려지지 않고 그대로 개선해서 사용하는 경우도 많다. 불확실성의 상당 부분이 사라진 상태이기는 하지만, 이런 프로토타입도 미처 생각하지 못한 수정 사항이 있는지, 사용자의 평가는 어떤지를 파악하여 개선하는 것을 목적으로 한다.

  소프트웨어의 경우 완성을 위한 프로토타입은 이미 대부분의 기능이 제대로 작동하고, 운영 환경 및 데이터와의 연결도 부분적으로 이루어진 경우가 많다. 사용자의 필요에 따라 사용법이나 화면, 인터랙션의 일부가 개선될 수는 있다. 자동차나 첨단 의료기기 같은 복잡한 제품의 경우에는 실제에 가까운 정교한 콘셉트카나 시제품 기기가 이 부류에 속한다.

[그림 9-9] 자동차 콘셉트카 프로토타입과 의료기기 프로토타입

프로토타입과 창조적 문제 해결

프로토타입이 만들어지면 아이디어의 모습이 구체화되기 시작한다. 동시에 산출물의 외양과 기능, 성능 등에 있어서 극복해야 하는 문제점도 선명하게 드러나게 마련이다. 문제의 구조가 분명해지면 창의적 문제 해결을 위한 노력이 필요하다.

에디슨은 백열전구를 발명하는 과정에서 문제의 정의가 분명해지는 순간을 경험했다. 전통적으로 빛은 불꽃(flame)으로부터 나왔다. 횃불이 그렇고, 촛불이 그렇고, 램프 불이 그렇다. 불꽃은 재료가 산소와 결합해 산화하면서 생겨나는 것이다. 그러나 에디슨은 불꽃이 없는 빛을 원했다. 산화가 되면 재료가 타버리기 때문에 오래 빛을 발할 수 없기 때문이다. 산화되지 않고, 그래서 불꽃이 일어나지 않으면서 빛이 나오는 방법을 찾는다는 것은 모순 같아 보였지만 문제는 명확했다. 그는 전구 안의 산소를 없애고 진공으로 만들었다. 그리고 산화가 되지 않고 오래가는 필라멘트 재료를 찾기 위해 6,000번의 실험을 거듭했다. 끈질긴 도전과 반복 끝에 그는 170시간이 지속되는 탄소 필라멘트가 들어간 백열전구를 완성했다.

창의적 문제 해결에서 난관에 봉착했을 때 제시되는 조언들은 "잠시 문제로부터 한 발 물러나라.", "산책이나 목욕을 하라.", "다른 문제로 갔다가 다시 돌아오라." 등이다. 구체적 문제에 지나치게 집착하면 생각의 유연성이 떨어질 수 있기 때문이다. 이를 생각 나들이(excursion)라고 한다(Prekel and Sobey, 2007). 생각의 환기와 무의식의 잠재력을 활용하고자 하는 시도다.

오스본-판즈(Osborn-Parnes)의 창의적 문제 해결(Creative Problem Solving, CPS) 과정은 풀어야 할 문제의 범위가 설정된 경우 단계적으로 해결책을 찾아 진행하는 과정이다. CPS 단계는 목적 발견, 팩트 발견, 문제 발견, 아이디어 발견, 해결책 발견, 수용책 발견 등으로 구성된다(Jones and Rajah, p.22, 하주현, p81). 기술적 문제점을 한정할 수 있다면 트리즈(TRIZ) 같은 방식이 도움이 될 수도 있다. 트리즈는 '창의적 문제 해결'을 의미하는 러시아어 첫 글자를 따서 만들어진 이름이다. 겐리히 알트슐러가 러시아의 특허 내용들을 분류하여 기술적 문제 해결 방식을 공리처럼 정리한 것이 트리즈다. 트리즈는 39가지 상황변수 쌍이 만들어 내는 다양한 상황을 해결하기 위해 알트슐러가 정리한 40가지 문제 해결 법칙을 적용하는 방법이다. 트리즈로 새로운 미술 작품을 구상하거나 문제를 발견하는 것은 아니다. 그러나 구체화된 문제를 다양한 각도에서 생각해 보는 기반이 될 수는 있다. 기술적 문제를 해결하는 방법이 대체로 반복적인 딜레마에 부딪친다는 점을 감안하면 프로토타입이 어떤 기술적 문제에 봉착했을 때 그 해결에 힌트를 제공할 수도 있을 것이다.

디자인 씽킹을 수행하면서 우리는 '문제(problem)'라는 단어를 많이 사용한다. 그러나 창의성을 굳이 문제 상황과 연결시켜야 하는가에 대한 반발도 있다. 그런 점에서 가브리엘 마르셀(Gabriel Marcel)의 "삶이란 해결해야 할 문제가 아니라 헤쳐 나가야 할 미스터리다."라는 고백이 더 큰 울림을 준다. 베토벤이 꼭 무슨 '문제'가 있어서 창의적인 교향곡을 작곡한 것도 아니고, 피카소가 어떤 '문제'가 있어서 그를 해결하기 위해 그림을 그린 것도 아니며, 시인이 '문제'를 해결하기 위해 사랑의 시를 쓰는 것도 아니지 않느냐는 것이다. 그러나 '문제'라는 단어가 사용된 것이 근대 이후 과학적 분석과 해결 그리고 논리적 답안의 발견 등과 관련하여 '문제'를 규정하고 해결해 나간다는 '문제 해결 패러다임'의 언어적 흔적이라고 이해하는 편이 적절하다는 의견도 있다.

나는 프로토타입을 만드는 과정에서 학생들에게 특정한 사고의 틀이나 기법에 얽매이지 말고 지속적으로 스스로에게 의문을 던지고 창의적으로 대답해 보라고 주문한다. 때로는 학생들의 프로토타입에 대해 도발적인 질문을 던져 생각에 자극을 주기도 한다. 예를 들어 "그 스마트 카트를 꼭 끌어야 하나?", "바퀴 없는 카트는 어떨까?", "날아다니는 건 어때?", "스마트 의자 팔걸이가 꼭 딱딱할 필요 있을까?", "안아주는 것처럼 포근하게 감싸 주는 스마트 의자를 만들 방법은 없을까?" 같은 질문을 던진다. 학생들은 이런 도발적 질문을 즐기는 경향이 있다. 창의적 상상력을 위한 재료가 될 수도 있고 자극이 될 수도 있다.

■ 프로토타이핑을 통한 MBA 프로그램 개발 에피소드

교육 프로그램과 같은 서비스의 경우는 잠정적 교과 과정과 운영 방식 기획안이 프로토타입이다. 앞서 관찰에 대해 설명하는 중에 등장한 외국인을 대상으로 하는 MBA 프로그램 개발과 관련된 에피소드가 기억나시는가? 태스크포스팀이 준비한 교과 과정이 외국 학생들과의 면담에서 참담한 종말을 맞이한 이야기 말이다.

한류에 대한 해외의 관심을 경영학 교육에 대한 매력과 연계시키고자 한 계획과 미국 대학과의 교류를 포함하고자 한 의도가 학생들의 기대와 어긋났다. K-Pop과 같은 한류는 한국을 관광하거나 단기 방문할 이유는 될지언정, 비싼 등록금을 내면서 물가도 비싸고, 낯설고 먼 한국까지 와서 2년이라는 긴 시간을 인생에 한번 할 경영학 석사 공부를 하며 머물러야 할 합당한 이유가 되지는 않았다. 영어로 수업을 듣게 될 인터내셔널 MBA 지원자들은 미국 여건에도 익숙하고, 영어에도 능숙할 것이다. 미국 대학과 유사한 교육 프로그램을 들으러 우수한 대학이 무수히 있는 미국보다 더 먼 한국으로 와야 할 이유도 설득력을 가지지 못했다. 심지어 미국이나 캐나다의 학생이 한국으로 MBA 공부를 하러 와야 할 이유로는 어리석어 보이기까지 하다. 그런데 교수 태스크포스팀은 교과 과정 시안을 완성할 때까지도 그런 점을 인지하지 못하고 있었다. 그래서 교과 과정 프로토타입은 이런 상황을 파악하는 데 기여하고 버려졌다.

태스크포스는 활동을 중지하게 되었지만, 나는 실망하지 않았다. 그 초안은 프로토타입 역할을 충실히 했기 때문이다. 마시멜로를 올려보았고, 현실이 예상과 다르다는 것을 파악했기 때문이다. 이제 새로운 프로토타입을 만들어 가면 되었다. 학교를 방문한 외국 학생들과 몇 차례 회의를 더 하면서 새로운 교과 과정을 만들고 수정했다. 그들이 필요로 하는 것을 더 세심히 알아볼 기회를 가진 것이다.

"여러분이 아시아에 대해 알고 싶어 한국에 왔다면, 아시아 국가로서 한국의 경제와 기업, 기업 문화를 가르치는 과목이 필요하다는 이야기군요."

"네, 맞습니다. 그러나 한국 말고 다른 아시아 국가들에 대해서도 배우면 좋을 것 같습니다. 한국에서 수업을 들으면 한국과 미국은 보이는데 아시아가 안 보여요."

아시아 국가들의 경제, 경영에 대한 수업을 개발하는 것은 쉽지 않을 터였다. 그러나 그것이 필요했다. 우리는 아시아의 대표적인 경영대학원들 그리고 미국이나 유럽의 경영대학원들이 아시아에 대해 어떤 수업을 가르치는지 찾아보았다. 생각보다 교육 현장에 아시아를 다루는 교과가 많지는 않았다. 중국의 대표적 경영대학원인 베이징대 광화경영대학원, 칭화대, 푸단대, 상하이교통대의 경영대학원 교과 과정에는 확실히 중국의 경제를 가르치는 과목들이 있었지만, 중국 이외의 지역에 대한 수업은 비중이 없었다. 중국이 충분히 크다고 생각하기 때문일 것이다. 중국에서 공부해도 아시아가 보이지 않을 수 있다는 것을 의미했다. 인도의 대표적 경영대학원인 인도경영대학원(India Institute of Management)의 교과 과정도 살펴보았다. 역시 인도의 경제를 다루는 과목은 있으나 인도 이외의 아시아 지역에 대한 수업은 없었다. 인도가 충분히 크다고 생각하기 때문일 것이다. 나는 어떻게 해서든지 아시아에 대해 좀 더 포괄적인 이해를 하게 해 주는 과목, 아시아 국가들 간의 차이를 이해하게 해 주는 과목이 반드시 개설되어야 한다는 결론을 얻었다.

"미국의 교수님이 방문해서 가르치는 것에 큰 매력을 못 느낀다고 했지요? 그렇다면 아시아의 다른 나라 교수님들이 방문해서 수업을 가르치는 것에 대해서는 어떻게 생각하시나요?"

"예. 우리들이 원하는 것이 그겁니다. 그렇게 될 수만 있다면 판타스틱할 것 같아요. 가능할까요?"

"해야지요."

우여곡절 끝에 한국을 다루는 과목들과 같은 비중의 과목들을 아시아의 산업,

문화, 기업 관행 등을 배우는 과목으로 채웠다. 한국에 관심이 있어서 왔으니 작은 나라지만 한국의 비중이 그 정도는 되어야 한다고 판단했다. 최종적으로 경영학의 보편 지식을 다루는 과목들이 50%, 아시아의 산업과 문화를 배우는 과목들이 25%, 한국의 산업과 문화를 배우는 과목들이 25% 정도 되는 교과 과정이 완성되었다. 수업이 진행되면서 학생들의 건의를 받아들여 과목의 내용과 진행 방법도 더 다듬어졌다. 다양한 국가들로부터 온 학생들은 서로에게서 배울 수 있는 것이 생각보다 많았고, 학생들의 자발적 참여와 발표, 토론의 중요성이 높아졌다. 교수가 해당 국가의 학생들에게서 지역 산업에 대해 배우는 경우도 많았다. 교수들은 더 열린 마음으로 수업에 임해야 하게 되었다.

그동안 KABS(Korea Asia Business Study) MBA라고 명명된 이 교과 과정에 내부 교수들과 함께 중국, 인도, 인도네시아, 대만, 캐나다, 터키, 일본, 미국, 영국, 프랑스 등에서 방문한 교수들이 학생들에게 가르침을 주었다. 입소문, 웹사이트, 학생들이 올린 유튜브, 페이스북, 기타 SNS 등을 통해 학생들이 알고 지원했다. 출범 후 지난 5년간 이 과정에는 에스토니아, 벨기에, 독일, 프랑스, 스페인, 이탈리아, 덴마크, 스웨덴, 러시아, 우크라이나 등의 유럽 국가, 아프리카의 세네갈과 모로코, 중동과 중앙아시아의 아랍에미리트, 쿠웨이트, 예멘, 터키, 우즈베키스탄, 카자흐스탄 그리고 더 동쪽의 네팔, 인도, 인도네시아, 베트남, 태국, 대만, 홍콩, 싱가포르에서 학생들이 왔다. 남북 아메리카를 합해 캐나다, 미국, 멕시코, 파나마, 콜롬비아, 칠레, 브라질의 학생들도 왔다. 강의를 하러 온 외국 교수들은 "이렇게 다양한 학생들이 한 교실에 모여 있다는 것이 믿기지 않는다."라며 놀라워하는 반응을 보인다. 비싼 등록금을 내고 자발적으로 한국으로 유학을 온 학생들은 자신들의 인생에 한 번밖에 없을 소중한 석사학위 과정 2년을 고스란히 이 프로그램에 할애했다. 이제는 가르치는 교수나 배우는 학생들이 모두 즐기는 프로그램이 되었다. 학생들과의 상담을 토대로 최근에는 KABS MBA의 외국 학생들과 경영 승계를 꿈꾸는 YES(Young Executive Spirit) MBA의 우리나라 학생들이 함께 팀을 이루어 사업 계획을 만드는 수업도 추가되었다. 이 두 프로그램들은 지금도 계속 진화하고 있다.

[그림 9-10] KABS MBA 학생들과 인도에서 방문한 인도공대(IIT)의 랑네카 교수

디자인 수렴과 미래를 위한 로드맵

◼ 디자인 수렴과 대안의 평가

프로토타입을 만드는 과정은 아이디에이션을 위한 발산 과정과 현실성 있는 대안을 선택하는 수렴 과정에 모두 관련되어 있다. 아이디어가 가시화되는 과정에서 새로운 아이디어가 추가되고, 필요에 따라 새로운 대안이 탄생하기도 한다. 한편 프로토타입을 만들면서 지속적으로 실현 가능성이나 현실성이 점검된다. 디자인 수렴은 기술적, 경제적, 사업적 가능성과 의미를 분석하고 점검하는 좌뇌형 사고의 과정이다. 대안의 비교와 수익성 분석, 경쟁 및 전략의 분석, 투자 분석 같은 경영학의 보편적 기법에 대한 설명은 생략하고, 디자인 수렴에 관련된 몇 가지 흥미로운 이슈에 초점을 맞추어 보자.

📍 디자인과 효율성

생산자에게 있어서 효율성이란 산출량 대비 투입량의 비율을 의미한다. 자원, 시간, 노력에 있어서 같은 노력으로 더 많은 산출량을 만들어 낼 수 있거나, 같은 산출량을 더 적은 자원을 들여 만들어 낼 수 있다면 효율성이 높다고 평가한다. 때로 효율성은 억울하게 비난의 대상이 되기도 한다. 효율성 때문에 중요한 가치를 희생한다든가 인간성을 희생한다든가 하는 비난이 그 대표적인 경우다. 정말로 효율성은 그저 비용을 절감하거나 돈을 더 많이 벌기 위한 차갑고 탐욕스러운 자본가의 친구이자 상업적 판단의 기준일 뿐일까?

다이얼식 전화기에서 버튼식 전화기로의 이행이 사용자에게 60일이 넘는 삶을 추가해 주었다는 3장의 설명이 기억나시는가? 디자이너는 특색 있는 외양을 위해 효율성과 기능성을 무시하면 안 된다. 그렇다고 효율적인 제품을 위해 아름다운 외양과 삶의 질적 가치와 취향과 개성을 희생할 수도 없다. 효율과 개성 간에 타협점을 찾아 해결책을 만들어 내야 하는 것이다. 그래서 디자인 과정은 끊임없는 창조적 타협의 과정이라고 하는 것이다.

📍 창조와 현실의 타협

디자인 씽킹은 창조적 사고를 통해 세상에 크고 작은 변화를 만들어 내는 것을 꿈꾼다. 변화는 현재 상태에서의 이탈을 의미한다. 이탈 후의 모습을 상상하면서 창조적 시도를 하지만 변화는 그 자체가 안정을 무너뜨린다는 것을 의미한다. 사소한 사용법의 변화, 용도의 변화, 도구의 변화, 일하는 방식의 변화도 사용자에게는 행동, 습관, 관행이 어제와 다른 세계로 들어간다는 것을 의미한다. 그래서 변화에 수반되는 불확실성은 필연적으로 심리적 불안감을 수반한다.

새로운 조직 구조, 일하는 방법, 제도, 도구 등을 결정해 놓고, "자, 이제 모두 준비되었으니 내일 아침부터는 모든 것을 싹 바꾸는 거야!" 이렇게 변화를 추진하다가는 혼란과 갈등으로 일상이 와해되어 버릴 것이다. 변화 관리(change management)는 조직이 혁신을 달성하고자 할 때 수행해야 하는 매우 중요한 과정이다. 사람들이 새로운 변화를 수용할 수 있도록 생각 훈련도 시키고, 새로운 환경에 친숙해질 시간도 가지게 하고, 변화된 일하는 법이나 제도를 이해하고 적응할 수 있도록 도와주는 것이 필요하다. 그러고도 필요하다면 예전 디자인의 지폐가 새로운 디자인의 지폐와 함께 사용되다가 서서히 교체되듯이 예전 방법과 새로운 방법을 한동안 병행하기도 한다. 이런 것을 변화 관리라고 한다.

변화 관리 연구의 선구자인 하버드대학의 아리 르윈(Arie Lewin) 교수는 변화 관리는 동그란 통에 같은 용량의 네모난 얼음을 집어넣는 과정과 같다고 했다. 한 가지 방법은 동그란 통 위에 네모난 얼음을 올려놓고 망치로 '꽝' 하고 한 대 치는 것이다. 일정량의 얼음은 동그란 통 안으로 들어가겠지만 처참하게 부서지고 흐트러진 얼음 쪼가리들은 손실된다. 그래서 그는 세 단계로 문제를 풀어야 한다고 설명한다. 먼저 얼음을 녹인다. 즉 옛 방법과 고정관념이 가진 문제를 이해하고 변화의 두려움을 해소시켜서 새로운 것을 받아들일 마음과 태세를 준비한다. 다음에는 녹은 얼음을 동그란 통에 붓는다. 즉 새로운 변화를 실천한다. 마지막으로 동그란 통을 냉동고에 넣어 다시 얼린다. 즉 새로운 방법과 절차가 익숙해지고 안정될 수 있도록 만들어 주면 변화 관리가 완성된다.

그러나 디자인이 늘 조직의 변화 관리처럼 이루어지는 것은 아니다. 동그란 구멍에 네모난 부품을 끼워 맞추려면 구멍을 깎아 네모난 모양으로 만들거나 네모난 부품의 끝을 깎아 동그랗게 만들어야 한다. 다시 말해서 차이가 있는 것들을 잘 들어맞게 하려면 타협이 필요하다. 디자인의 타협은 기능이나 성능, 효과의 감소를 유발할 수 있다. 그래서 헨리 페트로스키는 디자인과 엔지니어링은 타협의 과정이라고 설명한다(페트로스키, 《디자인이 만든 세상》 p333). 디자인에 있어서 현실을 고려한 대표적인 타협의 기준은 비즈니스 콘텍스트와 사용자 콘텍스트다.

1) 비즈니스 콘텍스트(business context)

디자인 씽킹은 무인도처럼 고립된 상황에서 시도되고 실행되는 것이 아니다. 다양한 비즈니스 콘텍스트를 고려해야 하며, 그 핵심이 되는 기준은 상황과 프로젝트에 따라 다르다. 프로젝트의 특성에 맞는 기준을 선택하여 대안들을 비교하고 최종적인 대안을 선택해야 한다. 다음은 비즈니스 콘텍스트에 적합한가를 평가하는데 흔히 언급되는 척도들이다(Jones and Raja, 2007에서 첨삭 및 변경).

① 실현 가능성(technical and operational feasibility): 기술적으로 구현하는 데 문제는 없는가, 실행이 현실적인가, 제대로 작동할 것인가.

② 경제성(cost and economic feasibility): 대안을 실행하는 데 소요되는 비용과 예상되는 수입

③ 수용성(acceptability): 사용자 및 사용에 의해 영향을 받을 사람들에게 받아들여지는 데 문제가 없는가.

④ 목적 적합성(fitness for purpose): 개발하고자 한 원래의 목적에 부합하는가.

⑤ 시의적절성(timeliness): 주어진 시간에 개발과 생산, 제공 여건을 갖추어 필요한 시간에 제공할 수 있는가.

⑥ 합법성(authority): 완성하는 과정에서 제도, 자격, 규제상에 문제는 없는가.

⑦ 기타: 적절성, 명확성, 정밀성, 호환성, 안전성, 일관성, 복잡성 또는 단순성, 사용의 용이성, 편의성, 시험사용 가능성 등

디자인 대안을 평가하는 사업적 기준이 다양하고 때로 복잡하므로, 여러 고려사항들을 체계적으로 검토하기 위한 프레임워크들이 사용되기도 한다. 비즈니스 모델 캔버스도 그중 하나다[그림 9-11]. 비즈니스 모델 캔버스는 대안과 관련된 고객의 요구, 실행을 위한 핵심 활동, 대안이 제공하는 가치, 목표 고객, 필요 자원과 가용 자원, 파트너십, 경제성 등을 체계적으로 정리하도록 해 준다. 상황에 맞게 조정하여 사용하면 비즈니스 콘텍스트를 정리하는 데 도움이 될 수 있다.

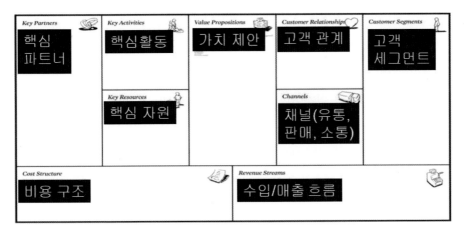

[그림 9-11] 비즈니스 모델 캔버스

발명왕 에디슨은 발명을 위한 발산적 사고뿐 아니라, 사업적 고려 사항을 기준으로 한 수렴적 판단이 중요하다는 것을 잘 알고 있었다. 그는 이익이 될지를 미리 추정해 보고, 이익이 되지 않는 아이디어의 개발에 노력을 낭비하지 않으려 했다. 그는 창조 활동을 체계적으로 수행하기 위한 연구 개발 조직을 만들었을 뿐 아니라 철저한 시제품 분석을 강조했다. 그는 또한 다음과 같이 발명 활동의 6대 원칙을 분명히 제시하고 모두가 따르도록 했다(제임스 버크《커넥션: 세계를 바꾼 발명과 아이디어의 역사》 p423).

1. 혁신에 대한 필요를 분명히 한다.
2. 명쾌한 목표를 정하고 그것을 고수하라.
3. 발명이 완수되기 전에 거쳐야 할 주요 단계들을 분석하라.
4. 작업의 진척에 관한 데이터를 항상 사용할 수 있게 해 놓으라.
5. 팀의 각 구성원이 명쾌하게 정의된 활동 영역을 갖게 하라.
6. 나중의 검토를 위해 모든 것을 기록하라.

여러 가지 평가 기준을 가지고 대안을 평가하고 올바른 대안을 선정하는 것이 중요한 의미가 있는 것은 분명하지만, **평가자의 함정**에 빠지지 않도록 유의하는 것도 중요하다. 평가자의 함정이란 입장이 평가자가 되면 마음속에서 단기적 안목과 기성의 고정관념이 더 큰 힘을 발휘하여 훌륭한 잠재력을 간과하는 경향이 생긴다는 것이다. 로베르토 베르간티 교수와 뱅앤 올룹슨의 훌륭한 제품을 여러 가지 만들어 낸 덴마크 디자이너 제이콥 젠슨 간의 대화의 한 대목이다. "당신이 한 아이디어를 꺼내들었을 때 사람들이 '실패할거야! 그걸 어떻게 만들 수 있겠어?!'라고 한다면 아마도 당신은 그 아이디어를 실현시켜 돈방석에 앉게 될 것이 확실합니다(로베르토 베르간티, 《디자이노베이션》 p171)."

2) 사용자 콘텍스트(user context)

사용자의 문화적, 물리적, 경제적 콘텍스트는 디자인 씽킹의 과정에서 초기부터 고려할수록 바람직한 특성이다. 그래서 사용자의 콘텍스트를 중요한 관찰의 대상으로 지목한 바가 있다. 오랄-B의 의뢰를 받은 전문적 디자이너 그룹인 오랄-B와 IDEO의 합동 팀이 어린 아이들의 칫솔질 행동을 분석해서 혁신적인 '스퀴시 그립(squish grip)'과 성인용 '그리퍼'를 출시한 사례를 기억하시는가? 사용자들의 쥐기 방식을 인체공학적으로 분석하고 첨단 컴퓨터 기술을 동원해 디자인한 손잡이가 표준적인 칫솔 통에는 들어가지 않았던 사례 말이다. 이 사례는 디자인 문제와 대상에 몰두하다 보면 사용자의 콘텍스트를 얼마나 놓치기 쉬운지 보여주는 사례가 되었다(헨리 페트로스키, 《디자인이 만든 세상》 p202, p208).

신선하고 새로운 디자인이라고 해도 사용자가 놓여 있는 기존의 문화 및 물리적 세계와 병존해야 한다. 이 문제를 간과하면 재앙이 될 수도 있다. 디자인에 몰두하다 보면 자신들이 창조하는 대상에 점점 익숙해져 사용하지 않는 동안에는 어디에 놓아둘 것인가 같은 사소한 문제가 눈에 보이지 않게 된다. 그래서 디자인하는 산출물과 그 산출물을 사용하는 사용자가 속한 전체를 보아야 한다(ibid. p211~214). 사용자는 디자인 산출물을 사용함으로써 얻게 되는 기술적 혜택 이외에도 사용 경험을 통해서 또는 산출물을 소유함으로써 가지게 되는 느낌이라는 감정적 혜택을 즐긴다(뤼크 드 브라방데르, 앨런 아이니, 《아이디어 메이커》 p128). 어떤 디자인 제품이나 서비스를 사용한다는 것에 대해 만족감을 넘어 자부심을 느끼기도 한다. 그 자부심은 자신이 문화를 선도하는 사람이라는 생각에서 올 수도 있고, 특별한 안목을 가진 사람이라는 자기 평가로부터 올 수도 있다. 사용자는 제품을 단지 사용하는 것이 아니다. 사용자는 좋은 제품과 사랑에 빠지게 된다.

▪ 미래 로드맵

새로운 제품이나 서비스는 과거의 제품과 서비스를 토대로 발전한 것이며, 미래를 향해 가는 연속선상에 있는 존재다. 나는 미래를 위한 진화를 고려하는 것이 새로운 해법의 개발에 못지않게 중요한 작업이라고 생각한다. 그래서 디자인 씽킹의 훈련에 가능하다면 미래 로드맵을 만들어 보는 훈련을 포함시킨다. 모든 기술, 모든 제품, 모든 서비스는 진화한다. 미래 로드맵은 미래의 기술 진화에 대한 예측과 기대의 표현이기도 하며, 달성하고자 하는 목표에 대한 의지의 표현이기도 하다(조남재, 《기술기획과 로드매핑》 p118).

▪ 로드맵의 구조

기업은 고립된 상태에서 영위되는 것이 아니고, 기업을 둘러싼 경영 환경과의 상호작용 속에서 생존을 이어간다. 기업을 둘러싼 경영 환경은 크게 거시적인 환경과 사업 환경으로 구분된다. 이에 대한 기업의 대응은 전략의 변경과 신제품의 출시, 그리고 기술 및 경영 역량의 확충이다.

거시 환경이란 기업 활동에 영향을 주는 커다란 흐름의 변화다. 주로 정치, 환경, 사회, 기술 변화 등으로 대변되기 때문에 PEST(politics, environment, society, technology) 분석이라고 부르기도 한다. 국가 간 협상과 국내 정치의 변화, 기후 변화, 공해 및 탄소 규제의 강화, 고령화, 인공지능과 로봇 등 4차 산업혁명 기술의 확산 등이 그 대표적인 예다. 사업 환경은 고객이나 소비자, 경쟁사, 협력사들과의 관계 등으로 구성된다. 고객 취향의 변화나 경쟁사의 제품 출시는 대표적인 사업 환경의 변화다.

이런 환경의 변화에 대응하여 기업은 새로운 시장에의 진출, 고객에 대한 전략이나 경쟁 전략의 변화, 차별화된 제품이나 미래를 주도할 신제품의 출시 등의 방식으로 대응한다. 신제품의 개발을 위해서는 기술 개발과 관련된 기업의 역량을 높이는 것이 필요하며, 반면에 기업의 기술 역량이 높아지면 이를 바탕으로 경쟁력 있는 제품을 남보다 먼저 출시하고, 새로운 전략을 실행하는 것도 가능해진다. 이와 같은 변화의 다이나미즘을 시간의 변화에 따른 도식으로 만들면 [그림 9-12]와 같이 된다. 이 그림이 대표적인 형태의 미래 로드맵이다.

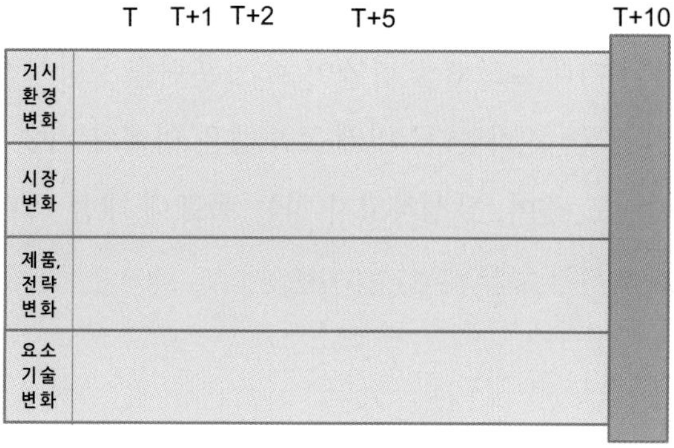

[그림 9-12] 미래 로드맵의 구조

미래의 상태를 어떻게 알 수 있을까?

한치 앞도 알 수 없는 것이 사람의 인생인데 중장기적인 미래에 대해 어떻게 말할 수 있을까? 1930년대 미국의 특허청장이 "필요한 기술이 거의 다 개발되었으므로 앞으로 특허청은 없어질 것이다."라고 한 이야기나 1970년대 IBM의 회장이 "미래에는 세계에 5대 정도의 대형 컴퓨터가 필요할 것이다."라고 한 이야기,

1980년에 한 퍼스널 컴퓨터 회사의 대표가 "미래에는 각 가정에 한 대의 퍼스널 컴퓨터가 있게 될 것이다."라고 한 유명한 일화들은 미래의 변화에 대한 전문가들의 보수적 전망 오류를 보여 주는 사례다. 한편 "2020년이 되면 사람들이 날아다니는 자동차를 타고 다니게 될 것이다."처럼 유명한 과도한 전망의 사례도 허다하다. 모두 최고의 전문가들이 제시한 미래 전망들이다.

자신의 생각에 대한 과도한 확신이 전망을 지배하면 오류를 범하기 쉽다. 그래서 체계화된 전망과 계획이 필요하다. 내가 만들지 않는 미래의 모습은 '미래에 대한 전망'이 되고, 내가 만들어 낼 미래의 모습은 '미래에 대한 계획'이 된다. 미래에 어떤 제품이 만들어질지 체계적으로 추청해 볼 수 있는 방법의 하나는 그 제품을 구성하는 요소기술의 변화를 보는 것이다. 대체로 요소기술은 직접적 연구 개발의 대상이 될 뿐 아니라 예측도 용이하다. 특정한 해에 완성될 부품 기술들에 대한 전망과 계획을 종합하면 그때 출시할 수 있는 제품의 특성과 기능, 성능을 비교적 정확히 알 수 있다.

미래에 대한 회상?

미래에 등장할 새로운 산출물을 요소기술과 같은 공급의 측면에서만 본다면 동전의 한 면만 보는 것이다. 미래에 일어날 거시 환경의 변화와 기술 개발을 종합적으로 고려하여 미래에 대한 상상을 하는 것이 필요하다. 어려운 과제다. 우리의 뇌는 미래에 일어날 일을 예측하도록 발달하지 않았기 때문이다.

우리의 뇌는 과거에 일어난 일을 기억하는 능력이 탁월하다. 그러나 미래의 일을 상상하는 능력은 취약하기 짝이 없다. 과거를 기억하는 우리의 능력은 컴퓨터에 파일을 저장했다가 그대로 다시 꺼내어 보는 것과 같이 작동하지 않는다. 과거에 일어났던 일의 기억은 사물, 상황, 맥락, 개념, 사건 내에서의 관계 등으로 갈가리 쪼개져 뇌의 서로 다른 부분에 저장된다. 이렇게 해서 하나의 개념이 서로 다른 기억에 재사용될 수 있다. 선물이라는 개념은 생일에도 관련되고 다른 기념일에도 관련된다. 그래서 선물은 다른 줄거리를 가진 여러 이야기에 반복해서 등장한다. 뇌는 각 부분을 필요에 따라 소환하여 창조적으로 조합해서 사용한다. 모든 창조적 조합이 그렇듯이 기억도 해체를 전제로 조합을 만드는 것이다(한나 모니어, 마르틴 게스만, 《기억은 미래를 향한다》 p41, p74). 기억이란 회상을 할 때마다 새로 만들어지는 창조적 이야기인 셈이다.

한 번 재료를 꺼내어 조합해 이야기를 만들면, 그 이야기 자체가 새로운 자극이 되어 기억을 바꿀 수도 있다. 그래서 기억은 생각보다 불안정하다. 기억은 현재의 감정, 힌트, 작은 자극 등 다양한 요소에 영향을 받는다. 아주 확실한 자극이 되는 기억을 '섬광 기억'이라고 한다. 월드컵 준결승이 있던 그날, 9·11 테러 사건이 있던 그날 자신이 했던 일 같은 것이다. 한 연구에서는 대부분의 응답자들이 챌린저호 사건이 있던 날 자신이 한 일에 대해 확실하게 (무려 5점 만점에 4.7만큼) 기억한다고 대답했다. 그러나 실제로는 응답자 중에서 단지 7%만이 같은 질문에 대해 2년 전에 자신이 대답한 것과 똑같이 대답했다. 응답자 중에 절반은 과거의 대답과 3분의 2 정도나 달랐다. 확신은 기억의 정확성과 전혀 무관했다. 기억은 계속 새로 만들어지는 스토리이기 때문이다(탈리 샤론, 《설계된 망각》 p244~247).

사건을 저장할 때에는 뇌 옆쪽 측두엽에 위치한 해마(hippocampus)가 핵심적인 역할을 한다. 치매나 알츠하이머병에 걸리면 해마의 기능에 문제가 생기기 때문에 새로 만들어진 최근의 기억부터 먼저 사라진다. 흥미로운 점은 기억을 저장할 때 작용하는 해마가 과거를 회상하며 이야기를 만들어 내는 데에도 작용한다는 것이다. 그런데 그보다 더욱 흥미로운 점은 그 해마가 미래에 일어날 것이라고 생각되는 일을 상상하는 데에도 작용한다는 것이다. 사실 뇌영상을 분석해 보면 해마뿐 아니라 전두엽과 편도체를 포함하여 기억을 저장하고 만들어 내는 기제는 꿈을 꾸거나 미래를 상상하는 데에도 그대로 작동한다(한나 모니어, 마르틴 게스만, 《기억은 미래를 향한다》 p97). 우리 안의 과거 회상 능력은 미래 상상 능력과 밀접하게 연결되어 있는 것이다.

그런데 이상하게도 우리는 과거에 소풍 갔을 때, 생일 때, 등산 갔을 때의 이야기를 들려 달라고 하면 뇌가 활발하게 작동하는데, 일 년 후에 일어날 일을 추정해 보라고 하면 앞이 하얗게 된다. 그리고 "내일 일어날 일도 모르는데, 일 년 후의 일을 어떻게 상상해 보라는 거야." 하는 반응을 보인다. 마치 우리의 뇌는 과거의 시나리오를 만들도록 설계되고 미래의 시나리오를 만들도록 설계되지는 않은 것처럼 작동한다.

독일의 대기업 지멘스(Siemens)는 우리 뇌의 이런 약점을 보완하여 미래 로드맵을 만드는 흥미로운 기법을 만들었다. 과거에 대한 기억(retrospection)과 미래에 대한 추정(extrapolation)이라는 두 단어를 합쳐 미래회상(retropolation) 기법이라고 부르는 기법이다[그림 9-13]. 미래회상 기법의 논리는 간단하다. 먼저 우리의 상상이 확실한 토대를 가질 수 있도록 확실한 미래 사건에 대한 자료를 수집한다. 예를 들면 당신이 입사 5년차인 34세 사원이라면 10년 후에는 입사 15년차인 44세 고참이 되어 있을 것임은 확실하다. 아마 당신은 지금 개발하고 있는 제품이 포함된 사업의 총책임을 맡고 있을 수도 있다. 지금 6세인 당신의 아이는 고등학생이 되어 있을 것이다. 거시 환경에 관련된 지표일수록 비교적 안정적으로 미래 상황을 추정할 수 있다. 인구 분포, 시장 상황 등을 위시해 지금의 데이터를 기반으로 확실하게 추정할 수 있는 10년 후의 사회, 경제 상황에 대한 데이터를 만든다. 그다음에는 당신이 꿈꾸는 제품과 회사의 위상, 그리고 당신의 지위에 대한 당위성 있는 희망도 정리한다. 이 두 가지와 필요에 따라 수집한 설문이나 전문가 의견을 모으면 미래에 대한 상상의 든든한 재료가 된다.

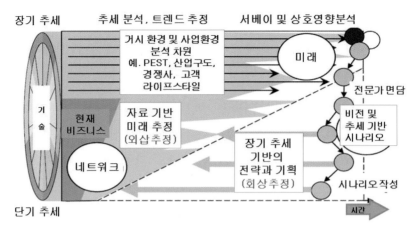

[그림 9-13] 지멘스의 미래회상 기법을 이용한 미래 로드맵 구조

(조남재, 「기술기획과 로드매핑」 p193; Doericht, 2012)

미래회상 기법의 트릭이 작동하는 핵심은 이제부터다. 잠시 호흡을 가다듬고 타임머신을 타고 10년 후로 가는 것이다. "나는 이제 44세 된 사업부장이다. 지금 나는 10년 전에 낸 아이디어를 토대로 개발된 아이템을 담당하고 있다. 이 아이템은 시장을 성공적으로 선도해서 지금 카테고리에서 선두에 있다." 이렇게 상상하며 자신의 상황에 대한 10년 후의 시뮬라크르를 만든다. 그리고 "지난 10년간 일어났던 중요한 일들을 회상한다!"

우리 뇌의 장끼인 과거 이야기 만들기 능력이 작동하도록 뇌를 잠시 속이는 것이다. 그리고 과거에 대한 이야기를 역순으로 만들어간다. "지금의 성공은 2년 전에 지금 나온 아이템의 시제품을 출시해서 테스트 마켓을 하고 수정한 결과지. 그땐 기대도 많고 걱정도 많았지만 용감하게 출시해 보길 정말 잘 했어.", "그 시제품이 2년 전에 완성될 수 있었던 것은 3년 전에 프로젝트 A가 성공적으로 끝날 수 있었기 때문이었지.", "5년 전에 제품 아이디어를 업데이트하기 위한 프로젝트팀이 꾸려진 것이 주효했던 거지." 등과 같이 역순의 시나리오를 만들어간다. 이 작업이 끝나면, 현재의 기술과 회사의 상황에 대한 분석을 바탕으로 추정한 단기 추정과 회상 추정된 시나리오를 종합하여 비교하고 다듬는다.

이런 과정을 몇 차례 반복하면 앞이 캄캄하던 미래 10년에 대한 중장기 시나리오가 나름 탄탄한 근거를 가지고 등장하게 된다. 물론 이 시나리오는 지속적으로 그리고 주기적으로 갱신해 나가야 유용성을 유지할 수 있을 것이다. [그림 9-14]는 디자인 씽킹 수업 시간에 학생들이 신제품에 대해 10년 로드맵을 만들어 본 사례들이다.

Roadmap of Smart-Denture

Smart Denture Roadmap (Business)

(a)

(b)

Technology		2016	2017	2018	2019	2020	2021	2022	2023	2024	2025
	Hardware	Looking for suppliers	Buy all the parts: Glasses, Device with projector, Battery, Camera, semiconductor AP (Application processor) ,Modem chip	Assemble all the parts		Introduction of solar energy		Introduction of built-in microphone& speaker		Improved camera, display, and chips which can identify, process and save biometric information.	
					Constant development & change of camera, AP, semiconductor, tempered glass (smaller, lighter, higher function)			Embed all semiconductor & circuit board on glasses		Check if all the functions work	
	Software	Development of application			Constant update			Start to transfer the functions app to glass. Put more function on glass not on app		App service termination	App is replaced with glasses itself
	Sensors/ sensor network	GPS sensor									
						Face recognition sensor for security		Voice recognition sensor		Biometric sensor (Motion, Iris) Eye-Tracking sensor	
			Bluetooth connectivity / 4G connectivity					5G connectivity			
	Display technology					Face ID display		Automatic Speech Recognition (ASR) technology		Eye tracking display	
		Optical head mounted display & AR Head-up technology									
	Human interface	Analyses the consumers preferences about design	Designing an attractive display for the app and for the interface of the glasses			Updating the interface and the app design for the Amy 2	Updating the interface and the app design for the Amy 3	Updating the interface and the app design for the Amy 4		Updating the interface and the app design for the Amy 5	
		Utilization of a button on the side of the glasses to control it				Consumers uses face recognition and movement detector to control the glasses		Consumers uses voice recognition and movement detector to control and face recognition as security system		Consumer controls the product eyes and face recognition as a security.	
	Algorithm & Intelligence	AI development and creation of a Database in collaboration with a partner			Get data from users. Learn and analysis about user's preference.	Start to recommend places based on accumulated experience and big data of users.		Digital signal processing of user's voice. AI learn and use user's voice to improve service.		Digital signal processing of biometric information. AI learn and develop service based on user's biometric information	
	Data analysis technology	OpenCV technology (computer vision)								Ultrasound Computer Vision, no light needed	
			Construction of Database		Geographic information system		Natural language processing				
	Structuring & coordination technology		Establishment of cloud server	Customer relationship management		Management Resource Planning and Decision Support System technologies					

(c)

[그림 9-14] 디자인 씽킹 산출물에 대한 미래 로드맵(학생 작품)

(a: 스마트 임플란트 삽입기. Michael Winkler,강찬혁, 김채언 팀;
b,c: 여행자용 스마트 글래스. Lezier Hugo, Souillard Elise; 김수빈, Victoire Poillok 팀)

10

초연결 사회를 위한 디자인 씽킹

초연결 사회를 위한 디자인 통합

미래의 자동차는 특정한 상황에서 운전자를 대신하여 스스로 운전을 수행하며 최적의 교통 흐름을 보장하는 자동 운전 기능이 포함된다. 운전자의 일정을 파악하여 그날의 약속을 보여 주고, 회의나 미팅 일정과 장소에 적합한 최적의 루트를 찾아준다. 장거리 탑승의 경우는 승객을 위해 음악, 영화, 게임, 교육 등 종합 정보 환경을 제공한다. 개인적 취향과 관심사를 인지하여 적절한 레스토랑을 제안하고, 가격과 영업 시간 등에 관한 정보도 알려준다. 또한, 쇼핑의 조언자로서 매력적인 가격을 제시하는 점포나 선호하는 브랜드로 안내한다. 자동차는 교통 상황에 관한 정보를 포착하여 그 정보들을 다른 자동차들과 교통 기반 시설에 전한다. 운전자가 자동차에서 내린 뒤 스스로 가까운 주차 공간에 주차를 한다.

색상의 변화는 물론 융통성 있는 구성과 내부 디자인으로 맞춤형 자동차 환경을 제공해 준다. 자동 운전 기능을 수행하는 동안 운전석을 편안하게 만들어 주고, 운전자와 탑승자들이 서로 마주 보고 앉을 수 있도록 좌석을 재배열할 수도 있다. 풍경을 창문에 표현하는 등 유연성 있는 디스플레이를 이용해 편안한 분위기를 연출할 수 있다. 컴퓨팅 역량이 강화되어 추가적 비용 지급 없이 수백 편의 영화나 게임 등을 포함한 내장 콘텐츠를 즐기거나 스트리밍 콘텐츠를 즐길 수 있다.

정보통신정책연구원이 주관한 '컨버전스 미래 연구' 프로그램에 참여해 2009년에 작성한 보고서의 일부다(조남재, 2009). 여러 자료를 토대로 미래 자동차에 대해 나름의 상상을 제시한 것이고, 12년이 지난 지금은 그 일부가 구현되었다.

우리는 누구나 미래에 대해 상상할 수 있다. 그러나 미래에 대한 상상이 실제 구현에 근접하려면 통합적 상상이 되어야 한다. IDEO의 대표 팀 브라운은 토머스 에디슨이 미래를 통합적으로 상상하고 그 상상을 구현한 대표적인 사람이라고 보았다(Brown, 2008). 에디슨은 전기가 모든 가정과 사무실과 공장에 흘러 들어가 사용되는 미래의 통합적 청사진을 상상했다. 그가 입지전적으로 획득한 1,096개의 특허는 모두 전기가 사용되는 미래 사회의 모습에 대한 통합적 상상을 토대로 한 것이었다.

■ 사물의 미래, 디자인의 미래

우리의 삶은 수많은 사물에 둘러싸여 있다. 사물은 우리의 일상과 삶의 양태를 결정한다. 우리는 사물을 사고, 입고, 사용하고, 타고, 소모하고, 자랑하고, 부러워하고, 사랑하고, 갈망하고, 정들이고, 그리워하고, 아쉬워하며 산다. 사물은 사용자에게 사회적 의미와 상징성, 경제적 효용, 기술적 성능과 기능 등 다각적 측면의 가치를 가져다준다.

독일의 가전제품 회사 브라운에서 20년 동안 디자인을 책임진 디자이너 디터 람스는 "이상적인 제품이란 필요 없을 때는 분별력 있게 모습을 감추고 있다가도 주인이 부르면 즉각 나타나 일을 뚝딱 처리할 준비가 되어 있는 모습으로 나타나는 제품"이라고 보았다(데얀 수직, 《사물의 언어》 p10). 무선 기술의 발달로 필요할 때 언제라도 우리를 사물과 연결시켜 주는 초연결 시대가 열리고 있다.

나는 디즈니 애니메이션이 가진 풍부한 상상력을 좋아한다. 우리가 상상하는 똑똑한 사물인터넷 제품들은 2017년에 출시된 애니메이션 영화 〈미녀와 야수〉에 등장하는 우스꽝스럽고 귀여운 소품들이다[그림 10-1]. 딥러닝 분야의 석학이자 소크생물학연구소(Salk Institute for Biological Studies)의 석좌교수로 있는 UCSD의 테런스 세즈노스키(Terrence Sejnowski) 교수도 〈미녀와 야수〉에 등장하는 시계, 찻잔, 주전자 같은 제품들이 미래에 대한 흥미로운 힌트를 줄 것이라고 생각한다(세즈노스키, 《딥러닝 레볼루션》p143).

[그림 10-1] 애니메이션 〈미녀와 야수〉에 조연으로 등장하는 사물들

[그림 10-1]에서 기술적으로 오늘날의 스마트 기기에 가까운 사물은 첫 번째에 있는 장미다. 야수가 건강하면 이 장미는 아름다운 모습을 유지하지만, 야수의 건강에 문제가 생기면 장미는 시들어 버린다. 이 장미는 유능하면서도 오늘날의 기기보다 단순한 아름다움을 가지고 있다. 장미는 멀리 떨어져 있는 야수의 건강을 디스플레이하는 장치다. 건강을 부분적으로 나타내지는 않는다. 그러니까 왼쪽 잎사귀가 야수의 왼쪽 다리의 건강을 표현하지는 않는다. 야수의 여러 건강 점수들이 측정되면 그 데이터는 무선으로 클라우드로 넘어가고, 거기서 계산 기능을 포함한 알고리즘이 종합적 건강 점수를 산출한다. 그러면 그 종합적 건강 점수가 이 장미로 다운로드돼서 전반적으로 얼마나 활기찬 상태에 있는지 디스플레이된다. 장미가 시들어 버린다는 것은 건강에 심각한 문제가 있다는 뜻이다. 디스플레이 장치인 이 장미는 그 자체로서는 어떤 감각 센서도 없고, 지능이나 메모리 기능도 없으며, 연산 기능도 없다[그림 10-2]. 그러나 우리는 아직 멀리 계신 부모님의 건강을 한눈에 알아보게 해 줄 장미 수준의 사물인터넷도 가지고 있지 못한 상태다.

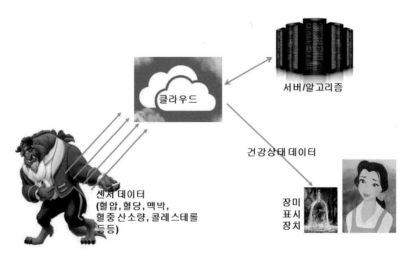

[그림 10-2] 야수 건강 표시 장치 작동 구조

주전자, 찻잔, 촛불, 시계, 빗자루 등은 훨씬 복잡하다. 일단 이 사물들에는 얼굴이 있다. 그러니까 눈, 코, 입, 귀 등이 있어서 주위를 보고, 소리를 듣고, 냄새 맡고, 말할 수 있으며, 표정을 지을 수 있다. 지금 기술로는 상상할 수 없는 수준의 센서와 표현 기술을 가지고 있는 것이다. 원격 접속 기능은 안 보이지만 사물들 서로 간에 소통하고, 계획을 세우고, 협력하는 것이 가능하며, 상황의 심각성을 파악할 수 있는 상황 인지, 즉 앰비언트 기능이 있다. 로봇처럼 돌아다니고 뛰어다니는 것도 가능하다. 얼마나 기가 막히는가? 이 귀여운 물건들에 비하면 오늘날 혁신적인 상품으로 등장해 있는 아마존의 음성 인식 기능 알렉사(Alexa)나 주문용 마술 막대기인 대시(Dash) 같은 첨단 제품들은 원시적인 수준의 지능형 사물을 벗어나지 못하고 있다는 생각이 든다[그림 10-3].

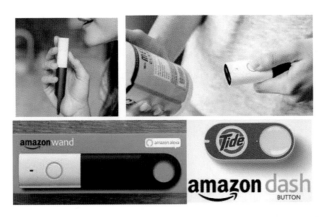

[그림 10-3] 목소리나 바코드로 주문하는 아마존 Dash 막대기와 Dash 버튼

▪ 초연결 시대 지능형 사물과의 소통: 인터랙션 디자인

인지적 어포던스

인간은 자신의 외양 또는 행동 특성을 토대로 사물을 만든다. 발의 모양을 감안해 신발을 만들고, 팔과 손의 움직임을 감안해 도구와 손잡이를 만든다. 컴퓨터의 키보드는 대부분의 사용자들이 양손의 손가락을 효과적으로 사용할 수 있다는 것을 전제로 디자인된 것이다. 그래서 사물에는 인간의 행동 패턴이나 힘의 사용 방식 등이 반영되어 있다.

한편 사물을 사용하는 사람은 그 사물을 만든 사람이 디자인에 반영한 행동 양식에 맞추어 그 사물을 사용한다. 밀어서 여는 문의 손잡이는 밀기에 적합하게 디자인되어 있고, 사용하는 사람은 자연스럽게 문을 밀어서 연다. 옆으로 밀어 열기에 적합한 창문의 손잡이는 사용하는 사람을 옆으로 밀게 유도한다. 반면에 냉장고의 문처럼 잡아당겨 여는 문의 손잡이는 사용자가 특별히 사용법을 배우지 않아도 자연스럽게 잡아당기도록 생겨 있다. 이런 것을 디자인의 **행동 유도성** 또는 **어포던스**(affordandce)라고 한다. 디자인 심리학자 도날드 노먼은 좋은 디자인은 행동 유도성이 잘 갖추어져 있는 디자인이라고 강조한다(도날드 노먼, 《생각 있는 디자인》 p148). 그래서 사람과 사물은 사물의 생김과 사용법을 매개로 서로 구속적이라고 한다. 이것이 "인간은 사물로부터 자유로워질 수 없고, 사물도 인간으로부터 자유로워질 수 없다."라는 프랑스 사상가 장 보드리야르의 선언이 의미하는 바다(장 보드리야르, 《사물의 체계》 p74). 행동 유도성은 사람이 사물과 상호 교류하고 소통하는 방식과도 관련이 있다.

초연결(hyper-connectivity)은 5G, 6G 같은 광대역 망만을 지칭하는 것이 아니다. 초연결의 시작은 사람과 사물 간의 인터랙션이고 소통이다. 우리는 텔레비전에게 우리의 의사를 전달하려면 텔레비전이 우리의 의도를 알 수 있도록 리모컨의 채널 버튼이나 음량 조절 버튼을 누른다. 컴퓨터에 입력을 하거나 명령을 할 때는 키보드를 두드리거나 마우스를 움직여 클릭을 한다. 그러나 인지적 행동 유도성 또는 디지털 어포던스의 수준은 아직 짧은 역사만큼이나 걸음마 단계에 있다. 우리가 기계에 어떤 요구 사항을 알려주기 위해 음성을 사용하기 시작한 것은 최근이며, 아직 초보적인 수준이다. 스마트폰에서 작동하는 아마존의 알렉사나 구글의 어시스턴트, 삼성의 빅스비 같은 기술들이 말로 명령을 수행하도록 만드는 도구들이다.

"헤이 구글, 오늘 날씨 어때?" 이런 명령은 원활하게 수행된다. 이어 "춘천 날씨는 어때?" 이런 명령의 처리도 문제없다. 조금 더 나아가 "대전은?"이라고 해도 알아들을 정도는 되었다. 내 딸은 침대 옆에 간단한 '사물인터넷 전등'을 설치해 놓아서, "헤이 구글, 불 켜줘. 좀 더 밝게." 정도의 명령을 내릴 수 있다. 그러나 내 갤럭시는 때로는 원하지 않는 때에 개입해 "검색한 결과입니다." 하며 엉뚱한 소리를 하기도 하고, 원하지 않는 결과를 보여주기도 한다.

"헤이 구글, 음악 틀어줘." 하면 선정된 알렉사 음악으로 연결해 틀어주지만, "아이구 시끄러워 소리 줄여줘.", "그만!" 같은 요구를 들어줄 생각은 하지 않는다. 마찬가지로 "헤이 빅스비" 하고 불러서 스톱워치 앱을 열 수는 있지만, "시~작"이라고 하면 아무 일도 일어나지 않는다. "헤이 빅스비, 시작!", "시작!", "시작하라구!" 같은 주문은 하나도 먹히지 않는다. 대화를 한 번 이상 이어나가는 것은 거의 불가능하고, 말귀는 거의 못 알아듣는다. 음성 인식이 인공지능 스마트 기기의 미래라고는 하지만 아직 걸음마 단계인 것은 분명하다.

미래의 초연결 세상에서 기계와 사람 간의 소통은 매우 중요하다. 특히 사람에 대해 더 잘 이해하고, 기계와 소통할 수 있도록 만드는 디지털 인터랙션 디자인 작업은 화려한 학술적 포장이나 학회의 구호에도 불구하고 가야할 길이 너무나 멀다.

제스처와 소통

사람은 손가락이나 목소리로만 소통하지 않는다. 사람이 다른 사람과 소통할 때는 몸 전체를 사용한다. 소통에 대한 연구에 의하면 사람이 다른 사람과 대화를 이어나가면서 교류하는 정보의 70%가 표정과 제스처 같은 비언어적 시그널이다. 다른 사람에게 오라고 할 때 우리는 그저 "이리 와."라고 말하지 않는다. 손가락을 모아 아래로 흔드는 제스처를 "이리 와!"라는 말과 함께하거나, 멀리 있을 경우에는 아예 제스처만 보여주기도 한다. 조용히 하라고 할 때는 "시끄러!", "조용히 해!"라고 말을 하기보다는 손가락 하나를 오므린 입술 앞에 가져다 대고 "쉿!"이라고 하거나, 아예 손가락과 입술 제스처 또는 "쉬!" 하는 바람 소리 둘 중 하나만 하기도 한다.

제스처는 언어 이상으로 중요한 소통의 도구다. 제스처의 도구는 다양하다. 우리는 머리통을 위아래 또는 좌우로 움직여 긍정과 부정을 표현한다. 인도에서는 머리통을 좌우로 가볍게 움직이면 '좋다'는 표현이 된다. 입술 모양을 삐쭉거리거나 눈썹을 치켜서 의사를 표현하기도 하고, 턱으로 방향을 가리키기도 한다. 어깨를 들썩이기도 하고, 양팔로 환영을 표시하기도 한다. 손, 손바닥, 팔, 팔꿈치, 엄지손가락, 중지 손가락, 엉덩이, 발, 무릎과 팔꿈치 등을 이용해 긍정, 부정, 기쁨,

환호, 저주, 분노 등 다양한 의견을 표현할 수 있다.

　그러나 우리는 기계와 소통할 때 이런 다양한 제스처를 거의 사용하지 못한다. 장 보드리야르는 기술의 발전과 함께 인간과 사물 사이에 제스처에 의한 매개는 점차로 약화되고 있다고 비판한다. 함축된 명령을 실행하는 버튼들에 의해 사람의 제스처가 기계로부터 소외되는 것이다. 바이올린은 온몸으로 느끼며 연주하지만, 전화기나 스마트폰과는 손가락 두 개 정도만 사용해 소통한다. 복잡한 첨단 기술 제품들이 문화 코드가 전혀 담기지 않은 무미건조하고 차가운 소통밖에 허용하지 않는 것이다.

　텔레비전을 시청하는 중에 전화가 오면 "쉿!" 해서 음성 소거 기능을 작동할 수 있으면 좋겠지만, 그 간단한 기능이 되는 텔레비전을 나는 아직 보지 못했다. 그런 점에서 닌텐도 Wii는 한발 앞서 있다. 제한된 인터랙션이기는 하지만 보조도구를 이용해 여러 가지 제스처를 사용할 수 있게 해 주기 때문이다[그림 10-4]. 내장된 마이크로폰과 카메라, 가속도계, MEMS 등이 포함된 기기와의 소통은 앞으로 더 늘어나게 될 것이다. 제스처의 중요성에 대한 각성에 눈뜨기 시작한 셈이다. 닌텐도 사용자가 쓰는 줄 달린 보조 손잡이 입력기에 비해 〈미녀와 야수〉의 시계가 보여 주는 제스처는 얼마나 풍부하고 효율적인 소통 방식인가.

[그림 10-4] 사람과 기계 간의 제스처 소통

　현재의 인터랙션 디자인의 대상은 화면 구도의 디자인, 색상의 선택, 메뉴바의 모양과 크기, 화면상의 사진 표현 방식, 글자 크기, 모양과 색상, 내비게이션 루트 등과 같은 '원시적인' 수준에 머무르고 있다. 초연결 미래 제품의 설계에 있어서는 제스처가 인터랙션 디자인의 주요 관심사가 될 수밖에 없다. 이미 〈마이너리티 리포트〉, 〈아이언 맨〉 같은 영화 안에서는 파일을 검색하는데 캐비닛과 폴더를 열어 보고, 서류를 젖혀 보는 것과 같은 기본적인 제스처가 사용되는 모습을 그리고 있다. 스티븐 스필버그가 감독한 2002년 영화 〈마이너리티 리포트〉에서는 주인공 톰 크루즈가 가상현실로 구현되는 문서들을 이리저리 뒤적이기 위해 글로브를 끼고 실제 문서를 뒤적이는 것과 유사한 행동을 허공에 대고 한다[그림 10-5]. 이 장면은 〈아이언 맨〉에서 벤치마크되어 다시 등장한다. 그러나 이들 영화 속의 인터랙션 수준은 단순해서, 특수한 장갑을 끼거나 VR(가상현실) 고글을 사용해야 하며, 제한된 제스처와 용도만 허용된다.

제스처를 소통의 도구로 사용할 때, 컨트롤의 제스처는 기호로 변환되고, 이 기호는 사용자와 사물이 상호 소통하는 기반이 된다. 마술사가 커피포트로 하여금 자신의 잔에 커피를 따르도록 마술을 부릴 때 자신이 커피포트를 들고 잔에 따르는 제스처를 취하는 것과 같다. 영국의 작가 아서 클라크 경은 "잘 발달한 기술은 마술과 같다."라는 유명한 말을 남겼다. 기계와 소통하는 마술적 방식의 백미를 보자. 디즈니가 1940년에 발표한 유명한 애니매이션 〈환타지아〉에서는 마법사의 제자인 미키마우스가 빗자루에게 일을 시키기 위해 오케스트라의 지휘자와 같은 제스처를 취한다. 〈환타지아〉의 아름다운 선율과 미키마우스의 소박하면서도 우아한 제스처는 완벽한 조화 속에 빗자루와 소통한다[그림 10-5].

[그림 10-5] 영화 〈환타지아〉와 〈마이너리티 리포트〉의 제스처 인터페이스

초연결과 소통의 문화적 토대

　변화에는 전조라는 것이 있다. 초연결되는 사물에 대한 전조가 있었다. RFID 같은 비교적 단순한 통신 및 신호 처리 방식을 바탕으로 등장한 초기의 사물인터넷 (Internet of Things, IoT) 제품들이 그런 것이다. 약간의 편리성을 가져다주기도 했지만 기대했던 사회 변화를 가져오지 못하고 잊혀진 제품들이 수두룩하다. 이런 제품들은 미래에 대한 전조다. 마치 태풍이 오기 전에 작은 돌개바람이 오거나, 수억 마리의 메뚜기 떼가 오기 전에 먼저 도착하는 수백 마리의 메뚜기들을 볼 수 있는 것처럼 말이다. 〈마이너리티 리포트〉 같은 영화적 상상이나, 토양의 상태나 수분을 측정해 알려주는 화분이나, 아기가 소변이나 대변을 보았는지를 측정해 내 스마트폰에 전해 주는 초기의 단순한 사물인터넷 제품들도 미래 변화의 전조를 보여 주는 사물인터넷 제품들이다[그림 10-6].

　지금도 우리는 버튼을 잘못 누르거나 실수로 클릭을 해서 원하지 않는 기능을 작동시키고 당황하거나 짜증이 나는 경험을 하곤 한다. "다 준비했는데 실수로 파일을 지워버려서 마감 시간에 메일을 보내지 못했습니다." 이처럼 사정을 하는 학생을 일 년에 한두 번은 만난다. 그런데 마이너리티 리포트처럼 온몸으로 소통해야한다면 더 많은 실수의 가능성이 있는 것은 아닐까? 시간은 급한데 "아니 그 파일 말고.", "아니 그쪽 말고.", "아니 열어 달라는 게 아니고." 이런 말이나 제스처를 하느라 쫓아오는 경찰에게 잡힐 수도 있지 않을까? 적에게 잡힌 이유를 보스에게 이렇게 설명한다면 잘생긴 톰 크루즈의 체면이 말이 아니게 될 것이다.

[그림 10-6] 토양 상태를 확인해 주는 화분, 수분 상태를 알려주는 기저귀

초연결된 사물이 우리의 일상으로 밀려 들어오는 과정에서 우리는 사물과의 소통을 위한 문화적 토대를 만들어 가게 될 것이다. 사물과의 소통 방식은 우리가 이미 가지고 있는 소통 문화의 토대 위에 서게 될 것이다. 그 문화적 토대는 지역과 문화권과 제품과 산업에 따라 조금씩 차이가 있을 수 있다. 반면 전 세계 어디를 가나 초록불은 "가시오."이고 빨간불은 "서시오."를 나타내는 것처럼 보편적 상식에 기반을 두는 부분도 있을 것이다. 그리고 전에는 없던 새로운 소통 방식과 문화도 만들어질 것이다.

소통 문화의 디자인

구텐베르크는 10대에 꾸었던 인쇄 기술에 대한 꿈을 실현하는 데 전 인생을 바쳤다. 그는 합금을 이용해 섬세하고 견고한 활자를 만들었고, 이어 그런 합금 재질에 잘 점착하면서도 종이에 잘 찍히는 잉크를 개발했으며, 판형을 고르게 눌러 좋은 품질의 인쇄를 가능하게 해주는 기계적 장치인 인쇄 프레스를 개발했고, 마지막으로 프레스의 속도가 높아지자 빠른 속도로 마르는 고품질 잉크를 개발하는 데 성공해 인쇄 혁명의 주인공이 되었다(한스 요아힘 그립, 《읽기와 지식의 감추어진 역사》 p384~388).

그가 발명한 인쇄 기술의 영향은 엄청났다. 국가적인 교육 시스템의 획기적 전환을 가져왔고, 문맹률을 감소시켜 책을 읽을 수 있는 사람을 증가시켰으며, 성경을 집에서 읽음으로써 사제를 통하지 않고도 신을 영접할 수 있는 가능성을 열어 종교혁명을 가져왔으며, 근대적인 문학과 과학을 탄생시키는 토대가 되었다. 나아가 그의 인쇄 기술은 인간에 대한 각성을 바탕으로 르네상스와 휴머니즘, 계몽주의가 발호하게 하여 결국 중세에 종지부를 찍고 시민혁명을 통해 근대의 문이 열리는 도화선이 되었다. 책의 대량 인쇄는 결국 대량생산에 기반을 둔 산업혁명의 모범이 되기에 이른다(엘리자베스 아이젠슈타인, 《인쇄 미디어 혁명》 p44~84). 원조 미디어학자 마샬 맥루언의 말대로 우리는 좋든 싫든 그야말로 '구텐베르크 은하계'에서 형성된 문화를 딛고 살고 있는 것이다.

인쇄 기술은 놀랍도록 빠른 속도로 유럽 각국으로 퍼져나갔다. 1470년에는 유럽 전체에 17개의 인쇄소가 성경과 호메로스 같은 필수적 교양서를 찍어 냈지만, 불과 30년 후인 1500년이 되자 252개의 인쇄소에서 2만 7,000종의 간행물이 약 2,000만 권이나 찍혀 나왔다(한스 요아힘 그림, 《읽기와 지식의 감추어진 역사》 p392). 그럼에도 불구하고 인쇄 기술의 영향이 문화, 사회, 정치, 종교, 과학, 통치 체계, 그리고 경제 시스템에 획기적인 변화를 가져오는 데에는 약 300년이 걸렸다.

변화의 저변에는 인쇄 기술의 확산과 함께 발달한 소통의 문화 코드, 즉 책과 사람 간의 소통 방식의 진화가 자리하고 있었다. 책과 소통하기 위한 문화란 우리에게는 이미 익숙한 문법 체계와 부호 체계, 목차, 색인(인덱스), 인용법, 각주 등의 발전을 의미한다. 따옴표와 콜론, 쉼표, 대시, 느낌표, 물음표, 위아래 첨자, 미주, 각주, 참고문헌 작성 방식, 목차 구성 방식, 표제와 소제목 등과 같은 서지 문화의 코드 체계를 통해 우리는 책과 소통한다. 이런 문화 코드는 기존의 문화에 뿌리를 둔 것이었지만, 인쇄 기술에 적합하게 다듬어지는 데에는 많은 사람의 노력과 시간이 소요되었다.

문자가 발명되고 문서가 만들어진 이후 4,000년 동안 사람들은 기다란 파피루스를 둘둘 말아 문서로 사용했다. 두루마리 문서(volumina)에는 페이지 번호가 있을 수 없었고, 따라서 목차나 색인도 의미가 없었다[그림 10-7]. 오늘날의 책과 같은 형태로 된 코덱스(codex)가 등장함에 따라 구두점과 같은 부호와 목차 체계도 발전했다(ibid. p244, p306). 이런 관행은 인쇄 문화에 그대로 반영되었다. 초기의 인쇄물은 필사본의 형태를 그대로 따라 만들어졌다. 활자와 함께 그림과 삽화가 추가되어 이해, 상상, 지식의 축적을 더욱 활성화시켰다. 신앙심을 유지하기 위해 우상은 더 이상 필요하지 않았다. 점차 삽화와 이성과 과학이 우상을 대신하게 되었다(엘리자베스 아이젠슈타인, 《인쇄 미디어 혁명》 p38). 인쇄 기술은 이렇게 기존의 소통 코드를 토대로 더욱 진보한 소통의 문화를 발전시켰다.

[그림 10-7] 구텐베르크의 두루마리 성경, 구텐베르크 코덱스 성경

제스처 소통의 문화

인쇄 기술이 세상을 바꾸는 데에는 인쇄기의 발명뿐 아니라 인쇄기로 출판할 문서에 사용할 문화 코드의 진화가 필연적이었다. 유사한 논리는 이후에 등장한 혁신적 산업 기술에도 적용되었다. 내연기관이 발명되고, 다임러가 자동차를 위한 4행정 엔진을 발명하면서 벤츠사가 상업적으로 성공한 자동차를 만들어 냈다. 이어 포드사가 공정 혁신을 통해 저렴하고 효율적인 자동차를 대량생산하게 되었다. 그러나 자동차에 기반을 둔 이동 혁명은 자동차의 발명과 생산으로 충분한 것이 아니었다. 자동차를 사용하기 위한 문화 코드의 진화가 필요했다. 자동차의 사용을 위한 문화 코드에는 교통법규의 설계, 표준적인 디자인과 색상의 안내판에 대한 합의, 속도 제한이나 위험, 경고를 위한 안내 기호 디자인의 등장, 3색으로 된 신호등 체계의 등장, 적절한 도로 포장 기준의 도입, 차선의 발명과 안전하게 차선을 변경하는데 필요한 깜빡이 표시등과 백미러의 등장, 운전면허 제도의 등장과 운전자 교육 시스템의 확립, 법규 위반을 단속할 교통경찰 제도의 도입, 자동차 보험 제도의 도입 등이 포함되었다. 이와 같은 문화 코드가 성숙되면서 비로소 자동차에 기반을 둔 이동 혁명이 완수될 수 있었고, 이를 토대로 소비, 생산, 여

가, 종교, 교육, 여행 등 다방면에 걸친 사회적 변화가 일어날 수 있었다.

우리는 초연결되고 지능화된 미래 사물과의 소통 문화를 만들어감에 있어도 이와 같은 문화 코드의 진화를 필요로 하게 될 것이다. 새로운 문화 코드는 역시 기존의 문화적 전통을 따르게 될 것이다. 기계들 간의 소통을 위한 문화 코드, 즉 프로토콜의 기반은 이미 상당 부분 진척되어 있다. 이보다 중요한 부분은 기계와 사람 간의 소통을 위한 문화 코드다. 그중에서도 제스처가 관심의 중심에 서게 될 것이다. 지난 세월 동안 기계를 디자인하는 데 있어서 손이나 시선 등을 포함한 조종의 제스처는 연상작용의 역할을 했다(장 보드리야르, 《사물의 체계》 p76). 제스처가 실제적 소통으로 구현될 것이며, 우리에게 있는 익숙한 제스처와 그 의미는 디자인의 스큐어모프처럼 새로운 소통 문화 안에 흔적으로 남아 있게 될 것이다.

손잡이를 돌리는 제스처나 손을 위아래로 움직이는 제스처는 소리를 크게 하거나 작게 하고, 폴더를 여는 제스처는 파일을 열어 읽게 해 준다. 무엇인가를 획 던지는 제스처는 파일을 휴지통에 버리게 만드는 방법으로 작동하고, 귀에 손을 가져다 대어 귀를 기울이는 제스처는 미래의 전자책으로 하여금 문서를 소리 내어 읽게 만드는 명령어로 쓰이지 않을까? 내가 어깨를 들썩이면 저 사물은 내게 어떤 일을 해 줄까? 내게 위로가 되는 음악을 틀어 달라는 명령으로 받아들일까? 발로 차는 시늉을 하면? 문이나 창문을 '획!' 하고 급속하게 열어 줄까? 휴지통이 발로 채인 것처럼 데굴데굴 굴러 나의 화풀이를 대신 해 줄까?

런던의 디자인 뮤지엄 관장인 데얀 수직은 "디자인은 사회가 물건을 창조하는 데 사용하는 언어다."라고 했다(데얀 수직, 《사물의 언어》 p70). 미래의 디자이너는 그 언어를 만들어 내는 사람들이 될 것이다. 그들은 디자인된 사물과 소통하기 위한 문화적 코드도 만들 것이다. 초연결된 사물은 과거의 주전자나 꽃병처럼 그저 놓고 보기 위한 오브제가 아니다. 미래의 사물들은 수동적이고 생각이 없는 예쁜 기계 덩어리가 아니라 적극적으로 사용자와 소통하기를 원하는 존재, 그러니까 장 폴 사르트르와 같은 실존주의 철학자들이 말하는 "의지를 가진 실존적 존재"가 되어갈 것이다. 단순한 스위치와 버튼과 목소리를 넘어선 소통의 방식을 통해 인간 사회의 소통 문화 안으로 사물이 들어오게 되는 것이다.

초연결 시대를 만들어갈 미래의 디자이너가 인간과 제스처로 소통하는 사물을 만들기 위해서는 인간이 다른 인간과 소통할 때 사용하는 제스처의 특성을 연구하고 파악해야 한다. 어떤 제스처가 인류 보편적인 의미를 가지는지, 어떤 제스처가 국가나 권역 단위의 광역 문화에서 통용되는지, 어떤 제스처가 직업, 성별, 나이 등에 따른 하위문화(subculture)에 특화되어 있는지 알아야 할 것이다. 한 사람이 사용하는 고유한 소통의 제스처를 기계가 배우고 이해할 수 있을지도 이슈가 될 것이다. 미래형 시간 동작 연구(time motion study)가 필요할 수도 있다. 미래의 디자이너는 미술 디자인에 대한 지식 이상으로 심리학, 사회학, 인지과학, 인류학 등에 대한 폭넓은 지식을 필요로 하게 될 것이다.

소통 코드의 학습과 앰비언스(ambience)

"앉아", "기다려", "물어", "물고 와", "누워" 같은 명령은 누가 그 명령하거나 제스처를 취해도 잘 훈련된 내 왈왈이가 알아들을 것이다. 그러나 "두 번만 짖어.", "신발 가져와." 같은 신호는 나와 내 왈왈이만이 알고 있는 신호다. 내 스마트 주전자는 내 손짓의 의미를 수화처럼 배워 이해하게 된다. 그러나 그 주전자는 내 친구의 손짓은 이해하지 못할 수도 있다. 마치 나와의 은밀한 명령에 익숙해진 애완견처럼. 나는 "너는 이런 기능을 할 때는 나의 말만 들어야 해."라는 의도를 가지고 사물을 내게 맞춤형으로 학습시킬 수도 있는 것이다. 마치 당신의 스마트폰이 다른 사람이 가진 같은 모델의 스마트폰과 다른 앱들을 가지고 있고, 그래서 다른 기능과 역량을 보유하게 되는 것과 같다. 우리는 보편 언어에서부터 섬세하게 특화된 커스텀 언어에 이르기까지 다양한 등급의 언어 문화를 우리의 사물과 공유하게 될 것이다.

우리는 어떤 제스처를 "커피 한 잔"이라는 말과 함께할 수도 있다. 꼬마가 친구에게 "이리 와봐."라고 말하면서 동시에 손을 흔드는 것처럼 말이다. 말과 제스처는 상호 보완적 코드가 될 수도 있고, 대체 코드가 될 수도 있다. 우리는 지금 소리를 통한 소통의 길을 먼저 가고 있다. 그러나 말로 하는 소통이 제스처보다 더 용이한 소통의 방식이라는 보장은 없다. 구술 언어가 가진 소통상의 불확실성 문제가 있기 때문이다. 천재 철학자 비트겐슈타인이 '언어놀이'에서 시연한 것처럼 우리는 서로 다른 상황에서는 같은 표현을 다른 의미로 사용할 수도 있고, 어떤 상황에서는 다른 표현을 같은 의미로 사용할 수도 있다(Wittgenstein, 1958, p77~85). 그러니까 우리는 "오케이 구글, 커피 한 잔 만들어줘."처럼 어색하고 범생이 같은 명령을 하는 대신 사람을 대하듯이 "한 잔!", "하나 더!", 또는 "커피" "조금 더" 등 표현상으로 매우 다르지만 의미가 같으면서 맥락상 완결된 문장의 주문을 할 수도 있다.

제스처와 구술 언어를 포함해 기계는 맥락에 따른 언어 사용의 규칙을 배울 수 있어야 진정으로 우리에게 도움이 되는 똑똑한 기계가 될 것이다. 언어뿐 아니라 다양한 상황적 맥락을 파악하여 이에 대응하는 기술을 앰비언트(ambient) 컴퓨팅 기술이라고 한다. 앰비언트 기술은 아직도 갈 길이 멀다. 〈마이너리티 리포트〉에는 잡으려고 쫓아오는 자들을 피해 급히 도망치고 있는 상황에서 길가의 커다란 전광판 안의 여자 모델이 톰 크루즈의 얼굴을 알아보고 다정한 목소리로 인사하면서 제품을 소개하는 장면이 나온다. "지친 영혼을 달래주는 휴가 여행 상품은 어떠세요?" 물론 톰 크루즈는 위치가 발각되고 위기 상항이 전개된다. 아마도 그가 도망치면서 하고 싶은 말은 이럴 것이다. "으이그. 눈치도 없냐? 나 지금 도망치고 있는 중이라고! 바쁜 거 안 보여?"

[그림 10-8] 〈마이너리티 리포트〉의 눈치 없는 미래형 스마트 광고

이런 황당한 상황에 놓이지 않으려면 앰비언트 컴퓨팅이 필요하다. 아직 앰비언트 기술의 성숙도는 바닥 수준이다. 그런데 이런 멍청한 수준의 광고 기술을 가지고 "얼굴을 알아보는 미래의 스마트 광고가 머지않아 현실이 된다."라고 떠들어대는 기사가 넘쳐난다. 그런 기사들의 수준을 넘지 못한다면 그런 IT 상품의 제작사나 기사를 쓴 기자나 교수나 모두 우리에게 제대로 된 미래를 열어줄 사람들 같지는 않아 보인다.

존재의 의지도 보이고, 눈치도 있으며, 다양한 소통 방식을 수용하는 사물과의 인터랙션은 사람들에게 전혀 예상하지 못한 문제를 일으킬 수도 있다. 바로 정이 들게 된다는 것이다. 지금 우리는 새 신발을 사고 낡은 신발을 버리는데 아무런 미안함이나 죄책감을 느끼지 않는다. 그러나 사물과의 특별한 관계가 형성되면 부러진 바늘을 보며 오래된 친구를 잃은 것처럼 "오호 통재라." 하고 슬퍼하는 〈조침문(弔針文)〉의 작자처럼 사물에 정을 붙이게 될 가능성이 생긴다. 간단한 대화에서도 그 조짐을 본다. 스마트폰에 대고 "헤이 구글, 알렉사" 하고 말을 걸어 보아라. 어떤 대답이 나오나. 심지어 같은 질문을 반복하면 답이 달라진다. "저는 알렉사가 아니고 구글 어시스턴트예요."로 가다가 나중에는 "서운한 감정이 살짝"이라는 답이 나온다. 자기도 모르게 "미안해"라는 대답이 혀끝까지 배어 나온다.

스티븐 스필버그 감독의 〈A.I.〉에서 주인을 사랑하도록 프로그램된 소년 로봇 데이비스를 숲속에 버리려 하는 엄마가 "너는 여기 있어야 해. 엄마는 지금 가야

해."라고 말하고 떠나려 하는데 데이비스가 "엄마, 사랑해요. 저를 버리지 마세요. 제가 사람이 아니어서 미안해요. 제가 사람이 되면 사랑해 주실 건가요?"라고 울먹이며 따라온다. 떨쳐 버리고 차를 몰아 도망치는 엄마는 차 안에서 혼이 나간 사람처럼 눈물이 범벅이 된다. 정이 들어버린 스마트 사물과 헤어질 때마다 이런 경험을 해야 한다는 것은 엄청난 정신적 부담이 아닐 수 없을 것이다. 정이 들어 잊을 수 없는 망가진 로봇 강아지 소니 아이봇을 함께 모여 추모하는 주인들의 마음처럼[그림 10-9].

[그림 10-9] 영화 〈A.I.〉 로봇과의 슬픈 이별, 아이봇 합동 장례식

어떻게 작동하는 것일까?

전선망의 확충이 전기 혁명의 시작에 불과하듯, 현재 우리가 구축한 빠르고 촘촘한 통신망은 초연결 혁명의 출발에 불과할 것이다. 미래의 초연결 상품과 서비스는 똑똑한 사물인터넷이나 지능을 가진 로봇과 유사한 형태로 세상에 등장할 것이다. 아니, 우리가 그런 모습으로 미래의 사물을 만들게 될 것이다. 그와 같은 제품을 하버드대학의 마이클 포터 교수는 지능형 초연결 제품, 스마트 커넥티드 프로덕트(smart connected products)라고 부른다(Porter & Happlemann, 2014, 2015). 공학자가 아니더라도 지능형 초연결 제품이 어떻게 구성되고 어떻게 작동하는지를 이해한다면, 미래의 제품에 대해 우리의 창의적 발상을 발휘하는 데 도움이 될 것이다.

은유는 사물을 이해하는 도구다. 우리는 사람을 이해하는데도 기계의 은유나 컴퓨터의 은유를 사용해 왔다. 거꾸로 사람의 신체에 대한 이해는 초연결 제품이나 로봇의 구성과 기능을 이해하는 생각의 도구가 된다. 실제로 전문가들은 사람의 몸과 마음이 작동하는 방식으로부터 힌트를 얻어 인공지능과 로봇의 기능을 구상하고 구현해 온 것이 사실이니 반드시 은유라고만 할 수도 없다. 인간의 생명 유지 장치와 기계의 에너지 및 소재 유지 장치, 인간의 감각기관과 기계의 센서, 인간의 신경-인지 시스템과 기계의 네트워크 및 정보 처리 장치, 그리고 인간의 운동기관과 기계의 운동 및 프레임 장치는 서로 대비되는 개념들이다[그림 10-10].

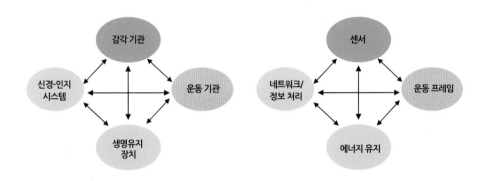

[그림 10-10] 인간의 신체와 지능형 사물 및 로봇의 구성과의 대비

■. 생명 유지 장치와 에너지

살아있는 사람이 생명과 기능을 유지하기 위해서는 몇 가지 시스템이 원활하게 작동해야 한다. 그 첫 번째는 사람이 에너지와 영양분을 흡수하고, 흡수한 에너지를 필요로 하는 신체 곳곳에 공급하는 생명 유지 장치다. 이 생명 유지 장치는 호흡계(respiratory system), 순환계(circulatory system), 소화계(digestive system)로 이루어져 있다[그림 10-11]. 생명 유지 장치는 대체로 자율신경계의 작용으로 작동하며, 우리의 의지와 무관하게 실행된다. 우리는 고분자로 된 음식을 섭취

하여 이를 분해하고, 그 분해 과정에서 생성되는 에너지를 흡수한다. 분해 후 에너지가 낮아진, 그러니까 엔트로피가 높아진 부산물은 몸의 밖으로 배출된다. 칼슘과 같은 일부 부산물은 몸 밖으로 배출하지 않고 신체의 구조와 골격을 유지하는 뼈를 만드는 데 사용하기도 한다. (갑각류나 조개 같은 동물은 몸 밖으로 배출하여 부드러운 몸을 보호하는 단단한 외골격을 만드는 데 사용한다.)

흡수된 영양분과 비타민, 무기질, 에너지는 혈액으로 운반된다. 들숨으로 산소를 섭취하여 음식물의 소화와 산화에 사용하고, 음식 분해 후 생긴 탄소와 섞어 이산화탄소를 만들어 날숨으로 몸 밖으로 배출한다. 이런 생명 유지 장치들 간의 협력을 통해 우리는 에너지를 흡수하여 생명을 유지한다.

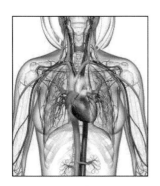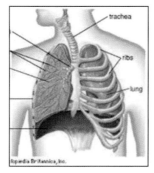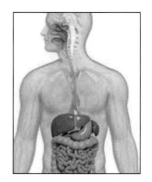

[그림 10-11] 인간의 생명 유지 장치, 순환계, 호흡계, 소화계

로봇이나 지능형 초연결 제품의 경우 이 생명 유지를 위한 장치들은 전기 에너지 공급 시스템으로 구성될 것이다. 공장에서 제품의 생산을 위해 사용되는 로봇들은 대체로 무거운 강철로 되어 있고, 한 자리에 붙박이처럼 설치되어 사용된다. [그림 10-12]에서 보는 모멘텀 머신(Momentum Machine)사의 햄버거 만드는 로봇이나 자동차 조립에 사용되는 로봇들처럼 이런 붙박이 생산 설비 로봇들은 대체로 커다란 팔만 있는 모양으로 생겼다. 이런 로봇들의 경우 전기는 로봇에 연결된 전기선을 통해 공급된다. 붙박이 가구나 배전반, 허브와 같이 고정된 형태의 사물인터넷 제품도 집안에서 사용하는 전기선에 연결하여 사용할 수 있다.

[그림 10-12] 생산 설비로 사용되는 붙박이 로봇

　반면에 구글의 지능형 가정 온도 조절 장치인 네스트(Nest)처럼 크기가 작은 사물인터넷 제품이나 무엇보다 움직이는 지능형 사물이나 로봇의 경우에는 배터리가 유일한 에너지 공급 장치가 될 가능성이 크다. 배터리는 에너지를 저장해 두었다가 필요할 때 꺼내 사용하는 장치다. 에너지를 저장해 두는 고전적인 방식은 기계적인 것이었다. 누르거나 비틀어 놓으면 제자리로 돌아가고자 하는 성질을 가진 스프링으로 만든 태엽을 감아 태엽이 풀리는 힘을 붙잡아 두었다가 필요할 때 톱니바퀴를 연결해서 조금씩 그 힘이 풀려나오게 할 수 있었다. 전기 에너지를 저장하는 배터리의 핵심적인 장점 중의 하나는 가지고 다니기 편하다는 것이다. 갈바니의 연구 덕분에 전기 에너지는 작은 배터리에 넣어 보관해 두었다가 필요할 때 쓸 수가 있게 되었다. 배터리만 있으면 조명을 밝힐 수도 있고 모터를 돌릴 수도 있다.

　이동형 제품인 전기 자전거나 전기 스쿠터도 배터리를 사용한다. 한국을 포함해 일본, 중국, 독일 등의 나라에서는 자동차에 사용할 안전하고, 성능이 좋으며, 가볍고 용량이 큰 배터리를 개발하기 위해 각고의 노력을 기울이고 있다. 배터리는 자동차뿐 아니라 모든 이동하는 지능형 사물과 로봇에 에너지를 공급하는 중요한 생명 유지 장치가 될 것이다. 배터리뿐 아니라 배터리에 전기를 충전하는 방법과 표준, 충전을 위한 인프라도 중요한 이슈로서, 더욱 편리하고 안전한 디자인 씽킹 해법을 기다리고 있다.

배터리를 사용하는 전기자동차처럼 제품의 가격이 높아지면 지능을 심기가 경제적으로 용이해진다. 이들 이동 기기는 인간의 최고의 발명품이라는 바퀴를 이동의 기반으로 사용한다. 바퀴는 엄청난 실용성을 가지고 있지만, 지형이 험한 곳이나 계단에서는 사용이 힘들다. [그림 10-13]은 보스턴 다이나믹스(Boston Dynamics)사에서 만든 네 발로 균형을 잡고 돌아다니는 스폿미니와 두 발로 균형을 잡고 달리고 점프할 수 있는 아틀라스의 모습이다. 다양한 형태의 이동형 로봇의 경우에 충분한 전력을 공급해 줄 배터리의 장착이 기술적으로 매우 중요한 이슈가 될 것이다.

[그림 10-13] 이동하는 로봇 (보스턴 다이나믹스의 스폿미니와 아틀라스)

물 위나 물속을 다니는 사물이나 로봇, 하늘을 날아다니는 드론이나 공중 이동 장치의 경우 배터리와 충전 방식의 중요성은 굳이 말할 필요도 없을 만큼 높다. 날아다니던 중 또는 물속이나 물 위를 지나가던 중에 배터리의 전기가 다 떨어진다면 잃어버리기도 하겠지만 위험하기도 할 것이니 아찔하다. 《테슬라 평전》에 의하면 꿈과 상상의 천재 니콜라 테슬라는 공중에서 전력을 생산해 무선으로 지상에 보내는 상상을 했다고 한다(버나드 칼슨, 《니콜라테슬라 평전》). 이런 방식으로 드론과 같은 이동 장치에 무선으로 정보와 함께 전기를 공급하는 것이 기술적으로 가능해질 날이 언제 올 수 있을지는 아직 추정하기 쉽지 않아 보인다. 그러나 나는 기술 혁신의 잠재력을 믿는 사람이다[10-14].

[그림 10-14] 언제쯤 솔라 위성에서 발전하여 무선 송전으로 드론을 충전하게 될까?

 지금은 우라늄이 핵분열을 하면서 나오는 열로 물을 끓여 터빈을 돌리고 있지만, 인류는 새로운 원자력 기술을 향해 나아가게 될 것이다. 가열된 증기와 터빈을 거치지 않고 원자의 이동과 발산으로부터 직접 전기를 얻는 방법을 찾아낼지도 모른다. 그때에는 영화 〈아이언맨〉에 나오는 것처럼 작고, 뜨겁지도 않고, 강력한 힘을 내지만 공해도 없고 위험도 적은 방식으로 에너지를 얻게 될 수도 있다. 소위 꿈의 에너지라고 부르는 콜드 퓨전이다. 수차를 사용하던 중세의 공장은 강가에 묶여 있었다. 증기 엔진이 등장하면서 대량의 물을 끓일 수 있는 여건이 되기만 한다면 공장을 세울 수 있었다. 내연기관이 등장하자 자유도는 더 넓어졌다. 나아가 엔진을 바퀴 위에 얹어 돌아다닐 수도 있게 되었다. 지금은 전기를 사용하기 위해 활동 반경에 제약을 받는다. 배터리는 이동의 자유도를 넓혀 주었다. 언젠가는 충전이 필요 없게 될지도 모른다. 핵융합 엔진으로 전기를 만들면서 돌아다닐 수도 있다. 에너지는 너무 흔해져서 판매나 구매의 대상이 되지 않을 수도 있다. 그러면 행동의 자유도는 더 넓어질 것이다.

■ 신경-인지 시스템과 정보 처리

 생명의 유지만으로 생존을 보장할 수는 없다. 우리가 활동을 이어나가기 위해서는 상황을 파악(sense)하고 상황의 변화에 대응(respond)해 나가야 한다. 상황을 파악하고 판단하는 정보 처리 활동은 감각-신경-인지 기관의 역할이다[그림 10-15]. 이 중에서 감각기관에 의해 포착된 전기신호 형태의 정보를 뇌로 전달하거나, 뇌의 운동 명령을 운동기관으로 전달하는 신경계(peripheral and central nervous system)와 수집된 정보를 바탕으로 의미 부여, 해석, 기억, 학습, 연산 등을 처리하는 본부인 뇌가 신경-인지 시스템을 형성한다.

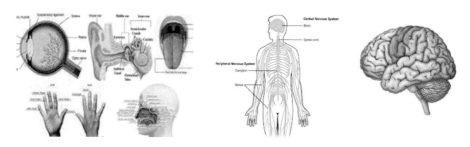

[그림 10-15] 감각-신경-인지 기관

인지 시스템인 뇌는 심장과 마찬가지로 쉬지 않고 활동하며 생각을 만들어 낸다. 우리가 자는 동안에도 뇌는 쉬지 않고 잡념과 꿈을 만들어 내고, 기억을 저장하거나 재구성한다. 뇌를 구성하는 뉴런 세포들은 나이가 들어도 늙지 않고 새로운 사실을 배우면 축삭돌기를 뻗어 다른 정보와 연결하는 작업을 계속한다. 우리가 무언가 생각을 할 때면 뇌의 여러 부위가 서로 협력하여 작업을 수행한다. 예를 들어 우리가 논리적 문제를 고민할 때는 앞이마 안쪽의 배내전두엽피질과 이마 위쪽 안의 배외전두엽피질 그리고 정수리 뒤편의 마루엽피질이 동시에 작동하며, 감정적인 문제로 고민할 때는 눈구덩이 위쪽의 안와전두엽피질과 편도체, 앞이마 깊숙한 곳에 위치한 전두대상피질이 함께 작동한다(데이비드 이글먼, 《더 브레인》 p152~155).

전기 회로와 전자 부품으로 만들어진 컴퓨터가 작동하는 방식은 전기화학적 신호와 화학물질, 호르몬의 조합으로 작동하는 생물학적 뇌와 작동 방식이 같지 않다. 컴퓨터가 데이터를 처리하고 저장하는 방식도 뇌가 생각하고 기억하는 방식과 다르다. 그러나 컴퓨터 하드웨어와 소프트웨어 기술의 발전은 뇌 기능의 일부를 흉내 내는 방향으로 전개되어 왔다. 뇌가 수행하는 기능의 일부는 논리적 정보 처리와 의사 결정, 판단, 개념 학습 및 저장, 계산 등을 수행하는 것이다. 컴퓨터 기술의 발전은 주로 이런 기능을 빠르고 정확하게 수행하는 방향으로 진행되었다.

생각은 개별 뇌세포가 아니라 **뇌세포들 간의 관계**를 기반으로 생성되고 저장된다. 우리의 마음은 뇌를 구성하는 "수십억 개의 뇌세포들이 빚어내는 상호작용의 산물"인 것이다(디크 스왑, 《우리는 우리 뇌다》 p28). 그래서 뇌세포의 핵 이상으로 이들 간을 연결하는 통로인 축삭이 중요하다. 정보 처리 속도를 높이기 위해 축삭은 피복이 두꺼운 고압선처럼 미엘린이라는 지방질 보호막으로 둘러싸여 있다.

신경망을 이용한 인공지능 연구는 뇌가 작동하는 방식이라고 우리가 이해하는 논리를 따르고 있을 뿐이다. 개별 뉴런을 하나의 퍼셉트론(perceptron)으로 모형화하고, 여러 층으로 된 퍼셉트론 간 네트워크 관계를 모형화시킴으로써, 단순한 생각 요소들 간의 관계를 엮어 복잡한 생각을 만들어간다[그림 10-16]. 우리의 뇌가 정확히 신경망처럼만 작동하는 것은 아니다. 그러나 우리가 도구를 발명하는 이유가 우리 몸의 작동 방식을 그대로 흉내 내기 위한 것이 아니듯이 신경망이 뇌의 작동과 정확히 같아야 하는 것은 아니다. 기술 개발을 통해 우리가 원하는 것은 우리가 수행하는 것과 같은 과정이 아니고, 우리가 수행하는 것과 같거나 개선된 결과일 뿐이다. 비행기의 날개도 헬리콥터의 날개도 어떤 새의 날개와 유사하지 않고 작동 방식도 새처럼 펄럭이지 않지만, 그 인공 날개들의 작동 결과 우리는 새처럼 하늘을 날 수 있다.

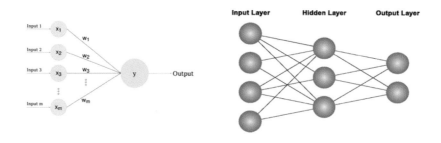

[그림 10-16] 개별 뉴런의 모형인 퍼셉트론과 다층 신경망 구조

　신경 시스템은 우리의 몸 전체에 퍼져 있는 정보 전달 네트워크다. 감각기관에서 포착된 정보는 말초신경을 통해 중추신경으로 그리고 뇌로 전달된다. 말초신경은 센서에서 포착된 정보를 스마트폰과 같은 단말기나 가까운 컴퓨터에 연결해 주는 블루투스, 저전력 인간 범위 통신망(6LowPAN), RFID, 직비, 비컨 등의 근거리 정보 교류 네트워크에 비유될 수 있다. 한편 중추신경은 정보를 멀리 위치한 클라우드 서버에 연결해 주는 고속 통신망 백본이나 5G 같은 광대역 네트워크에 비유될 수 있다([그림 10-17], Sheng 등(2015) 참조).

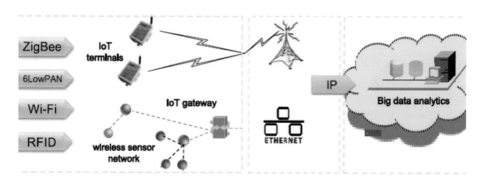

[그림 10-17] 정보 전달을 위한 네트워크의 구조

운동기관

　신경-인지 기관이 판단한 외부 상황에 대응(respond)하여 우리의 몸을 움직이는 역할을 하는 것이 운동기관(motor organ)이다. 운동 명령이 뇌에서 만들어지면 운동 명령 중추를 따라 운동기관으로 전달된다. 인간의 운동기관은 약 700개의 근육, 4,000개의 힘줄, 900개의 인대, 360개의 관절로 되어 있으며 이들이 골격을 유지시켜 주는 약 206개의 뼈에 연결되어 움직임을 만들어 낸다(애덤 피오리, 《신체 설계자》 p37). 운동 명령이라는 추상적 '정보'가 어떻게 힘줄과 근육의 수축과 이완이라는 물리적인 움직임으로 변환되는지에 대한 생화학적 원리는 베일에 싸여 있었으나 그 신비가 조금씩 밝혀지고 있다. 신경을 통해 전달된 정보의 실체인 전기 신호 다발은 양과 음 전하를 가진 화학 성분의 밀도에 영향을 준다. 그리고 이 밀도 차이는 ATP와 같은 생화학 물질의 분해와 생성으로 이어진다. 이 과정에서 발생하는 에너지가 개별 근육 세포들의 이동을 촉진해 근육의 수축을 일으키면 팔을 안으로 구부리는 동작이 만들어진다[그림 10-18]. 전기 신호가 화학적 변형을 유발하고, 화학적 변형이 기계적 변형을 초래하는 것이다.

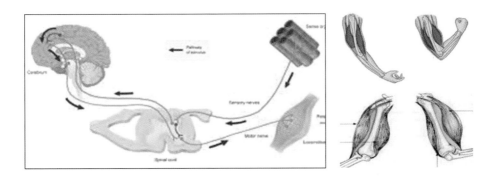

[그림 10-18] 뇌의 운동 명령이 신경을 따라 전달되어 움직임을 만들어 낸다

　사물이나 로봇의 지능을 구현하기 위한 정보 처리 기술의 발전과 더불어 몸체를 구현하는 구동 및 소재 기술, 그리고 균형을 잃지 않고 걷고 뛰고 날아다니도록 만

드는 기술이 지속적으로 발전하고 있다. 움직이고 이동하는 지능형 사물이나 로봇을 만들기 위해서는 다양한 전기, 기계적 기술이 동원된다. 우선 형태를 유지시키기 위한 골격에 대비되는 프레임을 만들기 위해서는 강철과 같은 단단한 재료로 만든 내부 지지대나 외골격을 사용한다. 인체의 근육과 관절에 필적하는 움직임을 만들어내기 위해서도 여러 가지 기술이 동원된다. 크레인처럼 엔진과 유압으로 움직이는 강력하면서도 섬세한 구조물이나 대형 팔다리를 만들기도 하지만, 첨단 소형 로봇처럼 섬세하고 정교한 움직임을 위한 구조물을 만들기도 한다.

　뇌의 역할을 하는 컴퓨터가 목표물이나 이동의 결과를 계산한 후, 이에 필요한 세부적 이동 내역을 산출한다. 움직임에 대한 정보는 통제 회로에 전달되어 원하는 관절에 지시를 내려 원하는 방향, 원하는 크기의 이동이 만들어질 수 있도록 모터를 조정한다. 로봇의 관절은 컴퓨터로 통제하여 원하는 각도만큼만 부드럽게 회전하는 다양한 크기의 서보모터(servo motor)로 x, y, z 3차원 축을 구성하여 자유롭게 움직일 수 있도록 만든다[그림 10-19].

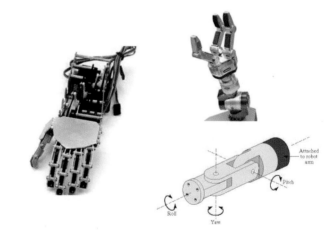

[그림 10-19] 서보모터로 움직이는 로봇의 관절

▪ 감각기관과 센서

감각기관은 우리의 몸과 마음을 외부 세계와 연결시켜 주는 통로다. 감각기관이 없다면 뇌는 무용지물이 되고, 뇌에서 명령이 만들어지지 않으면 근육은 빈 깡통과 같다(알바 노에, 《뇌과학의 함정, Out of Our Heads》 p231). 그런 면에서 감각기관의 역할은 엄청나다. 육체와 영혼을 구분하여 생각한 데카르트의 이원론에 대한 현대 뇌과학의 반박이 토대를 두고 있는 핵심적 기반도 뇌의 작용이라기보다는 감각기관의 작용이다. 감각기관이 없다면 어떤 영혼이라도 외부 세계와 소통이 불가능할 것이기 때문이다(대니얼 웨그너, 커트 그레이, 《신과 개와 인간의 마음》).

지능형 사물이나 로봇도 외부 세계와 연결되는 통로를 가지지 못한다면 아무리 똑똑하고 힘이 강해도 소용이 없다. 이들이 외부 세계로 통하는 관문이 바로 센서다. 내가 사용하는 노트북 컴퓨터는 내가 바로 앞에 마주 앉아도 나의 기분은커녕 나의 존재조차 알아채지 못한다. MIT 미디어랩의 소장인 니콜라스 네그로폰테 교수가 농담 삼아 말했듯이 "사람이 앞에 서면 알아서 물을 내리고, 물러서면 일을 마친 줄 알고 다시 물을 내려주는 1990년대 소변기만도 못하다."(케빈 켈리, 《인에비터블 미래의 정체》 p327). 기계와 바깥 세상을 연결해 주는 역할을 하는 센서는 초연결 시대 사물의 초석이다.

센서는 오랜 역사를 가지고 있는 측정 장치들에 그 기원을 두고 있다. 센서의 기능은 상태를 측정하여 수치로 바꾸어주는 것이다. [그림 10-20]에 미숙한 솜씨로 내가 그려 놓은 몇몇 센서의 조상들을 보자. 첫 번째 그림은 배에서 떨어뜨리면 물의 저항으로 멈추어 서서 배에 놓인 줄이 풀려나도록 해 바다에서 배의 속도를 재도록 해 주는 장치다. 중세까지 거슬러 올라가는 이 장치를 이용하면 일정 길이의 줄이 풀리는데 걸리는 시간을 확인하여 배의 속도를 계산해 낼 수 있다(제임스 버크, 《커넥션》 p59). 두 번째 그림은 바퀴에 연결된 축에 붙은 돌기가 축이 한 바퀴 돌 때마다 인접한 톱니를 한 번씩 움직이게 만든 장치다. 이 원리는 마차나 자동차의 이동 거리 및 속도를 측정하는 데 사용된다. 돌아간 바퀴 수에 바퀴의 둘레를 곱하면 이동 거리가 되고, 분당 또는 시간당 이동한 거리를 토대로 계산하면 속도를 산출할 수 있다. 자동차 속도계의 원리인 셈이다. 세 번째 그림은 자이로스코프의 조상인 위상 측정 장치다. 상자 가운데 있는 쇠구슬은 x, y, z 축을 따라 용수철에 매달려 있어서, 용수철의 상대적 길이를 비교하면 상자가 가로로 눕혀 있는지, 얼마나 바로 세워져 있는지 알 수 있다. 이와 같이 내외부의 상태를 확인하여 데이터로 바꾸는 것이 센서의 원리다. 오늘날은 예로 들은 기계적 원리의 센서 이외에도 전기적, 전자적, 광학적, 물리화학적 원리를 이용한 다양한 센서들이 개발되어 데이터 생성을 도와주고 있다.

[그림 10-20] 속도, 거리, 위상을 측정하는 센서의 조상들

지금까지 개발된 센서의 종류는 200가지가 넘는다. 인터넷을 검색하면 쉽게 3만 개가 넘는 센서 품목을 찾을 수 있다. 여기에는 온도, 습도, 무게, 길이, 속도, 가속도, 전압, 전류, 밝기, 색상, 위치, 위상, 이미지 등을 측정하는 다양한 센서들이 포함된다. 센서 중에는 온도나 시간, 길이의 미세한 차이를 측정하여 인간보다 정밀한 데이터를 만들어 내는 것도 있고, 초고온처럼 아예 인간이 측정할 수 없는 것을 측정하게 해 주는 것들도 있다. 센서의 정확성은 점점 높아지고 있고, 가격은 점점 저렴해지고 있으며, 크기는 작아지고 있다. 이에 따라 사용되는 센서의 숫자가 급속한 속도로 늘어나고 있고, 센서가 수집하는 데이터의 양도 빠르게 늘어나고 있다. 센서에 의해 수집된 데이터는 인접하거나 또는 멀리 위치한 프로세서로 보내져 분석된다. 데이터의 분석은 지능형 사물을 모니터하거나 통제하는 데

사용되기도 하고, 사물이 자율적으로 작동하는 기반이 되기도 한다.

센서들은 사람이 포착하지 못하는 매우 높거나 낮은 온도, 매우 높거나 낮은 파장, 미세한 질량, 가속도 등을 포착할 수 있고, 사람이 눈치 채기 전에 공기 중에 포함된 위험한 가스나 미세한 변화를 포착하기도 한다. 그러나 이러한 발전에도 불구하고 아직도 센서는 여러 가지 면에서 인간의 오감이 가지고 있는 섬세함에 필적하지 못하는 측면들이 많다. 그래서 디즈니 영화와는 달리, 아직 지능형 사물에게서 사람이 느끼는 감각을 기대하기는 이르다. 우리의 오묘한 감각기관이 만들어 내는 다양한 감각에 비교하면 우리의 센서와 센서 데이터 처리 기술은 아직 초보적인 수준에 불과하고, 따라서 발전의 여지도 많다고 볼 수 있다.

인간은 오감에 해당하는 감각기관을 가지고 외부의 자극을 신호로 바꾼다. 오감은 시각, 청각, 미각, 후각, 촉각 등의 다섯 가지 감각으로 구성되어 있다. 각각의 감각은 자극을 포착하여 신호로 바꾸는 수많은 센서들로 구성되어 있다. 눈이 담당한 시각은 빛을 전기 신호로 바꾸는 망막 세포에 기반을 두고 있다. 망막 위에 분포한 광학 센서들이 생성한 데이터들은 뇌로 전달되어 이미지를 처리한다. 귀와 피부가 각각 담당한 청각과 촉각은 고막과 달팽이관의 떨림, 피부를 덮고 있는 세포들에 가해지는 압력, 털을 건드리는 움직임 등을 포착하는 기계적 센서의 작용을 토대로 한다. 혀와 코가 담당한 미각과 후각은 점액에 녹은 분자들이 일으키는 화학적 자극을 토대로 신호를 만들어 내는 생화학적 센서들로 구성된다. 아직은 현대의 기술로도 로봇에게 부여할 엄두도 내지 못하는 대표적인 감각기관의 일례로 혀와 피부에 대해 생각해 보자.

혀

혀에는 단맛, 짠맛, 신맛, 쓴맛, 감칠맛 등 여러 가지 맛을 느끼는 미세한 돌기들이 분포되어 있다. 당도나 염도, 산도 등을 측정하는 기술적 센서들이 있지만, 우리의 혀와 뇌는 이런 측정치를 개별적으로 다루는 것이 아니다. 당도나 염도, 산도를 맛보는 것이 아니고 1만 개에 달하는 미세한 맛돌기, 즉 미뢰에서 오는 정보를 순간적으로 통합하여 사과 맛, 복숭아 맛, 김치 맛, 냉면 맛, 떡볶이 맛, 짜장면 맛, 파스타 맛을 느끼게 해 준다. 동네 중국집의 요리사가 바뀌면 짜장면 맛이 달라진다. 이런 미세하고 종합적인 맛을 판단하는 일을 기계에게 기대하는 것이 가능할 것인지, 또는 가능한 날이 언제나 올 수 있을지 아직은 점칠 수 없다.

《왜 맛있을까》를 쓴 찰스 스펜스의 말대로 맛은 '다중 감각'이 아니고 '통합 감각'이다(찰스 스펜스, 《왜 맛있을까》 p26). 혀는 미각을 느끼는 감각기관이지만 음식을 잘 씹도록 배분하는 운동기관이기도 하고, 속살 피부로 쌓인 기관이어서 음식의 부드러움과 까끌함 같은 촉감을 포착하기도 하는데 이런 모든 데이터들이 맛에 영향을 미친다(ibid. p165). 동시에 입천정의 후비강을 통해 코로 들어가는 음식의 냄새도 맛에 영향을 미친다(ibid. p70). 여기에 음식을 씹을 때 턱이 느끼는 소위 '씹감'이라는 압력 감각과 음식을 씹으면서 나는 소리가 바로 뼈로 통해 내이를 자극해 들리는 씹는 소리도 맛에 영향을 미친다(ibid. p136).

입안에서 음식을 배분하고, 맛을 감지하고, 촉감을 느끼고, 키스의 부드러움과 감정을 전달하고, 미세한 여러 개의 근육에 연결된 부드러운 근육으로서 여러 가지 모양을 만들어 내고, 입안의 공기 흐름을 조절하여 다양한 소리를 내게 만드는 혀의 복제품을 만드는 것은 첨단 과학으로도 도전하기 쉽지 않은 과제임에 틀림이 없다[그림 10-21]. 이런 복잡한 관계를 고려한다면 맛을 평가하고 우리와 대화를 나눌 수 있는 로봇이나 지능 사물을 만드는 것이 쉽게 달성할 수 있는 목표는 아님을 이해할 수 있다. '인간을 넘어서는 기계'라는 케빈 켈리의 싱귤래리티의 꿈이 여기서 작동하리라고 기대하기는 쉽지 않을 것 같다.

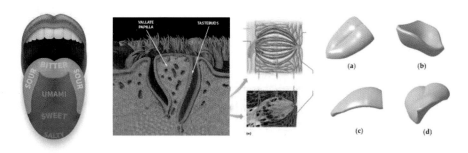

[그림 10-21] 미감기관인 혀는 운동기관이자 촉감기관이기도 하다.

피부

우리의 몸을 둘러싸고 있는 피부는 촉감의 주인공이다. 다 벗겨낸 사람의 피부는 약 6kg이 넘는다. 우리는 피부 접촉으로부터 다양한 정보를 획득한다. 피부를 통해 우리는 가시나 뜨거운 물 같은 위협으로부터 자신을 보호하기 위한 정보, 신체 컨디션 유지를 위한 온도와 습도, 다정하거나 적대적인 감정적 접촉 등 다양한 물리적, 정서적 정보를 획득한다. 더 나아가 피부가 포착하는 고도의 정보에는 기계로 포착하기 어려운 부드러움이나 미끌거림, 안정적으로 컵을 들 때 느끼는 편안한 무게감, 바늘에 찔리는 것과 같은 날카로운 통증과 느리고 둔감한 통증, 바람의 산들거림, 연인의 부드러운 손길, 거친 움직임, 온도의 변화, 질척거림 등 매우 다양한 감각 정보가 포함된다.

촉감을 느끼는 센서의 분포는 피부의 위치에 따라 다르다. 우리의 등은 센서의 분포가 매우 성긴 반면에 손바닥은 가장 많은 감각 센서가 분포되어 있는 피부다. 피부를 통한 감각은 뇌에 영향을 미쳐 우리의 판단을 좌우하기도 한다. 실험에 의하면 따뜻한 커피 잔을 받아 들었던 사람들이나 부드러운 천을 만지던 사람들은 차가운 아이스커피 잔을 받았던 사람들이나 딱딱한 나무토막을 만지던 사람들보다 일관되게 타인을 더 자비로운 사람, 따뜻한 사람, 부드러운 사람으로 평가했다 (데이비드 린든, 《터치: 손, 심장, 마음의 과학》 p25, p27).

우리 몸의 피부는 손바닥, 발바닥, 입술 등 일부 부위를 제외하고는 대체로 털로 덮여 있으며, 가장 바깥의 각질층으로부터 시작하여 각질세포, 진피층에 이르는 층을 이루고 있다[그림 10-22]. 피부에서 감각을 포착하는 센서 세포들은 미세하게 역할 분화가 되어 있다. 예를 들어 마이스너 소체는 얕고 짧은 움직임에 반응하며, 메르켈 원반 수용기는 물체의 가장자리와 같이 지속적이고 얕은 촉감에 반응하며, 파치니 소체와 루피니 종말은 피부 깊이 오는 감각에 반응한다(ibid. p61). 같은 사람이 비슷한 형태로 만지는 경우에도 미세한 차이에 의해 편안함이나 사랑스러움에서부터 무미 건조함, 귀찮음, 미안함, 그리고 혐오감에 이르기까지 다양한 감정이 포착된다. 털을 건드리는 바람과 같은 미세한 진동은 모낭으로 전이되어 모낭 주변의 센서를 자극한다.

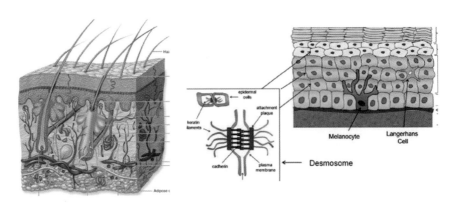

[그림 10-22] 피부의 구조

진피 안에 있는 모낭 주변의 센서들도 다양해서 빠른 움직임에 반응하는 센서, 지속적인 움직임에 반응하는 센서, 포착된 정보의 전달 속도가 빠른 세포와 느린 세포 등으로 구성되어 있다. 이들 세포가 뇌로 보내는 다양한 신호를 합성해 뇌가 그 정보의 의미를 해석한다(데이비드 린든, 《터치: 손, 심장, 마음의 과학》 p106, p1150). 그래서 같은 애인이 접촉을 할 때도 상황에 따라 부드러운 사랑의 감정이 담긴 터치인지 다투며 건드린 어색한 터치인지 보지 않고도 구별한다. 가려움이나 벌레가 기어가는 것 같은 근질거림, 간지러움 등은 피부의 독특한 수용기가 만들어 내는 가장 난해하고 분석하기 어려우며, 때로는 당사자에게 참기 힘든 고통이 되는 감각이다(ibid. p240). 피부가 느끼는 감각은 우리의 심리적 상태와도 깊은 관계를 가지고 있어서, 사회적 거부나 이별과 같은 정서적 고통은 실제로 신체적 고통으로 나타난다(ibid. p213).

　뇌는 센서로부터 오는 신호를 일방적으로 받아들이기만 하는 기관이 아니어서 능동적으로 수색(probing)을 지휘하기도 한다. 뇌의 관심이 센서의 작동에 영향을 주기도 하는 것이다. 그래서 주사를 맞는다는 사실에 집중하는 어린아이는 주사 바늘이 들어가는 짧은 순간에 더 큰 고통을 느낀다. 간호사가 주사를 놓을 때 아이의 관심을 다른 곳으로 유도하면 통증 없이 주사를 맞힐 수 있는 것이다.

　근질거림에서부터 가려움, 통증, 미끈거림, 미끌거림, 압박감, 스치는 감각 등은 모두 우리의 몸을 보호하는 데에 있어서도 매우 중요한 역할을 한다. 통증이 없어지면 좋겠다고 생각하기 쉽지만 통증이 없다면 우리는 수시로 피부를 다치고 뼈를 부러뜨리는 일을 당하게 될 것이다. 우리가 지능형 사물이나 로봇을 보호하기 위해 피부를 부여하고 피부로 느끼는 다양한 감각을 느낄 수 있게 해 주는 것이 가능할지, 또는 얼마나 많은 노력과 시간이 들어야 가능할지도 아직은 미지수다. 그렇게 하는 것이 바람직하기는 한지조차도 아직도 해결하지 못한 숙제다. 자동차가 문콕을 당하거나 범퍼에 상처가 나면 통증을 호소하도록 하는 것이 필요할까? 그렇게 하기 위해 얼마나 많은 비용을 지불하는 것이 수용될 수 있을까?

　무엇보다 중요한 것은 사람의 감각기관을 모두 센서로 대체하는 방법을 찾는 것이 아니고 기술이 잘하는 것과 사람이 잘할 수 있는 것이 조화를 이루도록 인간을 위한 지능형 사물을 디자인하는 것이라고 나는 믿는다.

초연결로 가는 길

공감과 관찰을 바탕으로 포착된 문제의 해결은 다양한 방식으로 시도될 수 있다. 특히 기술 혁명의 전개는 해법의 가능성에 새로운 지평을 열고 있다. 센서와 데이터, 클라우드와 인공지능, 사물인터넷과 로봇 등으로 펼쳐지는 기술의 폭발적 확산은 우리에게 과거와 다른 상상의 세계, 창조의 세계를 펼쳐주고 있다.

■ 산업, 기술, 제품의 융합

닌텐도 Wii나 마이크로소프트 XBox, 소니 플레이스테이션 같은 비디오 콘솔 게임기 시장은 엄청난 규모이다. 이 시장은 가전제품 산업의 연장이자, 동시에 컴퓨터 산업의 연장이기도 하며, 장난감 산업의 연장이기도 하고, 콘텐츠 산업의 연장선에 있기도 하다. 그래서 기존의 산업과 시장에 대한 구분과 노하우에 집착하면 이 산업의 정체성에 혼란을 느끼고, 대응 전략에도 문제가 생긴다.

정보 관련 산업은 기술들, 제품들 간의 융합이 가장 활발하게 전개되는 산업이다. 하버드대학의 정보정책연구소에서 만든 [그림 10-23]의 다이어그램을 보자. 구름 같은 모양의 도형들은 하나의 산업을 의미한다. 이 다이어그램에는 정보를 다루는 수단을 취급하는 통신, 컴퓨터, 소프트웨어, 사무기기, 가전, 우편, 택배 등의 산업에서부터 정보의 내용을 취급하는 방송, 영화, 음악, 출판, 데이터, 컨설팅 등의 산업이 모두 망라되어 있다. 기술의 진보로 각 산업의 영역이 조금씩 넓어지면서 산업 영역이 중첩되어 가는 모습을 볼 수 있다. 새로운 제품이나 서비스는 이렇게 주로 산업 영역이 중첩되는 부분에서 탄생하기 시작해, 더 도발적인 융합으로 확장된다. 산업과 기술이 융합되며 탄생하는 제품들은 기존의 세계관으로는 정의하기 힘든 새로운 정체성을 만들어내며 성장한다.

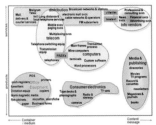

[그림 10-23] 혁신은 산업의 경계에서 탄생하여 확산된다.

디지털 트랜스포메이션은 교육, 엔터테인먼트, 게임, 가전, 자동차, 관광, 금융, 제조, 의료 등 모든 산업에서 빠른 속도로 진행되며 끊임없이 새로운 정체성을 만들어 내고 있다. 초연결 사회의 구성 요소가 될 새로운 서비스나 지능형 사물, 로봇 등이 생성되는 원리는 대체로 다음과 같다.

1) 기존 제품이나 서비스 + 센서 + 네트워크
2) 기존 제품이나 서비스 + 센서 + 인공지능 규칙
3) 기존 제품이나 서비스 + 센서 + 네트워크 + 인공지능 학습 능력
4) 기존 제품이나 서비스 + 센서 + 소프트웨어 + 신소재 또는 신기능
5) 센서 기반의 신제품
6) 인공지능 및 데이터 기반의 신제품
7) 로봇 기반의 신제품

지금 개발되어 있고, 활용 가능한 센서나, 로봇의 요소기술, 소프트웨어, 인공지능, 소재 등은 매우 다양하기 때문에 그 혼합은 무궁무진한 가능성을 만들어 낸다. 우리는 기술이 차고 넘치는 기술 풍요(technology abundance)의 시대에 살고 있는 셈이다(피터 다이어맨디스, 스티븐 코틀러, 《어번던스》 p110). 그러나 기술적으로 뛰어나고 복잡한 기능을 가지고 있다고 해서 그 제품이 시장에서 살아남는다는 보장은 없다. 모든 기술 융합이 가치를 창출하여 우리의 삶에 기여한다는

보장도 없다. 언제나 그랬듯이 성공보다 많은 실패 사례가 만들어질 것이다. 그러나 우리는 그런 실패들을 교훈으로 삼아 새로운 디자인으로 다음 세상을 향해 나아갈 것이다.

수많은 발명 아이디어를 내어 놓았지만 사업적으로는 성공하지 못한 풍운아 니콜라 테슬라의 일대기를 감명 깊게 읽었다는 구글의 창업자 래리 페이지의 "나는 테슬라처럼 살고 싶지는 않았어요."라는 말은 솔직한 심정이다. 누가 남들을 위한 교훈이 되어 실패의 무덤으로 사라지고 싶겠는가? 페이지는 상품이 시장에서 인정을 받아 많은 사람들이 사용해야 회사도 보람을 느끼고, 세상도 바꿀 수 있다고 설명한다. 가치를 창출하고 삶에 공헌할 디자인을 찾아가는 여정에서 디자인 씽킹은 시장과 미래의 불확실성에 도전하는 우리의 무기다.

▪ 아이덴티티의 변신: 내가 아직도 신발로 보이니?

초현실주의 문학은 단어에 고착된 개념을 부정함으로써 단어와 표현을 상투성으로부터 해방시키고 원초적인 아름다움을 찾고자 했다. 초현실주의 예술가는 변기와 같은 일상의 사물에 새로운 정체성을 부여해 오브제(objet)로 탄생시키고자 했다. 초연결 사회에서는 디지털 트랜스포메이션을 통해 사물이 가지는 정체성과 의미가 재탄생한다.

보드리야르는 "오늘날 사물은 자신의 용도에 관한 한 매우 분명하게 드러나 보인다. (중략) 사물이 자기 기능 속에서만 해방되는 한, 인간 또한 이 사물의 사용자로서만 해방된다."라고 설명한다(장 보드리야르, 《사물의 체계》 p24~25). 즉 침대는 침대로서, 의자는 의자로서 사물이 자신의 용도에만 소용되는 한 각 사물은 자신의 고정된 정체성을 가진다는 것이다. 사물들은 주어진 영역에서 독립적으로 확보된 해방감으로 존재한다. 그러나 초연결 사회에서는 그 독립된 정체성에 변화가 생긴다. 사물이 자신의 기능적 정체성 그 자체로부터 해방되는 것이다. 의자도 더 이상 의자가 아니고 침대도 더 이상 침대가 아니다. 그리고 이들은 상호 소통하며 새로운 관계를 만들어 낸다. 의사와 침대는 사용자의 건강 문제를 가지고 상호 소통하는 새로운 관계의 주인공이 된다.

신발이 더 이상 그저 신발이 아닌 제품으로 변신할 때, 신발은 위치를 알려주는 안내자가 될 수도 있고, 건강 관리를 도와주는 헬스 케어 도구가 될 수도 있으며, 운동과 보행 자세를 조언하는 코치가 될 수도 있다[그림 10-24a]. 옷도 전화를 받고, 검색을 하고, 위치를 확인하고, 지도를 찾는 데 도움을 주는 도구로서 새로운 정체성을 부여받을 수 있다. [그림 10-24b]는 구글과 리바이스가 실험한 회로가 내장된 의복 디자인 프로젝트를 보여 준다.

[그림 10-24a] 새로운 정체성을 가지기 시작한 신발

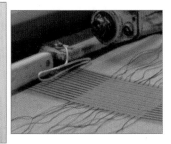

[그림 10-24b] 의복에 회로를 내장시키는 프로젝트 자카드

중요한 것은 무엇을 만들어낼 수 있는가가 아니다. 소비자가 무엇을 원하는 가도 아니다. 스티브 잡스 같은 혁신가나 빅터 파파넥 같은 선구적 디자이너가 말했듯이 핵심은 사람들이 무엇을 필요로 하는가이다. 더 많은 기능을 넣는다고 더 좋

은 제품이 되는 것도 아니다. 관찰과 공감을 통해 사람들의 필요를 포착하고, 그들이 필요로 하는 것을 만드는 것이 초연결 사회의 스마트 커넥티드 제품을 지향하는 디자인 씽킹의 접근 방식이다. 센서를 이용한 데이터의 수집과 네트워크를 기반으로 한 연결성, 그리고 수집된 데이터를 이용한 지식 추출과 학습 기능 등을 적절히 혼합함으로써 기존의 제품이나 서비스에 완전히 새로운 가치를 더할 수 있다. 나아가 제품과 서비스가 우리의 삶에서 가지는 의미와 정체성을 새로이 부여할 수 있다.

중국에서 온 왕애미라는 여학생은 디자인 씽킹 수업의 과제로 청각장애를 가진 사람들을 위한 안경을 구상했다. 대화 상대방의 말소리를 읽을 수 있게 만들어 주는 안경이다. 안경에 음성 센서와 AR(증강현실) 기술을 덧붙여 상대방의 말을 글로 바꾸어 안경알에 비추어 주는 것이다. 학기 중에 고향인 광저우에 있는 지인들에게 연락해 면담을 수행했고, 그 결과 청각장애를 가진 사람들 중 약 55%는 글을 읽을 수 있고, 말을 할 수 있다는 것을 확인했다. 나아가 그들이 이런 제품 아이디어에 대해 들어본 일이 없으며, 그런 제품이 자신들이 필요로 하는 것이라는 점을 확인할 수 있었다. 그녀는 곧이어 선전에 있는 아는 '오빠들'을 동원해 부품 가격을 확인해 대략적인 스마트 안경 가격을 산정했고, 안경을 만들기 위한 창업 준비를 하고 사업자 등록을 했다. 내게 찾아와 가장 핵심이 되는 문제가 무엇일지 자문을 구했다. 부품을 확보하는 데에는 문제가 없을 것이었다. 내가 보기에 핵심은 소프트웨어라고 알려 주었다. 안경에 달린 센서로 상대방의 목소리뿐 아니라 다양한 잡음이 들어올 것이므로, 이런 잡음들로부터 상대방의 목소리만 골라내는 신호-잡음 필터링 기술을 소프트웨어가 구현해야 하니 이를 잘 연구해 보라고 알려 주었다. 그녀가 상상한 안경이 만들어진다면 그 제품은 더 이상 그냥 안경이 아니고 새로운 정체성을 부여받은 사물이 될 것이다.

사회가 고령화됨에 따라 노인들의 치매와 건강관리가 커다란 사회적 문제로 부상하고 있다. 치매 노인을 도와주기 위한 도구들을 개발해 보라는 과제에 학생들은 치매 노인의 위치를 파악하기 위한 위치 확인 기능과 집으로 돌아가는 방향을 불빛으로 안내해 주는 기능을 가진 신발을 제안하기도 했고, GPS와 혈압 등 건강 상태를 확인하기 위한 센서들이 포함된 노인용 지팡이를 제안하기도 했다. 그들이 제안한 신발이나 지팡이는 더 이상 그냥 신발이나 지팡이가 아니라 새로운 정체성을 부여받은 사물이 된다.

네델란드와 덴마크에서 온 루카스와 마티아스 팀은 치매 상태를 개선하기 위한 방법을 찾아 제품으로 만들고 싶어 했다. 그들은 약물치료가 아닌 뇌의 가소성(brain plasticity)을 이용한 요법이 시도되고 있으니 확인해 보라는 나의 조언에 깊은 인상을 받았다. 그들은 치매와 뇌 가소성에 대한 논문들을 찾아 검토하여 치매 개선을 위한 장신구를 고안해 보았다. 뇌 가소성이란 뇌 영역의 일부가 쇠약해지면 다른 뇌 영역들이 도움을 줄 수 있다는 이론이다(닐스 바르바우머, 외르크 치틀라우, 《뇌는 탄력적이다》 p236). 이 이론에 근거하여 건강한 뇌 영역을 적절히 훈련시키면 역할을 확장시키거나 감각 재배치, 보상적 대체라는 현상을 발생시켜 치매 이후에도 정상적인 생활을 영위하는 데 문제가 없게 개선할 수 있다(노먼 도이지, 《기적을 부르는 뇌》 p353). 그들이 제시한 아이디어는 홀로그램을 이용해 자연스럽게 뇌 훈련을 반복시켜 치매 상태를 개선해 주고 의사와 진척 상황에 대한 정보를 주고받는 장신구이다. 이는 더 이상 그냥 장신구가 아니다. 그들은 고국에 돌아가서도 그 제품에 대한 연구와 관심을 계속 유지해 보겠다고 다짐했다.

그 외에도 건강 체크와 데이터 분석을 위한 변기, 건강 체크와 함께 LED로 눈가 주름을 개선해 주는 안경, 숙면을 위한 홀로그램 조명과 수면 상태 및 건강 체크 기능이 가미된 침대 프레임과 매트리스 등 다양하고 창의적인 아이디어들이 많이 등장했다. 학생들이 디자인 씽킹 수업에서 제시한 모든 제품이나 서비스 사업 모델에 대해서는 부품과 요소 기술들에 대한 조사를 수행하도록 요청했고, 나아가 사업 환경 분석, 향후의 제품 개선 계획, 기술 로드맵 등을 준비하도록 요청했다. [그림 10-25]는 학생들이 제시한 제품 설명서에 포함된 이미지의 일부다.

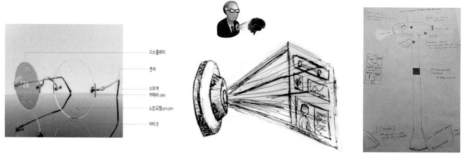

[그림 10-25] 학생 발표: 노인용 글래스, 치매 치료 장신구, 스마트 지팡이

▪▪ 초연결 사물의 지능성과 인간

학습과 지능성

사물이 지능을 가지는 데 있어서 핵심이 되는 역량은 학습 능력과 상황 판단 능력이다. 사람의 경우에도 이 두 가지를 적절히 갖춘 사람을 우리는 지식이 있는 사람을 넘어 지혜로운 사람이라고 부른다. 그런데 소프트웨어와 물리적 특성을 결합시킨 지능형 사물의 자동 학습은 예상하지 못한 상황을 연출할 수도 있다.

"아니, 여기가 어디야?"

"오늘 금요일이잖아요. 힘든 일과를 마치고 피곤한 얼굴이셔서 언제나 들르시던 스탠드바로 안내했습니다."

"아니 이 녀석이! 이제 그렇게 살지 않기로 마음먹었는데."

유혹을 못 이겨 잠시 한 잔 하고 다시 차를 탄다.

졸다가 문득 깬다.

"여기는 어디야?"

"늘 가던 2차 장소예요. 즐겁게 한 잔 더 하세요."

"뭐라고? 에잇!"

김유신은 자신의 스마트 자율운행 자동차를 칼로 내리친다.

로봇은 특수한 목적을 수행하기 위한 것과 여러 가지 일을 처리할 수 있는 범용적인 것이 있을 수 있다(도널드 노먼, 《미래 세상의 디자인》 p210). 어느 것이나 사실 사람을 닮을 이유는 없다. 한정된 기능을 가진 특수 목적의 로봇은 자신이 처리할 수 있는 일의 종류가 비교적 좁게 설정되어 있는 로봇이다. 생긴 것도 우리에게 이미 익숙한 가전제품과 유사할 수 있다. 납작한 로봇 청소기가 가정에 들어온 지는 이미 오래 되었다. 자동차에 지능이 부가되면 자동차도 일종의 로봇이 된다. 사용자들은 특수 목적 로봇에게는 주어진 역할 이외에는 요구하지 않을 것이다. 누구라도 로봇 청소기나 스마트 자동차에게 "빨래 좀 도와줄래?"라고 요청할 생각은 하지 않을 것이다. 영화에 등장하는 것처럼 노인과 대화 상대가 되어 주고, 위안과 가사 도움을 해 줄 범용 로봇을 만든다면 사람과 가까운 모습의 휴머노이드로 만들 것이다. 일을 도와주고 감성적 소통을 하다 보면 정도 들고 외로운 삶에 도움이 될 수도 있을 것이다. 그러나 아직 이런 스토리는 영화에 불과하다.

범용 로봇의 경우 학습 기능을 작동시키는 데 각별한 주의가 필요할 것이다. 언젠가 가사 로봇에게 청소를 시킨 후, 로봇이 청소를 삼분의 일쯤 하고 있을 때, "잠깐, 청소를 멈추고 파스타 삶는 것 좀 도와줘."라고 요청할 수도 있을 것이다. 그러나 현명한 로봇이 그 패턴을 신속하게 학습한다면, 로봇에게 청소를 시켜 놓고 당신이 외출하려고 준비하고 있을 때, 로봇이 청소를 삼분의 일쯤 하다 말고 다가와서 "파스타 삶아 드릴까요?"라고 물을지도 모른다. 자동 실행 기능이 강화된 로봇을 구입한다면 청소를 삼분의 일쯤 한 후에 묻지도 않고 파스타를 삶을 수도 있다.

기술 시스템은 생각보다 완고해서, 기술의 변화가 사람 사는 세상의 변화를 선도하는 듯 보이기도 하지만 때로는 기술 시스템의 경직성이 변화의 걸림돌이 되기도 한다. 기업의 필요성과 상황의 변화를 원활하게 수용하는 기술 시스템이 준비되지 않으면 일하는 방법이나 조직 구성의 변화가 수용되지 못하는 경직성의 이유가 기술이 될 수도 있다. "그런 요구를 들어드리면 좋겠지만 시스템이 그걸 처리할 수 있게 되어 있질 않아서요." 같은 대답을 들을 때 경험하듯, 기술의 경직성이 변화나 융통성을 수용하는 데 걸림돌이 되는 것이다.

기술이 상황의 변화에 맞추어 적절히 대응하는 능력을 시스템의 '환경 적응성'이라고 한다. 환경 적응성을 높이는 방법은 두 가지다. 하나는 환경이 변해도 수용할 수 있는 범용성을 갖추는 것이다. 그러기 위해서는 당장은 필요하지 않지만 언젠가는 필요할 수도 있는 기능을 갖추어야 한다. 특수한 상황에서나 필요한 기능들이 추가적으로 들어있는 장치와 같이 개발과 유지에 비용이 더 들지만 안정감을 줄 수 있다. 다른 하나의 방법은 변신을 위한 유연성을 갖추는 것이다. 지금은 당장에 필요한 기능들만을 갖추고 있지만 필요하다면 신속하게 다른 기능을 추가하거나 구조를 변화시킬 수 있도록 만드는 것이다. 이런 구조적 유연성을 부여하는 데에도 물론 비용이 든다. 두 가지 방법이 모두 비용이 들기 때문에 현재의 비용 절감을 위해 미래를 희생하기로 하면 기술에는 경직성이 생기고 변화에 걸림돌이 된다(조남재, 1984).

기계가 효율적, 효과적으로 학습할 수 있다면, 그리고 학습의 결과를 기능, 성능, 구조 등에 반영할 수 있는 수단을 내장한다면 높은 환경 적응성을 확보할 수 있다. 데이터와 인공지능의 수준, 그리고 기계 구조와 소재의 수준이 지속적으로 좋아지고 있기 때문에 유연성을 수용할 수 있는 폭이 넓어지고 있다. 오히려 미래 세계에서의 한계는 우리 자신의 마음의 유연성에 있게 되는 것 아닐까?

의사결정

기술은 우리의 의사결정에 도움을 주는 역할을 해왔다. 소프트 봇은 가격을 비교하여 우리에게 구매 의사결정을 위한 즉각적인 정보를 제공해 준다. 기계의 조언은 강력하다. "여기서 사지 마. 더 싼 데가 있어."

나아가 더 포괄적인 정보 탐색을 지원해서 유사한 물건이 어디에 있는지, 적절한 구매 장소는 어디인지, 대체품을 구매할 수는 없는지 등을 알려줄 수도 있다. 그러나 의사결정에 대한 더 적극적인 구매 개입은 당신의 기대와 다른 상황을 유발할 수도 있다. "내려놔. 의사가 단거 먹지 말라 했잖아. 가격이고 품질이고 비교도 하지 마." "사지 마. 멀쩡한 비슷한 색 구두 여러 개 있잖아. 낭비야."

이정도 되면 이 소프트 봇은 분명 나의 소유고, 나를 위해 조언을 하는 것이지만 마음은 그리 편치 않을 수도 있다. "헐, 이젠 너까지 잔소리하고 간섭하냐!"

말을 탄 기수의 눈빛이나 작은 몸의 움직임만으로도 그의 의도는 말에게 전달된다. 한편 말의 마음은 미세한 근육의 움직임이나 망설임을 통해 타고 있는 기수에게 전달되어 말과 사람이 한몸이 된 것처럼 움직인다. "어떤 상황에서 사람과 사물 사이에 의사결정의 권한을 어떻게 배분해 나누어 가질 것인가?"라는 질문은 초연결 사물의 디자인에 있어서 핵심적인 고려사항이 될 것이다. 상황에 맞추어 사용자와 사물 간의 권한 이양이 기수와 말의 관계처럼 물 흐르듯이 이리로 또는 저리로 자연스럽게 조화되도록 해야 한다(도널드 노먼, 《미래 세상의 디자인》 p36). 사람과 사물이 하나가 된 덩어리가 최적의 조화를 이루도록 디자인해야 할 책임이 디자이너에게 추가되는 것이다. 여러분과 자동차, 여러분과 스마트폰 사이의 소통은 이런 수준에 얼마나 가까이 근접해 있다고 생각하시는가?

사이보그와 포스트 휴먼

피부는 우리의 몸과 환경의 경계를 형성한다. 피부가 있는 곳까지가 바로 내가 인식하는 물리적인 '나' 나아가 '나의 정체성'의 경계가 된다. 피부를 중심으로 나와 나의 환경, 나와 나의 주변 사이가 구분되는 것이다. 그러나 안경이나 의수, 임플란트처럼 나와 밀착되어 있는 사물들은 환경이라기보다는 '나' 자체의 연장으로 받아들여진다. 사실 '나'의 범위에 대한 인식은 생물학적인 토대에 긴밀하게 연결되어 있지 않다. 사람들은 도구를 자신의 연장으로 받아들인다. 지팡이 끝을 통해 도로의 울퉁불퉁한 면을 느끼고 얼마나 딱딱한지도 느낀다. 마치 자신의 감각기관이 지팡이 끝까지 연장되어 있는 것처럼 생각하고 행동하게 되는 것이다. 심지어 우리는 거대한 기계 장치인 자동차를 통해 노면과 도로의 상태를 감각한다.

인지적인 경계도 도구를 포함하는 경계로 확장된다. 시계를 차고 있는 사람에게 "지금 몇 시인지 아세요?"라고 물으면 그들은 대체로 "네"라고 대답하고 손목을 들어 시계를 본다. 그가 대답하는 순간 과연 몇 시인지 알고 있었을까? 사실 그는 "네"라고 대답하는 순간 자신의 시계가 알고 있는 것을 자신이 알고 있는 것과 동일시하고 있다(앤디 클락, 《내추럴-본 사이보그》 p67). 관찰에 관한 설명에서 등장했던 스티브 몰던이라는 개발자를 기억하시는가? 그는 옥상 위에 설치한 카메라를 헬멧과 연결하고 자신의 머리 움직임을 카메라의 움직임과 동조시킴으로써 마치 자신이 빌딩 위에 서서 필라델피아는 내려다보는 것 같은 경험을 했다. 심지어 자신이 머리를 움직이는 각도의 두 배로 카메라의 각도를 움직이게 했더니, 마치 목을 180도 돌릴 수 있는 초인이 된 듯한 환상을 경험했다(앤디 클락, 《내추럴-본 사이보그》 p148).

나아가 기술이 피부의 안쪽으로 들어오면 우리는 '나'의 개념을 다시 정의하라는 심리적 압박을 받는다. 우리의 몸 안으로 들어온 기술은 인공혈관이나 인공관절, 의족, 의수를 넘어 심박 조절기로 그리고 더 지능적이고 초연결된 기기로 진화해 가고 있다. 사물과 인간의 뇌가 몸 안에서 협업하는 것이다. 《내추럴-본 사이보그》의 저자인 앤디 클락에 의하면 인체에 밀접하게 동반되어 있는 기계를 '나'의 자연스런 연장으로 생각한다는 점에서 기술을 사용하는 우리 모두는 사이보그다. 어떤 면에서 초연결 시대의 디자인 씽킹은 사이보그가 된 현대의 삶에 적합한 사물을 만들어내는 도구다.

감각기관에서 포착된 정보는 뇌에서 해석되면서 비로소 의미를 가진다. 그렇다면 센서 기술이 발달해 고차적 정보를 직접 뇌에 전달할 수 있다면 문제가 생긴 감각기관을 대체하거나, 기능을 향상시켜 나를 확장시키는 방법을 찾을 수 있게 된다. 감각 대체 분야의 선구자인 신경과학자 바크 이리타는 "우리는 눈이 아니라 뇌로 본다. 우리가 망막을 잃어도 뇌가 손상되지 않는 한 보는 능력을 잃지 않는다."라고 한다(애덤 피오리, 《신체 설계자》 p167). 눈을 사용하지 않고 사물을 '보는' 방법을 찾을 수 있다는 것이다. 그의 말대로 '감각 대체 기술' 연구자들은 카메라로 포착된 이미지 정보를 전기 신호로 바꾸어 피부나 혀로 연결하는 기기를 만들어 실험을 하고 있다. 이런 방법을 통해 시력을 잃은 사람이 혀나 피부로 사물을 볼 수 있게 해주는 연구가 놀라운 진척을 보이고 있다.

기술과의 상호작용은 자신과 환경의 경계감 그리고 자아 정체성에 영향을 줄 수 있다. 캐서린 헤일스는 "이용자는 상호작용의 적절한 경계를 정하는 것은 피부가 아니라 신체와 시뮬레이션을 연결하는 피드백 루프라는 사실을 운동 감각과 근육, 인대, 관절의 감각정보 수용기를 통해서 배운다."라고 설명한다(캐서린 헤일스, 《우리는 어떻게 포스트휴먼이 되었는가》 p66). 이는 의사인 수전 그린필드의 해석과 일맥상통한다. "뇌와 신체 사이의 대화가 뇌 활동의 통합적 일부라는 사실은 명백하다. 완벽하게 뇌를 모방하려면 신체도 모방해야만 한다."(수전 그린필드, 《브레인 스토리》 p171). 포스트휴먼에 대한 탐구자 캐서린 헤일스의 주장대로 만일 우리가 문제가 있는 신체의 일부를 기계로 대체한다면 남겨진 이슈는 "탄소 기반의 유기체와 실리콘 기반의 인공 확장물을 연결하는 정보의 경로"를 디자인하는 방법을 찾는 것일 뿐이다(캐서린 헤일스, 《우리는 어떻게 포스트휴먼이 되었는가》 p23).

과학과 기술은 먼 나라를 여행하는 데에는 마녀의 빗자루나 양탄자, 축지법, 그리고 인문적 상상력보다는 프로펠러나 공랭식 모터, 제트엔진이 더 효과적이라는 것을 보여주었다(루이스 멈퍼드, 《기술과 문명》 p448). 이와 같은 도전과 탐구가 인류의 역사를 바꾸어왔다. 초연결 혁명도 이런 궤적을 따라갈 것이다.

오래된 것에 대한 향수: 낡음과 기억

종이로 된 책은 읽어 본 만큼 귀퉁이가 낡아진다. 그 '낡음'의 흔적은 책과 독자의 관계를 보여준다. 낡은 신발은 새 신발보다 가치가 떨어진다. 그러나 낡은 신발의 변형과 틀어짐은 그 신발과 주인의 관계를 흔적으로 보여준다. 이런 흔적들은 소유 관계, 개인성, 나아가 진품성을 상징한다. 낡아 떨어진 아인슈타인의 신발은 새 신발보다 중요한 진품성 가치를 가진다. "이게 '진짜로' 아인슈타인이 신었던 신발이라고!" 시간을 더 길게 늘여 보면 그 낡음은 역사가 된다. 그리고 그 역사에는 신비로움이 스며든다.

사물에 대한 개인의 역사는 애착으로 통하는 길이 되고, 사물에 대한 집단의 역사는 우상과 신성화로 통하는 길이 된다. "사물이 오래되면 사물은 우리를 이전의 시대에, 신성(divinity)에, 자연에, 근원적인 인식에 접근시킨다. 고대 이교 문명의 기호로 뒤덮인 그리스의 청동이나 음각한 보석은 9세기 기독교인들에게는 마술적 효력을 지닌 것이었다(장 보드리야르, 《사물의 체계》 p118)." 그래서 오래된 물건, 친숙한 물건에 대한 인간의 감정은 새로움에 대한 두려움을 대체한다. 영화 〈터미네이터〉에 처음 나타난 T-800의 괴물 같고 무시무시한 이미지는 시간이 지날수록 친숙해지고, 이후에 등장한 더 우아하고, 아름답고, 기능적으로 뛰어나지만 차가운 괴물들에 비해 더 깊은 정을 느끼게 만든다[그림 10-26]. 낡고 오래된 악기처럼 '한물 간' 터미네이터는 사용자의 마음을 빨아들여 같은 편에 서서 응원하게 만든다.

[그림 10-26] 영화 〈터미네이터〉의 미래 로봇. T-800, T-1000, T-X

'오래됨'의 흔적은 과거에는 낡아진 가방이나 구두처럼 물질의 변형으로 남았다. 초연결 시대에는 오래됨의 흔적은 데이터로 남는다. 풀어야 할 디자인 문제는 사물과 사용자의 관계, 개인성 같은 낡음이 가진 가치를 어떻게 그리고 얼마나 데이터로 치환할 수 있을까다. 어떤 데이터를 언제, 얼마나 수집할 것인가에 대한 디자인 의사결정은 개인화, 친밀감, 향수, 기억 그리고 신성성에 대한 설계와 연결된다. **우리는 새로운 제품을 설계할 때 어떤 센서를 얼마나 심을 것인가를 디자인함으로써 그 제품과 사용자 간의 지속적 관계, 사용자와 제공자 또는 제3자 간의 관계 지속의 성격을 디자인한다.** 초연결 스마트 신발에 온도센서, 무게센서, 위치센서, 습도센서 중에서 어떤 것을 몇 개나 심고, 얼마나 자주 데이터를 수집하도록 디자인하는가에 따라 그 신발은 치매 환자, 운동선수, 걸음을 배우는 아기, 보행 자세를 교정하는 환자 등에게 서로 다른 도움을 주게 될 것이며, 환자와 의사, 가족들 간의 관계를 규정하게 될 것이다. 신발을 제조한 공급자의 역할이 무엇이될 지도 새로 규정될 것이다. 초연결 시대 디자인의 범위는 지금까지보다 훨씬 더 심원한 "관계들" 속으로 침투해 들어가게 될 것이다.

미완성, 개성화, 그리고 길들이기

생산자는 제품을 개성화하기 위해 제품의 본원적 기능에 부차적인 것을 덧붙인다. 자동차의 이동성이나 냉장고의 냉각이라는 본질에 부가적 기능이나 구조를 추가하는 것과 같다. 생산자가 개성화를 추구하는 이유는 개성화를 통해 전달하고자 하는 코드가 있기 때문이며, 생산자는 그 코드를 차별화의 기반으로 삼는다. 장 보드리야르는 "사물이 개성화의 요구에 응할수록 본질적 특성은 더욱 구속을 받게 된다."라고 해석한다(장 보드리야르, 《사물의 체계》 p221 참조). 차체는 부차적 기능으로 더 무거워지며 이동성의 효율은 떨어진다. 그러나 오늘날 본질 기능과 부차적 기능의 상대적 의미와 위상은 전복되고 있다. 스마트폰이 가진 본질적 기능이 어디까지인지는 더 이상 명확하지 않다. 부차적 기능의 가치가 쉽사리 본질 기능의 가치를 넘어 새로운 장을 열어나간다.

생산자의 개성화는 사용자에 의한 개인화로 확장된다. 생산자의 '완성품'은 사용자에게는 완성된 모습이 아니다. 스마트폰은 출시되는 시점에서는 모두 같은 제품이지만, 각 사용자는 앱과 배경 사진, 사용의 흔적을 추가하여 자신만의 기능과 외양을 가진 폰으로 개인화하여 '완성시킨다.' 스마트폰에 내재된 나만의 앱과 데이터는 사용자에 의해 추가된 특성이 기기 자체보다 더 중요한 의미를 가지도록 만든다. 우리가 스마트폰을 변기에 떨어뜨리거나 잃어버렸을 때 혼비백산 하는 것은 자신의 정체성의 일부가 된 기호와 이미지를 상실할 수도 있다는 두려움 때문이다. 이 두려움에 대한 보완 장치인 클라우드 덕분에 스마트폰에 내재된 개인화된 정체성은 기기의 수명보다 길게 지속된다. 무선으로 순식간에 소프트웨어를 업데이트하여 새로운 기능을 부여해 주는 OTA(Over The Air) 프로그래밍을 통해 새로운 기능을 다운로드하는 자동차나 다른 지능형 사물들도 유사한 길을 걷게 될 것이다. "실재가 기호와 이미지의 안개 속으로 사라진다."라는 보드리야르의 선언은 초연결 시대의 현실이 되고 있다.

하버드대학의 마이클 포터 교수는 "미래의 제품을 디자인하고자 한다면 사용자에게 전달된 이후 사용자에 의해 완성될 미완성 제품을 만드는 것을 주저하지 말아야 한다."라고 조언한다(Porter & Happelmann 2014, 2015). 그 미완성의 공간은 사용자의 자유의지와 상상과 경험이 채워나가게 될 것이다. 디자이너의 중요한 의사결정은 이 '여백'에 대한 의사결정이 될 것이다. 사용자가 증강현실이나 가상현실을 통해 여행을 한다면 기술적 디자인의 부족은 사용자의 생생한 상상력이 채워줄 것이다. 그리고 반대로 인지 능력의 한계는 미완성의 공간을 채운 새로운 앱과 커뮤니티가 채워줄 것이다. 제품과 사용자 간의 친숙함은 이제 낡음이 아니라 제품이 보유한 데이터, 그리고 공급자와 사용자 간의 데이터 소통으로 구현될 것이다. 디자이너는 사용자의 상상과 반응 그리고 디자인의 여백 간의 관계를 통찰하여, 이를 제품과 서비스에 반영해야 한다.

"인간이 자동화된 사물에 투영하는 것은 자기 의식의 자율성, 자신의 통제력, 자신의 고유한 개성, 그리고 자기 자신의 사고다(장 보드리야르, 《사물의 체계》 p175)." 자율성과 통제력을 부여받은 사물은 자율적 판단을 근거로 우리가 어떻게 행동해야 하는가를 규정한다. 스마트 사물이 포착한 내 행동의 패턴이 다시 나의 다음 행동을 이끌어가는 것이다. 그래서 사물에 투영된 내 삶의 복제, 즉 시뮬라르크, 나의 디지털 트윈이 나의 정체성과 다음 행동을 규정하게 된다.

기계의 진정한 완성은 외부의 자극에 반응할 수 있는 가능성에 있다. 이는 기계가 사람과 다양한 방식으로 교류할 수 있는 '열려 있는 구조'가 되어야 함을 의미한다. 이런 기계 역량은 초연결 사회에서 맥락적 판단과 대응을 가능하게 하는 앰비언트 컴퓨팅(ambient computing)이 지향하는 바와 일맥상통한다. 제품과 서비스의 디자인 그리고 제품 및 생산자와의 소통 기반이 되는 데이터의 디자인은 이제 하나의 테두리로 안에 있는 활동이 되었다. 초연결 혁명으로의 이행은 디자이너에게 숙명적으로 부여된 과제다. 미래의 디자이너는 다만 사물을 디자인하는 것이 아니다. 미래의 디자이너는 초연결 사회에 대한 통합적 이미지와 그 이미지를 구현할 구성 요소들을 디자인할 것이다.

11

인간을 위한 디자인,
사회를 위한 디자인

인간을 위한 디자인

■ 디자이너를 위한 디자인

모든 디자인은 인간을 위한 것이고 인간들이 모여 사는 사회를 위한 것이다. 디자인 창조는 인간의 필요에 초점을 맞춘다. 디자이너는 현재 또는 미래의 필요를 찾고, 필요를 충족시킬 수 있는 해법을 탐색한다. 디자이너에게 떠오르는 "필요를 가진 인간"의 대표 이미지에는 자연스럽게 자신의 여건이 투영된다. 그래서 자신과 비슷한 여건과 문화적 배경을 가진 사용자들이 디자인의 대상으로 자리매김하는 경향을 가진다.

디자인의 역사에서 오랫동안 디자이너의 주류를 형성하는 그룹은 젊은 백인 남성이었다. 오늘날에도 디자이너는 선진국인 미국이나 유럽 또는 경제력이 수준에 오른 아시아 국가에 속한 사람일 가능성이 높다. 우리나라의 경우도 산업적 디자인이 관심의 대상이 된 것은 삼성을 위시한 여러 기업들이 세계적인 기업이 되고, 국민의 소득 수준이 올라 미적 취향을 생각하기 시작한 이후다. 또한 활발한 활동을 하는 디자이너들 또는 그들이 떠올리는 사용자들은 대체로 육체적, 정신적, 경제적, 사회적으로 구매력과 구매 욕구를 가진 그룹이 될 가능성이 높다.

디자인의 탄생과 대중에 대한 관심

역사적으로 아름다움을 추구하고 향유한 사람들의 대부분은 왕과 귀족을 포함한 사회의 지배층에 있는 사람들이었다. 봉건사회가 막을 내리고 산업화가 진전되면서 구매력이 생긴 대중이 탄생했다. 이들이 원한 것은 산업화 이전에는 선망의 대상이었지만 엄두를 낼 수 없었던 '고상한' 것들이었다. 왕과 귀족을 위해 최고의 장인들이 만든 장식이 가미된 의상, 거울, 테이블, 가구, 모자, 문과 창문, 인테리어, 저택을 모방한 제품들이 '고상함'의 기준이 되었다.

전문화된 디자인 역사의 초기에는 덩굴식물 문양을 가진 정교한 아르누보(Art Nouveau) 양식이 **구매력을 가진 대중**의 갈증을 채워주었다. 세기 말과 세기 초에 성행한 아르누보의 뒤를 이어 곡선을 기하학적 문양으로 변화시킨 아르데코(Art Déco) 양식이 등장해 1940년대까지 장식적 아름다움에 대한 수요를 선도했다. 복잡한 장식을 새겨 넣은 거울 프레임처럼 이들 디자인의 가치와 비용과 가격은 제품의 기본 기능인 거울 자체를 훨씬 상회했다. 아르누보와 아르데코는 아직도 '고급진, 고상한' 제품의 상징으로 많은 제품과 건축에 남아 있다.

[그림 11-1] 아르누보 양식과 아르데코 양식의 문양과 건축

2차 세계대전을 거치면서 바우하우스의 교장 그로피우스를 필두로 한 디자인 실험이 시작되었다. 다수 대중을 위한 '심플하고 세련된' 그리고 대량생산을 위해 표준화된 디자인이 관심의 대상으로 등장해 자리 잡기 시작했고, 개성을 극한으로 강조한 포스트모던의 도발이 그 뒤를 이었다. 디자인의 초점은 역시 사회적,

경제적, 육체적으로 주류를 형성한 구매력을 가진 다수의 선진국 소비자들, 그리고 디자인을 의뢰한 대량생산 능력을 갖춘 기업들이었다.

명품이라는 브랜딩은 작가에 의한 '유일한 원본 예술품'이 아닌 대량생산품이지만 '진품성'을 추구하는 구매자들에게 예술품을 보유한 것 같은 심리적 충족감을 가져다 주었다. 시장에서 고가로 판매되는 명품 상품들은 "귀족의 원본을 흉내낸 '저가'의 복제들에 불과하다."라는 비판도 받았다. 그러나 대량생산된 다양한 명품들은 가치에 합당한 나름의 의미를 부여받았다.

디자인의 대중화와 명품에 대한 관심

원본성(authenticity)만이 의미를 가지는 것은 아니었다. 디자인의 대중화, 상업화는 원본 명화가 아니어도 가죽, 섬유, 종이, 엽서, 포스터로 복제된 명화처럼 대중의 경험과 추억, 심리적 만족을 수반했다. 박물관의 기념품 가게에서 파는 명화 엽서는 명화의 값싼 짝퉁이지만 예술품으로서의 가치가 아니라 엽서로서의 가치를 가지는 오브제가 되었다. "명화엽서와의 만남은 우리에게 더 깊고, 더 지각적이고, 더 소중한 경험일 수 있다. 엽서는 우리의 어떤 행동도 허락하기 때문이다. 엽서는 핀으로 벽에 꽂거나 내버리거나 낙서를 해도 아무 탈이 없고, 아주 거리낌 없이 사용할 수 있어 다양한 활용이 가능하다. 우리는 자신의 필요와 관심을 염두에 둔다. 우리는 그 물건을 진짜 소유할 뿐 아니라, 영구적으로 사용할 수 있기 때문에 언제까지나 계속 감상할 수 있다."(알랭 드 보통, 《영혼의 미술관 Art as Therapy》p77)

명품으로 브랜드화된 제품이 가지는 가치의 핵심은 소비자의 '차별화되고 고급스런 취향'을 위한 심리적 욕구를 만족시킨다는 것이다. 명품 제품은 시장의 다수 일반인들에게는 고가로 인정받는 제품이고, 그런 상품을 필요로 하는 구매력을 갖춘 대중의 존재로 커다란 시장을 형성한다. 황제 나폴레옹 3세의 부인을 위한 여행용 트렁크를 만들어준 이후 명품의 대명사로 성장한 루이비통(Louis Vuitton)

을 필두로 등장하기 시작한 명품 브랜드들은 그 나라 산업의 자부심으로 자리매김하기 시작했다.

부르고뉴대학의 관광경영학 교수인 안네마리는 프랑스의 명성을 높인 디자이너들과 브랜드에 대한 자료를 자부심을 가득 담아 나에게 소개했다. [그림 11-2]는 그녀의 자료에 포함되어 있던 디자이너들과 디자인 로고다. 루이비통, 코코샤넬, 라코스테, 크리스찬 디올, 입센로랑은 모두 처음부터 자신의 이름을 가진 회사를 만들었고, 장 폴 고티에는 피에르까르뎅과 에르메스의 디자이너로 명성을 날린 뒤 자신의 브랜드를 만들었다. 이들은 예술가에 버금가는 명성으로 프랑스 사교계의 선망의 대상이 되었다. 이에 못지않은 명품 브랜드들이 이탈리아와 영국, 미국에서 연이어 등장했다.

[그림 11-2] 프랑스의 명품 브랜드를 만든 디자이너들

▪ 인간을 위한 디자인

세련된 저가의 디자인이나 가격보다 개성에 초점을 둔 디자인에 대한 관심이 널리 퍼져나간 이후에도 많은 디자인 작업의 관심은 고가의 명품을 만들어 내는 데 쏟아졌다. 구매력을 갖춘 주류 소비자들을 중심으로 성장한 디자인의 역사는 디자인의 발전에 많은 공을 세웠고, 지금도 디자인 작업의 주류를 형성하고 있다. 그러나 구매력의 중심에서 벗어난 집단은 자연스럽게 관심의 대상에서 벗어났다.

이렇게 소외된 사용자들의 필요가 무시되었다는 사실에 대한 반성적 성찰이 '인간을 위한 디자인'이라는 이름으로 등장했다.

인간을 위한 디자인 운동의 효시라고 할 수 있는 빅터 파파넥(Victor Papanek)은 디자인 관심을 소외되었던 삶들로 넓히기를 원했다. 선진국에 살고 있지만 주된 관심 대상에서 벗어나 있던 노인과 어린이, 그리고 경제력이 취약한 저개발국의 낙후된 지역 주민들에 대해 서구에서 교육받은 젊은 디자이너들이 더 세심한 관심을 기울일 것을 호소했다. 쿠퍼 유니온과 MIT에서 디자인을 공부하고 이후 온타리오예술대학, 로드아일랜드디자인학교(RISD), 퍼듀대학, 캔사스대학 등에서 학생들을 가르친 빅터 파파넥이 1984년에 펴낸 책《인간을 위한 디자인》(원제는 '실세계를 위한 디자인, Design for the Real World')은 디자인을 공부하는 세계의 모든 대학생들이 한 번은 읽어야 하는 책이 되었다.

[그림 11-3]은 내가 파리대학의 초청을 받아 현지에 머물고 있는 동안 찍은 두 프랑스 슈퍼마켓 계산대의 사진이다. 우리나라의 이마트나 롯데마트 같은 전형적인 현대식 슈퍼마켓과 다를 바 없다. 현대식 슈퍼마켓 매장의 디자인은 100년 전 등장한 슈퍼마켓 초창기의 모습을 대체로 그대로 담고 있다. 전 세계의 모든 매장들이 거의 유사해, 매장 전략과 제품의 구성에 따라 약간씩 다를 뿐이다. 여러분은 이 사진들을 보며 어떤 생각이 드시는가? 아마도 질문 자체가 생소하게 느껴질 수도 있겠다. "느낌이랄 게 뭐 있나?"

[그림 11-3] 전형적인 슈퍼마켓 계산대 주변의 설치대

오래 전 빅터 파파넥의 책을 읽다가 내게 커다란 충격으로 다가온 대목의 하나는 경영학 교수로 오랜 시간을 보내면서 한 번도 유심히 생각해 본 적이 없는 슈퍼마켓 공간에 대한 그의 논평이었다(빅터 파파넥《인간을 위한 디자인》p184). 슬쩍 언급하고 지나간 그의 서술에는 현대 경영학에 대한 디자이너의 날카로운 비판이 담겨 있었다. 그는 "계산대 근처에는 건강에 좋지도 않은 단음식이 주로 놓여 있다."라고 지적한다. 그의 말대로 어디나 계산대 주변은 건강에 도움이 된다고 할 수 없는 탄산음료, 사탕, 껌, 틱톡, 초컬릿 등으로 가득 채워져 있다. 지친 쇼핑객들이 계산을 위해 줄을 서 있다가 자신도 모르게 침을 삼키며 집어들 가능성이 높은 제품들이다. 마지막 순간의 충동구매에 흔들리는 소비자들을 겨냥한 디자인이다. "그래서 그게 무슨 대단한 문제란 말인가?"

그는 이어 "노인과 어린 아이들도 사야 하는 우유 같은 생필품은 매장 가장 안쪽에 배치되어 있다."라고 지적한다. 실제로 생필품에 해당하는 우유, 주스, 버터, 치즈 등은 계산대에서 가장 멀리 떨어진 냉장진열대에 있기 십상이고, 생필품인 빵도 안쪽 멀리 위치한 진열대에 있게 마련이다. 여러 가지 이유가 있겠지만 꼭 사야 하는 생필품을 사기 위해 고객을 매장의 맨 안쪽으로 유도함으로써 계산대까지 오며가며 예정에 없던 물건을 더 사도록 하는 의도를 반영하고 있는 매장 디자인이다. 요약하자면 '최대한의 고객 동선과 제품 노출을 확보하는 마케팅 아이디어'다.

파파넥 교수는 이런 '최적 디자인'을 채택하고 흡족해하는 사람들은 필시 사회적으로 우수한 인력으로 인정받고 경영대학 또는 경영대학원을 졸업한 사람들일 것이라고 기술하며, 이런 슈퍼마켓 계산대의 모습이나 매장 진열대의 설계가 "우리가 살고 싶은 바람직한 사회의 모습인가?"하고 일갈한다. 그는 사회와 교수들이 교육받고 똑똑한 이들 고등 인력들에게 쉬운 해법에 의존하는 대신 인간성을 희생하지 않으면서도 사업적 성공을 만들어 낼 수 있는 더 창의적이고 좋은 방법을 찾아보라고 요청해야 한다고 주장한다.

물론 기업 경영의 목적이 반드시 이윤의 최대화에만 있는 것은 아니다. 또한 돈

만 아는 게걸스러운 사업가라는 이미지는 왜곡된 일반화의 오류일 뿐이다. 사업
가들 중에는 자신을 위해 쓴 돈이 사회를 위해 쓴 돈의 작은 일부일 뿐인 사람이
허다하다. 자신의 인생을 바친 피땀 어린 노력과 그 결실에 존재의 의미를 부여하
고픈 마음은 누구나 마찬가지일 것이다. 그럼에도 수익은 기업의 영속을 위해 중
요한 의미를 가지기 때문에 경영 의사결정에는 항상 '수익의 최대화' 또는 '비용
의 최소화', '효율성' 등이 목표로 전제된다. 그러다보니 간과되기 쉬운 것이 인간
적인 측면이다. 사회에서 지적 능력을 인정받고 있는 경영대학이나 경영대학원에
서 공부하는 사람들이 노인과 어린아이들의 불필요한 수고를 바탕으로 이윤을 최
대화한다는 생각은 의도하지 않은 것일지라도 우리가 지향하는 모습은 아닐 수 있
다. 그래서 파파넥은 그들에게 쉬운 답에 안주하지 말고 좀 더 능력을 다해 생각하
도록 주문하라고 일갈한 것이다.

파파넷은 자신의 수업에서 더 인간적인 슈퍼마켓 디자인을 주제로 과제를 내곤
했다고 한다. 나도 같은 주제의 과제를 수차례 제시해 보았다. 무거운 짐을 조금이
라도 쉽게 옮기려 매장 입구에 가까이 주차하기 위해 경쟁하는 것은 매장과 주차
장의 설계가 야기한 문제다. 경영자와 쇼핑객 모두가 좀 더 인간적인 행동을 하도
록 유도하는 설계는 어떤 것일까? 오늘날의 진보한 정보 기술을 활용한다면 어떤
답이 만들어질 수 있을까? 실제로 내 수업에서 학생들은 여러 가지 기발한 아이디
어를 내어 매장의 구조와 장비, 설비 등에 대한 도면 프로토타입을 만들어내곤 했
다. 진열대와 엘리베이터의 새로운 배치를 시도하기도 하고, 드라이브 쓰루 매장,
노약자를 위한 스페셜 섹션, 온라인 주문과 오프라인 구매를 교묘하게 섞은 여러
유형의 비즈니스 모델 등 재미있고 창의적인 구상이 많았다[그림 11-4].

[그림 11-4] 새로운 슈퍼마켓 매장 과제에 대한 도전

그의 인간을 위한 디자인은 여기에서 한발 더 나아가 다양한 생각거리로 확대된다.

- 신체가 불편해 휠체어에 앉아 있는 사람은 슈퍼마켓을 사용할 때 어떤 점이 불편할지 생각해 보라.
- 내용보다 포장에 더 많은 자원이 들어가고 있는 제품들이 좋은 디자인으로 친환경적인 디자인으로 거듭날 방법은 없는지 생각해 보라.
- 아프리카나 사막의 환경 문제를 해결하기 위해 사막에 나무를 심고 자라게 할 방법을 디자인해 보라.
- 여성에 대한 이미지를 왜곡시키고 공해 재료를 많이 쓰는 바비인형보다 여러 나라의 아이들이 정신적, 신체적으로 더 건강하게 발달하도록 도울 장난감은 어떤 디자인일까?

빅터 파파넥은 디자이너와 디자인의 관심을 구매력을 가진 대중을 넘어 새로운 세상으로 넓히며 '인간을 위한 디자인'의 개념을 정착시킨 업적을 남겼다. 그의 생각의 연장에 있는 개념 중의 하나가 유니버설 디자인이다.

▪ 유니버설 디자인

유니버설 디자인(Universal Design)은 디자이너들이 상정하는 사용자에 대한 암묵적 정의와 관심은 구매력을 가진 대중에서 관심의 초점 밖에 있던 다양한 여건의 사용자에게로 확대하고자 하는 운동이다. 페트리샤 무어를 기억하시는가? 할머니를 사랑해 노인을 위한 디자인에 관심을 기울인 그녀는 고령의 할머니로 분장해 3년이라는 시간을 보내며 얻은 통찰로 많은 작품을 남겼다. 그녀는 유니버설 디자인 운동에 많은 공헌을 했으며, 디자이너로서 모교인 로체스터 공대의 명예의 전당에 이름을 남겼다.

유니버설 디자인은 소외되었던 부류의 사람들에게로 디자인의 관심을 넓히는 것이다. 여기에는 장애를 가진 사람, 나이가 많은 사람, 나이가 아주 어린 사람, 일시적 부상으로 신체가 불편한 사람, 임신을 한 사람, 아기를 데리고 있는 사람, 생소한 문화에 갑자기 떨어져 정신적 어려움을 겪는 사람 등이 모두 포함된다. [그림 11-5]에서 볼 수 있는 전형적인 유니버설 디자인 로고 이미지는 디자인 관심의 대상에 다양한 부류의 사람들이 포함되어야 함을 보여준다.

[그림 11-5] 유니버설 디자인의 로고

소외되어 있던 집단에 대한 세심한 관심은 적은 노력으로도 감동적인 효과를 만들어내기도 한다. 나의 친척 중에는 평생을 간호사로 종사한 한 고모가 두 분 계시다. 간호사는 의사와 달리 여러 진료 분야로 순환 근무를 한다. 간호사로 근무하면서 그만두고 싶다는 생각이 들 만큼 힘들었던 때가 있었다고 한다. 소아 중환자실에 근무할 때인데, 이곳은 치료하기 힘든 소아암 같은 중병에 걸린 아이들이 있는 곳이다. 매일 고통스런 약물 치료를 하지만 낫는다는 보장도 없다. 항상 울음소리로 가득한 중환자실에 근무하다 보면 "저 순진한 아이들이 무슨 죄가 있다고 무서운 병에 걸려 세상에 태어나 고통만 받고 오래 살지도 못하고 병원에만 있다가 죽는단 말인가?" 하는 생각이 들어 감정적으로 힘이 들어 아침마다 출근하는 발길이 천근만근이었다고 한다. 내 수업을 듣던 한 여학생은 이 이야기만으로도 연민과 공감이 차올라 참지 못하고 울음을 터뜨리기도 했다.

아이들이 우는 이유는 주로 링거나 주사기에 대한 공포감 때문이라고 한다. 디자인 씽킹을 실행하는 네델란드 암스테르담의 디자인씽커그룹(Design Thinker Group)은 이 소외된 아이들에게 관심을 기울였다. 그들은 아이들의 심리적 공포감의 원인을 관찰해 간단한 창의적 해법을 찾아냈다. 링거의 팩이 보이지 않도록 감싸는 플라스틱 통을 만든 것이다. 통의 겉면에는 아이들이 좋아하는 배트맨, 슈퍼맨, 몽스터주식회사 같은 애니메이션 로고를 붙였다[그림 11-6]. 이 간단한 실행으로 병실에서 아이들의 울음소리가 70%나 줄어들었다. 비록 아이들의 목숨을 연장시키거나 치료하는 의술은 아니었지만, 인간을 위한 디자인의 관심과 시도가 아이들에게 얼마나 큰 힘이 되었는지를 보여주는 사례다.

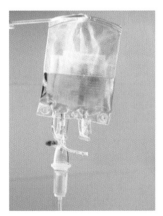

[그림 11-6] 어린이 환자를 위한 링거 커버

▪ 인간 중심 디자인과 적정기술 운동

적정기술(appropriate technology) 운동은 슈마허의 '작은 것이 아름답다'라는 사상에 뿌리를 둔 운동이다. 선진국의 거창한 기술이 아니라 현지에서 조달해 쓸 수 있는 재료와 기술로 만들고 유지할 수 있는 기술적 해법으로 사회, 환경, 보건, 생활, 일상에 관련을 문제점을 해결해 주고자 하는 운동이다. 인간 중심 디자인과 맥을 같이하는 부분이 있어서 함께 언급되는 운동이다. 유사한 맥락에서 디자인 컨설팅 회사인 IDEO는 인간 중심 디자인(Human Centered Design, HCD)의 개념과 사례를 공개하며 낙후 지역에 대한 관심을 상기시켰다. 빅터 파파넥의 인간을 위한 디자인 사상을 계승한 것이다. 인간 중심 디자인이나 적정기술 운동 모두 국제 원조의 실패 경험이 토대가 되었다는 공통점을 가지고 있으며, 서로 유사하기도 하고 상호 보완적이기도 한 개념이 되었다.

지원의 실패 경험이 단초가 되다

아프리카와 인도의 낙후된 지역은 유아 사망률이 높다. 유아 사망률이 높아 사람들은 아기를 더 많이 낳았고, 가뜩이나 부족한 인프라와 위생 여건은 과부하로 상황이 더욱 악화되었다. 유아 사망률을 낮추기 위한 연구 수행 결과 오염된 물을 마시고 병에 걸리는 것이 주요 원인이라고 밝혀졌다. 멀리 떨어져 있는 수원에서 깨끗한 물을 길어오는 일은 주로 여자와 아이들의 일이었고, 길어올 수 있는 물의 양은 적었다. 질병과 위생에 대한 보건 지식이 부족하다는 것도 중요한 문제였다. 깨끗한 물을 확보하도록 지원하는 것과 위생관념을 높이는 것은 함께 해결해야 할 문제라는 결론을 얻게 되었다.

식수 공급 문제를 해결하기 위해서는 상수도 시스템이 건설되어야 하지만 정부는 낙후지역까지 상수도 인프라를 구축할 예산이 없었고, 유엔의 지원으로 할 수 있는 일도 아니었다. 지하수 펌프를 가설하는 시범 프로젝트가 수행되었다. 수백

개의 펌프를 가설하는, 비용과 노력이 많이 들어가는 프로젝트였다. 그러나 일 년 후의 조사에서 펌프의 70%가 작동하지 않고 있다는 것이 밝혀졌다(Pacey, 1994). 많은 사람들이 사용하는 공용 펌프를 체계적으로 관리할 수 있는 시스템이 준비되지 않아 펌프들은 단기에 남용되고 망가졌다. 수리에 필요한 부품을 공급할 체계와 기술자의 제공도 어려웠다. 펌프를 지키는 관리자가 있는 곳은 여건이 나았지만, 전담 관리자를 둔다는 것은 대부분의 경우에 여의치 않은 대안이었다.

유아의 건강과 직결되어 있는 아기 엄마들의 보건에 대한 이해를 높이는 것도 중요했다. 그러나 위생 교육은 쉬운 문제가 아니었다. 먼저 이런 지역의 아기 엄마들은 교육 수준도 낮았고, 교육 시설에 대한 접근성도 낮았다. 학교나 교육시설을 더 설치하는 것은 시간이 오래 걸리고 자금도 많이 든다는 문제가 있었다. 유엔에서 위생 교육을 위한 인력을 지역에 보내 교육을 제공하는 시범 사업도 별 효과를 보지 못했다. 아기 엄마들은 음식 준비와 빨래 같은 집안일과 아이 돌보는 일로 바빴고 하루에도 왕복 두 시간에서 네 시간을 할애해 물을 길어야 했기 때문에 교육받을 시간을 낼 수 없었다.

기가 막힌 아이디어가 하나 제시되었다. 플레이 펌프라는 아이디어였다. 아이들이 놀이터에서 뱅뱅 도는 놀이기구를 가지고 즐겁게 놀면 지하수가 빨려 올라와 놀이기구 뒤에 설치된 탑 위의 물탱크에 깨끗한 물이 채워지는 것이었다. 아이들은 물을 길러 가지 않아도 되었고, 엄마들은 아이들을 돌 볼 시간도 벌었고, 마을 어귀의 가까운 물탱크에서 깨끗한 물을 공급받을 수 있었다[그림 11-7]. 멋진 아이디어는 유엔에 의해 채택되었고 시범 사업을 통해 플레이 펌프가 지원되었다.

[그림 11-7] 물을 길어주는 어린이 놀이터의 플레이 펌프

그러나 시범 설치된 물탱크도 사후 조사에서 무용지물로 판명되었다. 아이들의 초창기 호기심은 금세 시들해졌다. 플레이 펌프는 노동이 되었다. 하루에 네 시간은 열심히 뱅뱅 도는 놀이를 해야 물탱크가 채워졌다. 엄마와 함께 물을 길러 가는 것이 볼 것도 많고 더 즐거웠다. 선진국의 언론이나 사진기자가 나타나면 아이들은 깔깔거리며 플레이 펌프에 올라탔지만, 그들이 가면 금세 흩어졌다.

보건 상식과 위생관념을 높여주기 위한 사업은 결국 공식 교육체계나 계몽을 위한 집체 교육을 대안에서 제외시켰다. 연구팀은 라디오를 이용한 홍보가 가장 바람직하다고 결론을 지었다. 일을 하면서도 들을 수 있었고, 프로그램을 재미있게 그리고 이해하기 쉽게 구성하면 학교에서 가르치는 것 보다 효과적일 수 있다고 파악했다. 좋은 교육 콘텐츠의 개발에 예산이 할당되었다. 전기 인프라가 부족해 마을 공동의 전기 설비나 가정 내의 소형 발전기로는 조명을 밝히기도 빠듯했다. 건전지로 작동하는 라디오가 해답이었다. 배터리와 라디오를 보급하는 사업이 시행되었다. 라디오와 배터리가 무상 또는 매우 저렴한 가격에 공급되었다.

그러나 사후 연구에서 이 방안도 효과가 없었음이 드러났다. 배터리는 생각보다 수명이 짧았다. 선진국의 도시에서라면 배터리가 필요할 때 가까운 편의점이나 문구점으로 달려가서 사면 그만이겠지만, 그런 시설은 없었다. 멀리까지 가서 배터리를 구하려면 적지 않은 추가적인 비용이 들었다. 라디오는 무용지물이 되어

한 쪽 구석에 버려졌다. 무거운 추를 이용해 충전하는 방식이나 자전거 페달을 이용해 충전하는 방식이 제안 되었지만 불필요한 수고였다.

디자인 씽킹을 활용한 문제 해결

이런 문제가 계속 이어지자, 디자인 씽킹 접근 방식이 심각하게 고려되었다. 디자인 씽킹 방식에 의하면 선진국의 사무실에 앉아 현지에 대한 자료 분석에 시간을 보내기보다는 현지로 달려가 관찰하는 것이 필요했다. 현지에 머무르며 관찰하고 해법을 탐색한 결과 의미 있는 결과가 도출되기 시작했다.

하나는 IDEO에서 개발한 큐드럼이었다. 펌프를 만들어 주는 대신 아이와 엄마 또는 아이들이 물을 나르는 작업을 쉽게 해주는 방안이다. 큐드럼은 아이들의 적은 힘으로도 많은 물을 나르는 창의적 해법이었다. 견고한 강화 플라스틱으로 만든 둥그런 물통은 그 자체가 바퀴를 닮아 무거운 물을 들거나 이고 가지 않고 굴리고 갈 수 있도록 만들어졌다[그림 11-8]. 중앙에 구멍이 있어서 손잡이를 연결하면 Q자를 연상시키는 모양의 큐드럼은 호응이 매우 좋았다. 큐드럼은 IDEO의 인간 중심 디자인을 위한 디자인 씽킹의 효과를 보여주는 대표적인 사례가 되었다.

[그림 11-8] 쉽게 물을 운반하도록 해준 큐드럼

그러나 아무리 강화 플라스틱이라고 해도 험한 지형에서는 지속적으로 사용하는 데 한계가 있을 수 있다. 강화 플라스틱 자체가 지역에서 만들어 낼 수 있는 소재가 아니어서 지속적으로 외부의 지원에 의존할 수밖에 없다는 한계가 지적되기도 했다. 그러나 현장 중심의 고민을 통해 지역 사람들의 일상에 긍정적인 영향을 준 해법이라는 점에서 많은 사람들의 관심의 대상이 되었다. 별다른 교육도 필요하지 않았고, 아이 엄마들도 깨끗한 물을 사용하는 것이 중요하다는 것을 자연스럽게 수용하게 되었다. 수고와 시간과 청결이 서로 양보해야 하는 조건에서 모두를 달성할 수 있는 조건으로 변했기 때문이었다.

디자인적 접근 방식을 통한 또 하나의 해법은 더러운 물이라도 쉽게 정화하여 사용하게 만드는 방법이었다. 생명빨대(life straw)라고 이름 붙여진 이 제품은 즉석에서 더러운 물을 정화하여 오염과 세균을 걸러내는 기능을 가지고 있는 제품이었다[그림 11-9]. 따라서 아이들이 위험하고 더러운 물을 마실 이유가 없어졌다. 그러나 생명빨대도 한계를 가지고 있었다. 빨대 안의 순간 필터는 현장에서 만들수 없었고, 가격도 비쌌다. 그래서 생명빨대는 지역의 원주민보다 오지로 여행하는 트레커들에게 더 사랑을 받는 제품이 되었다. 그러나 생명빨대도 해결이 불가능해 보였던 문제를 디자인적 접근 방식으로 해결한 중요한 사례가 되었다.

[그림 11-9] 빠르고 쉽게 물을 정화시키는 생명빨대

배터리 기반의 라디오를 대체하여 새로운 라디오와 램프가 보급되었다. 윗면에는 태양광 패널이 붙어 있고, 뒤편에는 손으로 잡고 돌릴 수 있는 레버가 달린 라디오와 램프였다. 낮에는 햇빛 아래서 태양광을 흡수해 배터리에 전기를 저장시켰다. 저장된 전기는 평상시에 라디오를 듣거나 실내조명을 밝히는 데 충분한 역할을 했다. 그러나 날이 흐리거나 전기를 많이 소모한 날에는 레버를 손으로 잡고 돌리면 매우 효율적인 소형 발전 장치가 전기를 만들어 배터리에 축적시켰다. 10분 정도의 노력으로 수 시간 동안 조명과 라디오를 더 사용할 수 있었다. 강화 플라스틱으로 된 큐드럼처럼 선진국에서 개발된 첨단 기술인 태양광 및 소형 발전 엔진이 거대 인프라를 대신해 낙후 지역의 고질적인 문제를 해결하는 데 커다란 도움이 된 것이다.

인간을 위한 디자인 씽킹의 다른 사례들

현장에 대한 관찰과 디자인적 접근 방식이 적용되어 성공적이었다고 평가되는 대상에는 어린이용 희망 비누와 행운의 철분 물고기도 있다[그림 11-10]. 개발도상국의 낙후된 지역의 어린이들이 오염된 손으로 음식을 먹는 것이 질병과 유아 사망의 원인이 된다는 연구 결과를 바탕으로 손을 깨끗이 씻으라는 캠페인이 벌어졌다. 그러나 어린 아이들은 무상으로 공급한 비누를 이용해 손을 청결하게 씻는 데 관심을 보이지 않았다. 아이들이 조그만 장난감을 모으는 데 관심이 높다는 관찰 결과를 바탕으로 조그만 자동차가 작은 일회용 비누 안에 들어 있는 희망 비누(hope soap)를 만들었다. 아이들은 장난감을 가지기 위해서는 열심히 비누를 사용할 수밖에 없었다. 자동차를 꺼낸 아이들의 손은 이미 깨끗하게 씻겨 있었다.

행운의 철분 물고기(Lucky Iron Fish)는 물고기 모양을 한 모형이다. 미얀마와 라오스에 있는 오지의 주민들이 철분 부족으로 질병에 취약하다는 연구 결과를 받은 국제기구는 원조를 통해 선진국의 철분 영양제를 이 지역에 공급했다. 그러나 미네랄 섭취나 양약에 거리감을 느낀 주민들은 철분 영양제 섭취를 거부하고 모두

내다 버렸다. 연구팀은 관찰 결과 이 지역의 주민들이 조그만 민물고기를 볶아 먹는 요리에 친숙하다는 것을 알게 되었다. 그래서 철분이 다량 함유된 물고기 모양의 모형을 만들어 "이 물고기를 함께 넣어 볶으면 맛있고 건강에 좋다."라는 소문을 퍼트렸다. 결국 이 지역의 철분 부족 문제는 행운의 철분 물고기가 해결했다. 철분 물고기는 쉽게 섭취할 수 있는 비타민을 만들어 수천만 명의 어린이를 살린 획기적인 과학적 발명 같은 것은 아니었지만, 비타민을 오지의 사람들이 부담감 없이 섭취하도록 만들어 더 밝은 세상을 만드는 데 커다란 공헌을 한 디자인 씽킹의 성취가 되었다.

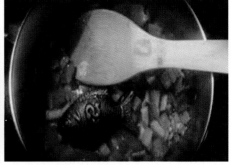

[그림 11-10] 어린이용 희망 비누와 행운의 철분 물고기

적정기술 운동

적정기술(appropriate technology)은 선진국의 기준이 아니라 여건이 미비한 낙후 지역의 기준에 맞는 기술이라는 의미다. 적정기술 운동은 에너지와 자원 소모를 최소화한 지속 가능한 삶의 중요성을 주장한 영국의 경제학자 에른스트 프리드리히 슈마허의 사상에 뿌리를 두고 있다. 슈마허는《작은 것이 아름답다》를 통해 팽창과 성장 중심의 경제에 반기를 들었고, 빅터 파파넥의 인간을 위한 디자인 사상과 엔지니어를 중심으로 한 적정기술 운동에도 영향을 미쳤다. 앞서 등장한 인간 중심 디자인 사례들은 적정기술 운동의 성공 사례로도 중복해 등장한다.

적정기술 운동은 현지의 상황을 내재적으로 관찰하고 이해하여, 현지에서 확보 가능한 기술적 해법을 만드는 것을 목표로 한다. 나아가 기술의 개발과 전수뿐 아니라 지원팀이 떠나간 이후에도 현지인들에 의해 유지, 관리, 판매될 수 있는 기술되도록 하는 것이 목표다. 공급 중심보다는 필요로 하는 사람들의 수요가 중심이 되어야 함을 강조한다. 지나치게 자본 집약적이거나 숙련된 인력, 고도의 기술, 거대한 인프라에 의존하지 않아야 하기 때문에 작고 노동 집약적인 것이 지속 가능한 적정기술이 될 가능성이 높다(김주헌, 《지속 가능한 발전과 적정기술과의 만남》, 적정기술미래포럼 《인간 중심의 기술 적정기술과의 만남》 Part 4, p195).

인도 중서부의 도시 자이푸르는 도시를 설립한 무굴 왕의 지시로 시내의 건물들을 분홍빛으로 통일해 '핑크시티'라는 별명이 붙어 있다. 존경받는 원로 경영학자이자 인도의 전통 문화에 대한 자부심이 높은 이 지역 JKLU 대학의 우핀데르 다(Upinder Dhar) 총장이 ITAM(IT Application and Management) 학술대회를 유치해 준비했다. 폐막식 후 그는 우리를 채식 전통 식당으로 안내했다. 앰버바티카(Amber Vatika)나 초키다니(Chokhi Dhani) 같은 지역 전통 식당에서는 잡곡밥과 호밀 떡, 채식 요리, 채소, 버터밀크 같은 지역 음식을 제공하고, 마당에서는 인도의 전통 춤을 공연한다. 이곳의 컵과 접시 등의 식기는 전통과 조화된 자연스런 적정기술의 진수를 보여 준다. 일회용으로 사용하는 모든 식기는 초벌구이 토기와 잘 펴서 말린 나뭇잎으로 만들어져 있다. 초벌 토기는 거칠고 투박하지만, 사용후 잘게 빻아 다시 구워 사용할 수 있다. 플라스틱이나 비닐 등은 사용하지 않는다. 친환경 사상과 지역 문화가 담긴 적정기술 문화 상품인 셈이다.

[그림 11-11] 우핀데르 다 교수, 지역 전통 식기와 공연

적정기술의 주된 특성은 자본 비용이 낮고, 가능한 그 지역의 재료를 활용하며, 선진 교육이 없이도 활용, 유지될 수 있어야 한다. 그런 점에서 미국 적정기술센터가 나바호 인디언 지역사회를 위해 개발한 태양열 발전 양모 세척기나 브라질의 파라이바 연방대학의 산업디자인연구소가 추진한 페달로 돌리는 세탁기, 페달식 탈곡기, 개발도상국을 위한 기초 의료장비, 뇌성마비 어린이를 위한 지지대 등이 주요 사례로 언급된다. 자전거처럼 페달로 돌리는 세탁기는 노동량을 줄여 주는 동시에 세탁부들의 척추 장애와 혈액순환 장애를 개선하는 데에도 도움이 되는 디자인으로 평가되었다(나이젤 화이틀리, 《사회를 위한 디자인》 p191, p210, p211).

한국의 적정기술 활동 지원팀이 미얀마, 라오스 등지의 동남아시아 지역을 방문해 만들어 준 오수 정화장치나 매연을 절감시킨 요리용 목재 연료 스토브 등은 한국인의 창의성을 잘 보여 주는 자랑스러운 적정기술 개발의 사례가 되었다. 그러나 한편 우리나라에서 추진한 적정기술 운동 프로젝트들이 단기 방문과 교육 봉사 중심의 활동이라는 비판과, 정부나 기업의 홍보 활동에 치중한다는 비판, 종교단체의 선교 활동의 일환으로 추진되어 현지 중심이 아니라는 비판, 청년 경력 쌓기의 수단이 되었다는 비판, 피상적인 지원에 머물렀다는 비판에서 자유롭지 않다(한재윤 '국제 자원 활동과 적정기술의 만남' 적정기술미래포럼 〈인간 중심의 기술 적정기술과의 만남〉 Part 6, p267). 그러나 이런 제도적 미비 사항은 지속적인 관심과 노력에 의해 충분히 개선될 수 있는 사항이라고 믿는다.

적정기술 운동의 보다 근본적인 문제점은 현지에서 생산 가능하고 유지 보수가 가능한 재료와 기술로 구성되어야 한다는 요건에 대한 과도한 집착에 있다. 현지의 리더들은 발달된 과학과 기술을 지역 문화와 결합해 커뮤니티의 번영을 모색하는 것이 근본적인 해법임을 명확하게 인식하고 있다. 적정기술팀이 가져가 사용하는 핵심 소재와 부품의 일부가 거대한 선진 철강, 소재 산업의 설비를 기반으로 만들어진다는 점을 감안한 유연한 접근이 필요하다. 선진국에서 가져가는 첨단 소재나 태양광 재료는 그 나라에서 생산할 수 있는 것은 아니지만 목재를 태우는 것보다 더 환경 친화적이고 지속 가능한 기술이다.

우리나라가 전후의 폐허 속에서 감자를 익혀 먹는 더 좋은 방법을 찾는 것에 만족하지 않고 기술과 산업의 부흥에 노력을 기울여 경제 성장을 이루었듯이 낙후 지역의 주민들도 기술적 발전을 희망한다. 적정기술 운동의 배경으로 자주 등장하는 나라가 인도네시아다. 인도네시아에서 온 내 MBA 학생 피트리 재뉴어리가 내 수업의 과제로 '고젝(Gojek)'이라는 회사의 사례를 작성해 발표했다. 고젝은 우리나라의 배달의 민족, 카카오 택시, 우버 자동차 공유 등을 모두 섞은 사업방식을 구현하고 있다. 인구가 2억 5천만인 인도네시아 시장을 대상으로 사업을 시작했는데 반응이 좋아 필리핀과 베트남, 태국 등지에도 진출한 기업이 되었다. 미국 금융 시장에 상장을 준비하고 있어 우리나라에서도 보기 드문 성공적인 벤처 기업이 되었다. 인도네시아의 많은 신생기업이 이 기업을 모델로 신기술 사업을 추진하고 싶어 한다. 적정기술 운동이 "선진국을 위협할 수 없는 낮은 기술 수준에 개발도상국을 머무르게 한다."라는 부적절한 오해는 받지 말아야 한다. 지역 사정과 환경과 지속 가능성에 대한 인식을 바탕으로 새로운 접근 방식이 탄생하는 계기가 된다면 적정기술 운동은 좋은 방안이 될 것이다. 그렇게 되기 위해서는 "그들을 위해 베풀어 준다."라는 지적 오만함에 물들지 않기 위한 노력이 필요하며, '그들 안에서 그들과 함께' 문제를 발견하고 해결해 나가는 장기적이고 지속적인 노력이 이루어져야 한다.

유니버설 디자인과 공감의 실패

《디자인 방법론》을 쓴 에릭 카르잘루오토는 디자인 과잉, 기술 과잉이 가져오는 폐해를 날카롭게 지적했다. "정말로 삶을 향상시키고 진보를 가져오거나 지구에 혜택을 주는 디자인 해법들은 사실 아주 간단한 경우가 많다. 지혜로운 포장은 배송을 용이하게 하면서 운송비와 환경 문제를 줄인다. 반대로 호화롭게 선보이는 자동차 기능들은 멋진 아이디어처럼 보이지만 하나의 판매 술책에 지나지 않는, 신경을 거슬리게 하는 기능인 경우가 더 많다(에릭 카르잘루오토, 《디자인 방법론》 p73)." 스마트폰이나 가전제품에는 실제로 사용되지도 않는 기능과 성능에 많은 노력, 기술, 자원, 자금이 투입되고 있다. 올바른 시장 가치에 중점을 두고 올바른 기술적 해법을 창출한다면 우리는 같은 자원으로 더 많은 사람에게 삶의 만족과 행복을 안겨줄 수 있는 충분한 힘과 기술과 자원을 가지고 있다.

사용자의 니즈에 대한 해석 오류의 문제점을 이해하는 것도 중요하다. 공감의 오류에 의한 제품 개발의 실패 사례를 보자. 영어를 읽지 못하는 인도인들을 위한 힌두어 자판 핸드폰, 글자를 읽지 못하는 사람들을 위해 아이콘만으로 작동이 가능한 디자인의 스마트폰, 나이가 들어 노안이 된 사람들을 위한 큰 글자 자판의 전화기 등은 모두 일견 사용자의 어려움에 대한 공감으로부터 탄생한 디자인으로 생각되었다. 그러나 이들 제품은 모두 시장에서 실패했다. 사용자들은 이 제품들을 교육 수준, 나이, 문맹 등에 관련된 사회적, 심리적 약점을 그대로 노출시키는 기기로 생각했다. 그래서 사용자들은 글자를 읽지 못해도 다른 사람들이 사용하는 것과 같은 스마트폰을, 나이가 들어도 젊은 사람들이 사용하는 것과 같은 전화기를 원했다.

이 디자인들은 사용자들의 속 깊은 아픔을 이해하지 못했기 때문에 실패한 사례들이다. 인간을 위한 디자인 사상의 저변에는 낙후 지역에서 삶을 영위하는 지구촌 이웃에 대한 공감의 중요성에 대한 인식과 그들에 대해 가지고 있던 잘못된 우월감과 오만함에 대한 반성이 깔려 있다. 나아가 "지구는 우주의 중심이 아니고,

사람은 생명의 중심이 아니다."라는 현대 과학의 각성과 인간중심주의에 맞닿아 있다. 무한한 우주 앞에서 선 모래알 같은 삶에 대한 자각과 유한한 지구 환경에 대한 자각이 인간 중심 디자인의 근저에 흐르고 있다는 것이다. 그래서 디자인 씽킹 접근 방식은 끊임없이 배우는 겸허한 자세를 갖추도록 요구한다.

사회를 위한 디자인

▪ 사회를 위한 디자인, 사회 혁신을 위한 디자인

함께 디자인하는 사회

사회를 위한 디자인은 디자인 씽킹 방법론을 제품이나 서비스를 넘어 공공 서비스, 생활공간과 주거 환경 등으로 확대하여 주민들의 삶의 질을 높이고자 하는 의도를 가지고 있다. 우리가 살고 있는 물리적, 사회적, 문화적 환경의 설계로 디자인 씽킹의 관심 범위를 넓히고, 주민의 참여를 통해 우리가 살고 있는 환경을 재설정하는 시도다. 즉 더욱 쾌적한 심미적 환경, 마음을 편안하게 만들어 주는 거리, 살고 싶은 커뮤니티, 타인들과의 긍정적 교류를 자연스럽게 유도하는 환경 등을 만드는 것을 목표로 하는 활동이다.

사회 혁신을 위한 디자인은 사회를 위한 디자인의 연장에 있는 개념이다. 인간을 위한 디자인의 사상을 반영한 접근 방식이며, 유니버설 디자인 운동의 연장이기도 하다. 가깝게는 주변에 함께 살고 있는 사람들, 멀게는 다른 나라, 다른 대륙, 다른 문화에 사는 사람들에 대한 이해를 높이고자 하는 목표를 가진다. 이런 점에서 인간을 위한 디자인이나 적정기술 운동과도 통한다. 그러나 사회 혁신을 위한 디자인의 초점은 멀리 있는 그들뿐 아니라 우리 자신과 우리의 주변, 저소득층뿐만 아니라 중산층과 고소득층에도 디자인 씽킹과 인본적 관심의 조명을 비추고자 한다.

주민과 이웃들, 상점 등 일상의 삶의 모습과 소망하는 거리 모습, 지속 가능한 가상의 지역 생태 환경 등을 포스터로 만들어 온라인 또는 오프라인 전시회를 여는 디자인 액티비즘 활동이 여기에 해당한다(에치오 만치니, 《모두가 디자인하는 시대》 p162~165).

생태 친화적 제품의 생산과 소비를 장려하는 녹색 소비자 운동도 하나의 예라고 할 수 있다. 예를 들어 내 딸이 생일선물로 내게 준 제품을 만든 영국 회사 바디샵이 있다. 바디샵의 모든 제품은 생물 분해가 되는 천연소재다. 개발 과정에서도 동물실험은 하지 않으며, 기본적인 용기만을 사용하며 용기의 재활용을 위한 리필이 가능하고 최소한의 포장만 한다(나이젤 화이틀리, 《사회혁신을 위한 디자인》 p96). 바디샵은 녹색 소비 운동의 대표 상품으로 성장하고 있다. 다른 비건 (vegan) 상품들도 유사한 철학을 가지고 있다.

녹색지도(그린맵시스템) 운동도 사회 혁신을 위한 디자인 운동의 하나다. 지도 제작법에 따라 지역의 자연자원, 환경 친화적 시설물, 재활용 센터, 문화유산, 공원 그리고 오염 가능성이 있는 시설들을 지도 위에 표시하여 "녹색지도"로 만드는 운동이다[그림 11-12]. 뉴욕의 파슨스디자인스쿨과 IDEO, 록펠러재단 등이 활동과 후원에 참여하고 있다(에치오 만치니, 《모두가 디자인하는 시대》 p139~143).

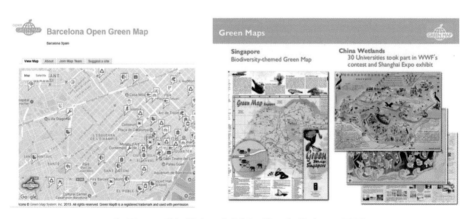

[그림 11-12] 녹색지도 사례 (바르셀로나, 싱가포르, 중국)

사회를 위한 디자인이나 사회 혁신을 위한 디자인은 소통을 통해 사회의 저변에 또는 사람들의 마음속에 자신도 모르게 누적된 편견을 디자인적 접근 방식을 통해 해소해 나가고자 하는 시도다. 급성 통증이나 피부 상처는 회복의 기간도 짧지만, 비만이나 근육 위축과 같은 만성 질환은 회복도 오래 걸린다. 그래서 우리 사회가 오랜 시간에 걸쳐 누적 시킨 성별, 장애, 연령, 종교, 문화, 인종, 피부색, 신체 특성 등에 대한 편견과 같이 사회를 분리시키는 마음을 치유해 나가기 위해서는 급진적이고 정치적인 제스처보다 세심한 디자인과 교육을 통한 지속적인 노력이 필요하다고 보는 것이다.

사회적으로 고민거리인 문제를 관점의 전환을 통해 해결해 나가는 것도 사회 혁신을 위한 디자인 접근 방식의 하나다. 예를 들어 많은 나라의 심각한 사회 문제로 부상한 고령화 문제가 있다. 에치오 만치니는 노인들을 해결해야 할 문제나 보살펴야 할 대상으로만 보지 말고 관점을 바꾸어 문제를 해결할 수 있는 주체로 생각해 보라고 권장한다(에치오 만치니, 《모두가 디자인하는 시대》 p38~40). 노인들이 역량과 인적 네트워크를 적절하게 활용할 수 있도록 참여를 지원하면 그들이 사회 문제의 해결 주체가 될 수 있다는 것이다. 노인들이 서로를 도와줄 수도 있고 젊은이들과의 효과적 공생을 통해 서로에게 도움이 되는 바람직한 가치를 만들어 낼 수도 있다. 관점의 전환을 통해 문제를 재해석하고, 이를 통해 바람직한 결과를 창출하는 노력은 사회를 위한 디자인의 활력원이다.

내 첫 직장은 외국어대학이고, 지금의 직장은 한양대학이다. 그렇다 보니 아무래도 학교 인근 지역에 대한 관심이 높다. [그림 11-13]의 왼편은 외국어대학 인근의 지도다. 정문 건너편 동그라미 친 지역은 오랫동안 별 스토리나 매력이 없는 작은 골목들의 집합으로 남아있다. 외국어대학은 각양각색의 나라 언어와 문화를 공부하는 학생들로 북적인다. 학생들은 자신이 전공하는 나라와 문화에 대한 애정이 각별하다. 캠퍼스도 좁은 외국어대학이 학교 밖으로 연구소의 일부를 내보낼 수도 있으나, 모두 좁은 울타리 안에 모여 있다. 연구소가 밖에 있다면 그 연구소가 있는 골목은 학생들과 선생들 그리고 그 분위기에 동참한 지역

식당이 들어와 작은 명소 골목으로 탈바꿈할 수도 있다. 큰예산도 들지 않는 캠페인으로 문화가 있는 사회적 디자인이 될 수 있다. 프랑스길, 태국 스트리트, 인도 패스, 터키의 길 등으로 골목에 이름만 붙여도 학생들이 골목들을 문화가 있는 공간으로 만들어 낼 것이다. 낙후된 골목들이 서울의 글로벌 명소로 재탄생할 수도 있다.

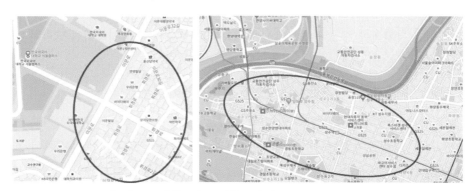

[그림 11-13] 한국외국어대학 근방 및 뚝섬-성수 일대 지도

우리나라의 미래를 위해서는 과학, 공학, 바이오, 기술 등에 전문성을 갖춘 인재들이 중요하다. 그럼에도 불구하고 수도인 서울에조차 시민들이 전문성 있는 과학과 기술을 접할 수 있는 박물관이 턱없이 부족하다. [그림12-13]의 오른편은 한양대와 건국대 사이의 지하철 2호선 구간 지도다. 요즘은 카페도 들어서고 있지만, 뚝섬역 근방에서 성수역 근방까지의 구간은 2호선이 지상으로 나온 구간이고, 상권이 잘 발달하지 않아 우중충한 건물들과 작은 조립공장, 용접공장들이 즐비하다. 한양대학과 건국대학은 모두 좋은 교육 수준을 갖춘 종합대학이다. 한양대학은 공학 전통이 깊고, 건국대학은 농학 교육의 전통이 있어 그 분야의 유능한 동문들도 많다. 사실 이 지역은 강남과 강북은 물론, 지하철을 이용한 접근성도 좋고 서울숲이나 강변, 천변 같은 녹지와도 인접한 곳이다. 지역사회와 대학이 협력하면 이 지역은 소규모 전문 박물관들이 모여 있는 미래의 거리로 탈바꿈할 수도 있다. 전문성이 높은 AI 박물관, 통신 박물관, DNA 박물관, 바이오 박물관, 뇌과

학 박물관, 의학 박물관, 반도체 박물관, 로봇 박물관, 항공우주 박물관 등이 여기 저기 있다면 미래의 과학자, 공학자를 꿈꾸는 아이들, 가족들, 한국을 방문한 외국인들이 붐비는 명소가 될 수도 있다.

빅데이터가 사회적 편견을 고착시킬 수 있을까?

우리 사회가 오랜 동안 켜켜이 쌓아온 어떤 고정관념들은 그 무게가 상당하다. 그래서 기술의 진보, 방대한 양의 빅데이터를 기반으로 똑똑하게 스스로 학습하는 첨단 인공지능 기술도 그 무게를 덜어내는 것이 쉽지만은 않아 보인다.

포르토는 포르투갈의 북부에 위치한 제2의 도시로서, 수도인 리스본과는 다른 소박한 아름다움이 있는 도시다. 중세 말 선구적인 포르투갈의 선단이 해외로 진출하는 관문이 되었던 곳이며, 향과 맛이 강한 포르토 와인의 원산지다. 포르토의 관광영화제는 여러 나라의 지자체들이나 관광 관련 기업들이 만든 지역 홍보 영상을 모아 심의하고 시상하는 축제다. 한 편의 영상이 5분에서 20분 정도로 짧지만, 인상적인 내용을 영상으로 담기 위한 노력이 돋보이는 작품들이 출품된다. 나는 2017년 영상제 위원장인 포르투갈 레이리아(Leiria) 대학의 프란시스코 디아스 교수의 초청으로 심사위원으로 봉사를 했다. 아름다운 영상을 보는 즐거움과 여러 지역에 대한 호기심이 한껏 부풀어 오르는 평가 작업이지만 고된 작업이기도 했다. 영화제 이전 한 달에 걸쳐 100편에 가까운 영상을 모두 감상하고 시나리오, 작품성, 영상미, 인상 등에 대해 항목별로 평가하고 심사해야 했다.

영화제 기간 동안에는 수상된 영화의 상영과 시상이 진행되는 한편, 영화 관련 연구에 대한 발표도 진행된다. 남아프리카공화국 스텔른보쉬대학의 인류학 교수인 타냐 사코타(Tanja Sakota)가 수십 년간 출시된 서구의 영화 중 아프리카를 배경으로 한 영화들을 모아 분석한 결과를 발표했다. 케이프타운 근처의 작은 대학 도시에 위치한 스텔른보쉬대학은 남아공의 하버드라 할 만큼 교육의 질도 높고 교육 환경도 좋은 곳이다. 그녀는 〈부시맨〉, 〈아웃 오브 아프리카〉 등 유명한 영화를 포함한 많은 아프리카 관련 영화들에 나타난 용어와 배경, 이미지 등을 세심하게 분석했다. 그녀는 아프리카의 환경이 서구인들이 상상하는 부시맨의 세상으로부터 현대적 문화 환경으로 이전된 지 오래되었음에도 불구하고, 아직도 많은 영화들에서 아프리카는 부시맨과 동물의 왕국으로 묘사되고 있다는 점을 예리하게 파악해서 발표했다.

[그림 11-14] 국제관광영화제 시상식, 타냐 사코타 연구 발표

그녀는 발표의 말미에 "아마 먼 훗날 누군가 영화를 통해 오늘날의 생활상을 분석한다면, 서기 2000년이 넘도록 아프리카는 부시맨과 동물의 왕국이었다고 결론을 내릴 수도 있습니다."라고 끝을 맺었다. 그러나 그녀의 걱정은 사실 먼 훗날의 이야기가 아니다. 이미 생성된 데이터로부터 패턴을 찾아 학습하는 인공지능 알고리즘은 사용자들에게 예외 없이 이런 체계화된 편견을 안겨줄 위험을 안고 있다. 인공지능이 학습하는 데이터가 사회적 고정관념을 품은 일관된 패턴을 가지고 있다면, 인공지능으로 학습하는 기계들은 기성의 사회적 고정관념을 더욱 고착화시키는 역할을 할 수도 있다.

디자인이 고착시키는 편견

사회적 고정관념은 영화에만 녹아있는 것이 아니다. 일리노이대학의 건축학 교수인 캐스린 앤서니(Kathryn Anthony)는 우리의 일상에 널려있는 수많은 디자인들에 녹아 있는 편견에 주목한다. 그녀는 "우리를 둘러싼 구축환경(인위적으로 조성된 환경)과 우리가 매일 사용하는 제품 중에는 너무나 익숙해서 우리가 미처 알아채지 못하는 편향을 담고 있는 것들이 많다. (중략) 몰이해하고 무감각한 디자인들은 심리, 사회, 문화, 세대 간의 간극을 넓히고, 이 간극은 특정 젠더, 연령, 체형에 편파적인 특혜를 강화한다."라고 지적한다(캐스린 앤서니, 《좋아 보이는 것들의 배신》 p19).

대표적인 예의 하나가 남성과 여성을 대표하는 색상으로 사용되는 분홍색과 푸른색이다. 성별 구분으로 사용되는 색상으로서 무심코 받아들일 수도 있지만, 특별히 의식하는 문제로 부상되는 경우가 있다. 남자 아이에게 분홍색 의상을 선물하는 것이 어떻게 받아들여질지 상상해 보면 쉽게 알 수 있다. 아이오와 주립대학은 미식축구 스타디움을 2005년에 개보수하며 상대편 원정 팀이 사용할 락커룸과 화장실을 모두 분홍색으로 만들었다. 상대팀의 남성성에 대한 의도적 도발이자 기를 꺾으려 한 것이라는 이야기가 돌면서 화제가 되었다.

캐스린 앤서니는 이밖에도 일상에 스며 있는 사소하지만 고착화된 디자인 편견을 세심하게 찾아 고발한다. 그녀가 지적하는 대상에는 어린이나 체형이 작은 사람이 무시된 채 디자인된 변기의 높이나 화장실 세면대의 높이, 하이힐, 의상 라인과 사이즈, 패션 스토어의 거울과 전시물, 남녀 마네킹, 창문이나 문의 손잡이, 가전제품의 손잡이, 강연대의 높이, 의자의 높이, 계단의 높이와 구조, 계단이나 바닥의 재질, 장난감, 피트니스 장비, 헬멧과 같은 스포츠 보호 장비, 깨알 같은 글씨 등 다양한 일상의 물리적 환경이 포함된다. 이들 디자인에는 어리거나 노년이 된 나이, 뚱뚱한 몸매, 성별, 왼손잡이, 너무 작거나 큰 키, 시력 등에 대한 디자인 편견이 무심하게 담겨 있다.

나이젤 화이틀리는 디자인 편견과 관련하여 소비자들에게 왜곡된 욕망을 일으켜 불필요한 소비를 만들어내는 '소비자 주도'라는 잘못된 이름으로 통용되는 '마케팅 주도'에 유의하라고 고발한다. 그는 "선택의 자유를 용이하게 한다는 허풍은 회의적으로 고려되어야 한다."라고 주장한다(나이젤 화이틀리, 《사회혁신을 위한 디자인》 p75). 이 주장은 일찍이 빅터 파파넥이 주장한 바와도 통한다. 빅터 파파넥은 "사람들이 갖고 싶어 하는 것(wants)보다 필요로 하는 것(needs)을 디자인하라."라고 주장했다(빅터 파파넥, 《인간을 위한 디자인》 p277). 그는 "갖고 싶다."라는 주입된 환상은 삶의 문제를 해결하는 데에 공헌하지 않는다고 보았다.

장애인를 배려하는 사회적 디자인

공공시설이나 공원, 학교, 대형 건물 등은 휠체어를 사용해야 하는 환자나 장애인을 위한 경사로 램프를 설치하도록 규정되어 있다. 장애인에 대한 사회적 인식이 높아지고 사회가 고령화됨에 따라 휠체어를 사용하는 사람들이 늘어나서 많은 시설에서 휠체어 램프를 설치하고 있다. 의무 여부를 떠나 배려가 확산되고 있다는 것은 환영할 일이다. 그러나 안타깝게도 많은 곳의 휠체어 램프가 그저 형식적으로 덧붙여진 시설들이다.

[그림 11-15]의 왼편에 있는 우리 주변의 전형적인 휠체어 경사로 두 가지를 보시라. 휠체어 한 대가 경우 지나갈 수 있는 경사로는 걸어 올라가는 계단과의 사이에 놓인 높은 칸막이 건너편에 설치되어 있다. 물론 없는 것보다는 훨씬 낫다. 그러나 친구들과 이야기를 나누다가 경사로 근처에 다다르면 다른 사람들은 계단으로 올라가고, 휠체어 하나만 칸막이 왼편의 경사로로 올라가야 한다. 대화는 이어지지 않고, "역시 나는 장애를 가지고 있어."라는 사실을 새삼 상기하게 만든다. 이런 디자인은 의도와 달리 마음의 상처를 곱씹게 할 수 있다. 사회적 디자인 컨설팅 회사인 디자인 씽커는 휠체어를 위한 경사로에 세심한 관심을 기울여 오른편의 사진과 같은 환경을 만들었다. 계단과 경사로가 적절하게 섞여 있어서 휠체어를 탄 사람과 계단을 이용하는 사람이 이야기를 계속 나누면서 자연스럽게 함께 이동할 수 있다. 공간 크기의 문제는 해결의 의지와 디자인 씽킹 마인드만 있다면

얼마든지 해결될 수 있을 것이다.

[그림 11-15] 휠체어를 위한 경사로

[그림 11-16]에는 시각 장애인을 위한 점자 안내판이 있다. 다른 곳도 아니고 환자를 치료하는 병원에 있는 안내판이다. 왼편 사진에 있는 저 커다란 "점자 안내판"이라는 글자는 누구를 위한 것인지 알 수가 없다. 시각 장애가 없는 사람이라면 저 안내판이 필요 없을 것이고, 시각 장애가 있는 사람이라면 저 글자는 애초에 의미가 없다. 아마도 병원의 고위 관리자나 안내판을 점검하는 공무원을 위한 글자는 아닐까? 배경의 푸른 색상과 평면적인 약도는 눈이 보이지 않는 사람에게 충분한 도움이 되지 않는다. 군데군데 있는 브레이유 점자는 거의 형식적이다. 버튼 근처에는 필요하면 누르라는 설명과 '호출 버튼'이라는 명칭이 쓰여 있다.

이에 대비해 오른편에 있는 디자인 씽커 그룹의 안내판을 보자. 이 안내판도 병원이다. 그러나 약도 자체가 입체적 판형으로 되어 있어 시각 장애인이 손으로 한 번 훑어보면 건물이 어떻게 생겼는지, 어떤 시설이 어디에 있는지 바로 알 수 있게 되어있다. 보여주기를 위한 색상이나 글자는 없다. 이것이 사회적 디자인의 점자 안내판이다.

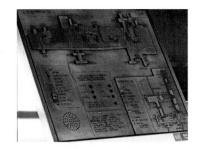

[그림 11-16] 시각 장애인을 위한 안내판

디자인으로 해결하는 일상의 사회 문제

통계에 의하면 미국에 비해 일본이나 한국에는 셀프 주유소의 비율이 현저하게 낮다고 한다. 특히 일본에서 이 비율이 낮은데, 디젤 자동차에 휘발유를 주유하거나 휘발유 자동차에 디젤을 주유하여 자동차가 망가진 사례가 적지 않게 보고되기 때문이라고 한다. 특히 주부들이 이런 실수를 하는 경우가 많다고 한다. 설문에 의하면 한국의 여성들도 같은 걱정 때문에 셀프 주유를 피하게 된다는 대답의 빈도가 높았다. 주유를 잘못하는 것이 자동차를 망가뜨릴 정도로 심각한 문제임에도 이에 대한 디자인 해법은 아직 시도되지 않고 있다. 하나의 기계에 둘 혹은 세 개의 주유기가 달려 있다. 디젤이나 휘발유임을 확인하라는 문구나 음성 안내는 있지만 실수가 반복되는 것을 보면 이런 조치가 문제를 근본적으로 해결하지는 못하고 있음이 분명하다.

해법의 한 예로, 디젤 주유기와 휘발유 주유기, 그리고 디젤 및 휘발유 자동차에 붙어 있는 주유구의 모양을 [그림12-14]처럼 서로 다르게 하여 디젤 주유구에는 휘발유 주유기가 들어가지 않고, 반대로 휘발유 주유구에는 디젤 주유기가 들어가지 않게 한다면 이런 사회적 문제를 간단한 디자인 표준으로 개선할 수 있다. 물론 어려움이 있다. 바꾸어야 할 것이 너무나 많다. 칼라 코드를 사용하는 방법도 시도될 수 있다. 주유소의 주유기 손잡이는 초록이나 검정, 노랑, 빨강 등의 고무로 싸여 있지만 색상에 대한 표준이 없어 점포나 지역마다 일관성이 없다. 하나의 주유소 내에서의 통일만으로는 도움이 되지 않는다. 전국적 색상 표준을 만들고, [그림 11-17]의 오른편 상단처럼 자동차 주유구 주변에 색상을 입힌다면 커다란 도움이 될 것이다. 사소한 사회적 문제도 디자인 씽킹을 적용하기 위한 관심의 초점이 될 수만 있다면 창의적인 해법은 얼마든지 만들어질 수 있다.

[그림 11-17] 주유 오류 문제 해결을 위한 디자인

생각이 행동을 바꾸는 것일까 아니면 행동이 생각을 바꾸는 것일까? 생각과 행동의 관계는 그렇게 단순하지 않아서 현대 심리학 연구의 중요한 주제가 되었다. 초현실주의 화가 살바도르 달리는 기행과 기이한 퍼포먼스, 천재적이지만 도발적인 그림으로 유명하다. 묘한 콧수염을 기른 그는 어디에서나 퍼포먼스의 중심에 선 사람이었다[그림 11-8]. 그런 그가 유년 시절에 병적으로 수줍음을 타는 내성적인 사람이었다는 것은 믿기지 않는다. 그의 삼촌이 달리에게 외향적인 사람인 척 연기를 해 보라는 조언을 했다고 한다. 그가 외향적인 행동을 하자 그의 뇌는 그의 역할 연기에 적응하기 시작했다. 그의 행동이 그의 심리를 바꾼 것이다(마이클 미칼코, 《생각을 바꾸는 생각》 p65).

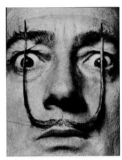

[그림 11-18] 퍼포먼스 기행을 일삼은 달리. 유년시절 수줍은 성격이었다.

펜을 입에 물고 코미디 연기를 본 사람들은 그렇지 않았던 사람들보다 그 코미디가 더 재미있었다고 평가했다는 심리학 연구 결과도 있다. 자신의 행동과 자신이 사용하는 언어가 스스로의 뇌에 영향을 미쳐 자신의 생각을 바꾼 것이다. 행동과 생각은 쌍방향으로 영향을 주고받는 관계에 있다.

한국을 방문한 외국인들은 한국 사람들이 어디에서나 질서 있게 줄을 잘 선다고 말한다. 실제로 우리는 버스를 탈 때나 표를 살 때나 질서 있게 줄을 잘 서고, 특별한 사정이 없이 새치기를 하는 사람을 보면 불쾌해한다. "줄을 서세요. 사람들이 다 기다리고 있어요." 그러나 우리가 줄을 잘 서고 질서를 지킨 역사는 그리 길지 않다. 내가 학창 시절 때에는 "새치기 금지", "질서를 지키자" 등과 같은 현수막을 주변에서 흔히 볼 수 있었다. 그만큼 줄을 서지 않고 새치기 하는 사람들이 많았다는 것이다. 급기야는 새치기하는 사람을 처벌하는 경범죄가 공표되어 발각되면 벌금을 내는 제도가 만들어졌다. 그럼에도 극장표를 살 때나, 버스표를 살 때나, 은행에서 기다릴 때나 새치기는 근절되지 않았다. 창구 앞에 휘리릭 다가가 먼저 손을 내미는 사람을 어디서나 볼 수 있었다.

이 고질적인 무질서 문제를 단칼에 해결한 것이 번호표 발생기다[그림 11-19]. 은행이든 병원이든 일단 번호표를 받으면 편안하게 의자에 앉아 기다리다가 번호가 호명되거나 전광판에 나오면 순서대로 다가가 서비스를 받으면 된다. 번호표에 익숙해진 한국 사람들은 그 많은 정치적 구호와 질서 지키기 운동, 범칙금 법규에도 불구하고 고쳐지지 않던 생각이 바뀌기 시작했다. 간단한 디자인이 사람들의 행동을 바꾸었고, 시간이 지나자 그들의 생각을 바꾸었으며, 급기야 질서는 상식이 되고 문화가 되었다. 이제 우리는 해외에 나가 무질서한 모습을 보면 고개를 절레절레 젓는 '질서의 한국인'이 되었다. 이것이 사회적 디자인의 위력이다. 사회적 디자인은 행동과 생각과 상식과 문화를 바꿀 수 있다.

[그림 11-19] 생각과 문화를 바꾼 사회적 디자인, 번호표 발생기

'지금 여기'에서 미래로

하나의 기술이 사회에 미치는 영향은 여러 차례에 걸쳐 밀려오는 파도와 같은 모습으로 다가온다. 새로운 기술이나 제품, 서비스가 처음 만들어져 시장과 사회에 확산되는 과정에서 만들어내는 1차 효과(first order effect)는 주로 실용적 효과다. 알렉산더 그레이엄 벨이 개발한 전화기가 처음 만들어졌을 때 전화기를 사용할 수 있는 사람은 많지 않았다. 다수를 연결하는 전화 서비스 사업도 불가능했고, 소수의 전화기와 연결 서비스는 가격도 비쌀 수밖에 없었다. 전화기는 개인을 위한 도구이기보다는 기업용 장비로 사용되었다. 회사에서 떨어진 곳에서도 회사에 연락을 취할 수 있는 도구였다. 부동산 중계 사업처럼 전화기를 필수적으로 사용하는 사업과 전화기 기반의 신종 서비스 사업도 탄생했다. 한편 상사의 목소리가 있는 곳은 상사가 있는 곳과 같게 느껴졌다. 그래서 전화기는 경영과 관리와 감독

을 위한 도구로 인식되었다. 까칠한 상사가 늘 보고 있는 것 같아 일을 게을리 할 수 없었다.

2차 효과(second order effect)는 전화기의 보급이 확산되었지만, 아직 사회와 문화가 이에 적응하지 못하는 과정에서 발생했다. 전화기에서 들려오는 대장, 상사, 선생님, 애인의 목소리에 어떻게 대응해야 할지 생각은 알고 있지만, 벌떡 일어나거나 전화기를 들고 몸을 숙여 인사를 하는 것처럼 기존의 관습에 젖은 몸이 따라주지 않았다. 목소리만 흉내 낼 수 있다면 타인의 행세를 할 수 있었다. 수많은 범죄와 금전적 사기 사건이 발생했다. 당황스럽거나 우스꽝스럽거나 어리석은 에피소드가 누적되면서 사회는 전화기 사용에 점차로 적응해 나갔다.

마지막으로 3차 효과(third order effect)는 전화기가 생활과 삶의 일부가 되면서 문화와 사회의 제도가 새로운 모습으로 탈바꿈하는 단계다. 전화를 사용하는 것은 특별한 일이 아니게 되었다. 잡담의 도구도 되고, 연인 간의 속삭임의 도구도 되고, 일상의 연락을 위한 도구도 된다. 사람들은 더 이상 전화기가 없는 불편한 세상을 상상할 수 없는 삶을 살게 된다.

1957년 10월 7일 소련은 스푸트니크 1호를 발사해 우주 시대를 여는 신호탄을 쏘았다. 이 소식은 특히 미국 정부와 학계의 초미의 관심이 되었다. 스푸트니크는 우주 유영의 성공을 입증하기 위해 궤도를 돌며 일정한 주파수의 신호를 반복적으로 발신했다. 존스홉킨스대학 응용물리학 실험실의 윌리엄 가이어(William Guier)와 조지 웨이펜바크(George Weiffenbach)는 수신기로 스푸트니크호의 신호를 들어보다가, 신호의 주파수가 짧아지거나 길어진다는 것을 알아챘다. 1800년대 중반 크리스티안 도플러가 제안한 도플러 효과(Doppler Effect) 때문이었다. 그들은 이 주파수 변화를 이용해 위성의 위치를 계산해 볼 수 있다는 착상을 했다. 결국 지상에서 신호를 받는 세 곳의 위치와 그곳에서 수신된 주파수 데이터를 바탕으로 스푸트니크의 궤도를 완벽하게 찾아내 결과를 발표했다.

당시 미국 해군에게는 위치를 추정할 지형지물도 없는 망망대해 위에 떠 있는 선박의 정확한 위치를 파악하는 것이 중요한 군사적 난제였고, 특히 잠수함의 경우는 함정과 본부가 모두 위치를 파악하지 못하고 있었기 때문에 전략 실행의 어려움이 컸다. 이들은 존스홉킨스 연구소에 위성의 정확한 궤도를 알 경우 지상의 세 번째 수신기 위치를 파악하기 위한 연구를 의뢰했다. 이런 군사적 필요에 의해 지구 위치파악 시스템(Global Positioning System), 즉 GPS가 탄생하게 되었다[그림 11-20].

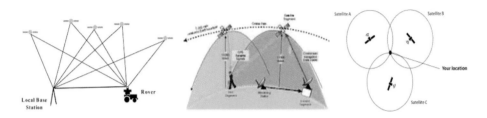

[그림 11-20] 도플러 효과를 이용한 위치 추적의 원리

군사 목적으로 사용이 제한되어 있던 GPS 기술의 사용이 민간에 허용된 것은 대한항공 여객기 참사 때문이었다. 1983년 대한항공 여객기가 통신 오류로 블라디보스톡 인근 소련 영공 안을 통과해 지나가다 미사일로 격추된 끔찍한 사건이었다. 이를 계기로 로널드 레이건 대통령은 GPS 기술을 민간 항공사가 이용할 수 있도록 허용했다(스티븐 존슨, 《탁월한 아이디어는 어디서 오는가》 p205~209). 군사적 실용성에서 산업적 실용성으로 확산되는 1차 파급 효과가 발생한 것이다.

인터넷이 등장하고, 이동통신 기술이 확산되자 GPS는 개인이나 기타 사업자도 사용할 수 있는 기술로 확산되어 나갔다. GPS를 이용한 다양한 지도와 내비게이션 장치가 등장했고, 퇴근 후 술자리로 간 남편의 위치를 감시하는 우스꽝스러운 용도로 사용되기도 했다. 오늘날은 모든 스마트폰이 GPS를 가지고 있다. 한때 극비 군사 기술이던 GPS 기술은 주변의 주유소나 맛집을 찾고, 흥미진진한 게임을 즐기며, 사람을 찾아 거래를 하고, 택시를 부르는 일상적 삶의 일부가 되었다.

새로운 기술과 창의적 시도는 사람의 행동을 바꾸고, 사람의 행동이 바뀌면 세상이 바뀐다. 디자인 씽킹은 사람 사는 세상을 세심히 관찰하고 이를 통해 새로운 의미와 해법을 만들어 가고자 하는 노력이다. 우리는 수많은 신기하고 놀라운 기술적 진보가 폭발적으로 진행되는 변화의 중심에서 살고 있다. 여기에는 인공지능, 클라우드와 빅데이터 처리 기술, 로봇, 드론, 전기 자동차와 자율운행 자동차, 생체 기술, AR/VR/홀로그램, 신종 소재 기술, 에지 컴퓨팅 등 현란한 리스트가 포함된다.

기술 진보의 효과와 부작용을 예측하는 것은 힘들지만, 분명한 것은 우리가 기술을 어떻게 사용하는가에 의해 결과가 결정될 것이라는 점이다. 우리는 미래의 기술이 우리의 인간적 필요와 신체와 마음의 특성과, 바람직한 사회에 대한 꿈에 공헌하기를 바란다. 그리고 세상에는 무수히 많은 상황과 사회와 지역과 문화가 존재하며, 그들은 모두 존중받아야 마땅하다는 것을 안다. 디자인 씽킹은 사람 사는 세상을 위한 디자인, 사람을 위한 제품과 서비스, 사람을 위한 제도와 환경, 사람을 위한 기술 활용에 공헌하는 소중한 도구가 될 것이라고 나는 믿는다.

[참고문헌]

가이아 빈스 「초월」 우진하 역, 쌤앤 파커스, 2021

김문조 「융합 문명론: 분석의 시대에서 종합의 시대로」 도서출판 나남, 2013

김영도 「융합형 상상력의 비밀」 경진출판, 2015

김효일 「서비스디자인 알고리즘」, 반디모아, 2017

나심 니콜라스 탈레브(Nassim Nicholas Taleb) 「블랙스완The Black Swan」 차익종 역, 동녘 사이언스, 2008

나심 니콜라스 탈레브(Nassim Nicholas Taleb) 「안티프래질 Antifragile」 안세민 역, 와이즈베리, 2013

나이절 크로스(Nigel Cross) 「디자이너는 어떻게 생각하는가 Design Thinking: Understanding How Designers Think and Work」
박성은 역, 안그라픽스, 2013

노나카 이쿠지로(Ikujiro Nonaka), 히로타카 다케우치(Hirotaka Takeuchi) 「지식창조기업」 장은영 역, 세종서적, 1998

노먼 도이지(Norman Doidge) 「기적을 부르는 뇌 The Brain That Changes Itself」 김미선 역, 지호, 2007

니콜라스 네그로폰테(Nicholas Negrophnte) 「디지털이다 Being Digital」 백욱인 역, 박영률출판사, 1995

닐 거센필드(Neil Gershenfeld) 「생각하는 사물 When Things Start to Think」 이구형 역, 나노미디어, 1999

닐스 비르마우머(Niels Birbaumer), 외르크 치틀라우(Jörg Zittlau) 「뇌는 탄력적이다」 오공훈 역, 메디치, 2015

다니엘 핑크(Daniel Pink) 「새로운 미래가 온다 A Whole New Mind」 김명철 역, 한국경제신문, 2005

대니얼 골먼(Daniel Goleman) 「SQ 사회지능 Social Intelligence」 장석훈 역, 웅진 지식하우스, 2006

대니얼 레비틴(Daniel J. Levitin) 「정리하는 뇌 The Organized Mind」 김성훈 역, 와이즈베리, 2014

대니얼 레비틴(Daniel J. Levitin) 「석세스 에이징 Successful Aging」 이은경 역, 와이즈베리, 2020

대니얼 링(Daniel Ling) 「디자인 씽킹 가이드북 Complete Design Thinking Guide for Successful Professionals」 김정동/김용우/
김흥수/황석형 공역, 생능출판, 2017

대니얼 불런(Daniel Bullen) 「사랑은 어떻게 예술이 되는가 The Love Lives of the Artist」 최다인 역, 책읽는수요일, 2012

대니얼 서스킨드(Daniel Susskind) 「노동의 시대는 끝났다 A World Without Work」 김정아 역, 와이즈베리, 2020

대니얼 웨그너(Daniel Wegner), 커트 그레이(Kurt Gray) 「신과 개와 인간의 마음 The Mind Club: Who thinks what feels, and
why it matters」 최호영 역, 추수밭, 2017

대니얼 카너먼(Daniel Kahneman) 「생각에 관한 생각 Thinking Fast And Slow」 이진원 역, 김영사, 2012

대런 애쓰모글루(Daron Acemoglu),제임스 로빈슨(James A. Robinson) 「국가는 왜 실패 하는가 Why Nations Fail」 최완규 역, 시
공사, 2012

던컨 와츠(Duncan J. Watts) 「상식의 배반 Everything is Obvious」 정지인 역, 생각연구소, 2011

데얀 수직(Deyan Sudjic) 「사물의 언어 The Language of Things」 정지인 역, 홍시, 2012

데이브 그레이(Dave Gray) 토마스 밴더 월(Thomas Vander Wal) 「커넥티드 컴퍼니 The Connected Company」 구세희 역, 한빛비
즈, 2013

데이비드 디살보(David DiSalvo) 「나는 결심하지만 뇌는 비웃는다 What Makes Your Brain Happy and Why You Should Do The
Opposite」 이은진 역, 푸른숲 2012

데이비드 롭슨(David Robson) 「지능의 함정 The Intelligence Trap」 이창신 역, 김영사, 2020

데이비드 J. 린든(David J. Lindon) 「터치: 손, 심장, 마음의 과학 Touch: The Science of the Hand, Heart, and MInd」 김한영 역,
교보문고, 2018

데이비드 버커스(David Burkus) 「친구의 친구 Friend of a Friend」 장진원 역, 한국경제신문, 2019

데이비드 에저턴(David Edgerton) 「낡고 오래된 것들의 세계사 The Shock of the Old, 2006」 정동욱/박민아 공역, 휴머니스트,
2015

데이비드 오렐(David Orrell) 「거의 모든 것의 미래 Apollo's Arrow: The Science of Prediction and the Future of Everything」 이
한음 역, 리더스북, 2010

데이비드 이글먼(David Eagleman) 「인코그니토 Incognito: the Secret Lives of the Brain」 김소희 역, 쌤앤파커스, 2011

데이비드 이글먼(David Eagleman) 「더 브레인 The Brain: The Story of You」 전대호 역, 해나무, 2017

데이비드 이글먼(David Eagleman), 앤서니 브란트(Anthony Brandt) 「창조하는 뇌 The Runaway Species: How Human

Creativiety Remakes the World」임성수 역, 쌤앤파커스, 2019

데이비드 코드 머레이(David Kord Murray) 「바로잉 Borrowing Brilliance」이경식 역, 흐름출판, 2011

데즈먼드 모리스(Desmond Morris) 「털 없는 원숭이 The Naked Ape」김석희 역, 문예춘추사, 2011

도널드 노먼(Donald A. Norman) 「디자인과 인간심리 The Psychology of Everyday Things」 이창우/김영진/박창호 공역, 학지사, 1996

도널드 노먼(Donald A. Norman) 「생각 있는 디자인 Things That Make Us Smart」인지공학심리연구회 역, 학지사, 1998

도널드 노먼(Donald A. Norman) 「도널드 노먼의 UX 디자인 특강 Living with Complexity, 2010」범어디자인연구소 역, 유엑스 리뷰, 2018

도로시 레너드(Dorothy Leonard) 월터 스왑(Walter Swap) 「스파크! When Sparks Fly, Harvard Business School Press, 1999」나상억 역, 세종서적, 2001

돈 탭스코트(Don Tabscott) 앤서니 윌리엄스(Anthony D. Williams) 「위키노믹스 Wikinomics: How Mass Collaboration Changes Everything」윤미나 역, 21세기 북스, 2009

딕 스왑(Dick Swab) 「우리는 우리 뇌다」신순림 역, 열린책들, 2015

라마찬드란, V.S.(V. Ramachandran) 「명령하는 뇌, 착각하는 뇌 The Tell-tale Brain」박방주 역, 알키, 2011

레이 커즈와일(Ray Kurzweil) 「특이점이 온다 The Singularity is Near」김명남/장시형 역, 김영사, 2007

레이철 보츠먼(Rachel Botsman), 루 로저스(Roo Rogers) 「위 제너레이션 What's Mine is Yours」이은진 역, 푸른숲, 2011

레인 캐러더스(Lain Carruthers) 「다이슨 스토리 Great Brand Stories - Dyson」박수찬 역, 미래사, 2011

로먼 크르즈나릭(Roman Krznaric) 「공감하는 능력 Empathy: A Handbook for Revolution」김병화 역, 더퀘스트, 2014

로버트 버튼(Robert Burton) 「뇌, 생각의 한계 On Being Certain」김미선 역, 북스토리, 2010

로버트 앨런(Robert Allen) 외 「바이오미메틱스-총알도 막는 날개의 비밀 Bulletproof Feathers」공민희 역, 시그마북스, 2011

로버트 트리버스(Robert Trivers) 「우리는 왜 자신을 속이도록 진화했을까? The Folly of Fools」이한음 역, 살림, 2013

로베르토 베르간티(Roberto Verganti) 「디자이노베이션 Design-driven Innovation」(Harvard Business School Press, 2009) 김보영 역, 한스미디어, 2010

로빈 던바(Robin Dunbar) 클라이브 갬블(Clive Gamble) 존 가울렛(John Gowlett) 「사회성 Thinking Big: How the Evolution of Social Life Shaped the Human Mind」이달리 역, 처음북스 2016

로저 마틴(Roger Martin) 「디자인 씽킹 The Design of Business, Harvard Business Press 2009」이건식 역, 엘도라도, 2010

루이스 멈퍼드(Lewis Mumford), 「기술과 문명 Technics and Civilization」문종만 역, 책세상, 2013

루치르 샤르마(Ruchir Sharma) 「브레이크아웃 네이션 Breakout Nations」서정아 역, 토네이도, 2012

뤼크 드 브라방데르(Luc de Brabandere) 앨런 아이니(Alan Iny) 「아이디어 메이커 Thinking in New Boxes」청림출판, 2013

리처드 도킨스(Richard Dawkins) 「이기적 유전자 The Selfish Gene, Oxford University Press, 1989」홍영남 역, 을유문화사, 1993

리처드 도킨스(Richard Dawkins) 「확장된 표현형 The Extended Phenotype, Oxford University Press, 1999」홍영남 역, 을유문화사, 2004

리처드 서스킨드(Richard Susskind) 대니얼 서스킨드(Daniel Susskind) 「4차 산업혁명 시대 전문직의 미래 The Future of the Professionals: How the Technology Transform the Work of Human Experts」위대선 역, 와이즈베리, 2015

리처드 왓슨(Richard Watson) 「퓨처 파일 Future Files」김원호 역, 청림출판, 2009

리처드 왓슨(Richard Watson) 「퓨처 마인드 Future Min ds」이진원 역, 청림출판, 2011

마거릿 보든(Margaret A. Boden) 「창조의 순간 The Creative Mind」고빛샘 외 역, 21세기북스, 2010

마르쿠스 슈뢰르(Markus Schroer) 「공간, 장소, 경계」정인모/배정희 역, 에코리브르, 2010

마이클 루릭(Michael Lewrick), 패트릭 링크(Patrick Link), 래리 라이퍼(Larry Leifer) 「디자인 씽킹 플레이북 The Design Thinking Playbook」강예진/이광훈 역, 프리렉, 2018

마이클 미칼코(Michael Michalko) 「생각을 바꾸는 생각 Creative Thinkering」박종하 역, 끌리는책, 2013

마지드 포투히(Majid Fotuhi) 「좌뇌와 우뇌 사이 Boost Your Brain: The New Art and Science Behind Enhanced Brain Performance」서정아 역, 토네이도, 2013

매기 잭슨(Maggie Jackson) 「집중력의 탄생 Distracted: The Erosion of Attention and the Coming of Dark Age」왕수민 역, 다산초당, 2010

매트 리들리(Matt Ridley) 「이성적 낙관주의자 The Rational Optimist」 조현욱 역, 김영사, 2010

미겔 니코렐리스(Miguel Nicolelis) 「뇌의 미래 Beyond Boundaries」 김성훈 역, 김영사, 2012

미치오 카쿠(Michio Kaku) 「마음의 미래 The Future of Mind」 박병철역, 김영사, 2015

미하이 칙센트미하이(Mihaly Csikszentmihalyi) 「창의성의 즐거움 Creativity: Flow and the Psychology of Discovery and Invention」 노혜숙 역, 북로드, 2003

배리 슈워츠(Barry Schwartz) 케니스 샤프(Kenneth Sharpe) 「어떻게 일에서 만족을 얻는가. Practical Wisdom: The Right Way to Do the Right Thing」 김선영 역, 웅진 지식하우스, 2012

버나드 칼슨(Bernard Carlson) 「니콜라테슬라 평전 Nikola Tesla」 Princeton University Press 2013, 박병철역, 김영사, 2015

빅스비 C.W.E (C.W.E. Bigsby) 「다다와 초현실주의 Dada and Surrealism」 박희진 역, 서울대학교출판부, 1979

빌리 우드워드(Billy Woodward) 외, 「미친 연구, 위대한 발견 Scientists Greater Than Einstein」 김소정역, 푸른지식, 2011

빌 캐포더글리(Capodagli, B.), 린 잭슨(L. Jackson) 「디즈니: 꿈의 경영 The Disney Way」 이호재/이정 역, 21세기북스, 2000

브루스 누스바움(Bruce Nussbaum) 「창조적 지성 Creative Intelligence: Harnessing the Power to Create, Connect, and Inspire」 김규태 역, 21세기 북스, 2013

샤론 헬머 포겐폴(Sharon Helmer Poggenpohl), 케이치 사토(Keiichi Sato) 편저 「디자인통합 Design Integrations: Research and Collaboration」 안그라픽스, 2011

샌디 호치키스(Sandy Hotchkiss) 「나르시시즘의 심리학 Why Is It Always About You; Saving Yourself From the Narcissists in Your Life」 이세진 역, 교양인, 2004

수전 그린필드(Susan Greenfield) 「브레인 스토리 Brain Story」 정변선 역, 지호, 2004

슈워츠 코완(Ruth Schwartz Cowan) 「미국 기술의 사회사 A Social History of American Technology」Oxford University Press, 1997; 김명진 역, 궁리, 2012

스콧 크리스찬슨(Scott Christanson) 「다이어그램: 세상을 훔친 지식 설계도 Diagram」 이섬민 역, 다빈치, 2013

스티브 사마티노(Steve Sammartino) 「위대한 해체 The Great Fragmentation」 김정은 역, 인사이트앤뷰 2015

스티븐 미슨(Steven Mithen) 「마음의 역사 The Prehistory of the Mind: A Search for the Origins of Art, Religion and Science」 윤소영 역, 영림카디널 2001

스티븐 존슨(Steven Johnson) 「탁월한 아이디어는 어디서 오는가 Where Good Ideas Come From」 서영조 역, 한국경제신문, 2012

스티븐 핑커(Steven Pinker) 「마음은 어떻게 작동하는가 How the Mind Works」김한영 역, 동녘 사이언스, 2007

승현준(Sebastian Seung) 「커넥톰, 뇌의 지도 Connectome」 신상규 역, 김영사, 2012

아구스틴 푸엔테스(Agustin Fuentes) 「크리에이티브: 돌에서 칼날을 떠올린 순간 The Creative Spark」 박혜원 역, 추수밭, 2018

아드리안 돈(Adrian Done) 「무엇이 세상을 바꾸는가 Global Trends」 위선주 역, 미래의 창, 2013

아지트 바르키(Ajit Varki) 대니 브라워, 「부정본능 Denial」 노택복 역, 부키, 2015

알렉스 라이트(Alex Wright) 「분류의 역사 Mastering Information Through the Ages」 김익현/김지연 공역, 디지털미디어리서치, 2010

알바 노에(Alva Noe) 「뇌과학의 함정 Out of Our Heads: Why You Are Not Your Brain, and Other Lessons from the Biology of Consciousness」 김미선 역, 갤리온, 2009

알베르토 사보이아(Alberto Savoia) 「아이디어 불패의 법칙 The Right It」 이지연 역, 인플루엔셜, 2020

얀 칩체이스(Jan Chipchase) 사이먼 슈타인하트(Simon Steinhardt), 「관찰의 힘: 평범한 일상 속에서 미래를 보다 Hidden in Plain Sight」 아나 마키에이라 역, Winner Book, 2013

애덤 그랜트(Adam Grant) 「기브앤테이크 Give and Take」 윤태준 역, 생각연구소, 2013

애덤 그랜트(Adam Grant) 「오리지널스 Originals」 홍지수 역, 한국경제신문, 2016

애덤 피오리(Adam Piore) 「신체 설계자 The Body Builders」 유강은 역, 미지북스, 2019

앤드루 졸리(Andrew Zolli) 앤 마리 힐리(Ann Marie Healy) 「회복하는 힘 Resilience: The Science of Why Things Bounce Back」 김현정 역, 김영사, 2015

앤디 클락(Andy Clark) 「내추럴-본 사이보그: 마음, 기술, 그리고 인간 지능의 미래 Natural-born Cyborgs」 신상규 역, 아카넷, 2015

앨버트 라즐로 바라바시(Albert-Laszlo Barabasi) 「링크 Link」 강병남, 김기훈 역, 동아시아, 2002

앨버트 라즐로 바라바시(Albert-Laszlo Barabasi) 「성공의 공식 포뮬러 The Formula」 홍지수 역, 한국경제신문, 2019

앨빈 토플러(Alvin Toffler) 헤이디 토플러(Heidi Toffler)「부의 미래 Revolutionary Wealth」김중웅 역, 청림출판, 2006

에드워드 드 보노(Edward de Bwono)「수평적 사고 Lateral Thinking」이은정 역, 한언, 2019

에드워드 윌슨(Edward O. Wilson)「통섭, 지식의 대통합 Consilience, The Unity of Knowledge」최재천, 장대익 역, 사이언스 북스, 2005

에릭 카루잘루오토(Eric Karjaluoto)「디자인 방법론 Design Method: Philosophy and Process for Functional Visual Communication」정보문화사, 2014

에릭 캔델(Eric Kandel)「통찰의 시대: 뇌과학이 밝혀내는 예술과 무의식의 비밀 The Age of Insight」, 이한음역, 알에이치코리아, 2014

에릭 브린욜프슨(Erik Brynjolfsson) 앤드루 맥아피(Andrew McAfee)「제2의 기계시대 The Second Machine Age」이한음 역, 청림출판, 2014

에릭 헤즐타인(Eric Haseltine)「생각의 빅뱅: 새 시장을 여는 혁신가의 두뇌 작동법 Long Fuse Big Bang」이상원 역, 갈매나무, 2011

에이미 허먼(Any E. Herman)「우아한 관찰주의자 Visual Intelligence: Sharpen Your Perception, Change Your Intelligence」문희경 역, 청림출판, 2017

엘리자베스 L. 아이젠슈타인(Elizabeth L. Eisenstein)「인쇄 미디어 혁명 The Printing Revolution in Early Modern Europe」전영표 역, 커뮤니케이션북스, 2008

엘리자베스 콜버트(Elizabeth Kolbert)「여섯 번 째 대멸종 The Sixth Extinction」이혜리 역, 처음북스, 2014

올리버 색스(Oliver Sacks)「아내를 모자로 착각한 남자 The Man Who Mistook His Wife For a Hat」조석현 역, 알마 2015

왕지아펑 외,「대국굴기:세계를 호령하는 강대국의 패러다임」양성희/김인지 공역, Credu, 2007

월터 아이작슨(Walter Isaacson)「스티브 잡스 Steve Jobs, 2011」, 안진환 역, 민음사, 2011

유가와 히데끼, 이찌가와 기꾸야「창조공학」현대과학신서 16, 전파과학사, 1973

이상욱 외,「욕망하는 테크놀로지」, 동아시아, 2009

이언 맥길크리스트(Iain McGilchrist)「주인과 심부름꾼 The Master and His Emissary」김병화역, 뮤진트리, 2011

재레드 다이아몬드(Jared Diamond)「총, 균, 쇠 Guns, Germs, and Steel」김진준 역, 문학사상사, 1998

장 보드리야르(Jean Baudrillard)「사물의 체계」배영달 역, 지식을만드는지식, 2011

정지훈, 김병준「모빌리티 혁명」메디치, 2017

제임스 매클렐란(James McClellan III) 헤럴드 도른(Harold Dorn)「과학과 기술로 본 세계사 강의 Science and Technology in World History: An Introduction」전대호 역, 모티브 북, 2006

제럴드 에델만(Gerald Edelman)「세컨드 네이처: 뇌과학과 인간의 지식 Second Nature: Brain Science and Human Nature」김창대 역, 이음, 2009

제레미 리프킨(Jeremy Rifkin)「노동의 종말 The End of Work」이영호 역, 민음사, 1996

제레미 리프킨(Jeremy Rifkin)「공감의 시대 The Empathic Civilization」, 이경남 역, 민음사, 2010

제레미 리프킨(Jeremy Rifkin)「3차 산업혁명 The Third Industrial Revolution: How Lateral Power Is Transforming Energy, the Economy, and the World」안진환 역, 민음사, 2012

제이 하먼(Jay Harman)「새로운 황금시대 – 비즈니스 정글의 미래를 뒤흔들 생체모방 혁명 The Shark's Paintbrush」이영래 역, 어크로스, 2013

제임스 버크(James Burke)「커넥션, Connections」구자현 역, 살림, 2009,

제임스 서로위키(James Surowiecki)「대중의 지혜 The Wisdom of Crowds」홍대운 역, 랜덤하우스 코리아, 2005

제임스 어터백 (James M. Utterback)「기술변화와 혁신전략 Mastering the Dynamics of Innovation, Harvard Business School Press, 1994」김인수/김영배/서의호 공역, 경문사 1997

제인스 왓슨(James Watson)「이중나선 The Double Helix」최돈찬 역, 궁리출판사, 2019

조남재「정보기술과 기업 경쟁력」정보통신정책연구원, 2005

조남재「컨버전스 시대의 경제 패러다임 변화 연구」정보통신정책연구원, 2009

조남재「컨버전스에 따른 경제활동 및 산업 구도의 변화 연구」정보통신정책연구원, 2010

조남재「컨버전스 미디어 기반 소통과 미래 경제구조의 변화」정보통신정책연구원, 2011

조남재「기술기획과 로드매핑: 미래는 어떻게 만들어지는가」시그마프레스, 2014

조남재, 오승희, 고대경, "창의성 방법론이 팀의 아이디어 발생에 미치는 영향" Journal of Information Technology Applications and Management, vol.20, No.4, December 2013

조슈아 울프 솅크(Joshua Wolf Shenk) 「둘의 힘 Powers of Two」 박중서 역, 반비, 2018

조지 바살라(Geroge Basalla) 「기술의 진화 The Evolution of Technology, Cambridge University Press, 1988」 김동광 역, 까치글방, 1996

조지 레이코프(George Lakoff) 마크 존슨(Mark Johnson) 「삶으로서의 은유 Metaphors We Live By」 노양진, 나익수 역, 도서출판 박이정, 2006

조향 「조향 전집 2: 시론, 산문」 열음사, 1994

존 워커(John A. Walker) 「디자인의 역사 Design History and the History of Design」 정진국 역, 까치, 1995

지니 그레이엄 스콧(Gini Graham Scott) 「미래 아이디어 80 The Very Next New Thing」 신동숙 역, 미래의 창, 2011

찰스 리드비터(Charles Leadbeater) 「집단지성이란 무엇인가 We-Think: Mass Innovation, not Mass Production」 이순희 역, 21세기 북스, 2009

찰스 파스테르나크(Charles Pasternak) 「호모 쿠아에렌스 Quest: The Essence of Humanity」 서미석 역, 도서출판 길, 2005

최상태, 한주형 「시니어 시프트」 한국경제신문, 2018

최인수 「창의성의 발견」 쌤앤파커스, 2011

캐서린 슐츠(Kathryn Schulz) 「오류의 인문학 Being Wrong」 안은주 역, 지식의 날개 2014

캐스 선스타인(Cass Sunstein) 「우리는 왜 극단에 끌리는가 Going to Extremes: How Like Minds Unite and Divide」 이정인 역, 도서출판 프리뷰, 2011

커넥팅랩(편석준, 진현호, 정영호, 임정선) 「사물인터넷」 미래의 창, 2014

커넥팅랩(편석준, 이정용, 고광석, 김준섭) 「사물인터넷: 실천과 상상력」 미래의 창, 2015

케빈 에슈턴(Kevin Ashton) 「창조의 탄생 How to Fly a Horse: The Secret History of Creation, Invention, and Discovery」 이은경 역, 북라이프, 2015

케빈 켈리(Kevin Kelly) 「기술의 충격 What Technology Wants」 이한음 역, 민음사, 2011

켄 올레타(Ken Auletta) 「구글드: 우리가 알던 세상의 종말 Googled! The End of the World As We Know It, 」 김우열 역, 타임비즈, 2010

크리스토퍼 차브리스(Chabris, Christopher), 대니얼 사이먼스(Simons, Daniel), 「보이지 않는 고릴라」 김명철역, 김영사, 2011

크리스 나이바우어(Chris Niebauer) 「자네, 좌뇌한테 속았네! No Self No Problem」 김윤종 역, 불광출판사 2019

크리스티안 케이서스(Christian Kaysers) 「인간은 어떻게 서로를 공감하는가 The Empathic Brain」 고은미, 김잔디 역, 바다출판사 2018

클레이 셔키(Clay Shirky) 「많아지면 달라진다 Cognitive Surplus」 이충호 역, 갤리온, 2011

클리포드 나스(Clifford Nass), 코리나 옌(Corina Yen) 「관계의 본심 The Man Who Lied to His Laptop」 방영호 역, 푸른숲, 2011

태공망, 황석공 「육도삼략 六韜三略」 유동환 역, 홍익출판사, 1999

테런스 J. 세즈노스키(Terrence J. Sejnowski), 「딥러닝 레볼루션 The Deep Learning Revolution, Massachusetts Institute of Technology, 2018」 안진환 역, 한국경제신문, 2019

토머스 웨스트(Thomas West) 「글자로만 생각하는 사람, 이미지로 창조하는 사람 In the Mind's Eye」 김성훈 역, 지식갤러리, 2009

토머스 휴즈(Thomas P. Hughes), 「테크놀로지: 창조와 욕망의 역사 Human-Built World: How to Think about Technology and Culture, The University of Chicago Press, 2004」 김정미 역, 플래닛미디어, 2008,

팀 브라운(Tim Brown) 「디자인에 집중하라 Change by Design, Harper Business, 2009」 고성연 역, 김영사, 2010

팀 하포드(Tim Harford) 「어댑트: 불확실성을 무기로 활용하는 힘 Adapt」 강유리 역, 웅진지식하우스, 2011

폴 블룸(Paul Bloom) 「공감의 배신 Against Empathy」 이은진 역, 시공사, 2019

폴 에일릭(Paul Ehrlich) 로버트 온스타인(Robert Ornstein) 「공감의 진화: Humanity on a Tightrope」 고기탁 역, 에이도스, 2012

프란스 요한슨(Frans Johansson) 「메디치 효과 The Medici Effect」 김종식 역, 세종서적, 2015

프리트헬름 슈바르츠(Freidhelm Schwarz) 「착각의 과학 Verstehen Sie Ihren Verstand?」 김희상 역, 북스넛, 2011

푼킹왕, 리효원, 림위키아트 등, 「디지털 트렌드 2040 Living Digital 2040; Future of Work, Education and Healthcare」 김도형, 최지민 역, 지브레인, 2019

피터 다이어맨디스(Peter H. Diamandis) 스티븐 코틀러(Steven Kotler) 「어번던스 Abundance: The Future is Better than You Think」 권오열 역, 와이즈베리, 2012

피터 브래넌(Peter Brannen) 「대멸종 연대기 The Ends of the World」 김미선 역, 흐름출판, 2019

하워드 가드너(Howard Gardner) 「열정과 기질 Creating Minds」 임재서 역, 북스넛, 2004

하주현 「눈이 번쩍 띄는 창의력」 시스마프레스, 2006

하주현, 조남재 "가상공간을 이용한 창의성 교육의 효과: online 및 offline 수업에서의 기법위주 및 구성요소 위중의 창의성 프로그램의 효과," 교육심리연구, vol.16, no.1, 2002, pp.229-253.

한나 모니어(Hannah Monyer) 마르틴 게스만(Martin Gessmann) 「기억은 미래를 향한다」 전대호 역, 문예출판사, 2017

한스 요아힘(Hans-Joachim Griep) 「읽기와 지식의 감추어진 역사」 노선정 역, 이른 아침, 2006

허버트 리드(Herbert Read) 「디자인론 Art and Industry」 정시화 역, 미진사, 1979

헤더 프레이저(Heather M. A. Fraser), 「디자인웍스 Design Works, University of Toronto Press, 2012」 주재우/윤영란 역, 이콘, 2017

헤르만 파르칭거(Hermann Parzinger) 「인류는 어떻게 역사가 되었나」 나유신 역, 글항아리, 2020

헨리 페트로스키(Henry Petroski) 「디자인이 만든 세상 Why There is No Perfect Design」 문은실 역, 생각의 나무, 2005

Allen, B., "An Unmanaged Computer System Can Stop You Dead," Harvard Business Review, Nov-Dec. 1982, 60(6), pp.77-87

Allen, Thomas J. Managing the Flow of Technology, The MIT Press, 1977, pp.234-265..

Augé, Marc, Non-places: An Introduction to Supermodernity, English translation by John Howe, Verso, 2008

Baron-Cohen, Simon, Mindblindness: An Essay on Autism and Theory of Mind, The MIT Press, 1995

Brown, Tim, "Design Thinking," Harvard Business Review, June 2008, pp.84~92

Brown, Tim and Roger Martin, "Design for Action," Harvard Business Review, September 2015, pp.57~64

Buchanan, Richard, "Wicked Problems in Design Thinking," Design Issues, vol.8 no.2, Spring 1992, pp.5-21

Cattani, Gino and Simone Ferriani, "A Core/Periphery Perspective on Individual Creative Performance: Social Networks and Cinematic Achievements in Hollywood Film Industry," Organization Science, 2008, pp.1-21.

Cho, Namjae, The Use of Smart Mobile Equipment for the Innovation in Organizational Coordination, Springer Verlag, 2013

Davenport, Thomas H., Laurence Prusak, and H. James Wilson, "Who's Bringing You Hot Ideas and How Are You Responding?" Harvard Business Review, February 2003, pp.58-64

Doericht, Volkmar, "Strategic Visioning: Future of Business," from Technology Roadmapping for Strategy and Innovation, M.G. Moehrle, R. Isenmann, R. Phaal (eds), Springer, 2012

Elaluf-Calderwood, Silvia and Carsten Sørensen, "420 years of Mobility: ICT-enabled mobile interdependencies in London Hackney Cab Work," from Donald Hislop (ed), Mobility and Technology in the Workplace, Routledge, 2008. pp.135-150.

Forlano, Laura, "Working on the move: the Social and Digital Ecologies of Mobile Work Places," from Mobility and Technology in the Workplace, edited by Donald Hislop, Routledge, 2008, pp.28-42

Granovetter, M., "The Strength of Weak Ties," American Journal of Sociology, vol.78, 1973, pp.1360-1380.

Holm John and Favin Kendall, "Working on the move: Subverting the Logic of Non-space," from Mobility and Technology in the Workplace, edited by Donald Hislop, Routledge, 2008, pp.15-27

Jones, Les and Kanes Rajah, "Methods and Techniques in Creative Problem Solving and Opportunity Finding," Chapter 3 Rajah (ed.) Complex Creativity, University of Greenwich Press, 2007, pp.108-172.

Koberg, D. and J. Bagnall, The Universal Traveler, W. Kaupman, 1974.

Kraut, Robert, Carmen Egido, and Jolence Galegher, "Patterns of Contact and Communication in Scientific Research Collaboration," ACM CSCW Proceedings, 1988, pp.1-12.

MIles R. E. and C. C. Snow, Organizational Strategy, Structure, and Process, McGraw-Hill, 1978.

Moore, Geoffrey A. Inside the Tornado, Collins, New York, NY, 1995

Nityanand, Swami, Symbolism in Hinduism, Central Chinmaya Mission trust, 1998

Nonaka, Ikujiro and Hirotaka Takeuchi, "The Knowledge-creating Company," Harvard Business Review, 1991 (re-printed in the freeweb HBR issue of 2007)

Pacey, Arnold, The Culture of Technology, MIT Press, 1994

Pease, Allan and Barbara Pease, Why Men Don't Listen & Women Can't Read Maps, Broadway Books, 2001

Petroski, Henry, To Engineer is Human: The Role of Failure in Successful Design, Random House, 1992

Porter, Michael E. and James E. Heppelmann "How Smart, Connected Products Are Transforming Competition" Harvard Business Review, November 2014, pp.65-88

Porter, Michael E. and James E. Heppelmann "How Smart, Connected Products Are Transforming Companies" Harvard Business Review, October 2015, pp.97-114

Rajah, Kanes, Business Creativity, University of Greenwich Press, 2007

Rajah, Kanes, Complex Creativity, University of Greenwich Press, 2007

Rinne, M., "Technology Roadmaps: Infrastructure for Innovation," Technological Forecasting and Social Change, vol.71, 2004 pp.67-80.

Roco, Mihail C. and William Sims Bainbridge (ed), Converging Technologies for Improving Human Performance, Kluwer Academic Publishers, 2003

Rosch, E. "Principles of Categorization," from Cognition and Categorization, ed. E. Rosch and B. Lloyd, Lawrence Earlbaum, 1981

Ruef, Martin "Strong ties, weak ties and islands: structural and cultural predictors of organizational innovation," Industrial and Corporate Change, vol.11, no3, 200,2 pp.427-449

Searl, John, Mind, Language and Society: Philosophy in the Real World, Basic Books, 1998

Shank, Roger C. Tell Me a Story: A New Look at Real and Artificial Memory, Scribner a Macmillan company, 1990

Sheng, Z, C. Mahapatra, C. Zhu, and V. Leung, "Recent Advances in Industrial Wireless Sensor Networks Toward Efficient Management in IoT," IEEE Access, vol.3, 2015, pp.622-637.

Simon, Herbert A. The Sciences of the Artificial, MIT Press, 1969, 1988 (second edition)

Simons, Daniel J. and Christopher F. Chabris, "Gorillas in Our Midst: Sustained Inattentional Blindness for Dynamic Events," Perception, vol.28, May 9, 1999, pp.1059-1074

Spiegel, Alix, "Why Even Radiologists Can Miss a Gorilla Hiding in Plain Sight," Morning Edition, NPR, Feb. 11, 2013

Sternberg, Robert J. Successful Intelligence: How Practical and Creative Intelligence Determine Success in Life, Magna Publishing co. 2000

Sternberg, Robert J. and Richard K. Wagner (ed), Practical Intelligence: Nature and Origins of Competence in the Everyday World, Cambridge University Press, 1986

Walsh, Sharon, "Curiosity: May kill the cat but it will breathe life into your creativity," from Kanes Rajah ed, Business Creativity, University of Greenwich Press, 2007, pp.79-95.

Wittgenstein, Ludwig, The Blue and Brown Books: Preliminary Studies for the 'Philosophical Investigations', Harper torchbooks, 1958.

비즈니스 디자인 씽킹

———

초판 1쇄 인쇄   2021년   9월   10일
초판 1쇄 발행   2021년   9월   17일

지은이   조남재
펴낸이   박정태
편집이사   이명수   출판기획   정하경
편집부   김동서, 위가연
마케팅   박명준, 이소희   온라인마케팅   박용대
경영지원   최윤숙

펴낸곳   북스타
출판등록   2006. 9. 8 제313-2006-000198호
주소   파주시 파주출판문화도시 광인사길 161 광문각 B/D
전화   031-955-8787   팩스   031-955-3730
E-mail   kwangmk7@hanmail.net
홈페이지   www.kwangmoonkag.co.kr
ISBN   979-11-88768-43-1 03320
가격   27,000원